國家社科基金
GUOJIA SHEKE JIJIN HOUQI ZIZHU XIANGMU
後期資助項目

《穀梁》善於經：
《穀梁》釋經學及其建構史研究

The Guliang Commentary is Adept at Interpreting *the Spring and Autumn Annals:*
A Study of *Guliang* Hermeneutics and Its Construction History

許超傑　著

SPM 南方傳媒 | 廣東人民出版社
·廣州·

圖書在版編目（CIP）數據

《穀梁》善於經 ： 《穀梁》釋經學及其建構史研究 / 許超傑著. -- 廣州 ： 廣東人民出版社, 2024. 10.
(國家社科基金後期資助項目). -- ISBN 978-7-218-17698-7

Ⅰ. K225.04

中國國家版本館 CIP 數據核字第 20248JV050 號

《GULIANG》SHAN YU JING：《GULIANG》SHIJINGXUE JI QI JIANGOU SHI YANJIU

《穀梁》善於經：《穀梁》釋經學及其建構史研究

許超傑　著

出 版 人：肖風華

責任編輯：唐金英
封面設計：瀚文文化
責任技編：吴彦斌

出版發行：廣東人民出版社
地　　址：廣州市越秀區大沙頭四馬路 10 號（郵政編碼：510199）
電　　話：020-85716809（總編室）
傳　　真：020-83289585
網　　址：http://www.gdpph.com
印　　刷：廣東虎彩雲印刷有限公司
開　　本：787mm×1092mm　1/16
印　　張：20.5　　**字　　數**：355 千
版　　次：2024 年 10 月第 1 版
印　　次：2024 年 10 月第 1 次印刷
定　　價：68.00 元

如發現印裝質量問題，影響閱讀，請與出版社（020-85716849）**聯繫調换。**
售書熱綫：020-87716172

國家社科基金後期資助項目
出版説明

後期資助項目是國家社科基金設立的一類重要項目，旨在鼓勵廣大社科研究者潛心治學，支持基礎研究多出優秀成果。它是經過嚴格評審，從接近完成的科研成果中遴選立項的。爲擴大後期資助項目的影響，更好地推動學術發展，促進成果轉化，全國哲學社會科學工作辦公室按照“統一設計、統一標識、統一版式、形成系列”的總體要求，組織出版國家社科基金後期資助項目成果。

全國哲學社會科學工作辦公室

序一　守先待後　紛陳其新

許超傑博士的新著《〈穀梁〉善於經：〈穀梁〉釋經學及其建構史研究》，是他近年来所事清代經學史研究工作的總結之作，即將付梓出版，誠爲可喜可賀之事，然超傑的作序之命，却令我内中惶恐。治經學之難，“淹博難，識斷難，精審難”，前人已多有慨叹，说起来，一部《十三經注疏》置於案頭多年，於我不過是讀書時供檢索之用的工具書，所以一時間我腦中竟有“何敢贊一言”的念頭，躊躇良久而未得下筆。然而，超傑的新著，發端於六年前的學位論文，是他在華東師範大學古籍研究所讀書研究的階段成果，作爲古典文獻學專業的導師，常與他一起討論課題，并分享各自讀書治學的心得，十年前的情景，宛如昨昔，已經成爲我們共有的親切回憶，作爲早先的讀者之一，似有當然的責任，故勉力寫上幾句自己的認識和感想。

《春秋》三傳，各有所長，《公羊》和《左傳》兩家，藉漢代今文經學和古文經學的興盛，乘勢而起，在兩漢數百年間各領一段風騷，并成爲影響深遠的顯學。惟《穀梁》之學，雖有漢宣帝在“石渠會議”上爲之設立太學博士，畢竟是一時之力，此後范甯爲《穀梁》作注，“辭辯而義精”，終未能挽回大勢，《穀梁》之學竟在之後的千餘年時間裏落寞而至式微，專著寥寥。及至千年之後的清代中期，宗鄭之風使得乾嘉學人以鄭玄“《穀梁》善於經”之説爲研究的再出發，千年沉寂後，如忽聞空谷足音，《穀梁釋例》《穀梁禮證》《穀梁大義疏》和《春秋穀梁經傳補注》等一系列著述的問世，焕然而爲經學史上的一段復興新流。

超傑的新著，雖説發端於學位論文，却也是一次個人研究的再出發。通覽全書，早先的論文是以“《穀梁》善於經”爲主綫而展開，將《穀梁釋例》等四種著作爲研究案例，分析工作貫穿清代的《穀梁》學發展的脉絡，不乏新見。而今天的新著，經過數年時間的從容修改，不僅補充了大量新的文獻資料，更有對《穀梁》學史的源流及相關史事新的梳理，全書面貌焕然一新。令人印象深刻的是，作者在討論中結合近年來研讀闡釋學理論的心得，對《穀梁》學史相關問題提出了許多新的看法。這種置於宏大的歷史背景下剖析披究思想脉絡的方法，結合他原本就文獻爬梳整理的细密功夫，使他的一些見解顯然有别於我們常見的“經學史”式的著述，這應該是他將書名賦以“建構史研究”的涵義所在了。

有别於傳統經學的研究路徑，本書研究開展的方式便具有一種别開生面的特色。如對於所謂《春秋》學熱點的取向，溯源自漢武帝親自策問以古今治道；叙漢宣帝崇《穀梁》之學，則以疏廣見微知著的退身之舉爲發軔。在相關的文獻中深耕細作，極盡披沙揀金之功。對學術史上的一些定論，亦多能不株守成説，引證豐富的史料後提出自己的看法。鄭玄作爲漢末大儒，遍注群經，是中國經學史上最重要的儒者之一。歷代對鄭康成多所推崇，原因是當時流行的儒家經典中，《禮記》《周禮》《儀禮》《詩經》皆采用鄭康成注，故而“自今有事於太學，并令配享尼父廟堂”。至明代，隨着程朱理學取代漢唐注疏，鄭玄地位一度下降。而從清前期開始，考據實證之學漸成學界主流，隨着考據學的勃興，鄭玄又成爲第一位階的儒者。從表面上看，隨着清中前期開始鄭玄地位的上升，特别是《穀梁》家的重新發現、再解讀，“《穀梁》善於經”被轉换成《穀梁》較《左傳》《公羊》更善於經，所謂《穀梁》解經才是《春秋》真義，促進了清代《穀梁》學的興起，是貫穿清代《穀梁》學發展的脉絡所在。然作者以爲如此解讀，不止失之簡單，甚至是清代《穀梁》家有意無意的誤讀。同時，對在《春秋》學史上曾産生過重大影響的學者及其思想展開深度挖掘，如杜預注《春秋》經傳而藴含其對“聖人制作”的“美好期待”，而范甯則在《穀梁》注文中流露出無望悲嘆。杜預、范甯之不同，與其説是二傳家法之不同或文本解讀之歧異，毋寧説是歷史投射之差異。歷史的後見之明已經告訴杜預，也告訴范甯，更在指示我們，平王東遷意味着走向衰落，而没有能够“紹開中興”。作者帶有濃郁的歷史色彩的嘆息，很自然地令我們聯想到闡釋學的一個觀點，即所謂的傳統并非我們繼承得來的一種先决條件，而是我們的認知和思想“指導”它産生出來的，因爲我們理解着傳統的進展并參與其中，從而也就靠我們自己進一步規定了傳統。這類以“歷史投射”來解釋何以理解“傳統”的内涵，不止一次出現在行文中，對於傳統思想演變的思考，包括對經學史上出現的紛争的理解，無疑有很大的啓益。

超傑的治學路徑始於史學，而後由文獻學的專業訓練再進入學術思想史的研究，故而在研究中表現出來的“歷史感”，似乎是有着順理成章的順序。然此次讀他的新著，我感覺到這種强調歷史感的意識，與其説來自史學訓練的基礎，不如說更顯示的是他近年來讀書治學所獲得的闡釋學的啓益。所謂“歷史感”，不止是歷史背景知識的叙述，更重要的是一種自覺的思維方式，就像研究社會須從最初的社會經濟關係出發一樣，研究思想應該是從研究感性活動的主體即人的種種社會活動入手。看似不甚相關的歷史活動，沉潛其中，就會感覺到史事背後隱含着的互相牽連的綫索。通過對歷史上諸多論争的梳理，提示我們在研究文獻的時候，對於文本的理解，僅從字面上解釋是膚淺的，須就這些歷史活動綫索悉心辨析和梳理，并立足於自己内心的體驗，努力建構當時作者的内心世界，如此才可能實現解釋者和作者的心靈溝通。超傑在新著中由政治與學術之間的關係切入，嘗試從歷史事實的考證入手，尋繹其間的邏輯關係，正是這種運用“歷史感”的努力表現。

清代學者戴震曾引述友人之言，深嘆“學者莫病於株守舊聞而不復能造新意，莫病於好立異説，不深求之語言之間以致其精微之所存”。治學未能求創新之意，而以立異説自相標榜，其實是學界一種根深蒂固的通病。所謂“治經所以干禄”，雖是歷史上的儒生故事，因有利益相關的緣故，回環四周，還是可以感覺到這種若即若離的陰影的存在。超傑治學，志存高遠，能文章而善考核，更以“志乎聞道”爲追求之的。作爲世紀之交成長起來的一代學人，擁有許多優越的條件，思維活躍而學術視野開闊。以超傑個人言，藏書極富，又擅長利用網絡數據庫資源，敏鋭地關注前沿動態，却從不以文獻堆砌式的引證作内涵泛泛的所謂學術探究，不屑以之炫耀所謂的引證宏富和學識淵博，也不盲目追趕所谓的热点和時新的“課題”。幾年來，作爲一個旁觀者，無論是讀他的新刊論文抑或新著，都能感覺到他在努力把握自己的追求方向，通過開掘點點滴滴的細節，提出自己的新見解。超傑的治學早些年曾有幸得到時永樂先生的悉心栽培，奠定了文獻學的厚實基礎。在他後來的學術發展歷程中，轉益多師，得到虞萬里先生和李紀祥先生的教誨，這是超傑尤爲幸運之事。兩位先生在經學方面積蘊豐厚，超傑的經學文獻研究能有較高的起點，受諸啓益而多有收穫，無疑是與之密切相關的。超傑爲人誠慤，專心向學，近年來對四庫學的研究孜孜不倦，仍然是以在文獻領域進行深耕的功夫，嘗試進行學術思想史領域的系統探究。翻覽新著，我讀到了書中引用的錢賓四先生之言，“中國儒學最大精神，正因其在衰亂之世而能守先待後，以開創下一時代，而顯現其大用。此乃中國文化與中國儒學之特殊偉大處，我們應鄭重認取”，我以爲這也是超傑所追求的治學旨趣。牟宗三先生曾經説過，在知識世界的背後，有一個與學習者的生命品質相關聯的價值世界，而價值世界的建立，又與知識世界的充分展開密不可分，無論爲人或爲學，同是要拿出我們真實生命才能够有真實的結果。在我看来，超傑近年來的努力，亦正是在用自己的人生踐行他的生命品質相關的價值世界，未知超傑老弟以爲然否？讀了他的新著，不禁遥望南天，更增加了對他未來研究成果的期待。

戴揚本

2023 年 12 月

序二　《穀梁》學史開新篇

許博士超傑君大作《〈穀梁〉善於經：〈穀梁〉釋經學及其建構史研究》即將問世，問序於余。余與許博士相交十餘載，於學問、性情皆相契，且序者緣情起意，述義道學，雖學不逮，有不容辭者。

許博士之大作蓋專門之學也，其書分上、下編：上編《〈穀梁〉詮釋學史與詮釋體系研究》，凡四章；下編《〈穀梁〉釋經新詮》，凡三章。全書共七章，若計緒論、附録，則凡九篇。近世以來，治《左氏》與《公羊》者多，治《穀梁》者絶少，許君此書之問世，正可爲海内《春秋》學界增添一彩。若然，則是書所以述、作者，不可不定其學史位階。

一部《春秋》長河千年，《穀梁》獨稱絶學，因學絶而絶學，固已道盡《穀梁》學難治辛苦矣。前賢雖有東晋名家范甯集解全本之注，後又有楊士勛疏，今皆并傳；然較於《公》《左》二家，其實頗爲中落。至清代漢學興，《穀梁》亦在其中，遂有許桂林、柳興恩、鍾文烝、柯邵忞等，對范甯《集解》頗微詞，故清儒《穀梁》解《春秋》皆欲另闢路徑，與六朝背景殊致。范甯於南方著《集解》，以爲漢世先師多采二傳，不能專宗《穀梁》，自成體系，亦不能使"《穀梁》善於經"；然范甯又自名其書"集解"，雖曰集講共讀之長，實則深采《左氏》與杜預，甚或《公羊》説，又有自違者。

昔司馬遷《史記·儒林列傳》載孔子論次《詩》《書》，修起禮樂，適齊聞韶，自衛反魯後，則"雅頌各得其所"；又載"西狩獲麟，曰吾道窮矣，故因史記作《春秋》，以當王法，其辭微而指博，故後世學者多録焉"。未言夫子身後傳學系譜。《史記》述"秦之季世，焚詩書、坑術士，六藝從此闕焉"，故司馬遷所載皆自漢傳而録，言《春秋》於齊魯自胡毋生、趙自董仲舒；《儒林》則記稱董仲舒"以治《春秋》"，又云"故漢興至於五世之間，唯董仲舒明於《春秋》，其傳公羊氏也"，胡毋生傳則記"齊之言《春秋》者，多受胡毋生，公孫弘亦頗受焉"。《儒林》雖有瑕丘江生小傳，稱其"爲《穀梁春秋》"，爲漢初傳《穀梁》之始，然其學不顯，須逮宣帝時，《穀梁》始興立。故本書言《穀梁》學史首章，即自宣帝朝始，蓋探欲其學顯之要。據司馬遷所載，知公孫弘以儒興，顯達後復議請太常擇民年十八以上儀貌端正者，補博士弟子員，得“受業如弟子”。堪注意者，司馬遷所述漢傳《春秋》叙事，此時并無《左氏》傳《春秋》之言説。則迄於漢武，《史記》中所載漢傳《春秋》之述，實僅二家而已。傳《公羊》者顯，立於學官，史公皆稱其爲“授《春秋》”“治《春秋》”，而江生傳僅稱“爲《穀梁春秋》”，則漢代前期兩傳之顯晦消息，已在司馬遷筆下歷史成形。若《穀梁春秋》之成顯學，立於漢廷學官，其事已在司馬遷後，而進入《漢書》世界。

宣帝爲武帝時衛太子後，親臨石渠之會，從而促成《穀梁》學興，蓋此實關涉《穀梁》何以興立。許君自石渠閣會議切入，提出《穀梁》釋《春秋》經文末字“麟”與漢家政權關係，確是一個特殊角度，彼并未追隨爲漢制法的開國性立言，或是具有變化性的“漢制”指向。依許君所云，石渠會後，《穀梁》作爲《公羊》挑戰者，係被宣帝推上歷史政治舞臺；故石渠會議所反映者，正係以漢宣爲核心而展開的《春秋》學政治。石渠會後黄龍元年宣帝設立十二博士，《穀梁》正式成爲博士官學。毫無疑問，因宣帝之推動，《穀梁》獲得前所未有之重視與地位；一如《公羊》，因武帝崇儒策問，方有《公羊春秋》之大顯。廟堂與學術間，誠有深切可言者。

班固《漢書·藝文志》載：“昔仲尼没而微言絶，七十子喪而大義乖。故《春秋》分爲五。”又曰：“《春秋》所貶損大人當世君臣，有威權勢力，其事實皆形於傳，是以隱其書而不宣，所以免時難也。及末世口説流行，故有公羊、穀梁、鄒、夾之傳。四家之中，公羊、穀梁立於學官，鄒氏無師，夾氏未有書。”其所記載較諸《史記》已有增詳，云《春秋》之傳增爲五家，唯存三家，此《春秋》左氏、公羊、穀梁并稱三傳之起。《藝文志》又載：“《春秋》古經十二篇。經十一卷。《左氏傳》三十卷。《公羊傳》十一卷。《穀梁傳》十一卷。《鄒氏傳》十一卷。《夾氏傳》十一卷。”可知除《左氏傳》三十卷外，其餘四家之傳本皆爲十一卷，此即經文莊公、閔公合爲一卷，爲《漢》史言經十一、十二卷張本。依《藝文志》所述，則可見司馬遷未曾言之三傳并立，已在《藝文志》中并稱。蓋《藝文志》所述孔子後《春秋》傳衍，讀之則貌似三傳自古即并存，同解孔子之經，故稱“三傳五家”然實非如此。班書載“《左氏傳》三十卷”，知班固當時的《左傳》文本，已然面向解經化而“章句化”，方有三十卷之言，蓋解《春秋》經而爲章句也。班固所處時代已在東漢，其所見記《左傳》傳經背景，實源自劉歆。《漢書·楚元王傳》載宣帝時詔劉向"受《穀梁春秋》十餘年"，又載成帝時劉歆受詔，與父劉向領校秘書，云：

> 及歆校秘書，見古文《春秋左氏傳》，歆大好之。時丞相史尹咸以能治《左氏》，與歆共校經傳；歆略從咸及丞相翟方進受，質問大義。初，《左氏傳》多古字古言，學者傳訓詁而已；及歆治《左氏》，引傳文以解經，轉相發明，由是章句義理備焉。

此即《左氏傳》面向解《春秋經》章句化之背景。此前《左傳》實爲單傳，未以解經而稱傳，故傳習者但訓詁其古文古字而已，其篇卷之數則文獻未載；至成帝徵書政策興，劉向、歆父子相繼典校書。劉歆因大好《左氏》，有倡議《左氏》傳《春秋》之論，此事則在哀帝時，故"哀帝令歆與五經博士講論其義，諸博士或不肯置對"，歆遂作書《讓太常博士》，移書太常博士責讓之，謂太常博士以爲《左氏》不傳《春秋》經，"豈不哀哉"。故此時學術主流仍不以《左氏》爲傳《春秋》之傳，劉歆所以得罪名儒，復遭大司空師丹問罪，奏歆"改亂舊章，非毀先帝所立"，故歆既"忤執政大臣，爲衆儒所訕"，遂遭貶外；直至歆、莽再起，方於王莽主政下，《左氏》得立學官。故歆所以争立《左氏》，亦與其解經并進行章句化有關，此哀帝所謂"歆欲廣道術"也。班固《藝文志》所載，本有古文立場，故其所録"《左氏傳》三十卷"，正可反映班氏對劉歆《左傳》解經化行爲之支持態度；若西晋杜預之《集解》者，推進劉歆以來《左傳》章句化趨勢，終至編年比次，"集解"以爲經傳合本章句化之終，即今本之貌，亦可在此脉絡下理解。

如是，由劉歆至班固是一層經學史背景，此時《漢書》已録傳《春秋》者爲"三傳并立"；而自班固迄漢季鄭玄，又是另一層經學史背景。東漢《春秋》今學與古學并競，鄭玄此時言説三傳特色之比較："《左氏》善於禮，《公羊》善於讖，《穀梁》善於經。"許君於書中命名鄭玄此三傳較論爲"三善説"。三善説中"《穀梁》善於經"者，即許君所以命名其書之意，其緒論言課題開篇發端，與所以旨趣之軸，皆在於是。吾人若取劉歆《讓太常博士》與鄭玄"三善説"相較，則可發現一種攸關《左傳》的歷史變化，正在此二事件坐標時間中顯示。劉歆移書太常諸博士，太常博士亦讓劉歆，而太常觀點是朝廷主流認知，并不認可《左氏》之傳《春秋》，亦適反映官方主流實未有《左氏》傳經之論。此移書不僅反映劉歆所倡爲新觀新說，亦可證哀帝時漢傳《春秋》僅有“二”傳。則由“二傳”至於“三傳”，鄭玄之三善說，其實正與何休之“三闕”相同，皆已充分說明漢季經學史變化與態勢：《左氏》進入“《春秋》學史”範疇，“三傳”并列，并被鄭玄提出比較。知此，方可考察東晉時的范甯《春秋穀梁傳集解》之經學背景，范甯面對的《春秋》學史，已不再止於漢哀帝前的《公》《穀》之争，而更是三傳間的競合。蓋范甯作注兼采二傳，尤親鄭玄、杜預，必《左氏》已同屬《春秋》學範疇方可。

本書上編第二章便係許君專門討論范甯《集解》并楊士勛《疏》之研究。透過作者深入考察，認爲范甯的立場并非僅是親《左傳》、敵《公羊》而已，對於《公羊》家向來采取不同立場的《穀梁》家，范甯雖然批判了《穀梁》先師不能“善於經”的立場，用作者的論點來說，即范甯雖意圖重建一個有體系的“《穀梁》學”，却仍須援引鄭玄說與杜預注，援引他傳立己說；透過作者詳細論證，范甯在許多經傳釋義上，仍與彼所批判的先師一樣，采擇《公羊》與何注、《左傳》與杜注，俾以自圓通說之理。此點論述，不啻是使我們對范甯《序》中所言“據理以通經”“經以必當爲理”，有了不同的體會；同時也對范甯序所自言“集解”之義，有了更多的認知，非僅於書會共講輩而已。范甯《序》中多用“三傳”辭，如云：“《春秋》之傳有三，而爲經之旨一；臧否不同，褒貶殊致。”又曰：“凡傳以通經爲主，經以必當爲理。夫至當無二，而三傳殊說，庸得不弃其所滯，擇善而從乎！”蓋其序稱“《春秋》三傳”，此正緣於劉歆、班固、鄭玄以來之歷史脉絡背景。不僅此也，鄭玄的“三善說”也在范甯筆下繼承，范《序》云：“《左氏》艷而富，其失也巫；《穀梁》清而婉，其失也短；《公羊》辯而裁，其失也俗。”東晉時的范甯，顯然繼承了鄭玄的“三善說”，并帶出新的修辭論述，成爲三家長短得失論。故本書中面對范甯之態度，實可自經學史立場入，非僅《穀梁》學醇度的體系化立場，則《春秋》學史上的鄭玄《春秋》學，亦適可見兼采今古。若作者自此發論，言鄭玄綰合《左氏》《穀梁》傳義，并影響了范甯面對二傳的態度，或不失爲一有意義的探討。蓋唐劉知幾《史通》外篇云：

> 古之人言《春秋》三傳者，多矣！戰國之世，其事罕聞。當前漢之初，專用《公羊》；宣皇以降，《穀梁》又立於學；至成帝世，劉歆始重《左氏》，而竟不列學官。大抵自古重兩傳而輕《左氏》者固非一家，美《左氏》而譏兩傳者亦非一族，互相攻擊，各用朋黨，哤聒紛競，是非莫分。

蓋子玄雖宗《左氏》，然其云“三傳”紛競，自必同疇《春秋》方可。

作爲歷史，范甯兼采《左氏》與《公羊》及親《左》敵《公》的例子，與本書上編作爲末章的晚清柯劭忞《春秋穀梁傳注》類似。晚清民初之時，面對異文化東來之西潮，而有康有爲與廖平對《公羊春秋》進行歷史激蕩下之經學新建與古今再融；同樣的，柯劭忞的《穀梁注》也可以置於此歷史視域背景，進行《穀梁》柯氏學的探討。《穀梁注》中，柯劭忞着實提出不少新説，尤其是他將“内諸夏而外夷狄”進行“穀梁化”以用於内外辭，正透顯柯劭忞對《穀梁》的解經重詮，有面對傳統之當代化意圖。柯劭忞的《穀梁》學，誠如作者所言，甚值治《春秋》學者關注，雖然近世學者頗未留意。許君之書則矚目柯劭忞，不僅對柯劭忞“古九旨説”進行分析，且留心彼書中所提出之“三臨之言”與“君子”論義，以爲二説實與柯序中“古九旨説”共同構成《穀梁注》一書大體，并爲柯氏《穀梁》學核心。許君書中專論柯氏學不可謂不深入，甚至堪稱近代對柯氏《穀梁》學的一次重要“再發現”。揆諸梁啓超、錢穆兩先生在《中國近三百年學術史》中對《穀梁》的闕頁，晚近以來猶是，則許君對柯氏《穀梁》學的探討，可在近代學術史留一位置，其并將柯氏學作爲清代《穀梁》學史之殿軍篇章，亦深刻矣。

由鄭玄所提出的“《穀梁》善於經”，此五字不僅爲許君大作書名，同時是貫穿全書的主軸與要旨。不論是上編的《穀梁》學史，還是下編的《穀梁》釋經體系建構的發論抉微，許君所關切者，皆始終環繞此五字。蓋有此主意主軸，方有清代諸儒對六朝范甯《穀梁》學之檢論，以及許君對清代諸儒著作再分析與再深究。蓋《穀梁》所以釋經與如何釋經，歷經清代諸家之努力建構後，究竟阮元、許桂林、鍾文烝、柳興恩，乃至於柯劭忞，他們的努力與貢獻對《穀梁》學與《春秋》學而言，是否已然達到了這一作爲書名的層次與名實呢？顯然這樣的思考也存於本書作者心念。於是，由宣帝之《穀梁》中興與劉向學《穀梁》，迄於范甯之集解、楊士勛之疏，乃至有清一代諸儒，《穀梁》是否通達經義，自成《穀梁》一家言，這一層的思考，乃是《穀梁》傳史中必須面對《春秋》者，亦是《穀梁》所以存在之本。此議題自鄭玄提出“《穀梁》善於經”後，迄於今日，依據許君大作所析論，確然仍是一個可續之核心議題。

本書下編之三章，皆爲《穀梁》大義發論之作，造詣深湛，甚達宏旨。蓋此三章乃分别就《春秋》之文本開端、中間與結尾而《穀》義新詮。開端與結尾各言《春秋》始乎隱元，終于哀十四，中間敘事則論齊桓、晋文事，言何以爲“伯”義。孟子雖言《春秋》“其事則齊桓、晋文”，然究竟齊晋何以有此權而行此事？此問則有“霸”與“伯”二義，兩解不同，褒貶亦異。《穀梁》主後者，故稱齊、晋爲伯，爲伯則周尊，周尊則道尊。齊桓有九合諸侯會盟之功，然在尊周視野下，《穀梁》發傳文仍持貶義，蓋齊桓、晋文行事合法性，來源仍在天子之所賦。作者嘗試在本章詮釋《穀梁》成家的立言道途上，引進柯劭忞的“三臨”之言以爲詮釋《穀梁》體系的嘗試，不啻是抛出了一個近世《穀梁》學的議題，值得當代學界關注。

古今三傳家皆必面對《春秋》何以“始”與何以“終”，亦即“隱公”與“獲麟”問題。本書并未缺席。《春秋》首條自隱元年始，則何以始乎隱，正爲《春秋》學研究之大課題。對本書作者而言，《穀梁》所釋的隱元年義，便在於隱桓之際的正與不正，蓋此乃“《春秋》開端賦義，亦是其建構的《春秋》世界之源起”。《穀梁》之隱元解讀，特别是“即位”之不言，當自追索經文“正隱”爲的。如其所述，《春秋》“隱公”與“元年春王正月”，此八字雖簡，却是作爲首條而構成《春秋》開篇。歷來治《春秋穀梁傳》者既少，故專論《穀梁》義下的《春秋》“何以始乎隱”、何以書“元年春王正月”者更少。清初明儒顧炎武《日知録》中撰有《隱十年無正》條，專門針對《穀梁》“治隱而正隱”而發，其謂“隱十年無正者，以無其月之事而不書，非有意削之也。《穀梁》以爲隱不自正者，鑿矣”。吾人皆知顧氏主《左傳》而評杜注，尤其批判《公》《穀》之時間例，以爲此乃國史書法，非是夫子削文，隱十年不書月乃是國史闕文。許君遵傳文“謹始”與“無事”義入手，則不啻與顧氏進行了一場傳釋對話，抉“正隱以治隱”義。蓋《穀梁》於隱公，實持貶義，其立場尤與《公羊》家以隱公爲賢持褒相異。《公》《穀》傳文皆云“成公意也”“成公志也”，然一旦進入何以成隱公之志、意層剖析時，兩家在褒、貶持論上完全顯出殊異。《穀梁》之貶，建立在成隱之志上，惟“成公志”方能作爲經文貶隱之“不言即位”之底藴。是故必彰“隱讓桓”意，方能解釋何以“讓桓”爲非是，并進至褒貶層次，言其“貶”義。正隱與治隱，此義自元年春正月至隱公十一年冬十一月壬辰，實貫穿隱公全篇終始，故曰“謹始”，故曰“終隱之篇”，皆貶隱公也。蓋《穀梁》貶義甚深，故辭亦切，云“己廢天倫而忘君父，以行小惠，曰：小道也”，云“若隱者，可謂輕千乘之國，蹈道則未也”。又傳文非僅於首條發義而已，於卷二末條經文“隱公十一年薨”，猶發傳云“隱十年無正，隱不自正也；元年有正，所以正隱也”。許君抉發《穀梁》正隱治隱之義，實甚深微，我們透過其闡釋，清晰理解《春秋》首條隱公元年不言即位大義，也大與《公羊》認可其賢義異。

其下編終章所討論者，爲《春秋》之終，言問《春秋》末條何以終乎哀公十四年“西狩獲麟”？一部《春秋》，終乎獲麟，終于麟；“麟”之一字，其位置所居，實爲整部《春秋》之末，則其義實大矣。一如《春秋》之末，仍爲治《春秋》者所必面對議題，則《穀梁》如何發傳，如何闡釋此絶筆之義，則必本書當面對。許君以爲，傳文對於“西狩獲麟”的解讀，其所面向者乃“中國”而非“魯”。《穀梁》發傳“大獲麟”“大其適”“不外麟於中國”“不使麟不恒於中國”義，作者於此自設問云：《穀梁》提出“大獲麟”三字，究竟乃“大”“獲麟”事，抑或“大”“麟”此物？蓋“大問”也。許君深道其底蘊，以“大其適”爲據，解所大者爲“麟”，故“麟之來”而不言“來”，“不言有”則麟恒常居中國，故曰“不外麟於中國”，又曰“不使麟不恒於中國”。傳文兩言中國，則中國孰解？作者此處引入范甯之注：“中國者，蓋禮義之鄉、聖賢之宅，軌儀表於遐荒，道風扇於不朽。”深刻挖掘了文化性上的“麟與中國”在《春秋》文本上關聯的重大意涵。

本書既論“麟”之主體常在恒有而爲著作終篇，亦符於《春秋》之末以“麟”字絶筆。全書九篇章，上編詮釋之史，下編始隱終麟。但凡寫作，如道途行遠，必歷艱辛，乃見登高之豁。學術世界立言之事，則俟後世，惟恐名山見弃，君子所哂；此所以憑案而書，擱筆至要。予讀許君行文，往往重重思又重重斟酌，所以故爲何？蓋所書世界將停墨也，筆墨凝時，即篇終之日。書寫之責在己而文本在世，故君子所懼，末辭末字，忖之再三，故有終篇之義，以殿全書。

許君此書積累經年，以博士論文爲基礎，曩昔曾至華東師範大學參與其博士論文畢業答辯，故甚稔其成書歲月。許君此書專宗《穀梁》，傳學《春秋》，故以“《穀梁》善於經”爲題，貫穿全書者盡在此五字，旨趣皎然；謂此書將必爲治《穀梁》者所重，符名實也。予則尤愛此書緒論與鄭玄、楊士勛、學海堂諸儒、柯劭忞等《穀梁》學諸篇；下編始末正隱、論麟、言伯三章深義再銓，尤其專門《穀梁》者之言。

予之與超傑博士相識，始於予至滬上華東師範大學思勉高等研究院客座，授課史學，許君則爲博士生，亦來聽課，課後問學，情懷頗契。逾年，許君已申請奬學金并來函云欲赴臺我處共學，蓋予於研究所開設《春秋》與《史記》課程也。敝學校在山海之間，許君則於礁溪賃房而居，整一學期間惟學而已，惟《春秋穀梁注疏》與清儒《穀梁》學而已。閑時或海邊、洋畔、山徑，或書或茶，或自蘭陽往返臺北“國家”圖書館、

“中研院”傅斯年圖書館、中國文哲研究所。許君與予或聚於其所居處，或於予之研究室，每每沏茶啜品間，多有談笑問學白雲僻巷居築歲月可共，迄今猶能憶之。後予至曲阜孔子研究院任職，寒暑間帶領曲阜諸君子共讀《春秋》與三傳，許君亦來相伴，商量課程與會議。曲阜入冬頗雪，予猶憶某次大雪，予偕許君共往孔林游，道途徑中古木參天，白靄吹雪紛飛，兩人步往子貢築廬夫子墓旁故處舊址，徜徉良久。許君之論“麟”篇章，即在此時完成也。許君獲博士後，受聘湘湖岳麓授學上庠，睿思沉潛，多年後學術造詣，又非昔日書卷等第，而更望江樓之遠矣。今許君大作即將問世，付梓在即，予因述其學與此書閱記，并許君之性情懷抱與讀書樂學之情，宋明儒所謂孔顏樂處者，許君蓋其世界中人歟！於是乃述其學，道其人，并志予憶。是爲序。

李紀祥

歲次癸卯冬，2023 年 12 月 26 日於臺北寓所

目　録

緒　論 …………………………………………………………………… 1

上編　《穀梁》詮釋學史與詮釋體系研究

第一章　盛衰繼之辯訥：漢代《穀梁》學説略 ………………………… 13

第一節　廢興由於好惡："宣帝善《穀梁》説"發微 ………… 13

一、《春秋》大一統：董仲舒天人思想與經學時代之開啓…… 13

二、天道與君政：儒家思想對君權之反制 ……………………… 19

三、懼有後悔：宣帝崇《穀梁》背景下的疏氏"乞骸骨"發覆 …………………………………………………………… 25

四、本以霸王道雜之：宣帝政局與《公》《穀》廢興 ……… 37

第二節　鄭玄《春秋》學發微：以"《穀梁》善於經"之詮釋爲中心 ……………………………………………………… 47

一、《穀梁》善於經：鄭玄《六藝論》與三傳"三善説" …………………………………………………………… 47

二、"通經"與"明道"：鄭玄《春秋》學申論………… 51

三、專以演繹經文爲事：鄭玄"《穀梁》善於經"説申論 …………………………………………………………… 64

第二章　集解與義疏：《穀梁注疏》釋經模式研究…………………… 75

第一節　集解《穀梁》：范甯之《穀梁》學與《春秋》學 ……… 76

一、專以鄭氏家法：范甯《穀梁集解》中的鄭玄説 ………… 76

二、博示諸儒同異之説：范甯《穀梁集解》之引前人論説 … 81

三、據理以通經：范甯之"集解"《穀梁》 ……………… 88

四、甯所未詳：范甯《穀梁集解》之駁傳 ……………… 93

第二節　義疏與正義：唐初義疏學視域下楊士勛《穀梁疏》 …… 95
一、未通此傳之意：唐初義疏學與楊士勛之“疏亦破注” … 95
二、重探《穀梁》體系：楊士勛《穀梁疏》對《穀梁》脉絡之梳理 …… 100

第三章　再发现與新詮釋：“《穀梁》善於經”視域中的晚清《穀梁》學 …… 110
第一節　傳承與共構：阮元與晚清《穀梁》學的再發現 …… 111
一、考證之學者自是始：鄭玄地位升降與清中期宗鄭之風的興起 …… 111
二、以禮代理：阮元興學與崇祀鄭玄 …… 115
三、誤讀與傳承：阮元與學海堂《穀梁》學者群 …… 120
小　結 …… 128
第二節　重構《穀梁》時月日例：許桂林《穀梁釋例》研究 … 128
一、許桂林論《穀梁》與《春秋》時月日例 …… 128
二、書法與義例：許桂林對“時月日例”的重構 …… 138
第三節　治諸侯與日月例：《穀梁大義述》與“《穀梁》學”體系之建構 …… 151
一、“《穀梁》善於經”與《穀梁大義述》撰述之緣起 …… 153
二、《穀梁大義述》之核心與《穀梁》學體系之建構 …… 155
第三節　《穀梁》最善於經：鍾文烝《穀梁補注》約論 …… 166
一、“經”與“史”：鍾文烝論《春秋》之性質與義例 …… 167
二、“《穀梁》善於經”與三傳優劣論 …… 173
三、《穀梁補注》之注釋旨趣 …… 178

第四章　九旨説與三臨言：柯劭忞之《穀梁》學體系建構 …… 182
一、重論三科九旨：“九旨”説與《穀梁》關係之建構 …… 182
二、君子與修辭：柯劭忞詮釋體系中的“君子”與《春秋》 …… 189
三、發凡與辭例：三科九旨與柯劭忞《穀梁》學體系 …… 194
四、三臨之言：柯劭忞對《穀梁》學批評視域之建構 …… 208
結　語 …… 212

下編　《穀梁》釋經新詮

第一章　叙事與賦義：《春秋》三傳釋經體系異同論
——以“齊桓晋文之事”爲中心 …………………… 217
一、引言：《春秋》“齊桓、晋文之事”與“伯/霸”問題之提出 …………………… 217
二、《左傳》“伯/霸”叙事 …………………… 219
三、何休、范甯注與“伯/霸”之建構 …………………… 224
四、《公》《穀》之齊桓賦義 …………………… 232
餘論：從“兼采三家”到“固守本傳” …………………… 242

第二章　正隱以治隱：《穀梁》體系中的隱公叙事 …………………… 246
一、范甯對《春秋》開端之解讀 …………………… 246
二、“無事”與“謹始”：“元年春王正月”之《穀梁》讀法 …………………… 248
三、正隱：《穀梁》叙事中的“仲子”與“子氏” …………………… 254
小　結 …………………… 259

第三章　不使麟不恒於中國也：《穀梁》“西狩獲麟”義解 …………………… 261
一、范甯“西狩獲麟”解及其影響 …………………… 261
二、《穀梁》傳文體系中的“西狩獲麟” …………………… 263
三、“麟”與孔子引取之“道” …………………… 267
小　結 …………………… 270

附録　文本詮釋與現實投射：杜預、范甯《春秋序》中的歷史與建構 …………………… 272

參考文獻 …………………… 292
後　記 …………………… 302

緒　論

《漢書·藝文志》曰："昔仲尼没而微言絶，七十子喪而大義乖。故《春秋》分爲五，《詩》分爲四，《易》有數家之傳。"① 又曰："《春秋》所貶損大人當世君臣，有威權勢力，其事實皆形於傳，是以隱其書而不宣，所以免時難也。及末世口説流行，故有公羊、穀梁、鄒、夾之傳。四家之中，公羊、穀梁立於學官，鄒氏無師，夾氏未有書。"② 所謂"《春秋》分爲五"者，即左氏、公羊、穀梁、鄒氏、夾氏之學也。然鄒氏、夾氏或無書或無師，其學不傳，③ 後世傳《春秋》者惟左氏、公羊、穀梁三家而已。

然三家之學盛衰亦頗不同，"漢以前盛行《公羊》，漢以後盛行《左氏》"④，《穀梁》除漢宣帝時立於學官，烜赫一時，餘皆不爲學人所重。⑤ 東晋泰興初議立博士，晋元帝徑言"《穀梁》膚淺，不足立博士"⑥。《隋

---

① 班固撰，顔師古注：《漢書》卷三十《藝文志第十》，中華書局 1962 年版，第 1701 頁。

② 班固撰，顔師古注：《漢書》卷三十《藝文志第十》，第 1715 頁。案：點校本此條"公羊""穀梁""鄒""夾"等皆加書名號，然此處所説實爲四家之學而非四家之書，且如《漢志》所言，夾氏本無書，加書名號或有不當，故筆者删去書名號。本書引文如對標點有異議，然無關宏旨者，皆據義徑改，不再出注説明。

③ 張舜徽曰："鄒、夾二傳之學，曾盛行於漢初，與三傳并列爲五。散亡既早，其説遂絶。"見张舜徽：《廣校讎略　漢書藝文志通釋》，華中師範大學出版社 2004 年版，第 225 頁。

④ 皮錫瑞撰，吴仰湘點校：《經學通論》，《皮錫瑞全集》第六册，中華書局 2015 年版，第 517 頁。

⑤ 《漢書·宣帝紀》：甘露三年，"詔諸儒講五經同異，太子太傅蕭望之等平奏其議，上親稱制臨決焉。乃立梁丘《易》、大小夏侯《尚書》、穀梁《春秋》博士"。（《漢書》卷八《宣帝紀》，第 272 頁）皮錫瑞曰："後漢十四博士止有《公羊》嚴、顔二家，而無《穀梁》，則《穀梁》雖暫立於宣帝時，至後漢仍不立。"（《經學通論》，第 517 頁）參見王國維《漢魏博士考》（《觀堂集林》，《王國維全集》第八卷，浙江教育出版社、廣東教育出版社 2010 年版，第 111~114 頁）、沈文倬《黄龍十二博士的定員和太學郡國學校的設置》（沈文倬：《菿闇文存》，商務印書館 2006 年版，第 559~617 頁）。

⑥ 沈約：《宋書》卷十四《禮一》，中華書局 1974 年版，第 362 頁。

書》言："至隋，杜氏盛行，服義及《公羊》《穀梁》浸微，今殆無師說。"① 陸德明編撰《經典釋文》，已謂"恐其學遂絶"②。此後歷千餘年，《穀梁》亦未得到學者重視。及至清中期，阮元編纂《皇清經解》千四百餘卷，而《穀梁》學獨無專家，可見其微。即便是歷代《穀梁》學家中最爲重要的范甯，雖然爲《穀梁》作注，但亦未獨尊《穀梁》。范甯《春秋穀梁傳序》論《穀梁》舊注不如《公羊》《左傳》二家曰：

> 《左氏》則有服、杜之注，《公羊》則有何、嚴之訓，釋《穀梁傳》者雖近十家，皆膚淺末學、不經師匠，辭理典據既無可觀，又引《左氏》《公羊》以解此傳，文義違反，斯害也已。③

范甯在承認《左傳》《公羊》有專家之學的基礎上，認爲就精深的角度而言，《穀梁》并没有可以與《左傳》服杜之注、《公羊》何嚴之訓相提并論的注釋。而前此注家以《左傳》《公羊》説《穀梁》，也是造成《穀梁》注"文義違反"的一大原因。也就是説，范甯這段話一方面指出其所以注《穀梁》是由於前此的《穀梁》注家皆"膚淺末學"，未得《穀梁》之義；但另一方面也指出其所以注《穀梁》者，亦因《公羊》《左傳》有服、杜、何、嚴之學在前，本亦不必等到范甯才有闡發二者精義的注解。也就是説，范甯之所以選擇《穀梁》，與其説是出於對《穀梁》經義的期待而作出的主動選擇，毋寧説是根據三傳注釋的現狀作出的權衡之計。正是由於范甯并未以《穀梁》最得《春秋》經義爲前提，故范甯雖注《穀梁》，但并未恪守《穀梁》學。故《春秋穀梁傳序》續曰："《左氏》艷而富，其失也巫；《穀梁》清而婉，其失也短；《公羊》辯而裁，其失也俗。"④ 即以"清而婉"作爲《穀梁》之長，但同時以"短"爲《穀梁》之失。而其所謂《穀梁》優劣，也是放在三傳體系之中的綜合考量，并不是站在《穀梁》學角度上的專家之學。正是出於此一原因，范甯

---

① 魏徵、令狐德棻：《隋書》卷三十二《經籍一》，中華書局 1973 年版，第 933 頁。

② 陸德明撰，吴承仕疏證，張力偉點校：《經典釋文叙録疏證》，中華書局 2008 年版，第 111 頁。

③ 范甯集解，楊士勛疏：《春秋穀梁傳注疏》，《十三經注疏》第七册，藝文印書館 1973 年版，第 7 頁下。"文義違反"原誤作"文遇違反"，據中華再造善本影印宋刻《監本附音春秋穀梁注疏》本及文義改。如無特别説明，本文所用《春秋穀梁傳注疏》均爲藝文印書館本。

④ 范甯集解，楊士勛疏：《春秋穀梁傳注疏》，《監本附音春秋穀梁傳注疏序》，第 7 頁上。

實可謂合彙三傳之始，而非恪守《穀梁》專家之學者。故其言曰：

> 《春秋》之傳有三，而爲經之旨一。臧否不同，褒貶殊致。蓋九流分而微言隱，異端作而大義乖。……凡傳以通經爲主，經以必當爲理，夫至當無二而三傳殊説，庸得不弃其所滯、擇善而從乎？既不俱當，則固容俱失。若至言幽絶，擇善靡從，庸得不并舍以求宗、據理以通經乎？雖我之所是，理未全當，安可以得當之難而自絶於希通哉？①

就范甯而言，三傳抵牾不同、各有優劣，《穀梁》只是解釋《春秋》的三傳之一，也不過是一家之言。三傳皆有其短，亦有其錯謬，《穀梁》自然也是不完美的，并不能恪守《穀梁》以求《春秋》之義。故范甯認爲在面對《春秋》之時，需要擇善而從，甚至捨傳以求經。易言之，范甯雖然在注《穀梁》，但其鵠的則在於《春秋》。在對《春秋》的解讀中，《穀梁》并非盡得聖人深義，故亦需求諸《公羊》《左傳》，甚至捨三傳而回歸《春秋》經文。無怪乎范甯注中引何休、杜預之《公羊》《左傳》説頗多，蓋其本不以《穀梁》自限者也。

故黄震曰："杜預注《左氏》獨主《左氏》，何休注《公羊》獨主《公羊》，惟范甯不私於《穀梁》而公言三家焉。"② 從非《穀梁》家的角度來説，范甯注《穀梁》能够公言三家之得失、擇善而從，實爲可貴，故黄震以范甯不私於《穀梁》爲善。但從《穀梁》學的角度而言，范甯却爲不守《穀梁》家法者。故鍾文烝言"范注用杜預者最多"③，而范甯注"多無可觀，又其以二傳淆亂本書者亦往往有，故知解經難，故知何、杜不可及"④。鍾文烝作爲希望恪守專家之學的《穀梁》學者，面對歷來最重要的《穀梁》注家，却不得不承認"何、杜不可及"。而何休、杜預之"不可及"，除了范甯注本身"多無可觀"之外，更重要的則是以《公羊》《左氏》二傳淆亂《穀梁》。也正是出於對范甯合彙三傳，多用何、杜説的批判，柳興恩曰："孔穎達《毛詩疏》云：'譬如火出於山，反焚其山；

---

① 范甯集解，楊士勛疏：《春秋穀梁傳注疏》，第 6 頁。

② 黄震：《黄氏日抄》卷三一，《景印文淵閣四庫全書》第七〇七册，臺灣商務印書館 1986 年版，第 873 頁。

③ 鍾文烝撰，駢宇騫、郝淑慧點校：《春秋穀梁經傳補注》卷一，中華書局 2009 年版，第 2 頁。

④ 鍾文烝撰，駢宇騫、郝淑慧點校：《春秋穀梁經傳補注》，《范氏元序》，第 8~9 頁。

蠹生於木，反蝕其木。'其范氏之謂乎?"① 柳氏以火焚山、蠹蝕木作爲比喻，對范甯注《穀梁》而反言《穀梁》之失予以猛烈的批判。也就是説，就恪守《穀梁》專家之學者而言，范甯注實不能稱爲《穀梁》專門之學，而更像是合彙三傳之《春秋》學，故鍾文烝言范甯注“已開啖、趙先聲”②。

東晋以降的千數百年間，亦無使人信服的《穀梁》專門之家。這也可以看出歷代《穀梁》學之式微，《穀梁》學之湮没不彰亦可想見。但二千餘年的不爲所重，并不代表《穀梁》確無價值，實則三傳各有優長，各有所善。鄭玄言“《左氏》善於禮，《公羊》善於讖，《穀梁》善於經”③，從不同的角度對三傳之優長予以褒揚。鄭玄“三善説”的提出，尤其是“《穀梁》善於經”的闡發，一定程度上奠定了此後千數百年《穀梁》學發展的理論基石。也正是由於三傳各有優長理念的提出，即使晋元帝言“《穀梁》膚淺”，荀崧亦爲之抗辯。其言曰：

> 穀梁赤師徒相傳，暫立於漢，時劉向父子、漢之名儒，猶執一家，莫肯相從。其書文清義約，諸所發明，或是《左氏》《公羊》所不載，亦足有所訂正，是以三傳并行於先代，通才未能孤廢。④

即不以《穀梁》爲膚淺之學，而以三傳各有優長爲論。⑤ 胡安國亦曰：“《左氏》叙事見本末，《公羊》《穀梁》詞辯而義精。學經以傳爲按，則當閱《左氏》；玩詞以義爲主，則當習《公》《穀》。”⑥則是將《左傳》與《公羊》《穀梁》分爲兩種類型，各有所善。今人李啓原亦對三傳的特點作了概括，其言曰：

> 《左氏》嫻熟於史實，舉凡人物之活動，制度之因革，政治之興

---

① 柳興恩：《穀梁大義述》卷九《述師説》，《皇清經解續編》，光緒十四年刻本，第 24 頁。

② 鍾文烝撰，駢宇騫、郝淑慧點校：《春秋穀梁經傳補注》，《范氏元序》，第 8 頁。

③ 范甯集解，楊士勛疏：《春秋穀梁傳注疏》，第 3 頁上。

④ 沈約：《宋書》卷十四《禮一》，第 362 頁。

⑤ 參見謝明憲：《論〈穀梁傳〉膚淺》，“第一屆世界漢學中的春秋學學術研討會”會議論文集，佛光大學主辦，2004 年 11 月，第 57~70 頁。

⑥ 胡安國著，錢偉彊點校：《春秋胡氏傳》，浙江古籍出版社 2010 年版，《叙傳授》，第 13 頁。

替，禮俗之記述，地理之考實，皆《左氏》之長。《公羊》善以層層設問之法，直搗經義核心，其攸關禮義要旨處，均以大開大闔之筆，發鞭辟入裏之論。《穀梁》緊扣經文全體，點滴不漏，其傳如常山之蛇，首尾照應，最能掌握經文常異變化，而切符"屬辭比事"之訣要。①

李氏對三傳釋經的特點作了簡明而又恰當的概括，可謂的論。在論三傳各有優劣之外，前賢更有獨許《穀梁》者，如鍾文烝概括數家之贊《穀梁》曰：

啖助謂《穀梁》意深；陸淳謂斷義不如《穀梁》之精；孫覺謂以三家之説校其當否，《穀梁》最爲精深；葉夢得謂《穀梁》所得尤多；胡安國謂義莫精於《穀梁》；蔡元定謂三傳中道理，《穀梁》及七八分；某氏《六經奥論》謂解經莫若《穀梁》之密。②

然《穀梁》雖亦有如斯贊譽，學人亦看到《穀梁》的價值，但專治《穀梁》學者絶少，除范甯、楊士勛爲《穀梁》所作注疏流傳至今外，《穀梁》專著寥寥。故梁任公曰："《穀梁》學自昔號稱孤微。"③ 但梁任公在指出歷代《穀梁》學之衰微的同時，也指出《穀梁》學於"清中葉以後稍振，其著作有鍾朝美（文烝）④ 之《穀梁補注》，有侯君謨（康）之《穀梁禮證》，有柳賓叔（興恩）之《穀梁大義述》"⑤。約略同時，劉申叔亦有相似之論，其言清儒之《穀梁》學曰："治《穀梁》者有侯康（《穀梁禮證》）、柳興恩（《穀梁大義述》）、許桂林（《穀梁釋例》）、鍾文烝（《穀梁補注》），咸非義疏。梅毓作《穀梁正義》，亦未成書。是爲《穀梁》之學。"⑥ 梁、劉二家所論相似，所謂清中期稍振者，即指許桂林《穀梁釋例》、侯康《穀梁禮證》、柳興恩《穀梁大義述》、鍾文烝

① 李啓原：《春秋三傳異同考釋》，高雄文化出版社 1995 年版，《自序》。

② 鍾文烝撰，駢宇騫、郝淑慧點校：《春秋穀梁經傳補注》，《序》，第 3 頁。

③ 梁啓超著，夏曉紅、陸胤校：《中國近三百年學術史（新校本）》，商務印書館 2011 年版，第 234 頁。

④ 案：原文小字注文皆以括號標示，下不出注。

⑤ 梁啓超著，夏曉紅、陸胤校：《中國近三百年學術史（新校本）》，第 234 頁。

⑥ 劉師培：《經學教科書》第一册第三十三課《近儒之春秋學》，《劉申叔遺書》，江蘇古籍出版社 1997 年版，第 2086 頁。

《穀梁補注》等學者與《穀梁》學著作而言。①

那麼，清中葉以後《穀梁》學何以能够稍振呢？這就與鄭玄"《穀梁》善於經"之説在清代的再發現、再解讀頗有關聯。"《穀梁》善於經"作爲鄭玄《六藝論》中的一個論斷，實爲評判三傳各自所長的一種説法。《六藝論》早已亡佚，但鄭玄的這一説法則留存在楊士勛《春秋穀梁傳疏》中。楊士勛以《六藝論》此語疏釋《穀梁》，則《六藝論》雖亡，但後代學者皆可藉《穀梁疏》而知之。但爲什麽"《穀梁》善於經"一語在清代中後期突然得到重視呢？蓋隨着考據學或者説漢學在清代的復興，鄭玄作爲漢學的代表，得到越來越多學者的推崇。也正是隨着鄭玄地位的上升，鄭玄的經注、經説成爲學者評判經學訓詁、義理的依據，"《穀梁》善於經"説也就此爲清人重新"發現"。

我們可以發現，清人之論《穀梁》，多以"《穀梁》善於經"爲説。如張預序《穀梁古義疏》曰："康成《六藝論》又曰：'《穀梁》善於《經》。'意必較《公羊》《左氏》爲優。"② 明確以康成"《穀梁》善於經"之論爲説。而鍾文烝言："文烝爲此書，頗有志乎此數語，而要以'《穀梁》善經'一語爲準。"③ 亦以"《穀梁》善於經"作爲撰述《穀梁補注》之準的。阮元之序許桂林《穀梁釋例》，亦曰："末據鄭氏'《穀梁》善於經'之語，以爲時月日即善經之一，是亦篤信鄭學，不爲無根之譚。"④ 亦將"《穀梁》善於經"作爲評判《春秋》義例的標準。

從這裏我們也可以知道，清儒對鄭玄的崇拜、對"《穀梁》善於經"的再解讀成了清儒推崇《穀梁》的一個重要觸因，亦使"《穀梁》善於經"一語成爲清儒研究《穀梁》的一杆標尺。在這一原因的觸動下，《穀梁》學終於在清中後期得以復興。易言之，清代《穀梁》學者實在藉鄭玄"《穀梁》善於經"之語重構《穀梁》之於《春秋》的意義，也是想要重建《穀梁》善經體系。

簡言之，無論是西漢君臣、博士官争論《公》《穀》優劣，還是東漢

---

① 清代《穀梁》學復興之時間，當以梁任公所論清中後期爲是。即便是專門研究清代《穀梁》學的文廷海，其論清前期《春秋》學之專著《清代前期〈春秋〉學研究》（中國社會科學出版社 2012 年版）中亦未有專論《穀梁》學者，可見清前期《穀梁》學仍不爲學者所重，其稍振、復興確當在清中後期。

② 廖平撰，郜積意點校：《穀梁古義疏》，中華書局 2012 年版，《穀梁春秋經傳古義疏叙》，第 3 頁。

③ 鍾文烝撰，駢宇騫、郝淑慧點校：《春秋穀梁經傳補注》，《論傳》，第 29 頁。

④ 許桂林：《穀梁釋例》，《粵雅堂叢書》第十六集，咸豐四年刻本，《阮序》，第 1 頁 B。

鄭玄明確提出"《穀梁》善於經"之説，抑或是范甯、楊士勛對《穀梁》釋經學的探討，乃至清中期以降《穀梁》學者對於《穀梁》學釋經體系及其價值的重構，事實上都貫穿着一個理念，即《穀梁》是否善説《春秋》經。易言之，"《穀梁》善於經"可謂歷代《穀梁》學之或隱或顯的核心脉絡。而這一脉絡的中心，則是在探討《穀梁》學體系及其與《公羊》《左傳》相比較之下的《春秋》學價值。

故本書上編以"《穀梁》善於經"爲核心理念，以西漢以降儒者，尤其是歷代《穀梁》家的《穀梁》釋經體系及其價值爲研究對象，對《穀梁》學詮釋史予以探討。析論之，則可分爲四章。

第一章是對兩漢《穀梁》學之專題研究。本章首先探討西漢經學獨尊地位得以確立、博士官體系日漸完善的情况下，漢宣帝何以推崇《穀梁》，而《穀梁》學爲何又僅僅只是煊赫一時，而後又迅速歸於沉寂之緣由與源流。這部分是從宣帝政局切入西漢《穀梁》學發展史，是一種政治與文化互動下的專題研究。其次則是在全面分析鄭玄《春秋》學的基礎上，對此後影響巨大的"《穀梁》善於經"及"三傳三善説"予以確詁。雖然第一章對兩漢《穀梁》學的研究只是基於宣帝政局背景下《穀梁》學之所以會得到官方推崇和東漢末年鄭玄《春秋》學視域下的"《穀梁》善於經"之義的專題研究，但就兩漢《穀梁》學而言，此二問題或許是最爲重要的課題，也是解讀兩漢乃至後世《穀梁》學之關鍵，故以此二問題發首。

第二章則是對范甯《穀梁集解》、楊士勛《穀梁疏》的專題探討。本文認爲范甯《穀梁注》繼承與延續了鄭玄三傳各有善長的觀點，其《穀梁注》多據鄭玄以爲説。但鄭玄非《穀梁》專門之家，故范甯繼承鄭玄之學，亦是以合彙三傳爲中心，并未恪守《穀梁》一家之學，從而使得其注博引《公羊》《左氏》二家之傳以及前人之説以釋傳，以致因二家以疑《穀梁》，實非《穀梁》專門之學。簡言之，范甯《穀梁集解》是集解包括《公》《左》二家在内的前人之説以注《穀梁》，而其鵠的在於《春秋》，是爲《春秋》經學，而非《穀梁》專門之學。楊士勛之疏雖然以范甯《穀梁集解》爲底本，但楊士勛并未恪守"疏不破注"的義疏學傳統，而是以《穀梁》爲核心，試圖建構一套《穀梁》學釋經體系。相較於范甯，楊士勛《穀梁疏》可謂目前尚存的第一種恪守《穀梁》一家之學的著作。對於《穀梁》而言，楊士勛疏或許比范甯注更爲重要。

范甯、楊士勛以降，歷宋元明都没有受到學界重視的《穀梁》專門之學出現。及至清中晚期，《穀梁》學才稍有復興之趨向。故第三章第一節以阮元爲中心，論鄭玄"《穀梁》善於經"説與清代《穀梁》學復興之關係。隨着鄭玄地位的上升，經過清代學者，尤其是《穀梁》家的再發現、再解讀，“《穀梁》善於經”被轉換成《穀梁》較《左傳》《公羊》更善於經，甚至認爲只有《穀梁》所解才是《春秋》真義。這是清代《穀梁》家有意無意的誤讀，它不但促進了清代《穀梁》學的興起，同時也是貫穿清代《穀梁》學發展的脉絡所在。在這一誤讀的波瀾中，阮元作爲清中晚期的重要官員與士林領袖，可謂起到了極大的推動作用。其於道光初年設立學海堂，并將“《穀梁》善於經”論引入學海堂課業，從而造就了張杓、張維屏、侯康、陳澧、金錫齡、劉昌齡等一批關注和研究《穀梁》的學者。阮元和學海堂師生的傳承，共構了一個以“《穀梁》善於經”爲内核、以學海堂爲中心的《穀梁》學研究場域，對晚清《穀梁》學的發展産生了重要的影響。

第三章第二節則是對許桂林、柳興恩《穀梁》義例學的研究。就經學視域下的《春秋》學研究而言，“例”與“義”是其兩個關鍵點。《穀梁》學對《春秋》的詮釋、《穀梁》之所以善經，亦重在對《春秋》“例”與“義”的探討。《穀梁》最重時月日例，晚清“《穀梁》善於經”的風潮下，許桂林《春秋穀梁傳時月日書法釋例》、柳興恩《穀梁大義述》皆對《穀梁》所詮釋的《春秋》時月日例作出了深入的研究。許、柳二氏對《穀梁》義例的研究，意在於駁正乾嘉時期“以史治經”之風，希望由考經、疑經轉變爲研經、尊經，從而恢復經學的神聖性。無論是許桂林之專守時月日例，還是柳興恩對《穀梁》全傳之梳理，都是意圖建構一套完整的《穀梁》善經體系。

第三章第三節是在“《穀梁》善於經”視域下，對鍾文烝《春秋穀梁經傳補注》的探討。鍾文烝《春秋穀梁經傳補注》是繼范甯、楊士勛《穀梁注疏》之後，第一部對《穀梁》作了全文注釋的著作。鍾文烝以“《穀梁》善於經”爲中心，對《穀梁》之所以“善經”予以探討。鍾文烝通過比較三傳優劣，認爲《穀梁》最得《春秋》之真。在鍾文烝的詮釋體系下，“《穀梁》善於經”轉變爲“《穀梁》最善於經”。而在這一理念下，范甯兼采三傳的注法必不能爲鍾文烝所接受，故鍾文烝駁而論之，提出“以本傳斷群書”的理念。這可以説是“《穀梁》善於經”在《穀梁補注》中的體現，亦可謂“《穀梁》善於經”説的進一步發展。但不得不承認，鍾文烝雖然反對范甯兼采三傳的注釋之法，但其《穀梁補注》仍然延續了范甯博采諸家的注説模式，這也導致《穀梁補注》事實上并未能够真正恪守《穀梁》一家之學。

第四章則是以“九旨説”與“三臨之言”爲中心，對柯劭忞《春秋穀梁傳注》予以研究。雖然范甯、楊士勛爲《穀梁》作注疏，鍾文烝又作《補注》，但就《穀梁》專門之學而言，似乎皆未能提出具有提綱挈領意義的《穀梁》學綱領。柯劭忞重論“三科九旨”之於《公羊》《穀梁》學的意義，提出“九旨”爲《穀梁》學，“三科”爲《公羊》學，從而爲《穀梁》學之體系化建構了第一個支點。在此基礎上，柯劭忞發掘《穀梁》“三臨之言”之於《春秋》的統攝意義，從而提出了《穀梁》學的第二個支點，即“三臨之言”所指向的不同視域。通過將“九旨”與“三臨之言”建構爲《穀梁》學的兩大核心，柯劭忞所欲建構的《穀梁》學體系最終得以完成。這也可以説是到目前爲止最爲合理也最爲精煉的《穀梁》學綱維，亦體現了《穀梁》學之價值與意義。

從兩漢《穀梁》學之傳承開始，無論是鄭玄三家各有善場角度下的“《穀梁》善於經”，還是范甯、楊士勛對《穀梁》全面系統的注疏，抑或是清中期以降對“《穀梁》善於經”誤讀角度下的《穀梁》義例與體系探討，直至柯劭忞對《穀梁》條例、體系的基本建立，可謂是二千餘年《穀梁》詮釋學史的一組剪影。而貫穿此一詮釋學史的核心理念則是“《穀梁》善於經”，無論是對此以提法的確詁還是誤讀，皆是在嘗試對《穀梁》學之價值與意義予以詮解。簡言之，二千年《穀梁》詮釋史即一部“《穀梁》善於經”理念的解釋史。

如果説上編是對二千餘年《穀梁》學詮釋史的探討，那麽，筆者是將《穀梁》學體系的最終建立指向了柯劭忞的《春秋穀梁傳注》，即以“九旨”説與“三臨之言”爲中心的《穀梁》學體系。本書下編即是以柯劭忞所建構的《穀梁》學體系爲中心，以“九旨”與“三臨之言”爲核心標準，對《穀梁》傳文予以專題新詮。

下編第一章將“三臨之言”作爲《穀梁》學最核心的理念，以《春秋》“齊桓、晋文之事”爲研究對象，對三傳解經方法之異同予以試探。本章提出，《左傳》以叙事理路確立了齊桓、晋文的“伯/霸”詮釋，而《公羊》《穀梁》二傳意在對“齊桓晋文之事”予以賦義。由於何休、杜預、范甯三傳注皆將齊桓、晋文之詮釋指向“伯/霸”，使得“齊桓晋文之事”被固定在“伯/霸”之上，而《公》《穀》所賦之義反而難以彰顯。從叙事回到賦義，以“同尊周”爲核心、以“三臨之言”爲視域解讀《穀梁》，以“天子—魯—諸侯”之秩序爲中心審視《公羊》，可以發現《公》《穀》賦義下的“齊桓晋文之事”體現了《春秋》義旨。本章藉《春秋》學中頗爲重要的“齊桓晋文之事”爲例，提出了三傳解經之異，并進而提出“三臨之言”之於《穀梁》學的方法論意義。

第二章則對作爲《春秋》開端的隱公予以新詮，試圖提出新義。《春秋》以隱公爲記載之始，“《春秋》何以始乎隱”是爲《春秋》學所展現的第一個重要問題，《春秋》三傳對此各有不同的理解。《穀梁》以“無事”與“謹始”爲中心，賦予其“正隱以治隱”的意義。《穀梁》隱公叙事以此爲核心，通過對仲子與子氏身份的不同詮釋，建構了隱公至正的地位，進而以“至正”貶隱公之“不自正”，從而成立了《春秋》“何以始乎隱”的《穀梁》解讀。無論“元年春王正月”，還是“不書公即位”，抑或是“無事”與“謹始”，都當置於《穀梁》學體系中予以解讀。在《穀梁》的解讀下，《春秋》隱公書寫具有了有别於二傳的不同意義。這也昭示，我們不能局於現有的《穀梁》學體系，而要不斷開拓，以期能對《穀梁》有更新的詮解。

第三章則是對《春秋》最後一句“哀公十四年春，西狩獲麟”予以解讀。歷代學者多用“獲麟絶筆”“獲麟始書”指向“西狩獲麟”及《春秋》文本的結束，指出孔子書寫《春秋》與“麟”的關係。《穀梁》傳文未曾出現關於“絶筆”“始書”等關於書寫的詞彙，但范甯以降的《穀梁》家多以“文成麟至”詮釋《穀梁》“西狩獲麟”義，這種詮釋并不能從《穀梁》傳文體系中獲得依據。就傳文而言，其要點在於詮釋“麟”而不是“獲麟”，其目的在於論證“麟”之於“中國”的意義，用“不使麟不恒有於中國”詮釋“麟”之於“中國”的象徵與永恒意義。傳文雖然没有提及孔子及其書寫，但從《穀梁》的詮釋中，仍能看出孔子撰寫《春秋》之所以在“西狩獲麟”擱筆，飽含孔子對中國文化與未來的期許與守望。就此詮釋而言，實可謂“《穀梁》善於經”。而筆者對此《穀梁》傳義之解讀，亦是建立在“九旨”説與“三臨之言”的標準之上。

簡言之，本書上編意在對二千餘年《穀梁》學詮釋史予以梳理與探討，而下編則是在柯劭忞等歷代《穀梁》學家詮釋的基礎上，對《穀梁》學的重要問題予以專題研究。本書重在對前人研究的梳理，但亦希望能爲《穀梁》學研究之開新貢獻一點微末之力。

上　編

《穀梁》詮釋學史與詮釋體系研究

第一章　盛衰繼之辯訥：漢代《穀梁》學説略

第一節　廢興由於好惡："宣帝善《穀梁》説"發微

一、《春秋》大一統：董仲舒天人思想與經學時代之開啓

《史記·儒林列傳》記載了一則黄生與轅固生爭論湯、武革命的故事，其言曰：

> 清河王太傅轅固生者，齊人也。以治《詩》，孝景時爲博士。與黄生爭論景帝前。黄生曰："湯、武非受命，乃弑也。"轅固生曰："不然。夫桀、紂虐亂，天下之心皆歸湯、武，湯、武與天下之心而誅桀、紂，桀、紂之民不爲之使而歸湯、武，湯、武不得已而立，非受命爲何？"黄生曰："冠雖敝，必加於首；履雖新，必關於足。何者？上下之分也。今桀、紂雖失道，然君上也；湯、武雖聖，臣下也。夫主有失行，臣下不能正言匡過以尊天子，反因過而誅之，代立踐南面，非弑而何也？"轅固生曰："必若所云，是高帝代秦即天子之位，非邪？"於是景帝曰："食肉不食馬肝，不爲不知味；言學者無言湯、武受命，不爲愚。"遂罷。是後學者莫敢明受命放殺者。①

轅固生由湯、武革命論及漢高祖之代秦而立，提出了漢朝統治的合法性問題。雖然"是後學者莫敢明受命放殺者"，但"莫敢明"并不代表這一問題的解决。相反，正是因爲不曾解决、不能解决，故莫敢言。但這一

① 司馬遷撰，瀧川資言考證，楊海峥整理：《史記會注考證》卷一二一《儒林列傳第六十一》，上海古籍出版社 2016 年版，第 4075 頁。

問題既關乎漢朝統治的合法性，如不能解決，終究不能使其統治得到真正的“完滿”。這一問題的解決，有待於轅固生及其後之儒生，而董仲舒則是其中最爲重要的代表人物之一。建元元年，“冬十月，詔舉賢良方正直言極諫之士，上親策問以古今治道，對者百餘人”①。董仲舒以是進對，上天人三策，從而於建元五年“置五經博士”②。由是進入經學昌明時代，亦進入中國兩千餘年的經學時代。③

事實上，漢武帝“親策問以古今治道”，首先要解決的就是漢代統治合法性，也就是轅固生提出的“高帝代秦即天子之位”的合法性問題。是以，漢武帝之問與董仲舒之對，蓋非在經學義理之道，其要當在“當下之治”以至於“傳之無窮之方”。故漢武帝制曰：

> 朕獲承至尊休德，傳之亡窮，而施之罔極，任大而守重，是以夙夜不皇康寧，永惟萬事之統，猶懼有闕。故廣延四方之豪俊，郡國諸侯公選賢良修絜博習之士，欲聞大道之要、至論之極。今子大夫褎然爲舉首，朕甚嘉之。子大夫其精心致思，朕垂聽而問焉。

又曰：

> 朕夙寤晨興，惟前帝王之憲，永思所以奉至尊、章洪業，皆在力本任賢。今朕親耕藉田，以爲農先，勸孝弟，崇有德，使者冠蓋相望，問勤勞，恤孤獨，盡思極神，功烈休德未始云獲也。今陰陽錯繆，氛氣充塞，群生寡遂，黎民未濟，廉耻貿亂，賢不肖渾淆，未得其真，故詳延特起之士，意庶幾乎！今子大夫待招百有餘人，或道世務而未濟，稽諸上古之不同，考之於今而難行，毋乃牽於文繫而不得騁歟？將所由異術，所聞殊方與？④

① 司馬光編著：《資治通鑒》卷十七，中華書局2011年版，第555頁。

② 班固撰，王先謙補注：《漢書補注》卷六《武帝紀第六》，上海古籍出版社2012年版，第229頁。

③ 皮錫瑞《經學歷史》曰：“經學至漢武始昌明，而漢武時之經學爲最純正。”見皮錫瑞疏證，吴仰湘整理：《經學歷史》，《皮錫瑞全集》第六册，中華書局2015年版，第24頁。

④ 班固撰，王先謙補注：《漢書補注》卷五十六《董仲舒傳第二十六》，第4018、4032～4033頁。

董仲舒以是提出著名的“天人三策”①，而以“一統”終其對：

《春秋》大一統者，天地之常經、古今之通誼也。今師異道、人異論，百家殊方，指意不同，是以上亡以持一統；法制數變，下不知所守。臣愚以爲諸不在六藝之科、孔子之術者，皆絶其道，勿使并進。邪辟之説滅息，然後統紀可一而法度可明，民知所從矣。②

由是可知，無論是漢武帝之問，還是董仲舒之答，其要皆在於是時與長久之“治”。六藝之科與孔子之術的倡導，或者以後世的話説，即“罷黜百家，獨尊儒術”③，其要在政而不在學。經學之所以被選擇，正在其可以爲上持一統、爲下知所守提供理論依據。但事實上，董仲舒等儒生所提倡之經學，已非孔子之經學，而應是經過戰國百家融合之後的新學説與新模式。④《論語》載子貢之言曰：“夫子之文章，可得而聞也。夫子之言性與天道，不可得而聞也已矣。”⑤ 子貢作爲孔門十哲之一，却説“夫子之言性與天道，不可得而聞”，但董仲舒之對策，却都是在談性與天道。董仲舒首次對策即曰：

陛下發德音、下明詔，求天命與情性，皆非愚臣之所能及也。臣謹案《春秋》之中，視前世已行之事，以觀天人相與之際，甚可畏也。

又曰：

---

① 董仲舒對策時間，多有異説。錢穆曰：“仲舒對策之年，昔人尚多異議。《漢書・武紀》載於元光元年，與公孫弘并列。《通鑒》則據《史記》‘武帝即位，爲江都相’之文，載於建元元年。蓋《通鑒》所定實是。”（《兩漢博士家法考》，《兩漢經學今古文平議》，九州出版社 2011 年版，第 163 頁）王葆玹認爲董仲舒對策當在元朔五年。（《西漢經學源流》，四川人民出版社 2021 年版，第 157～166 頁）因此時間差異與本文論述并無緊密關聯，故不再辨析。

② 班固撰，王先謙補注：《漢書補注》卷五十六《董仲舒傳第二十六》，第 4052 頁。

③ 《漢書・董仲舒傳》曰：“及仲舒對册，推明孔氏，抑黜百家。”（《漢書補注》卷五十六《董仲舒傳第二十六》，第 4055 頁）關於“罷黜百家，獨尊儒術”與“諸不在六藝之科、孔子之術者，皆絶其道，勿使并進”之差别，可參見楊勇《“罷黜百家，獨尊儒術”的歷史考察——以“六藝之科”與“孔子之術”的分合爲中心》（《文史哲》2019 年第 6 期）。

④ 關於董仲舒之思想，參見曾亦、郭曉東撰《春秋公羊學史》（華東師範大學出版社 2017 年版）第三章《董仲舒與漢代〈公羊〉學》。

⑤ 何晏集解，皇侃撰，高尚榘校點：《論語義疏》卷三《公冶長第三》，中華書局 2013 年版，第 110 頁。

> 臣謹案《春秋》謂一元之意，一者萬物之所從始也，元者辭之所謂大也。謂一爲元者，視大始而欲正本也。《春秋》深探其本，而反自貴者始。故爲人君者，正心以正朝廷，正朝廷以正百官，正百官以正萬民，正萬民以正四方。四方正，遠近莫敢不壹於正，而亡有邪氣奸其間者。是以陰陽調而風雨時，群生和而萬民殖，五穀孰而屮木茂，天地之間被潤澤而大豐美，四海之内聞盛德而皆徠臣，諸福之物、可致之祥莫不畢至，而王道終矣。①

董仲舒雖謙稱"天命與情性，皆非愚臣之所能及"，然其言天人相與之際、正心以正民，莫不皆是"天命與情性"。以是而論，董仲舒之經學、儒學已與孔子頗爲不同，②其要蓋在以道家、陰陽家之説融入儒家。《漢書·藝文志》曰：

> 儒家者流，蓋出於司徒之官，助人君順陰陽、明教化者也。游文於六經之中，留意於仁義之際，祖述堯舜，憲章文武，宗師仲尼，以重其言，於道最爲高。③

班固繼承劉歆《七略》之説，以儒家者流爲"助人君順陰陽、明教化者"，則漢人所認可之儒家，固是摻雜道家、陰陽家之説者也。④是以，

---

① 班固撰，王先謙補注：《漢書補注》卷五十六《董仲舒傳第二十六》，第4022、4026~4027頁。

② 顧頡剛於《秦漢的方士與儒生》一文曰："勸武帝罷黜百家的董仲舒，他真是孔子的信徒嗎？聽了董仲舒的話尊崇儒家的武帝，他真行孔子之道嗎？這不勞我細説，只消把董仲舒所作的《春秋繁露》，和記武帝事實最詳細的《史記·封禪書》去比較《論語》，就會知道。"（《顧頡剛古史論文集》卷二，中華書局2010年版，第506頁）即此義也。

③ 班固撰，王先謙補注：《漢書補注》卷三十《藝文志第十》，第2966頁。

④ 張舜徽曰："若漢以前之所謂儒，乃術士之通稱。"（《廣校讎略　漢書藝文志通釋》，第280頁）若依張氏之説，則儒本術士，故漢人援陰陽家説以入儒家，固其宜也。按照葛兆光的説法，漢初儒家對於先秦儒家的變革，實即要建構一套可予施行的政治理論與思想依據："作爲一種思想學説，儒學要在這種社會急劇變動的時候成爲民族國家的意識形態，并取得在其他學説之上的獨尊地位，則要建設一個擁有天然合理的終極依據、涵蓋一切的理論框架、解釋現象的知識系統以及切合當時并可供操作的政治策略在内的龐大體系，以規範和清理世界的秩序，確定與指引歷史的路向。……作爲一個民族國家的意識形態，早期儒學中的宇宙論依據并不發達。孔子所謂'天何言哉'的表述實在太簡略，而'唯天爲大'的説法又實在太籠統，由於這種不發達，一方面使得儒學中關於人與社會的道德學説與禮樂制度的合理性仿佛缺少自然法則的支持，其不言而喻的權威性便不免脚下空虛，一方面使得儒學無法與民衆生活所尊奉與需要的實用技術與知識彼此

董仲舒爲漢武帝所擬定的漢家制度，實際上并非純粹的儒家思想的產物，而是儒家雜糅道家、陰陽家的結果。面對漢武帝“風流而令行，刑輕而奸改，百姓和樂，政事宣昭，何修何飭而膏露降、百穀登，德潤四海、澤臻屮木，三光全、寒暑平，受天之祜，享鬼神之靈，德澤洋溢，施虖方外，延及群生”①的追問與期待，董仲舒給出的方案就是以漢初儒家政治思想爲依據與核心的“更化”：

> 自古以徠，未嘗有以亂濟亂、大敗天下之民如秦者也。……孔子曰：“腐朽之木不可雕也，糞土之墻不可圬也。”今漢繼秦之後，如朽木糞墻矣，雖欲善治之，亡可奈何。法出而奸生，令下而詐起，如以湯止沸，抱薪救火，愈甚亡益也。竊譬之琴瑟不調，甚者必解而更張之，乃可鼓也。爲政而不行，甚者必變而更化之，乃可理也。當更張而不更張，雖有良工不能善調也。當更化而不更化，雖有大賢不能善治也。故漢得天下以來，常欲善治而至今不可善治者，失之於當更化而不更化也。古人有言曰：“臨淵羨魚，不如蛛而結網。”今臨政而願治七十餘歲矣，不如退而更化，更化則可善治，善治則灾害日去、福禄日來。《詩》云：“宜民宜人，受禄于天。”爲政而宜於民者，固當受禄于天。夫仁、誼、禮、知、信，五常之道，王者所當修飭也。五者修飭，故受天之祐而享鬼神之靈，德施于方外，延及群生也。②

董仲舒將漢興七十餘年而未能善治歸責於未能“更化”。所謂更化，即以儒家之道代替秦人“重禁文學，不得挾書，弃捐禮誼而惡聞之，其心欲滅先王之道，而顓爲自恣苟簡之治”③。具體而言，即以五經爲據，“改正朔，易服色，所以應天”④。而依據《公羊》學而來的“應天”成爲董仲舒爲漢武帝設計的政治理論的核心：

溝通，……儒學似乎只能處理道德層面上的問題而不能深層地進入生活，不能給人們提供生活上的自信與知識。……至少在漢初，例如陸賈便接納了黄、老之學，陰陽五行思想，乃至數術方技共同依據的一些基礎性思想，有意識地建立儒學的形而上的宇宙支持系統。……從現在所存的文獻資料看，把‘天’作爲人間秩序合理性的背景，并對於這套解釋自然與歷史的宇宙法則，論述得最充分的是董仲舒。”（葛兆光：《中國思想史》第一卷，復旦大學出版社 2005 年版，第 258～259 頁）

① 班固撰，王先謙補注：《漢書補注》卷五十六《董仲舒傳第二十六》，第 4019 頁。

② 班固撰，王先謙補注：《漢書補注》卷五十六《董仲舒傳第二十六》，第 4029 頁。

③ 班固撰，王先謙補注：《漢書補注》卷五十六《董仲舒傳第二十六》，第 4029 頁。

④ 班固撰，王先謙補注：《漢書補注》卷五十六《董仲舒傳第二十六》，第 4036 頁。

> 臣謹案《春秋》之文，求王道之端，得之於正。正次王，王次春，春者天之所爲也，正者王之所爲也。其意曰，上承天之所爲，而下以正其所爲，正王道之端云爾。然則王者欲有所爲，宜求其端於天。天道之大者在陰陽。陽爲德，陰爲刑，刑主殺而德主生。是故陽常居大夏，而以生育養長爲事；陰常居大冬，而積於空虛不用之處。以此見天之任德不任刑也。……王者承天意以從事，故任德教而不任刑。①

董仲舒將“更化”的理論推及天道陰陽，將秦政歸之於刑陰，而德政比之於德陽。是以，在董仲舒的思想中，若漢武帝欲其治，必由刑而德，即由崇法家轉向崇儒家。當然，漢武帝之所以最終能從而“更化”，自不是董仲舒一人之力。《史記・儒林傳》曰“及今上即位，趙綰、王臧之屬明儒學，而上亦鄉之”②，則儒學、五經之興本就是漢武帝時期儒家學者一致推動所致；事實上，也并不僅僅是儒生的推動，更重要的是統治者對於“一統”的追求，而漢儒思想恰逢其時。③ 是以，在統治者與儒生的一致推動下，漢朝開始以儒學爲核心與依據的“更化”運動。從學術上説，建元五年置五經博士可謂從學理上肯定了五經與儒家思想的主導地位；而漢武帝一系列迎合儒家思想的改革，則是從政治上重構了儒學與五經的現

---

① 班固撰，王先謙補注:《漢書補注》卷五十六《董仲舒傳第二十六》，第 4025~4026 頁。

② 司馬遷撰，瀧川資言考證，楊海峥整理:《史記會注考證》卷一二一《儒林列傳第六十一》，第 4067 頁。

③ 錢穆《秦漢史》曰:“漢興七十年，恭儉無爲之治，繼承勿輟。至於武帝，而社會財富，日趨盈溢。又其功臣、外戚、同姓三系之紛争，亦至武帝時而止。中央政府統一之權威，於以確立。而民間古學復興，學者受新鮮之刺激，不肯再安於無爲。而邊患亦迄未寧息，抑且與時俱進，不得不謀一痛懲創之道。凡此均爲促成漢武一朝政治之背景。”(《秦漢史》，九州出版社 2011 年版，第 72 頁) 但徐復觀也指出:“在董仲舒以前，漢初思想，大概上是傳承先秦思想的格局，不易舉出它作爲‘漢代思想’的特性。漢代思想的特性，是由董仲舒所塑造的。……正因爲如此，所以儒家思想發展到董仲舒，在許多地方變了形；在許多地方，可以把董氏以前與董氏的新説及受董氏新説影響的繼起之説，劃一個大分水嶺。而兩千餘年，陰陽五行之説，深入於社會，成了廣大的流俗人生哲學，皆可追溯到董仲舒的思想上去。他是有意識地發展《吕氏春秋》十二紀紀首，以建立無所不包的哲學系統的，并把他所傳承的《公羊春秋》乃至《尚書》的《洪範》組入此一系統中去，以促成儒家思想的轉折。他的這一意圖，與大一統專制政治的趨於成熟，有密切關係。他一方面在思想上、觀念上，肯定此一體制的合理性。同時，又想給此一體制以新的内容、新的理想，這便構成他的天的哲學大系統的現實意義。”(《兩漢思想史》第二册，九州出版社 2014 年版，第 269~270 頁) 則漢武帝之以儒術緣飾政治，故大勢所趨，然董仲舒在其中所處之重要性亦不容忽視。

實意義。元封元年封泰山，太初元年頒布《太初曆》，“十一月甲子朔旦冬至，天曆始改，建於明堂，諸神受紀”①，代表着漢武帝以儒家思想爲核心的政治文化改革基本完成。但正如前文所述，漢武帝對儒學與五經的選擇，并不僅僅是出於學術的追求，更是政治的需要。錢穆指出：

> 秦皇、漢武，同爲中國史上之雄主。秦皇焚書坑儒，以吏爲師，禁天下之以古非今。迄於漢武，不及百年，乃表彰六藝，高慕堯舜，處處以希古法先爲務。若漢武之於始皇，所處在絶相反之兩極。而論其措施，則漢武之置五經博士，設博士弟子員，即猶始皇之焚非博士官書，以吏爲師，統私學於王官之制也。②

無論是秦始皇的焚書坑儒，還是漢武帝的“推明孔氏，抑黜百家”，目的都在於實現統治歸於“一”。而經過融合道家、陰陽家的儒家思想，恰好符合這一需求。董仲舒及武帝年間儒家對於天道的提倡，“天人感應”“受命”等學説日漸成爲漢代政治文化之核心内容，儒術也爲漢家統治提供了理論依據與合法性緣飾。“陰陽配性情，五行配五常，以天人相應爲理論，凸顯君主權威，并建立相應制度與法律的儒家也從此改變了先秦儒學象徵主義與人本主義的性質與路向。”③是以，權力與學術綰合在一起，最終開啓了經學與政治互爲依存的時代。

二、天道與君政：儒家思想對君權之反制

漢武帝依儒術緣飾政治，儒家亦援政治以推崇五經，相互爲用，互爲輔佐。《鹽鐵論》即曰：“天下不平，庶國不寧，明王之憂也。上無天子，下無方伯，天下煩亂，賢聖之憂也。”④君主與聖賢最終的目的被綰合在一

---

① 司馬遷撰，瀧川資言考證，楊海峥整理：《史記會注考證》卷一三〇《太史公自序第七十》，第4315頁。

② 錢穆：《秦漢史》，第73頁。

③ 葛兆光：《中國思想史》第一卷，第270頁。

④ 王利器校注：《鹽鐵論校注（定本）》卷二《論儒第十一》，中華書局1992年版，第151頁。漢昭帝繼武帝而立，面對武帝後期窮兵黷武所遺留的問題，始元六年二月，“詔有司問郡國所舉賢良文學民所疾苦，議罷鹽鐵榷酤”（《漢書補注》卷七《昭帝紀第七》，第318頁），是謂鹽鐵會議。桓寬《鹽鐵論》據鹽鐵會議之記録而成書，可謂昭帝時期朝廷中央儒生與官吏争論之記録，亦可以在一定程度上視爲昭帝時期官方意識形態争論之體現。陳蘇鎮指出：“賢良文學站在‘王道’立場上，企圖剔除‘漢家制度’中的‘霸道’成分，這一點無須多論。需要進一步指出的是，賢良文學所鼓吹的‘王道’

起，即面向當下之治。儒術爲君權解决了合法性的問題，君權亦爲儒術之獨尊掃清了障礙。但儒生與經術雖然解决了漢朝統治的合法性問題，同時却也給漢朝統治帶來了新的挑戰，即“天人感應”説對君權的反制。但正如葛兆光所指出的，儒術與政治相互爲用的同時，亦存在相互制約的一面：

> 相當多的思想史或哲學史著作都注意到了董仲舒以及其後的一些儒者以自然灾異與政治人事相聯繫的傾向。……但是，却很少有人探討一下這種“天人感應”背後的另一種知識階層心境，先秦以來的儒學傳統，一方面以“君君臣臣父父子子”“大一統”“尊王攘夷”等口號爲漢代國家意識形態的形成提供了學術的依據，但是另一方面又以“仁政”“德治”等思想爲非官方的批判的意識形態提供了學術的依據。……董仲舒一而再再而三地提醒君主在利益之上還有正義，在力量之上還有良心，在權力之上還有“天”在臨鑒。所謂“天亦有喜怒之氣、哀樂之心，與人相副，以類合之，天人一也”，所謂君主政令失誤，不尊道德、不行仁義，天就會以灾異示警，其實就是在權力已經無限的君主之上再安放一個權力更加無限的“天”。①

靠着綰合天與君，“天子”統治具有了天然的合法性，也爲王朝確立了正統性。但也正因爲將天子與王朝的合法性訴之於“天”，故“天”成了“王”之上一個更高的位階，從而使“天”可以約束“君”。這是儒生爲漢朝合法性的確立找到的一個源頭，但同時也是爲自己監督“君權”設立的一個隱含依據。而這一依據的存在，也爲臣監督君創造了條件。故何休注《春秋》“元年春王正月”曰：

> 年者十二月之總號，《春秋》書十二月稱年是也。變一爲元，元者氣也，無形以起，有形以分，造起天地，天地之始也。故上無所繫，而使春繫之也。……春者天地開闢之端，養生之首，法象所出，四時本名也。……文王，周始受命之王，天之所命，故上繫天端。

帶有明顯的《公羊》學色彩。《鹽鐵論》作者桓寬是《公羊》家，史有明文。參加鹽鐵之議的六十多個賢良文學，都是來自全國各地的普通儒生，從《鹽鐵論》的記載看，他們也都深受董仲舒及其《公羊》學的影響。”（《〈春秋〉與“漢道”——兩漢政治與文化研究》，中華書局 2020 年版，第 369~370 頁）

① 葛兆光：《中國思想史》第一卷，第 266~269 頁。

……王者受命，必徙居處、改正朔、易服色、殊徽號、變犧牲、異器械，明受之於天，不受之於人。……《春秋》以元之氣正天之端，以天之端正王之政，以王之政正諸侯之即位，以諸侯之即位正竟内之治。……王者不承天以制號令則無法，故先言春而後言王。天不深正其元則不能成其化，故先言元而後言春。五者同日并見，相須成體，乃天人之大本、萬物之所繫，不可不察也。①

何休此注以“元”“年”“春”屬“天”，而以“王正月”屬“君”，即將“君權”歸之於“天”。王者受命，所受之命即來自於“天”。故“以元之氣正天之端，以天之端正王之政，以王之政正諸侯之即位，以諸侯之即位正竟内之治”，而君權與君政終歸於“天”與“氣”之下。何休雖然生活於東漢末年，但此注可視爲兩漢《公羊》學之基本内核。董仲舒曰：“《春秋》之法，以人隨君，以君隨天。”② 即以天規定君。因爲天是君權的來源，以天規定君，是以天既可以賦予君以權，亦可收回其所賦之天命。故董仲舒《春秋繁露》曰：

堯舜何緣而得擅移天下哉？《孝經》之語曰：“事父孝，故事天明。”事天與父，同禮也。今父有以重予子，子不敢擅予他人，人心皆然。則王者亦天之子也，天以天下予堯舜，堯舜受命於天而王天下，猶子安敢擅以所重受於天者予他人也。天有不以予堯舜漸奪之，故明爲子道，則堯舜之不私傳天下而擅移位也，無所疑也。……天之生民非爲王也，而天立王以爲民也。故其德足以安樂民者天予之，其惡足以賊害民者天奪之。③

董仲舒雖然以《公羊》學爲基礎爲漢朝設計了政權的合法性理論，但這一理論同時也限制了君主的權力。一旦君主“惡足以賊害民”，則天亦將收回其命。是故政權之更迭也被置於天命轉移之下：

《詩》云：“殷士膚敏，祼將於京，侯服於周，天命靡常。”言天

---

① 何休注，徐彦疏：《春秋公羊注疏》卷一，《十三經注疏》第七册，藝文印書館 1973 年版，第 8~10 頁。

② 蘇輿撰，鍾哲點校：《春秋繁露義證》，《玉杯第二》，中華書局 1992 年版，第 31 頁。

③ 蘇輿撰，鍾哲點校：《春秋繁露義證》，《堯舜不擅移、湯武不專殺第二十五》，第 219~220 頁。

之無常予、無常奪也。故封泰山之上、禪梁父之下，易姓而王，德如堯舜者七十二人。王者，天之所予也，其所伐皆天之所奪也。……故夏無道而殷伐之，殷無道而周伐之，周無道而秦伐之，秦無道而漢伐之。有道伐無道，此天理也，所從來久矣。①

天命靡常，王者即天之所予，故亦可伐而奪之。徐復觀即言："董氏肯定了大一統的專制體制，并不等於他肯定了'家天下'。相反的，他贊成禪讓和征誅的兩種政權轉移方式，即是他依然守住'天下爲公'的政治理想。"② 而天命予奪之體現，要在灾祥。漢武帝問董仲舒："三代受命，其符安在？灾異之變，何緣而起？"③ 即以符瑞、灾異爲王朝興衰之重要表徵。武帝崇尚儒術之後，儒家亦以符瑞、灾異作爲評判君、政之重要指徵。《鹽鐵論》載賢良文學論灾祥曰：

天灾之證，禎祥之應，猶施與之望報，各以其類及。故好行善者，天助以福，符瑞是也。《易》曰："自天祐之，吉無不利。"好行惡者，天報以禍，妖灾是也。《春秋》曰："應是而有天灾。"……日者陽，陽道明；月者陰，陰道冥；君尊臣卑之義。故陽光盛於上，衆陰之類消於下；月望於天，蚌蛤盛於淵。故臣不臣，則陰陽不調，日月有變；政教不均，則水旱不時，螟螣生。此灾異之應也。四時代叙，而人則其功；星列於天，而人象其行。常星猶公卿也，衆星猶萬民也。列星正則衆星齊，常星亂則衆星墜矣。④

賢良文學以灾祥與善惡相對應，行善則上天徵之以祥瑞，爲惡則上天徵之以灾異，蓋祥瑞、灾異皆上天示之於人的表徵。儒士將常星比之於公卿，列星比之於百姓，以爲常星正列星始能從之而正，常星亂則衆星墜矣。賢良文學在此以常星比之於公卿，明顯是不敢斥言皇帝，事實上，皇帝才應該是常星之所指。故錢穆言：

夫灾異所以譴告，遇灾異，則三公可以策免，以至於詔令使自

---

① 蘇輿撰，鍾哲點校：《春秋繁露義證》，《堯舜不擅移、湯武不專殺第二十五》，第220頁。
② 徐復觀：《兩漢思想史》第二册，第270頁。
③ 班固撰，王先謙補注：《漢書補注》卷五十六《董仲舒傳第二十六》，第4019頁。
④ 王利器校注：《鹽鐵論校注（定本）》卷九《論灾第五十四》，第556~557頁。

殺，此固也。然灾異之所譴，固非特於三公也；尚有在三公之上，居一國元首之高位，其對上天之譴告，容得轉無所當乎！故漢儒言灾異，其精神實不屬三公，而屬天子。①

君主作爲最高統治者，也作爲“天子”，上天的灾祥最終都應回到君主的道德行事之中來考察。是以，灾祥成爲評判君主施政當否的一個重要標準，也成爲限制君權的一個武器。而灾異的出現，也預示着皇帝自我貶斥的重要發端。如漢宣帝本始四年：

夏四月壬寅，郡國四十九地震，或山崩水出。詔曰：“蓋灾異者，天地之戒也。朕承洪業，奉宗廟，托於士民之上，未能和群生。乃者地震北海、琅邪，壞祖宗廟，朕甚懼焉。丞相、御史其與列侯、中二千石博問經學之士，有以應變，輔朕之不逮，毋有所諱……”大赦天下。上以宗廟墮，素服，避正殿五日。②

即以郡國四十九地震而下詔自我貶斥，而欲以“博問經學之士”匡其不逮。而這種因灾異而自我貶斥的情形，在宣帝之後愈演愈烈。如漢元帝初元三年夏，連下二詔罪己。夏四月茂陵白鶴館灾，詔曰：

乃者火灾降於孝武園館，朕戰栗恐懼。不燭變異，咎在朕躬。群司又未肯極言朕過，以至於斯，將何以寤焉！百姓仍遭凶阨，無以相振，加以煩擾虖苛吏，拘牽虖微文，不得永終性命，朕甚閔焉！其赦天下。

六月再次下詔曰：

蓋聞安民之道，本繇陰陽。間者陰陽錯謬，風雨不時。朕之不德，庶幾群公有敢言朕之過者，今則不然。偷合苟從，未肯極言，朕甚閔焉。永惟烝庶之饑寒，遠離父母妻子，勞於非業之作，衛於不居之宫，恐非所以佐陰陽之道也。其罷甘泉、建章宫衛，令就農。百官

① 錢穆：《秦漢史》，第218頁。
② 班固撰，王先謙補注：《漢書補注》卷八《宣帝紀第八》，第345頁。

各省費。條奏毋有所諱。有司勉之,毋犯四時之禁。①

由是可見,所以救天之灾戒者,在於君上自我斥責并加以改正。因爲灾異之解釋權在於儒生,故皇帝亦多求所以明灾異之儒生。如元帝在初元三年六月自我貶責之後,要"丞相、御史舉天下明陰陽灾異者各三人"②;漢成帝建始三年十二月日食之後,要求"丞相、御史與將軍、列侯、中二千石及内郡國舉賢良方正極諫之士"③。易言之,儒生藉由灾異以譴告君上,"君道得,則草木昆蟲咸得其所;人君不德,讁見天地,灾異婁發,以告不治"④。而灾異、譴告之終局,則在改朝换代,即"天子失德,上天譴告,灾異迭見,當遜位讓賢"⑤。自然灾害、自然現象的出現不可避免,而隨着社會矛盾的加劇,人爲的灾難也愈發頻繁,是以,所謂灾異必將"迭見"。故從灾異學説導出"遜位讓賢",也成爲一種必然。漢代遜位讓賢的禪讓説之出現,即源於儒生對灾異之解讀:

孝昭元鳳三年正月,泰山、萊蕪山南匈匈有數千人聲,民視之,有大石自立,高丈五尺,大四十八圍,入地深八尺,三石爲足。石立後,有白烏數千,下集其旁。是時昌邑有枯社木卧復生,又上林苑中大柳樹斷枯卧地,亦自立生,有蟲食樹葉成文字曰:"公孫病已立。"(眭)孟推《春秋》之意,以爲"石柳皆陰類,下民之象,而泰山者岱宗之岳,王者易姓告代之處。今大石自立,僵柳復起,非人力所爲,此當有從匹夫爲天子者。枯社木復生,故廢之家公孫氏當復興者也"。孟意亦不知其所在,即説曰:"先師董仲舒有言,雖有繼體守文之君,不害聖人之受命。漢家堯後,有傳國之運。漢帝宜誰差天下,求索賢人,禮以帝位,而退自封百里,如殷、周二王後,以承順天命。"孟使友人内官長賜上此書。時昭帝幼,大將軍霍光秉政,惡之,下其書廷尉。奏賜、孟妄設祆言惑衆,大逆不道,皆伏誅。後五年,孝宣帝興於民間,即位,徵孟子爲郎。⑥

① 班固撰,王先謙補注:《漢書補注》卷九《元帝紀第九》,第395、395~396頁。

② 班固撰,王先謙補注:《漢書補注》卷九《元帝紀第九》,第396頁。

③ 班固撰,王先謙補注:《漢書補注》卷十《成帝紀第十》,第425頁。

④ 班固撰,王先謙補注:《漢書補注》卷十《成帝紀第十》,第425頁。

⑤ 錢穆:《秦漢史》,第218頁。

⑥ 班固撰,王先謙補注:《漢書補注》卷七十五《眭兩夏侯京翼李傳第四十五》,第4869~4870頁。

雖然眭弘據《春秋》推演的“當有從匹夫爲天子”“故廢之家公孫氏當復興”云云最終成爲漢宣帝即位的天象預告，但其“漢帝宜誰差天下，求索賢人，禪以帝位，……以承順天命”之説，無疑是展現了是時民衆對漢朝統治之不滿。顧頡剛即言：

> 那時武帝已經享盡榮華而死，人民經了一番大痛苦，瘡痍未復，他們長在希望易姓受命，有一個新天子出來救濟他們一下，既有這等事情發生，正好爲易姓受命之説張目。……這些説話，都不是眭弘一人忽發奇想想出來的，乃是當時的社會上有此要求，有此醞釀，而後他順了這個趨勢説出來的。①

雖然眭弘被誅，但這種易姓受命的思想既爲當時社會上已發展出來之趨勢，故自不能因眭弘被殺而歇止，經術對政治之影響日益加深。是以，經學亦在一定程度上日益成爲限制皇權之手段與依據。但“既經據了天位的人，哪肯輕易讓給人家”②，是以才有了漢宣帝石渠會議，試圖發掘魯學以代替齊學，從而將經術重新置於權力的控制之下。因爲對西漢政治而言，最具影響之經典當是《春秋》，故就此權力與經術的博弈中，又以《穀梁》學之興起最具戲劇性。

三、懼有後悔：宣帝崇《穀梁》背景下的疏氏“乞骸骨”發覆

就漢宣帝推崇《穀梁》學，不妨從太子太傅疏廣“乞骸骨”談起。《漢書·疏廣傳》曰：

> 疏廣字仲翁，東海蘭陵人也。少好學，明《春秋》，家居教授，學者自遠方至。徵爲博士太中大夫。地節三年，立皇太子，選丙吉爲太傅，廣爲少傅。數月，吉遷御史大夫，廣徙爲太傅。廣兄子受，字公子，亦以賢良舉爲太子家令。受好禮恭謹，敏而有辭。宣帝幸太子宮，受迎謁應對，及置酒宴，奉觴上壽，辭禮閑雅，上甚歡説。頃之，拜受爲少傅。……在位五歲，皇太子年十二，通《論語》《孝經》。廣謂受曰：“吾聞‘知足不辱，知止不殆’，‘功遂身退，天之道’也。今仕宦至二千石，宦成名立，如此不去，懼有後悔，豈如父

---

① 顧頡剛：《五德終始説下的政治和歷史》，《顧頡剛古史論文集》卷二，第312頁。

② 顧頡剛：《五德終始説下的政治和歷史》，《顧頡剛古史論文集》卷二，第312頁。

子相隨出關，歸老故鄉，以壽命終，不亦善乎?”受叩頭曰：“從大人議。”即日父子俱移病。滿三月賜告，廣遂稱篤，上疏乞骸骨。上以其年篤老，皆許之，加賜黄金二十斤，皇太子贈以五十斤。公卿大夫故人邑子設祖道，供張東都門外，送者車數百兩，辭决而去。及道路觀者皆曰：“賢哉二大夫!”或嘆息爲之下泣。①

疏廣以明《春秋》徵爲博士太中大夫。地節三年“夏四月戊申，立皇太子”②，丙吉爲太傅，疏廣任少傅。丙吉數月遷，疏廣升任太傅。後疏廣的侄子疏受拜爲少傅，廣、受同授太子，可謂榮顯。但在位五年之後，也就是元康三年，疏廣却與疏受言“懼有後悔，豈如父子相隨出關，歸老故鄉，以壽命終”，以是去職歸鄉。上言爲宣帝所拔擢，而下言“懼有後悔”，以至不“歸老故鄉”似有無法壽終之感，頗令人懷疑，到底是什麽樣的情境，讓疏廣作出這樣的判斷，且付諸行動呢？陳蘇鎮將其指向《公羊》《穀梁》之争，其言曰：

宣帝初立太子，以疏廣叔侄爲師傅，當與武帝詔太子受《公羊春秋》意義相同。其後，宣帝日益偏愛《穀梁》，對太子師傅必然要做相應變更。對此，疏廣叔侄似有所察覺，遂雙雙托病辭職還鄉。……疏廣辭職約當元康四年，其時《穀梁》講習班當已開講。據本傳所載，疏廣與宣帝并無矛盾，且甚“見器重”，除師傅之位將被《穀梁》家所奪之外，我們看不出其“辱殆”之“懼”還有什麽别的由來。事實上，疏廣辭職後，擔任太子太傅的先後有夏侯勝、黄霸、蕭望之等人。夏侯勝從夏侯始昌受《尚書》，善説《禮服》，於《公》《穀》二家，主張“宜興《穀梁》”；黄霸則是夏侯勝的獄中弟子，學術立場當與夏侯勝同。蕭望之“事同縣后倉且十年”，而后倉則是夏侯始昌的弟子，其學本與夏侯勝同源；後“又從夏侯勝問《論語》《禮服》”，成了夏侯勝的弟子。在《公》《穀》兩家中，他也偏向《穀梁》。看來，疏廣之“懼”不是無緣無故。③

---

① 班固撰，王先謙補注：《漢書補注》卷七十一《雋疏于薛平彭傳第四十一》，第4734～4735頁。

② 班固撰，王先謙補注：《漢書補注》卷八《宣帝紀第八》，第350頁。

③ 陳蘇鎮：《〈春秋〉與“漢道”——兩漢政治與文化研究》，第381頁。

陳氏將疏廣、疏受去職歸之於《公》《穀》之争，似不無道理，畢竟此時宣帝或已欲開始扶持《穀梁》學。但如果僅僅只是《公》《穀》之争，那麼，“公卿大夫故人邑子設祖道，供張東都門外，送者車數百兩，辭決而去。及道路觀者皆曰：‘賢哉二大夫！’或嘆息爲之下泣”者，似乎很難索解。即使皇帝推崇《穀梁》，《公羊》學者因學術不合而去職，公卿大夫、故人邑子設祖道固可理解，但“及道路觀者皆曰：‘賢哉二大夫！’或嘆息爲之下泣”，則表明似乎并非《公》《穀》之争那麼簡單。尤其是繼疏廣而續任太子太傅之夏侯勝、黄霸、蕭望之三人之於《穀梁》學的關係，似亦可發覆。不妨先對夏侯勝、黄霸、蕭望之之學稍作分析。

夏侯勝爲夏侯始昌族子，勝學於始昌，《漢書》本傳曰：

> 夏侯始昌，魯人也。通五經，以《齊詩》《尚書》教授。自董仲舒、韓嬰死後，武帝得始昌，甚重之。始昌明於陰陽，先言柏梁臺災日，至期日果災。……族子勝亦以儒顯名。
>
> 夏侯勝，字長公。……勝少孤，好學，從始昌受《尚書》及《洪範五行傳》，説災異。後事蕳卿，又從歐陽氏問。爲學精孰，所問非一師也。善説禮服，徵爲博士、光禄大夫。會昭帝崩，昌邑王嗣立，數出。勝當乘輿前諫曰：“天久陰而不雨，臣下有謀上者，陛下出欲何之？”王怒，謂勝爲祅言，縛以屬吏。……（霍光、張安世）乃召問勝，勝對言：“在《鴻範傳》曰‘皇之不極，厥罰常陰，時則下人有伐上者’，惡察察言，故云臣下有謀。”①

夏侯始昌、夏侯勝雖是魯人，但以《齊詩》《尚書》爲學，則似非魯學。王葆玹言：“在西漢前期的官方經學當中，齊學一派所傳習的經書有《齊詩》《尚書》《周易》和《公羊春秋》，魯學一派則傳習《魯詩》《禮經》和《穀梁春秋》。”② 尤其是其學重災異，更是齊學之特徵。錢穆言：“齊學言《尚書》自伏生，……伏生《尚書大傳》，特重《洪範》五行，爲後儒言五行災異之祖。……是齊學恢奇駁雜，與魯學純謹不同之驗也。”又言夏侯始昌、夏侯勝叔侄“其學亦擅陰陽災異，不失恢奇齊風也”。③

① 班固撰，王先謙補注：《漢書補注》卷七十五《眭兩夏侯京翼李傳第四十五》，第4871~4872頁。

② 王葆玹：《西漢經學源流》，第85頁。

③ 錢穆：《秦漢史》，第209、210頁。

則夏侯勝之爲齊學者可知。夏侯始昌既以《齊詩》爲博士，夏侯勝又以《尚書》立爲博士，① 則二者必當推崇與《齊詩》《尚書》同屬齊學之《公羊》，而何以夏侯勝言“宜立《穀梁》”呢？此間似有隱曲，容後再論。在此，先來看黃霸之學。《漢書·循吏傳》載黃霸曰：

> 黃霸字次公，淮陽陽夏人也，以豪桀役使徙雲陵。霸少學律令，喜爲吏。……會宣帝即位，在民間時知百姓苦吏急也，聞霸持法平，召以爲廷尉正，數决疑獄，庭中稱平。守丞相長史，坐公卿大議廷中知長信少府夏侯勝非議詔書大不敬，霸阿從不舉劾，皆下廷尉，繫獄當死。霸因從勝受《尚書》獄中，再踰冬，積三歲乃出。②

黃霸本不學儒術，而以律令起家，後以繫獄學《尚書》於夏侯勝。以是而論，黃霸非可謂儒者；若以學於夏侯勝論，夏侯氏即爲齊學，則黃霸所學亦爲齊學。而蕭望之所治亦齊學。《漢書·蕭望之傳》曰：

> 蕭望之字長倩，東海蘭陵人也，徙杜陵。家世以田爲業，至望之，好學，治《齊詩》，事同縣后倉且十年。以令詣太常受業，復事同學博士白奇，又從夏侯勝問《論語》《禮服》。京師諸儒稱述焉。③

蕭望之既治《齊詩》，從后倉、夏侯勝問學，則所治亦當是齊學而非魯學。如是，則夏侯勝、黃霸、蕭望之皆治齊學者。在西漢尊崇師法家法的學官體系下，夏侯勝、蕭望之等以治《齊詩》名家，夏侯勝且被立爲《齊詩》博士，其欲舍齊學而興魯學，似可能性極小。且如陳蘇鎮所言，《穀梁》家奪去《公羊》家之師傅地位，更屬不可能。蓋無論是夏侯勝、黃霸，還是蕭望之，皆未見習《穀梁》之記載，則更不可能以之教授。那麼，陳先生何以言夏侯勝、黃霸、蕭望之皆“於《公》《穀》二家，主張‘宜興《穀梁》’”呢？蓋出於《儒林傳》宣帝問《穀梁》事之推測。《漢書·儒林傳》曰：

---

① 參見沈文倬：《黃龍十二博士的定員和太學郡國學習的設置》，《菿闇文存》，第559~617頁。

② 班固撰，王先謙補注：《漢書補注》卷八十九《循吏傳第五十九》，第5464、5466頁。

③ 班固撰，王先謙補注：《漢書補注》卷七十八《蕭望之傳第四十八》，第5019頁。

宣帝即位，聞衛太子好《穀梁春秋》，以問丞相韋賢、長信少府夏侯勝及侍中樂陵侯史高，皆魯人也，言穀梁子本魯學，公羊氏乃齊學也，宜興《穀梁》。①

此蓋陳氏所據，即夏侯勝認爲“宜興《穀梁》”説之由來，但此説似頗可置疑。據《百官公卿表》，韋賢於本始三年六月甲辰任相，地節三年五月甲申致仕。② 夏侯勝於本始四年被赦，出爲諫大夫給事中，後遷長信少府，或於元康三年疏廣去職後遷太子太傅，則其任長信少府當在本始四年至元康三年之間。③ 然地節四年秋七月霍禹謀反，宣帝下詔言及“長信少府鄧廣漢”④，則夏侯勝之遷長信少府或當在霍禹及其黨羽謀反被誅之後，即在地節四年七月之後。而史高“侍中貴幸，以發舉反者大司馬霍禹功封樂陵侯”⑤，據《外戚恩澤侯表》於地節四年八月乙丑受封。⑥ 如是，若《儒林傳》所言三人官爵爲實，則韋賢致仕在地節三年，而夏侯勝任長信少府、史高封侯在地節四年之後，則此文之記載與史不符。此可疑一也。

而更爲奇怪的是，宣帝何以問此三人。“（韋）賢爲人質樸少欲，篤志於學，兼通《禮》《尚書》，以《詩》教授，號稱鄒魯大儒。”⑦ “韋賢治《詩》，事博士大江公及許生，又治《禮》，至丞相。……由是《魯詩》有韋氏學。”⑧ 大江公即瑕丘江公，以治《穀梁》知名，然韋賢則似只學習了江公之《魯詩》學，且以此名家。夏侯勝則以治《尚書》名家，學屬於齊，且非《春秋》或《穀梁》專家。史高以宣帝外戚而貴幸，更非儒士。宣帝却向如此三人咨詢《穀梁》，而非咨詢《春秋》或《穀梁》專家，是亦可怪，亦即可疑之二也。

由此二點，則不得不讓人懷疑宣帝問韋賢、夏侯勝、史高以興《穀梁》之實情如何。即使如《儒林傳》所言：

---

① 班固撰，王先謙補注：《漢書補注》卷八十八《儒林傳第五十八》，第 5453 頁。
② 班固撰，王先謙補注：《漢書補注》卷七下《百官公卿表第七下》，第 5963~5965 頁。
③ 夏侯勝於宣帝即位之初亦曾任長信少府，然與韋賢任相、史高封侯之時間不符，在此不贅。
④ 班固撰，王先謙補注：《漢書補注》卷八《宣帝紀第八》，第 353 頁。
⑤ 班固撰，王先謙補注：《漢書補注》卷八十二《王商史丹傳第五十二》，第 5138 頁。
⑥ 班固撰，王先謙補注：《漢書補注》卷十八《外戚恩澤侯表第六》，第 836 頁。
⑦ 班固撰，王先謙補注：《漢書補注》卷七十三《韋賢傳第四十三》，第 4812 頁。
⑧ 班固撰，王先謙補注：《漢書補注》卷八十八《儒林傳第五十八》，第 5440 頁。

時千秋爲郎，召見，與《公羊》家并説，上善《穀梁》説，擢千秋爲諫大夫給事中，後有過，左遷平陵令。復求能爲《穀梁》者，莫及千秋。上愍其學且絶，乃以千秋爲郎中户將，選郎十人從受。……自元康中始講，至甘露元年，積十餘歲，皆明習。①

則元康中《穀梁》學且絶，宣帝方始選郎十人從受，是時《穀梁》必不能威脅到烜赫熾盛的《公羊》。且太子太傅作爲“真二千石”，亦可由此升任御史大夫，乃至任相，其地位不可謂不高。② 如此地位，何需忌憚不絶如綫之《穀梁》呢？是以，若言疏廣、疏受由是而去職，則殊不可解。那麼，何以疏廣、疏受必去職歸鄉以全其命呢？筆者認爲，《公》《穀》之争只是其間展現的表象，其要在於刑法與儒術之争。《漢書·元帝紀》以元帝與宣帝關於崇儒之論爲開篇，頗可見宣帝對待儒學之真實態度：

孝元皇帝，宣帝太子也。……壯大，柔仁好儒。見宣帝所用多文法吏，以刑名繩下，大臣楊惲、盍寬饒等坐刺譏辭語爲罪而誅，嘗侍燕從容言：“陛下持刑太深，宜用儒生。”宣帝作色曰：“漢家自有制度，本以霸王道雜之，奈何純任德教，用周政乎！且俗儒不達時宜，好是古非今，使人眩於名實，不知所守，何足委任！”乃嘆曰：“亂我家者，太子也！”繇是疏太子而愛淮陽王，曰：“淮陽王明察好法，宜爲吾子。”而王母張倢伃尤幸。上有意欲用淮陽王代太子，然以少依許氏，俱從微起，故終不背焉。③

從此文中可以看出，漢宣帝實不贊成純用儒術以治國，而以“漢家自有制度，本以霸王道雜之”爲説，即認爲漢家制度以刑名與儒術并重。④對於儒士，宣帝認爲“俗儒不達時宜，好是古非今，使人眩於名實，不知

① 班固撰，王先謙補注：《漢書補注》卷八十八《儒林傳第五十八》，第 5453~5454 頁。

② 《漢書補注·百官公卿表》：“錢大昭曰：《漢舊儀》云‘……太傅一人，真二千石，禮如師……’。……杜佑云‘漢魏故事，太子於二傅執弟子禮，皆爲書，不曰令。少傅稱臣而太傅不稱臣’。”（《漢書補注》卷十九《百官公卿表》，第 890 頁）丙吉即由太子太傅升任御史大夫，後任丞相。韋玄成亦由太子太傅而御史大夫，後升任丞相。是皆在宣元之世，是可見太子太傅之重要性。

③ 班固撰，王先謙補注：《漢書補注》卷九《元帝紀第九》，第 387 頁。

④ 《資治通鑒》將此事繫於甘露元年，即宣帝即位之二十二年，下去宣帝崩逝四年。（《資治通鑒》卷二十七，第 895~896 頁）但事實上，宣帝重刑名而輕儒術當是其一貫之習。

所守，何足委任”，事實上并不認同儒士。《資治通鑑》元康三年夏四月條將“立皇子欽爲淮陽王”與疏廣請辭繫於一條①，或頗值得深究。《韋玄成傳》曰：

> 初，宣帝寵姬張婕妤男淮陽憲王好政事，通法律，上奇其材，有意欲以爲嗣，然用太子起於細微，又早失母，故不忍也。久之，上欲感風憲王，輔以禮讓之臣，乃召拜玄成爲淮陽中尉。②

《宣元六王傳》記載此事與《韋玄成傳》相仿，其言曰：“久之，上以故丞相韋賢子玄成陽狂讓侯兄，經明行高，稱於朝廷，乃召拜玄成爲淮陽中尉，欲感諭憲王，輔以推讓之臣，由是太子遂安。”③ 漢宣帝之所以愛淮陽王而疏太子，即在刑名與儒術之間。宣帝愛淮陽憲王而不忍廢太子之時間史無明文，但既兩言“久之”，則宣帝之欲廢太子而立淮陽憲王之意由來已久，或憲王封王之時已微露其愛疏之意乎？《資治通鑑》將疏廣、疏受之去職與淮陽憲王之封繫爲一條，其意在斯乎？史料闕疑，似難考索。但宣帝對於刑法與儒術的不同態度，却是早已彰顯、一以貫之的。吴濤指出：“漢宣帝真正任用的全是他的私人。我們可以看他手下的丞相，霍光主政期間就不説了，宣帝親政後他所任用的丞相中，魏相在他與霍氏的鬥争中起了重要的作用，丙吉是他舊日的恩人。外戚許、史兩家更是顯赫無比。”④ 但筆者想説，宣帝任用私人固然毫無疑問，但更深層的是，宣帝重用刑法而輕儒士的實質。即以宣帝任相而言，地節二年霍光去世後，宣帝“始親政事”，次年五月即“丞相賜金免”，而由魏相爲丞相。⑤《韋賢傳》曰：

> 昭帝崩，無嗣，大將軍霍光與公卿共尊立孝宣帝。帝初即位，賢以與謀議，安宗廟，賜爵關内侯，食邑。徙爲長信少府。以先帝師，甚見尊重。本始三年，代蔡義爲丞相，封扶陽侯，食邑七百户。時賢七十餘，爲相五歲，地節三年以老病乞骸骨，賜黄金百斤，罷歸，加

---

① 司馬光編著：《資治通鑑》卷二十七，第 846 頁。

② 班固撰，王先謙補注：《漢書補注》卷七十三《韋賢傳第四十三》，第 4820 頁。

③ 班固撰，王先謙補注：《漢書補注》卷八十《宣元六王傳第五十》，第 5065 頁。

④ 吴濤：《“術”“學”紛争背景下的西漢〈春秋〉學》，中國社會科學出版社 2011 年版，第 154 頁。

⑤ 班固撰，王先謙補注：《漢書補注》卷七下《百官公卿表第七下》，第 965 頁。

賜第一區。丞相致仕自賢始。①

案班固之説，則西漢丞相致仕自韋賢始。然傳雖言“以老病乞骸骨”，但丞相致仕事無前例，且宣帝朝於韋賢之後任相之魏相、丙吉、黄霸皆死而後已，則韋賢之致仕或有隱曲。而《百官公卿表》直言“丞相賜金免”，則非由韋賢乞骸骨，而是宣帝有意使其致仕。② 霍光等人擁立宣帝，霍光在世之時，宣帝雖號爲君主，但仍受制於霍光。霍光一旦去世，宣帝即處理霍光一黨。韋賢雖非霍光一黨，但亦有與霍光同爲舊黨之嫌，故其致仕當是出於集中君權之權謀。但除此之外，或許韋賢的儒者身份也是使其去職的一個重要原因。就此點而言，可以從韋賢之繼任者的身份中看出一點端倪。據《百官公卿表》，地節三年“六月壬辰，御史大夫魏相爲丞相”，“六月辛丑，太子太傅丙吉爲御史大夫”。③ 御史大夫作爲入相之階梯，丙吉亦繼魏相而任丞相。《魏相傳》曰：

> 魏相字弱翁，濟陰定陶人也，徙平陵。少學《易》，爲郡卒史，舉賢良，以對策高第，爲茂陵令。……相明《易經》，有師法，好觀漢故事及便宜章奏，以爲古今異制，方今務在奉行故事而已。數條漢興以來國家便宜行事，及賢臣賈誼、朝錯、董仲舒等所言，奏請施行之。④

魏相雖然少學《易》，且有師法，但就其經歷而言，則似以文吏而非儒者；⑤ 就其治國理事而言，雖然其所推崇之漢代賢臣指向賈誼、朝錯、董仲舒等大儒，但其“好觀漢故事及便宜章奏，以爲古今異制，方今務在奉行故事而已”，則與儒家好是古非今、崇尚三代頗爲不同。就魏相之行事、治國而言，倒符合宣帝“俗儒不達時宜，好是古非今，使人眩於名實，不知所守，何足委任”之認識。由是而論，魏相之出任丞相，并非僅

---

① 班固撰，王先謙補注：《漢書補注》卷七十三《韋賢傳第四十三》，第 4812 頁。

② 《魏相傳》即言“賢以老病免，相遂代爲丞相”（《漢書補注》卷七十三《魏相丙吉傳第四十四》，第 4847 頁），則似以宣帝有意免韋賢之職爲是。

③ 班固撰，王先謙補注：《漢書補注》卷七下《百官公卿表第七下》，第 964、965 頁。

④ 班固撰，王先謙補注：《漢書補注》卷七十四《魏相丙吉傳第四十四》，第 4845、4850 頁。

⑤ 關於儒者與文吏之區分，可參見閻步克：《士大夫政治演生史稿（第三版）》，北京大學出版社 2015 年版，第 12~24、110~126 頁。

僅是因爲出於其在宣帝與霍氏的鬥爭中起了重要的作用，更是因爲其治國與宣帝之理念相符。相較於魏相學《易經》、有師法，丙吉則純然文吏矣。《丙吉傳》曰：

> 丙吉字少卿，魯國人也。治律令，爲魯獄史。積功勞，稍遷至廷尉右監。坐法失官，歸爲州從事。武帝末，巫蠱事起，吉以故廷尉監徵，詔治巫蠱郡邸獄。……後吉爲車騎將軍軍市令，遷大將軍長史，霍光甚重之，入爲光禄大夫給事中。……宣帝初即位，賜吉爵關内侯。①

可見，丙吉之任職、升遷，皆由文吏功勞累積，而無與於儒學。而其於宣帝之舊恩，案本傳記載，爲宣帝所知當在其任御史大夫之後。《丙吉傳》曰：

> 吉爲人深厚，不伐善。自曾孫遭遇，吉絶口不道前恩，故朝廷莫能明其功也。地節三年，立皇太子，吉爲太子太傅，數月，遷御史大夫。及霍氏誅，上躬親政，省尚書事。是時，掖庭宫婢則令民夫上書，自陳嘗有阿保之功。章下掖庭令考問，則辭引使者丙吉知狀。掖庭令將則詣御史府以視吉。吉識，謂則曰："汝嘗坐養皇曾孫不謹督笞，汝安得有功？獨渭城胡組、淮陽郭徵卿有恩耳。"分别奏組等共養勞苦狀。……上親見問，然後知吉有舊恩，而終不言。上大賢之，制詔丞相："朕微眇時，御史大夫吉與朕有舊恩，厥德茂焉。……其封吉爲博陽侯，邑千三百户。"②

由是可知，宣帝知丙吉於己有舊恩當在丙吉任御史大夫之後。御史大夫作爲升任丞相之資途，則丙吉之任相非因舊恩可知。且如本傳"後五歲，代魏相爲丞相"不誤，那麼，宣帝知丙吉之舊恩當在元康二年，上去丙吉任御史大夫已三年矣。③ 由是而論，丙吉之任御史大夫、丞相皆非舊恩，而是其作爲文吏而非儒士的經歷爲宣帝所喜故也。而繼丙吉爲相之黄

---

① 班固撰，王先謙補注：《漢書補注》卷七十四《魏相丙吉傳第四十四》，第 4856、4857 頁。

② 班固撰，王先謙補注：《漢書補注》卷七十四《魏相丙吉傳第四十四》，第 4858～4859 頁。

③ 據《宣帝紀》，則丙吉等因舊恩受封在元康三年。

霸，更是以吏起家，且多歷吏職。《漢書・循吏傳》載黄霸曰：

> 黄霸字次公，淮陽陽夏人也，以豪桀役使徙雲陵。霸少學律令，喜爲吏，武帝末以待詔入錢賞官，補侍郎謁者，坐同産有罪劾免。後復入穀沈黎郡，補左馮翊二百石卒史。馮翊以霸入財爲官，不署右職，使領郡錢穀計。簿書正，以廉稱，察補河東均輸長，復察廉爲河南太守丞。霸爲人明察内敏，又習文法，然温良有讓，足知，善御衆。爲丞，處議當於法，合人心，太守甚任之，吏民愛敬焉。①

黄霸純然一文吏，在因夏侯勝舉薦爲刺史之前，所歷皆吏職。是以，如果説魏相尚有儒者氣象，學《易經》有師法，那麽，丙吉、黄霸則完全是從文吏一途走上了丞相之位。如是，以韋賢去相與魏相、丙吉、黄霸任相統參，不難發現，宣帝用人重文吏而輕儒士，恰如其對元帝之言説。事實上，宣帝親政之後，一方面重用文吏，另一方面則是試圖排擠儒士。此可以蕭望之爲例觀之。《漢書・蕭望之傳》曰：

> 是時選博士諫大夫通政事者補郡國守相，以望之爲平原太守。望之雅意在本朝，遠爲郡守，内不自得，乃上疏曰："陛下哀愍百姓，恐德化之不究，悉出諫官以補郡吏，所謂憂其末而忘其本者也。朝無争臣則不知過，國無達士則不聞善。願陛下選明經術，温故知新，通於幾微謀慮之士以爲内臣，與參政事。諸侯聞之，則知國家納諫憂政，亡有闕遺。若此不怠，成康之道其庶幾乎！外郡不治，豈足憂哉？"書聞，徵入守少府。②

《資治通鑒》將此事繫於元康元年，但就《宣帝紀》所載來看，似乎繫於元康二年更爲合適。據《宣帝紀》，（元康）二年春正月，詔曰："《書》云'文王作罰，刑兹無赦'，今吏修身奉法，未有能稱朕意，朕甚愍焉。其赦天下，與士大夫勵精更始。"③ 此所謂"與士大夫勵精更始"，或即"選博士諫大夫通政事者補郡國守相"之意。或以元年選博士諫大夫任郡國守相，而二年再下此詔，亦未可知。《漢書・蕭望之傳》以"望之

---

① 班固撰，王先謙補注：《漢書補注》卷八十九《循吏傳第五十九》，第5464頁。
② 班固撰，王先謙補注：《漢書補注》卷八十八《蕭望之傳第四十八》，第5023頁。
③ 班固撰，王先謙補注：《漢書補注》卷八《宣帝紀第八》，第357~358頁。

雅意在本朝，遠爲郡守，内不自得，乃上疏”爲説，似乎是將蕭望之不欲之平原太守任指向蕭望之個人希望留在中央而不欲任地方守令。但就蕭望之上疏來看，雖然其亦言“陛下哀愍百姓，恐德化之不究，悉出諫官以補郡吏”，似乎肯定宣帝此舉之意義；但同時却指出，“朝無争臣則不知過，國無達士則不聞善”，又説“願陛下選明經術，温故知新，通於幾微謀慮之士以爲内臣，與參政事”，則似乎是宣帝有意將争臣達士從中央排擠到地方。由於漢武帝之後多以經術匡救政治，故其所謂争臣達士蓋多爲“明經術”之人。是以，漢宣帝此舉雖然明面上是因爲“吏修身奉法，未有能稱朕意”，從而要“與士大夫勵精更始”；但其實質或許是要將這些以經術是古非今之儒士從中央決策機關排擠出去。是以，才有了蕭望之此疏，即對宣帝排擠争臣達士之批評。而蕭望之之見廢、不得相，亦由其與丙吉、耿壽昌等之矛盾，此亦可視爲儒士與文吏之争在高層的一種體現，因宣帝終支持文吏而望之見廢：

> 三年，（蕭望之）代丙吉爲御史大夫。……是時大司農中丞耿壽昌奏設常平倉，上善之，望之非壽昌。丞相丙吉年老，上重焉，望之又奏言：“百姓或乏困，盗賊未止，二千石多材下不任職。三公非其人，則三光爲之不明，今首歲日月少光，咎在臣等。”上以望之意輕丞相，乃下侍中建章衛尉金安上、光禄勳楊惲、御史中丞王忠，并詰問望之。望之免冠置對，天子繇是不説。後丞相司直緐延壽奏……上於是策望之曰：“有司奏君責使者禮，遇丞相亡禮，廉聲不聞，敖慢不遜，亡以扶政，帥先百僚。君不深思，陷于兹穢，朕不忍致君于理，使光禄勳惲策詔，左遷君爲太子太傅，授印。其上故印使者，便道之官。君其秉道明孝，正直是與，帥意亡愆，靡有後言。”望之既左遷，而黄霸代爲御史大夫。數月間，丙吉薨，霸爲丞相。霸薨，于定國復代焉。望之遂見廢，不得相。①

蕭望之與耿壽昌之争實可視爲昭帝鹽鐵會議之延續，即儒生與文吏在治國、理財等方面存在不同傾向。宣帝贊同耿壽昌設立常平倉之議，而蕭望之非之，則當是儒生所謂不當與民争利者也。這可以説是蕭望之與宣帝治國政策差異的一個小小切面，而蕭望之之輕丙吉，則可謂對宣帝用人政策的全面質疑。蕭望之言“二千石多材下不任職”“三公非其人”，則是

① 班固撰，王先謙補注：《漢書補注》卷八十八《蕭望之傳第四十八》，第 5029~5032 頁。

對宣帝地方守令至中央三公用人的全面否定。而其言“三光爲之不明，今首歲日月少光，咎在臣等”，則仍是意圖以儒士天人感應之説刺譏宣帝。是以，蕭望之見廢，名義上是其“遇丞相亡禮”，而事實上則是與宣帝重用刑法文吏的用人政策乃至治國理念存在較大出入。故《蕭望之傳》直言“宣帝不甚從儒術，任用法律，而中書宦官用事”①。以蕭望之爲代表的儒生與以史高、弘恭等爲首的文吏宦官群體之矛盾在宣元之際達到高峰，最終導致蕭望之自殺。②

從宣帝任相和蕭望之興廢可以看出，宣帝雖以儒術緣飾政治，但其本質則仍重刑法文吏而輕儒術，即其所謂：“漢家自有制度，本以霸王道雜之，奈何純任德教，用周政乎！且俗儒不達時宜，好是古非今，使人眩於名實，不知所守，何足委任！”③ 魏相於地節三年任相，丙吉升任御史大夫，蕭望之於元康元年（或二年）上疏諫止博士諫官出任地方守相，但望之仍於元康二年出守左馮翊，則疏廣、疏受於元康三年“懼有後悔”而乞骸骨，望“歸老故鄉，以壽命終”，則不當視爲《公》《穀》之争，而是刑法與儒術之争的結果。蓋自地節三年宣帝親政以還，宣帝對待刑法、儒術之差别已日益彰顯，故疏廣、疏受於地節三年面對山雨欲來之勢，有“乞骸骨”之舉。而宣帝亦准其辭任，更可看出宣帝對於疏廣、疏受叔侄儒臣并不在意。“公卿大夫故人邑子設祖道，供張東都門外，送者車數百兩，辭决而去。及道路觀者皆曰：‘賢哉二大夫！’或嘆息爲之下泣。”也只有置於此一背景下才能得到合理解釋。蓋公卿大夫於宣帝重刑法而輕儒術有以自覺，故疏廣、疏受之乞骸骨才能引起公卿大夫之共鳴。

事實上，疏廣、疏受對於能否“歸老故鄉，以壽命終”之擔心，并非空穴來風。在疏廣、疏受辭任兩年之後的神爵二年，“九月，司隸校尉蓋寬饒有罪，下有司，自殺”④。蓋寬饒之自殺，即由刑名與儒術之鬥争而來。《蓋寬饒傳》曰：

> 是時上方用刑法，信任中尚書宦官，寬饒奏封事曰：“方今聖道寖廢，儒術不行，以刑餘爲周、召，以法律爲《詩》《書》。”又引《韓氏易傳》曰：“五帝官天下，三王家天下，家以傳子，官以傳賢，

---

① 班固撰，王先謙補注：《漢書補注》卷八十八《蕭望之傳第四十八》，第 5034 頁。

② 關於宣帝時期高層官員中的文吏與儒生問題，可以參看蔡亮：《巫蠱之禍與儒生帝國的興起》，北京師範大學出版社 2020 年版，第 175~180 頁。

③ 班固撰，王先謙補注：《漢書補注》卷九《元帝紀第九》，第 387 頁。

④ 班固撰，王先謙補注：《漢書補注》卷八《宣帝紀第八》，第 368 頁。

若四時之運，功成者去，不得其人則不居其位。”書奏，上以寬饒怨謗終不改，下其書中二千石。時執金吾議，以爲寬饒指意欲求禮，大逆不道。……寬饒引佩刀自剄北闕下，衆莫不憐之。①

時人或以蓋寬饒爲“忠直憂國”，然宣帝終不釋者，概由寬饒拈出宣帝崇刑法而輕儒術之真相，而其引《韓氏易傳》之説更給人“代禮”之意，故觸及宣帝統治之大忌，是以終不免。時人多以蓋寬饒爲“忠直憂國”者，則是時儒學已成社會思想之主流，而在儒學影響下，王朝代禪之説亦久爲流行，故蓋寬饒亦不以爲異，時人亦不以爲非。但宣帝深忌儒生是古非今之説，而蓋寬饒“功成者去，不得其人則不居其位”之説不但是是古非今，更是直接威脅到當朝統治，故宣帝必除之而後快。疏廣、疏受作爲《公羊》大家，三統五行之説本是其當行本色，故蓋寬饒之論亦當是疏廣、疏受所守《公羊》學之説。是以，疏廣、疏受之去職，實在是有先見之明，亦有以見宣帝之不能任用儒術也。

四、本以霸王道雜之：宣帝政局與《公》《穀》廢興

漢武帝以來，儒術對政治與社會之影響日益加深，儒術已日漸成爲治國理政之重要理念，是不争的事實。如昭帝始元五年有男子自稱衛太子詣北闕，丞相、御史、中二千石至者皆莫敢發言，京兆尹不疑叱從吏收縛，即以《春秋》爲據；霍光等廢昌邑王，亦以《春秋》“天王出居於鄭”爲據；昌邑王廢後，“霍光以群臣奏事東宫，太后省政，宜知經術，白令夏侯勝用《尚書》授太后”②。漢宣帝雖不喜儒術對政治之牽制，近文吏而遠儒士，但亦不得不依儒術以爲治。如霍光薨後，“子禹復爲大司馬，兄子山領尚書，親屬皆宿衛内侍”，地節三年夏京師雨雹，蕭望之以《春秋》“昭公三年大雨雹”對，認爲是“一姓專權之所致”。③ 這無疑符合宣帝希望收回霍氏家族權力之意圖，故蕭望之亦以是拜爲謁者，可謂藉《春秋》以施政。錢穆曰：

漢人通經本以致用，所謂“以儒術緣飾吏治”，而其議論則率本

---

① 班固撰，王先謙補注：《漢書補注》卷七十七《蓋諸葛劉鄭孫毋將何傳第四十七》，第4992~4993頁。

② 司馬光編著：《資治通鑒》卷二十七，第767、798、799頁。

③ 班固撰，王先謙補注：《漢書補注》卷八十八《蕭望之傳第四十八》，第5022頁。

於陰陽及《春秋》。陰陽據自天意，《春秋》本人事。一尊天以爭，一引古以爭。非此不足以折服人主而自伸其説，非此亦不足以居高位而自安。①

漢儒依據天道與經典自伸其説，君主亦藉天道以彰顯其統治之合法性，又藉經典以鞏固其統治。但儒術、經學不但限制權臣，亦能限制君主。《春秋繁露·楚莊王》曰：

《春秋》之道，奉天而法古。是故雖有巧手，弗修規矩不能正方員；雖有察耳，不吹六律不能定五音；雖有知心，不覽先王不能平天下。然則先王之遺道，亦天下之規矩六律已。故聖者法天，賢者法聖，此其大數也。得大數而治，失大數而亂，此治亂之分也。所聞天下無二道，故聖人異治同理也。古今通達，故先賢傳其法於後世也。《春秋》之於世事也，善復古，譏易常，欲其法先王也。②

無論是《王道篇》以五帝三王爲王道盛世之榜樣，還是《楚莊王》提出“先王之遺道，亦天下之規矩六律已”“天下無二道，故聖人異治同理”，都是將治國以致治指向儒家所謂的聖人之政。聖人不復生，故先王之遺道惟有記載先王之經典得以窺之。是以，儒士不但賦予先王以神聖性，經典亦隨之具有神聖性。既然先王之遺道爲天下之規矩六律，那麽，記載先王之道的五經也成爲後世帝王必須遵守的“規矩六律”。由是，先王與經典似乎凌駕於今王與法律之上了。宣帝之言“俗儒不達時宜，好是古非今”，即就儒術、經學對於君權之限制而發。而言“漢家自有制度，本以霸王道雜之”，即表明其藉用儒術以維持統治，但事實上儒術只是維持統治的一種緣飾。既要以儒術緣飾政治、維持統治，又要降低儒術對君權統治之影響與限制，此蓋宣帝“漢家自有制度，本以霸王道雜之”的實質。而儒士據以限制君主權力者，不外乎對天道與經典的詮釋。就此點而言，對灾祥的解讀可謂集天道與經典於一身。在此不妨以《宣帝紀》爲據，對宣帝年間之灾祥略作統計。

---

① 錢穆：《西漢博士家法考》，《西漢經學今古文平議》，第189頁。

② 蘇輿撰，鍾哲點校：《春秋繁露義證》，《楚莊王第一》，第14~15頁。

《宣帝紀》所載灾異、祥瑞表

時　間	灾　異	祥　瑞
本始元年夏四月庚午	地震	
本始元年五月		鳳皇集膠東千乘
本始三年	大旱	
本始四年夏四月壬寅	郡國四十九地震，或山崩水出	
本始四年五月		鳳皇集北海安丘、淳于
地節元年春正月	有星孛於西方	
地節元年十二月癸亥晦	日有蝕之	
地節二年夏四月		鳳皇集於魯郡，群鳥從之
地節三年九月壬申	地震	
元康元年三月		鳳皇集泰山、陳留，甘露降未央宫
元康二年三月		鳳皇、甘露降集
元康三年春		神爵集泰山
元康三年		前年夏神爵集雍，今春五色鳥以萬數飛過屬縣
元康四年		神爵五采以萬數集長樂、未央、北宫、高寢、甘泉泰畤殿中及上林苑
神爵元年六月	有星孛於東方	
神爵二年正月乙丑		鳳皇、甘露降集京師
神爵四年二月		鳳皇、甘露降集京師
神爵四年冬十一月		鳳皇十一集杜陵
神爵四年十二月		鳳皇集上林
五鳳四年夏四月辛丑朔	日有蝕之	
甘露元年夏四月		黄龍見新豐

续表

時　間	灾　異	祥　瑞
甘露元年夏四月	丙申，太上皇廟火 甲辰，孝文廟火	
甘露四年冬十月丁卯	未央宫宣室閣火	
黄龍元年三月	有星孛於王良、閣道，入紫宫	

通過上表可知，宣帝在位二十五年，《宣帝紀》共記録灾異十一次、祥瑞十三次，灾異與祥瑞似約略相當。但如果我們再稍作細分，就可以發現，從本始元年到地節四年宣帝親政、誅霍氏的八年間，共記録灾異六次、祥瑞三次，灾異明顯多於祥瑞；從元康元年到神爵四年的八年間，共記録灾異一次、祥瑞九次；從五鳳元年到黄龍元年的九年間，則記録灾異四次、祥瑞一次。我們知道，地震、日食、星象等具有一定的規律性，但宣帝在位前、中、後期所記載之灾異次數頗不平均，尤其是元康、神爵八年只記録了一次灾異，則當非實録。而黄龍、鳳凰、神爵等子虚烏有之神物必屬虚構，而祥瑞亦以元康、神爵年間最爲集中，是可知所謂祥瑞必宣帝有意爲之。蓋本始、地節年間，宣帝尚未親政，霍氏家族把持朝政，故宣帝或有意藉灾異以奪取權力。地節三年蕭望之因京師雨雹而論"一姓專權"，爲宣帝所賞識，即宣帝藉儒士之口，因灾異而希望奪霍氏之權。① 但當地節三年霍光去世、地節四年霍氏家族被誅之後，宣帝更需要的是宣示其帝位的合法性，畢竟其以皇曾孫入繼大統，前有戾太子的問題，後有昌邑王之廢，是時雖已翦除權臣，但畢竟尚未穩固，故需藉天道、祥瑞以彰顯其合法性。是以，元康、神爵八年間記録之祥瑞多達九次。五鳳以降，其帝位已穩固，無須刻意製造祥瑞矣。而宣帝在君權與帝位鞏固之後，更傾向於霸道，故或亦有意削弱儒生天道灾祥之説，是以其後無論灾

① 張敞於霍光薨後，亦藉灾異上書宣帝，其言曰："故仲尼作《春秋》，迹盛衰，譏世卿最甚。乃者大將軍决大計，安宗廟，定天下，功亦不細矣。夫周公七年耳，而大將軍二十歲，海内之命，斷於掌握。方其隆時，感動天地，侵迫陰陽，月朓日蝕，晝冥宵光，地大震裂，火生地中，天文失度，祆祥變怪，不可勝記，皆陰類盛長，臣下顓制之所生也。"（《漢書補注》卷七十六《趙尹韓張兩王傳第四十六》，第4955頁）即以經典與灾異論霍氏世卿之害。亦此意也。

異還是祥瑞皆有所減少。① 由是可見，灾祥已經成爲宣帝鞏固統治、宣揚合法性的政治工具。其所謂“以霸王道雜之”，無論“王道”還是“霸道”，最終都是爲統治與權力服務的。“以霸王道雜之”，實以“王道”緣飾“霸道”而已。君主與儒士皆藉天道以自伸其説，但一爲集中權力、無限擴張自我的權力，一爲限制君主權力、伸張儒家學説，是以二者必然産生矛盾。如果排除灾異、祥瑞的“製造性”，那麼，對於君主和儒生而言，對灾祥的解釋權就成爲争奪的焦點。毫無疑問，黄龍、鳳凰、麒麟等神獸自然是祥瑞，但對於祥瑞的解釋却可以有不同的指向。如《春秋繁露・王道》即曰：

> 《春秋》何貴乎元而言之？元者，始也，言本正也。道，王道也。

---

① 《廿二史劄記・兩漢多鳳凰》曰：“兩漢多鳳凰，而最多者，西漢則宣帝之世，東漢則章帝之世。……觀宣帝紀年以神爵、五鳳、黄龍等爲號，……似亦明其得意者，得無二帝本喜祥瑞，而臣下遂附會其事耶？按：宣帝時，黄霸守潁川，潁川鳳凰尤數見。後霸入爲丞相，會有鶡雀自京兆尹張敞舍飛集丞相府，霸以爲神爵，欲奏聞，後知從敞舍來，乃止。當日所謂鳳凰者，毋乃亦鶡雀之類耶？”（趙翼著，王樹民校證：《廿二史劄記校證》，中華書局 1984 年版，第 63~64 頁）宣帝朝之祥瑞特集中於元康、神爵八年間，蓋以宣帝欲藉祥瑞而鞏固其統治，彰顯其合法性與天意。臣下見君主之所欲，故捕風捉影以獻瑞，黄霸蓋其尤者。但其五鳳三年任相之後，欲奏聞祥瑞，而爲京兆尹張敞所駁，或可見宣帝對待祥瑞態度之變化。《漢書・循吏傳》曰：“時京兆尹張敞舍鶡雀飛集丞相府，霸以爲神雀，議欲以聞。敞奏霸曰：‘竊見丞相請與中二千石博士雜問郡國上計長吏守丞，爲民興利除害成大化條其對，有耕者讓畔，男女異路，道不拾遺，及舉孝子弟弟貞婦者爲一輩，先上殿，舉而不知其人數者次之，不爲條教者在後叩頭謝。丞相雖口不言，而心欲其爲之也。長吏守丞對時，臣敞舍有鶡雀飛止丞相府屋上，丞相以下見者數百人。邊吏多知鶡雀者，問之，皆陽不知。丞相圖議上奏曰：“臣問上計長吏守丞以興化條，皇天報下神雀。”後知從臣敞舍來，乃止。郡國吏竊笑丞相仁厚有知略，微信奇怪也。……臣敞非敢毁丞相也，誠恐群臣莫白，而長吏守丞畏丞相指，歸舍法令，各爲私教，務相增加，澆淳散樸，并行僞貌，有名亡實，傾摇解怠，甚者爲妖。假令京師先行讓畔異路，道不拾遺，其實亡益廉貪貞淫之行，而以僞行天下，固未可也；即諸侯先行之，僞聲軼於京師，非細事也。漢家承敝通變，造起律令，所以勸善禁奸，條貫詳備，不可復加。宜令貴臣明飭長吏守丞，歸告二千石，舉三老孝弟力田孝廉廉吏務得其人，郡事皆以義法令撿式，毋得擅爲條教；敢挾詐僞以奸名譽者，必先受戮，以正明好惡。’天子嘉納敞言，召上計吏，使侍中臨飭如敞指意。霸甚慚。”（《漢書補注》卷八十九《循吏傳第五十九》，第 5469~5470 頁）《黄霸傳》此例不但可以表明宣帝時所謂祥瑞之僞造，亦可看出，到了宣帝後期，宣帝已不喜藉祥瑞緣飾政治。張敞不認可黄霸所提倡的條教，認爲“漢家承敝通變，造起律令，所以勸善禁奸，條貫詳備，不可復加”，“郡事皆以義法令撿式，毋得擅爲條教”，而將條教教化視爲“挾詐僞以奸名譽”，實即漢宣帝所謂“漢家自有制度，本以霸王道雜之，奈何純任德教”之翻版，無怪乎其爲宣帝所“嘉納”也。

王者，人之始也。王正則元氣和順，風雨時，景星見，黄龍下。王不正則上變天，賊氣并見。五帝三王之治天下，不敢有君民之心，什一而税，教以愛，使以忠，敬長老，親親而尊尊，不奪民時，使民不過歲三日。民家給人足，無怨望忿怒之患、强弱之難，無讒賊妒嫉之人。民修德而美好，被髮銜哺而游，不慕富貴，耻惡不犯。父不哭子，兄不哭弟。毒蟲不螫，猛獸不搏，抵蟲不觸。故天爲之下甘露，朱草生，醴泉出，風雨時，嘉禾興，鳳凰、麒麟游於郊。①

無論是景星、甘露、醴泉、嘉禾，還是黄龍、鳳凰、麒麟，都是王道盛世之祥瑞。但之所以能够致祥瑞者，則在應天道而法聖王。五帝三王之致祥瑞，即後世君主所當法者。後世君主只有法先王才能成王道、致祥瑞。但必須承認，宣帝雖然宣稱“漢家自有制度，本以霸王道雜之，奈何純任德教，用周政乎！且俗儒不達時宜，好是古非今，使人眩於名實，不知所守，何足委任！”但不可否認的是，無論是通過僞造還是真實存在，至少漢宣帝官方提供了頗多祥瑞的記載，供萬民敬仰、贊嘆。但就掌握着灾祥解釋權的儒生來説，即使這些祥瑞是真實的，官方所提供的祥瑞似乎仍有可商榷之處。五經中最爲著名的瑞獸記載，即《春秋》最後一條，“哀公十四年春，西狩獲麟”。麒麟的出現當然是祥瑞，但爲什麼祥瑞會出現在春秋末年這樣一個亂世呢？這就爲“祥瑞”帶來了不一樣的詮釋空間。《公羊》曰：

十有四年春，西狩獲麟。何以書？記異也。何異爾？非中國之獸也。然則孰狩之？薪采者也。薪采者則微者也，曷爲以狩言之？大之也。曷爲大之？爲獲麟大之也。曷爲爲獲麟大之？麟者仁獸也，有王者則至，無王者則不至。有以告者曰：“有麕而角者。”孔子曰：“孰爲來哉？孰爲來哉！”反袂拭面，涕沾袍。顔淵死，子曰：“噫，天喪予！”子路死，子曰：“噫，天祝予！”西狩獲麟，孔子曰：“吾道窮矣！”……君子曷爲爲《春秋》？撥亂世反諸正，莫近諸《春秋》。則未知其爲是與？其諸君子樂道堯舜之道與？末不亦樂乎堯舜之知君子也。制《春秋》之義以俟後聖，以君子之爲亦有樂乎此也。②

① 蘇輿撰，鍾哲點校：《春秋繁露義證》，《王道第六》，第100~103頁。

② 何休注，徐彦疏：《春秋公羊注疏》卷二十八，第355~359頁。

在《公羊》的詮釋下，“西狩獲麟”這一事件無疑具備了悲劇性。董仲舒論曰：

> 顏淵死，子曰：“天喪予。”子路死，子曰：“天祝予。”西狩獲麟，曰：“吾道窮，吾道窮。”三年，身隨而卒。階此而觀天命成敗，聖人知之，有所不能救，命矣夫。①

又曰：

> 有非力之所能致而自至者，西狩獲麟，受命之符是也。②

孔子曰“吾道窮矣”，而“制《春秋》之義以俟後聖”，則麟的出現非但不能指向祥瑞，甚且是一種無可奈何的“天意”。董仲舒以“西狩獲麟”爲“受命之瑞”，其所謂“受命”自非周王朝再次受命，而是指向未來新王之受命。故許慎《五經異義》曰：“《公羊》說：哀十四年獲麟，此受命之瑞，周亡天下之異。”③ 此即董仲舒“西狩獲麟，受命之符”之義。如是，無論是“制《春秋》之義以俟後聖”，還是“受命之瑞”，漢代《公羊》家對“西狩獲麟”的解讀，實指向未來。就此而論，西狩獲麟之“麟”的出現，就成了“周亡天下之異”。也就是說，原本作爲祥瑞出現的“麟”，對於當政的周王朝而言，反而成了灾異。在這樣的解讀下，“祥瑞”與“灾異”可以同時在一件事中彰顯出來，“祥瑞”也可以轉而成爲當朝之“灾異”。就西漢經學而言，《公羊》不但是《春秋》之正脉，甚至是影響漢代政治最爲重要的經典。由於“西狩獲麟”之於《春秋》的重要性，是以，這種解讀當是西漢的一種主流學說。如是，則漢宣帝刻

---

① 蘇輿撰，鍾哲點校：《春秋繁露義證》，《隨本消息第九》，第 137 頁。

② 蘇輿撰，鍾哲點校：《春秋繁露義證》，《符瑞第十六》，第 157 頁。

③ 許慎《五經異義》早已亡佚，此據《禮記注疏・禮運疏》引。（鄭玄注，孔穎達正義，呂友仁整理：《禮記正義》，上海古籍出版社 2008 年版，第 935 頁）皮錫瑞《駁五經異義疏證》引作“哀十四年獲麟，此漢將受命之瑞，周亡失天下之異”，皮錫瑞曰：“《禮記・禮運》疏，……‘受命’上無‘漢將’二字，據《左傳疏》補。《左傳疏》引‘說《公羊》者云：麟是漢將受命之瑞，周亡天下之異。夫子知其將有六國争强，秦、項交戰，然後劉氏乃立。夫子深閔民之離害，故爲之隕泣。麟者，太平之符，聖人之類。又云：麟得而死，此亦天告夫子將没之徵也’，不標《異義》，以首二句與《禮運》疏所引《異義》同，故定爲《異義》文也。”（皮錫瑞撰，吴仰湘整理：《駁五經異義疏證》，《皮錫瑞全集》第四册，中華書局 2015 年版，第 184 頁）

意“製造”的“祥瑞”，在以《公羊》學爲中心的儒士的解釋下，似乎亦可以成爲一種灾異書寫。對於君主而言，這種影響統治穩固性的解讀，或者説存在不確定性的解讀，是不能爲其所接受的。也就是説，在漢宣帝眼中，這當是一種“好是古非今，使人眩於名實”的説法，這種解釋無疑是要將灾祥的解釋權置於君主之上。以是之故，漢宣帝要扭轉這種局面，就需要將經典解釋權從儒士手中轉移到君主的掌控之下。或許正是在這樣的局面下，漢宣帝重新發現了魯學與《穀梁》。①《漢書·儒林傳》曰：

> 宣帝即位，聞衛太子好《穀梁春秋》，以問丞相韋賢、長信少府夏侯勝及侍中樂陵侯史高，皆魯人也，言穀梁子本魯學，公羊氏乃齊學也，宜興《穀梁》。時千秋爲郎，召見，與《公羊》家并説，上善《穀梁》説，擢千秋爲諫大夫給事中，後有過，左遷平陵令。復求能爲《穀梁》者，莫及千秋。上愍其學且絶，乃以千秋爲郎中户將，選郎十人從受。汝南尹更始翁君本自事千秋，能説矣，會千秋病死，徵江公孫爲博士。劉向以故諫大夫通達待詔，受《穀梁》，欲令助之。江博士復死，乃徵周慶、丁姓待詔保宫，使卒授十人。自元康中始講，至甘露元年，積十餘歲，皆明習。乃召五經名儒、太子太傅蕭望之等大議殿中，平《公羊》《穀梁》同異，各以經處是非。時《公羊》博士嚴彭祖、侍郎申輓、伊推、宋顯，《穀梁》議郎尹更始、待詔劉向、周慶、丁姓并論。《公羊》家多不見從，願請内侍郎許廣，使者亦并内《穀梁》家中郎王亥，各五人，議三十餘事。望之等十一

---

① 陳蘇鎮言：“宣帝如此煞費苦心地扶植《穀梁》學，除了其祖父的因素之外，可能還有兩方面的用意：一方面，儒生階層受《公羊》家影響，激烈抨擊武帝政策，甚至要求漢朝下臺，宣帝不能不設法殺殺他們的氣焰；而在‘《春秋》爲漢制法’説早已深入人心的情況下，扶植《穀梁》以取代《公羊》是較方便的手段。另一方面，繼承和發揚當年太子黨和《穀梁》家所表現出來的寬厚仁慈的統治作風，有利於糾矯吏治苛酷之弊。宣帝在扶植《穀梁》學的同時，多次下詔要求官吏‘務行寬大’‘勿行苛政’，二者之間或有内在聯繫。”（《〈春秋〉與“漢道”——兩漢政治與文化研究》，第383頁）筆者認爲“繼承和發揚當年太子黨和《穀梁》家所表現出來的寬厚仁慈的統治作風”只是漢宣帝刻意製作的政治形象，其近文吏而遠儒生的本質，使得他并不可能實行“寬厚仁慈的統治”。繼承與發揚衛太子好《穀梁》之風亦如是，衛太子不過是其崇《穀梁》的一個藉口罷了。究其實質，蓋惟有集中君權、穩定統治，《穀梁》只不過是與《公羊》争奪經典解釋權的一個替代物而已。

人各以經誼對，多從《穀梁》。由是《穀梁》之學大盛。慶、姓皆爲博士。①

上文已論，宣帝“聞衛太子好《穀梁春秋》，以問丞相韋賢、長信少府夏侯勝及侍中樂陵侯史高”之説，頗有不盡不實之處。如果確有宣帝問《穀梁》之事，則當在地節四年親政、誅霍氏之後。據《儒林傳》所言，則宣帝選郎十人從蔡千秋、小江公、周慶、丁姓等受《穀梁》當在元康至甘露元年的十餘年間。元康年間正是宣帝誅滅霍氏集團、鞏固統治之後，當是宣帝日益近文吏而遠儒士的時期。疏廣、疏受恰於元康三年“乞骸骨”，元康三年下去甘露元年亦恰好十餘年，由是可知，是時宣帝近文吏而遠儒士之趨勢已頗爲明顯。宣帝恰於此時宣揚《穀梁》，選郎習之，并於十餘年後與《公羊》“大議殿中”，蓋非偶然。甘露三年，召開石渠會議，“詔諸儒講五經同異，太子太傅蕭望之等平奏其議，上親稱制臨决焉”②。所謂“《公羊》家多不見從”，“多重《穀梁》”者，當是在《公》《穀》之争中，宣帝以政治權力干預學術争論，以使經術從屬於君權。在這種君權干預經術的争論中，應該很大一部分是關乎政事與統治者。據《漢書·藝文志》記載，石渠會議之記録當涉及《書》《禮》《春秋》《論語》等多種經典，但這些奏議皆已亡佚，其内容已不可得而知。但就《春秋》學之《公》《穀》之争而言，尚可考見些許佚文。《禮記·禮運正義》曰：

許慎謹案：公議郎尹更始、待詔劉更生等議石渠，以爲吉凶不并、瑞灾不兼，今麟爲周亡天下之異，不得復爲瑞以應孔子至。③

由是可知，此條尹更始、劉向之説，即石渠會議《公》《穀》之争的其中一點。但此條似有殘缺，《左傳正義》引文似可補充。《左傳正義》“西狩獲麟”下曰：

許慎稱劉向、尹更始等皆以爲吉凶不并、瑞灾不兼，今麟爲周

---

① 班固撰，王先謙補注：《漢書補注》卷八十八《儒林傳第五十八》，第 5453~5454 頁。
② 班固撰，王先謙補注：《漢書補注》卷八《宣帝紀第八》，第 381 頁。
③ 鄭玄注，孔穎達正義，吕友仁整理：《禮記正義》，第 935 頁。

> 異，不得復爲漢瑞。知麟應孔子而至。①

尹更始、劉向無疑是針對《公羊》家“西狩獲麟”爲周亡之災異而同時又爲漢代受命之祥瑞，即吉凶并、瑞災兼之説而發。劉向、尹更始既不贊同《公羊》家説，則石渠會議《穀梁》家提出之説則是“麟應孔子而至”。“麟應孔子而至”的説法雖然消解了只有天子才能與天相溝通的權威性，但也同時消解了祥瑞可以解讀爲災異的尷尬局面。

隨着石渠會議的召開，宣帝不但實現了帝國政治的一統，亦實現了意識形態的一統。《穀梁》作爲《公羊》的挑戰者，被宣帝推上歷史與政治的舞臺，迎來了高光時刻。可以説，石渠會議就是漢宣帝布局十餘年，試圖從儒生手中奪取經典解釋權的一場鬥争，而其核心則是希望通過推崇《穀梁》而抑制《公羊》。石渠會議之後，黄龍元年宣帝設立十二博士，《穀梁》正式成爲博士官學。毫無疑問，在宣帝的推動下，《穀梁》在與《公羊》的鬥争中取得了一定的優勢，也獲取了前所未有的地位。但這種地位與優勢的獲得，無疑是出於權力對學術的規訓。也正是因爲《穀梁》的這一勝利來源於宣帝的君權庇護，故隨着宣帝於黄龍元年十二月駕崩，短暫取得勝利的《穀梁》似乎很快就被權力和歷史抛弃了。事實上，《穀梁》對《公羊》的所謂勝利，也許只存在於宣帝控制下的政治層面，就經術本身而言，《穀梁》似乎并没有能够戰勝《公羊》，甚至未能擺脱《公羊》的影響。即便是西漢後期《穀梁》學的重要代表人物劉向，亦未能謹守《穀梁》家法，其説《春秋》與政治，在在彰顯着《公羊》學的影響。如劉向於《説苑》論“西狩獲麟”曰：

> 夫子行説七十諸侯，無定處，意欲使天下之民各得其所，而道不行，退修《春秋》，采毫毛之善，貶纖介之惡，人事洽，王道備，上通於天而麟至，此天之知夫子也。②

此所謂“人事洽，王道備，上通於天而麟至”之論，無疑是《公羊》學説，《穀梁》蓋無此者。劉向作爲《穀梁》學大家，其説“西狩獲麟”却用《公羊》家説，可見《穀梁》之於《公羊》的勝利并不徹底，甚至

① 杜預注，孔穎達正義：《春秋左傳正義》卷五十九，《十三經注疏》第六册，藝文印書館1973年版，第1030頁。

② 劉向撰，向宗魯校證：《説苑校證》，中華書局1987年版，第350~351頁。

連《穀梁》家本身都未能恪守《穀梁》學。而劉向於元、成間上疏，引《春秋》以爲説者，頗多據《公羊》而悖於《穀梁》者，① 可見就學術而言，宣帝選郎十人“積十餘歲，皆明習”，亦是虚語。而更爲重要的是，宣帝希望藉《穀梁》取代《公羊》而消解儒士、經術對君主與政權之限制與質疑，如《公羊》家之“三統説”導致漢代儒生無萬世一統之念，但這無疑不會爲君主所喜。但即便是作爲宗室的劉向，其向成帝上疏，也説“王者必通三統，明天命所授者博，非獨一姓也”②。可見宣帝想要藉抬升《穀梁》、抑制《公羊》而達到的政治目的亦未成爲現實。

由是而論，《穀梁》之於《公羊》的“勝利”，或許只在石渠會議宣帝的“稱制臨决”中。隨着宣帝駕崩，《穀梁》所取得的“勝利”也隨之瓦解。數十年之後，隨着東漢光武帝不設《穀梁》博士，《穀梁》學被剔除出漢代官學，《穀梁》學在漢代更趨没落了。

第二節　鄭玄《春秋》學發微：以“《穀梁》善於經”之詮釋爲中心

一、《穀梁》善於經：鄭玄《六藝論》與三傳“三善説”

自宣帝駕崩之後，《穀梁》亦日漸式微。東漢建立之後，古文經學興起，成爲今文經的挑戰者。《穀梁》作爲不同於博士官學的今文家説，在《公羊》官學與《左氏》古學之間，成爲最不受人重視的一傳。但漢末鄭玄提出“《穀梁》善於經”之説，似乎讓人看到漢末大儒對《穀梁》的推崇。

鄭玄作爲漢代最爲重要的經學家，學殖之富，時稱“經神”。學林皆言鄭玄遍注群經，爲漢代經學作一總結，亦爲開後世經學新局奠定基礎。但鄭康成并没有注《春秋》，其《春秋》研究主要見之於針對何休而作的《鍼膏肓》《起廢疾》《發墨守》三書，另有零星言論見諸《六藝論》《鄭志》等。但無論是《鍼膏肓》三書，還是《六藝論》《鄭志》，皆久已散

---

① 如劉向言“周大夫祭伯乖離不和，出奔於魯”“尹氏世卿而專恣”“長狄入三國”等等，皆爲《公羊》家説，而與《穀梁》不合。(《漢書補注》卷三十六《楚元王传第六》，第3266～3267頁)

② 班固撰，王先謙補注：《漢書補注》卷三十六《楚元王傳第六》，第3281頁。

佚，今見者皆爲後世輯本，一鱗半爪，難成系統。在康成這些關於《春秋》學的論著中，最爲人重視者爲“《左氏》善於禮，《公羊》善於讖，《穀梁》善於經”（以下簡稱“三善説”）一語。就後漢《穀梁》學而言，鄭玄此語對後世産生之影響，或無人能及。

“三善説”出於鄭玄《六藝論》，然《六藝論》久佚，今以楊士勛《穀梁疏》言之最詳，其言曰：

> 三家之傳，是非無取，自漢以來廢興由於好惡而已，故鄭玄《六藝論》云：“《左氏》善於禮，《公羊》善於讖，《穀梁》善於經。”是先儒同遵之義也。言《左氏》善於禮者，謂朝聘、會盟、祭祀、田獵之屬不違周典是也；《公羊》善於讖者，謂黜周王魯及龍門之戰等是也；《穀梁》善於經者，謂大夫曰卒、諱莫如深之類是也。①

是則，《六藝論》雖亡，後之學者凡讀《穀梁注疏》皆可知此語。而其言是爲“先儒同遵之義”，亦可見“《穀梁》善於經”之於《穀梁》學之重要性。後世《穀梁》學者多將“《穀梁》善於經”指向《穀梁》學最善於詮釋《春秋》之義。如今人王熙元論“《穀梁》善於經”曰：

> 漢末大儒鄭康成，博貫六經，旁綜諸家；治《春秋》之學則兼通三傳，而尤好《穀梁》。所著《六藝論》論三傳云：“《左氏》善於禮，《公羊》善於讖，《穀梁》善於經。”又《起廢疾》以爲穀梁近孔子，然則三傳以《穀梁》最得經旨。②

也就是説，在王氏的理解中，“《穀梁》善於經”即等同於《穀梁》最能得《春秋》原義，亦可謂最得孔子之微言大義，而《公羊》《左傳》不及焉。但就康成“三善説”而言，其是否有所偏重呢？至少就楊士勛而論，他并不認爲康成的“三善説”對三傳有不同傾向，而是認爲三傳各有所長。由於鄭玄論著多已散佚，并不易確知鄭氏真意。在此不妨先以《六藝論》爲例，試析鄭玄之《春秋》學。

鄭玄對於六經之總體論述主要見於《六藝論》，《六藝論》久已亡佚，現可見多種輯本，其中以皮錫瑞之《六藝論疏證》本較善。在《六藝論

① 范甯集解，楊士勛疏：《春秋穀梁傳注疏》，第3頁上。

② 王熙元：《穀梁范注發微》，嘉新水泥公司文化基金會1972年版，第1頁。

疏證》中，關於《春秋》者共五條，三傳“三善説”即在其中。現對此五條輯文略作疏釋，以見鄭玄之《春秋》三傳觀。

《六藝論》述《春秋》第一條曰：

> 《春秋》者，國史所記人君動作之事。左史所記爲《春秋》，右史所記爲《尚書》。《春秋》者，古史所記動作之事。右史記事，左史記言。①

此雖未明言《春秋》與三傳之關係，但就其對《春秋》之定義來看，最近於《左傳》。但此處所謂的《春秋》并不一定指“孔子所修、所作之《春秋》”，可能只是一般的作爲史書的《春秋》。

其第二條曰：

> 孔子既西狩獲麟，自號素王，爲後世受命之君制明王之法。②

“素王”“爲後世之法”云云，自以《公羊》家最爲擅長，是以此條近於《公羊》説。

其第三條專述《公羊》傳授源流，其言曰：

> 治《公羊》者，胡毋生、董仲舒。董仲舒弟子嬴公，嬴公弟子眭孟，眭孟弟子嚴彭祖及顔安樂，安樂弟子陰豐、劉向、王彦。③

即專論《公羊》在西漢之授受，似無與三傳優劣之判斷，不必贅述。

其第四條曰：“玄又爲之注。”④ 即鄭玄爲《春秋》作注。然漢代之《春秋》學似未見拋却三傳而獨注《春秋》者，其所謂“玄又爲之注”，似乎是爲《春秋》某傳作注。據《世説新語·文學》載：

> 鄭玄欲注《春秋傳》，尚未成時，行與服子慎遇宿客舍，先未相識，服在外車上與人説己注傳意。玄聽之良久，多與己同。玄就車與

① 皮錫瑞撰，吴仰湘整理：《六藝論疏證》，《皮錫瑞全集》第三册，中華書局 2015 年版，第 568 頁。

② 皮錫瑞撰，吴仰湘整理：《六藝論疏證》，第 570 頁。

③ 皮錫瑞撰，吴仰湘整理：《六藝論疏證》，第 572~573 頁。

④ 皮錫瑞撰，吴仰湘整理：《六藝論疏證》，第 573 頁。

> 語曰："吾久欲注，尚未了。聽君向言，多與吾同。今當盡以所注與君。"遂爲服氏注。①

服氏所注爲《左傳》，則其所謂《春秋傳》者，亦當是指《左傳》。作爲小説家言，《世説新語》的記載未必可以盡信，也不必徑依此條之説而言鄭康成所欲注者必爲《左傳》，但這至少可以反映時人對於鄭玄《春秋》學之理解，蓋以其近於《左氏》家也。而就鄭氏學術傳承而言，"就東郡張恭祖，受《周禮》《禮記》《春秋傳》。鄭從張恭祖所受皆古文，則《春秋傳》必《左氏傳》也。"② 也就是説，"玄又爲之注"者，或可認爲是鄭玄欲爲《左傳》作注。

其第五條即三傳"三善説"。皮錫瑞《六藝論疏證》曰：

> 經學分門户、争流派，始於《公羊》《左氏》兩家。自劉歆欲立《左氏》學，博士不肯置對，以後范升、陳元、賈逵、李育各信所習，至今嘵嘵不已。治《左氏》者以《公羊》爲讖緯邪説，治《公羊》者以《左氏》爲劉歆僞書，無非今、古文説齟齬不合而已。鄭君兼通今古，并采所長，合三傳以説《春秋》，爲治經者别開門徑，如范武子之《穀梁注》，唐啖、趙、陸，宋劉敞《春秋》之學，皆由鄭君導其先路。習顓門者病其不守師法，然觀後儒喧囂辨鬩，流爲黨禍，乃知鄭學宏通爲可貴也。③

即就皮錫瑞疏證可見，"《左氏》善於禮，《公羊》善於讖，《穀梁》善於經"只是表示康成合彙三傳之心，而無所偏勝。

通過對以上五條遺文的分析可知，至少就今見《六藝論》遺文來看，鄭玄并未突出《穀梁》在《春秋》三傳中的地位。相反，其中多采《左氏》《公羊》説，而於《穀梁》則未特爲提出。當然，這可能是由於《六藝論》亡佚過多，使我們無法確知鄭玄對於《春秋》三傳的真實態度，那麼，我們不妨繼續來看看《發墨守》《起廢疾》《鍼膏肓》及《鄭志》《駁五經異義》等遺文，看能否進一步探究鄭玄對於《春秋》三傳之分判。

---

① 余嘉錫撰，周祖謨、余淑宜整理：《世説新語箋疏》，中華書局1983年版，第192頁。
② 皮錫瑞撰，吴仰湘整理：《六藝論疏證》，第574頁。
③ 皮錫瑞撰，吴仰湘整理：《六藝論疏證》，第574~575頁。

二、“通經”與“明道”：鄭玄《春秋》學申論

1.《發墨守》《起廢疾》《鍼膏肓》中的鄭玄《春秋》學

東漢末季，何休因《公羊》家“援引他經，失其句讀”，“至使賈逵緣隙奮筆，以爲《公羊》可奪、《左氏》可興”,[①] 爲争奪《春秋》解釋權，何休針對賈逵等《左傳》家與《穀梁》學，撰《公羊墨守》《穀梁廢疾》《左氏膏肓》以申之。[②] 鄭玄起而攻之，撰《發墨守》《起廢疾》《鍼膏肓》以爲應。《後漢書·鄭玄傳》曰：“時任城何休好《公羊》學，遂著《公羊墨守》《左氏膏肓》《穀梁廢疾》；玄乃發《墨守》，鍼《膏肓》，起《廢疾》。休見而嘆曰：‘康成入吾室，操吾矛，以伐我乎！’”[③] 但我們要注意，鄭玄雖然發《墨守》，但并非要攻《公羊》，其《發墨守》《起廢疾》《鍼膏肓》要在入邵公之室而攻之，而并非要對《公羊》學有所貶斥。故皮錫瑞《發墨守箴膏肓釋廢疾疏證自序》[④] 曰：

> 東漢大儒之書傳於今者，惟許、鄭、何三君略具。許、鄭兼通今學，意重古文。何君不取古文，專治今學。……鄭君本傳云：“玄發《墨守》、箴《膏肓》、起《廢疾》，休見而嘆曰：‘康成入吾室，操吾矛，以伐我乎！’”是鄭難何之書，何親見之。何君精研六經，既嘆鄭爲操矛，詎不能反矛以攻鄭？然而不爲者，古人之著書也，將以明道，非以争勝也。漢惟《公羊》立學，其後《左氏》《穀梁》寖盛。何君恐兩家之徒緣隙奮筆，其爲書排二傳以尊《公羊》也，凡以明道也。鄭君兼取三傳，以何君排《左》《穀》太甚，恐二傳因此遂廢，其爲書駁何君以扶二傳也，亦以明道也。若夫旗鼓相當，攻擊不已，豈古人之意哉！惟其意不在争勝，故鄭難何，而何不復答鄭。[⑤]

---

① 何休撰，徐彦疏：《春秋公羊注疏》,《春秋公羊注疏序》，第 4 頁上。

② 《後漢書·儒林列傳》曰：“（何）休善歷筭，與其師博士羊弼，追述李育意以難二傳，作《公羊墨守》《左氏膏肓》《穀梁廢疾》。”（范曄撰，李賢等注：《後漢書》卷七十九下《儒林列傳第六十九下·何休》，中華書局 1965 年版，第 2583 頁）徐彦《公羊疏》曰：“何氏本者作《墨守》以距敵《長義》，以强義爲《廢疾》以難《穀梁》，造《膏肓》以短《左氏》。”（《春秋公羊注疏》，第 4 頁下）

③ 范曄撰，李賢等注：《後漢書》卷三十五《鄭玄傳》，第 1207—1208 頁。

④ “鍼膏肓”，皮錫瑞作“箴膏肓”，二者無别，後隨文而書，不作特殊區别。

⑤ 皮錫瑞疏證，吴仰湘整理：《發墨守箴膏肓釋廢疾疏證》,《皮錫瑞全集》第四册，中華書局 2015 年版，第 345 頁。

皮錫瑞作爲今文家，難免左袒何休，但從此段文字也可看出，何休作《公羊墨守》《左氏膏肓》《穀梁廢疾》意在扶《公羊》而抑《左》《穀》，而鄭玄爲《發墨守》《起廢疾》《鍼膏肓》意在駁邵公而非駁《公羊》。若以皮錫瑞之言而論，即二者所究皆在“明道”二字，唯邵公獨主《公羊》而康成兼取三傳。但我們要明白，鄭玄所稱“發《公羊墨守》”，但其所發者在邵公之論，而非《公羊》之學。此可以僖公二十四年“冬，天王出居於鄭”條爲例。《公羊》此條傳文曰：

> 王者無外，此其言出何？不能乎母也。魯子曰：“是王也，不能乎母者，其諸此之謂與？”①

何休《墨守》就“不能乎母”發論曰：

> 不能事母，罪莫大於不孝，故絶之，言出也。下無廢上之義，得絶之者，明母得廢之，臣下得從母令。

鄭玄《發墨守》曰：

> 聖人制法，必因其事，非虛之。《孟子》曰：“夫人必自侮，而後人侮之；家必自毁，而後人毁之；國必自伐，而後人伐之。”今襄王實不能孝道，稱惠后之心。今其寵專於子，失教而亂作，出居於鄭，自絶於周，故孔子因其自絶而書之。《公羊》以母得廢之，則《左氏》已死矣。從《左氏》。②

王者無外，《春秋》書“天王出居於鄭”，是“有外”之辭。《公羊》以襄王“不能乎母”爲辭，何休進一步推出“母得廢之，臣下得從母令”之義。鄭玄以《左傳》爲據，指出襄王出居於鄭時，其母惠后已亡，故不得以“母得廢之”爲說。但鄭玄言“今襄王實不能孝道，稱惠后之心”，

---

① 何休注，徐彦疏：《春秋公羊注疏》卷十二，第149頁。

② 皮錫瑞撰，吴仰湘整理：《發墨守疏證》，《皮錫瑞全集》第四册，中華書局2015年版，第356頁。此條疑有脱文，皮錫瑞注曰：“袁氏考證曰：‘“則《左氏》已死”句有脱譌。《左傳》云“先后其謂我何”，是其時惠后已死，此“《左氏》”下當有“説惠后”三字。疏又引“失教而亂作，自絶於周。從《左氏》”，“失教”二句重出，“從《左氏》”三字亦是鄭《發》。’錫瑞案：鄭君文極簡古，‘則《左氏》已死矣’，‘《左氏》’下省一‘云’字，義亦可通，非必有譌脱。”（《發墨守疏證》，第356~357頁）

又言“今其寵專於子，失教而亂作，出居於鄭，自絶於周，故孔子因其自絶而書之”，則亦不廢《公羊》“不能乎母”之義，不過是將《公羊》“不能乎母”與《左傳》“惠后先亡”綰合起來。由是可見，鄭玄之“發”與其説是“發公羊”，毋寧説是“發邵公”。故後世《公羊》家之論此條，亦不能皆以邵公爲是：

> 劉逢禄《公羊解詁箋》曰：“按：據《左氏》事説經，此鄭君之學，不得以難何氏。但《公羊》引魯子之説，本存疑辭，意亦以爲《春秋》得絶之，非云母得廢子，臣下得以母命廢天子也。婦人有三從之義，王子有行遁之權。貴戚且不得專廢置，而謂臣下得易位乎？稱母命廢立者，趙盾之私心，而霍光、王莽祖之以亂漢者也。《春秋》爲撥亂而作，豈反開亂賊之門乎？書‘出居’者，猶‘公孫於齊’‘居於運’之義，非謂意如得逐君也。穀梁子謂‘失天下’，鄭君謂‘因其自絶書之’，得矣。”《公羊義疏》曰：“按：孟子言貴戚之卿得易位，果已犯絶，臣下何不可奉君母命廢之？若謂開後世亂賊之門，則丕、懿服堯、舜，卓、温服伊尹，能歸咎於先聖乎！”錫瑞案：陳氏申《公羊》何氏説，守一家之學，存其説可以教孝；劉氏兼取《穀梁》與鄭説，張三從之義，存其説可爲後世臣子立防。似當以劉氏之説爲尤正矣。①

劉逢禄作爲後世最嚴守何氏家法之《公羊》家，其論此條亦不以邵公爲是。就劉逢禄之論可見，其亦將此條《公羊》傳文與邵公注文分開，認爲邵公此説非《公羊》之意。陳立爲作義疏，持邵公之論，然其言亦未解决《公羊》與邵公之異同。皮錫瑞言“陳氏申《公羊》何氏説，守一家之學”，“劉氏兼取《穀梁》與鄭説，張三從之義”，然我們要知道，劉逢禄可謂最守《公羊》甚或邵公一家之學者，其所以不從邵公，蓋邵公此條實與《公羊》不符。由此而論，康成此條之“發”，亦當認爲是“發”邵公之誤，而非抉《公羊》之論。就今所存《發墨守》遺文而論，康成所駁者在邵公而不在《公羊》。蓋邵公持《公羊》一家之學，故亦以《公羊》駁《左氏》《穀梁》；康成意主合彙三傳，故反邵公之駁。是以，《鍼膏肓》《起廢疾》亦非以《左傳》《穀梁》駁《公羊》，而是對何休批駁《左傳》《穀梁》之回應，意圖鍼、起二傳。即如《春秋》開篇，隱公爲

① 皮錫瑞撰，吴仰湘整理：《發墨守疏證》，第357頁。

即位抑或攝位問題，存在疑問，何休注與《左傳》頗爲不同。《左傳》曰："不書即位，攝也。"何休駁曰：

> 古制，諸侯幼弱，天子命賢大夫輔相爲政，無攝代之義。昔周公居攝，死不記崩。今隱公生稱侯，死稱薨，何因得爲攝？且《公羊》以爲諸侯無攝。

鄭玄鍼曰：

> 周公歸政，就臣位乃死，何得記崩？隱公見死於君位，不稱薨，云何？《公羊》云："宋穆公云：'吾立乎此，攝也。'"以此言之，何得非《左氏》？

皮錫瑞疏證曰：

> 據此，則隱元年不書即位，古《春秋左氏》説以爲本不行即位之禮；今《春秋公羊》説以爲公時實行即位之禮，孔子成公讓意，去之。兩説不同，故《左氏》以爲攝，《公羊》以爲諸侯無攝。……鄭君分别周公就臣位乃死，不得記崩，隱公死於君位，當稱薨，以箴《膏肓》，自是塙論。引宋穆公云"攝也"，以傅合《左氏》，則於《公羊》義尚未審。①

康成以"周公就臣位乃死，不得記崩，隱公死於君位，當稱薨"駁邵公"諸侯無攝"之論，皮錫瑞亦以爲"自是塙論"。但康成之意非爲駁《公羊》，而是要綰合《公羊》《左傳》之説。雖然皮錫瑞説"引宋穆公云'攝也'，以傅合《左氏》，則於《公羊》義尚未審"，但康成意在駁何以彌縫《公羊》《左傳》之意則毫無疑義。邵公目《左氏》之學爲"膏肓"，即"喻《左氏》之疾不可爲也"②。要言之，康成《鍼膏肓》皆爲"鍼"《左傳》之"膏肓"，即起邵公所謂不可爲之疾而發，而其鵠的則在彌縫《左傳》《公羊》之異同。就此而論，《起廢疾》亦復如是，即起邵

---

① 皮錫瑞撰，吴仰湘整理：《箴膏肓疏證》，《皮錫瑞全集》第四册，中華書局 2015 年版，第 361、363 頁。

② 范曄撰，李賢等注：《後漢書》卷三十五《鄭玄傳》，第 1208 頁。

公所謂《穀梁》之“廢疾”也。如《穀梁》例曰：“大夫日卒，正也；不日卒，惡也。”何休駁曰：

> 《公羊》以爲日與不日，爲遠近異辭。若《穀梁》云益師惡而不日，則公子牙及季孫意如何以書日乎？

《穀梁》以日與不日示大夫卒之正與不正，《公羊》則以三世異辭爲説，與《穀梁》異。何休以公子牙、季孫意如之卒書日爲例，論《穀梁》大夫卒例書日之不確。鄭玄釋曰：

> 公子牙，莊公弟，不書弟，則惡明也，故不假去日。季孫意如，則定公所不惡，故亦書日。[①]

《春秋》意在褒善貶惡，但對於惡之貶不必一再彰示，故鄭玄認爲公子牙之惡以去弟明之，季孫意如則定公不惡，故二者之卒可不必去日以顯之。但我們要明白，鄭玄雖然是在爲《穀梁》辯護，但這并不意味着對《公羊》的貶斥，康成之意仍在綰合《公》《穀》二傳。因爲康成不主一家之學，故其將三傳背後的《春秋》置於更高等級之上。襄公二十七年“衛侯之弟專出奔晋”條，鄭玄即以《春秋》之義釋何休之難。《穀梁》曰：

> 專，喜之徒也。專之爲喜之徒，何也？己雖急納其兄，與人之臣謀弑其君，是亦弑君者也。專其曰弟，何也？專有是信者，君賂不入乎喜而殺喜，是君不直乎喜也。故出奔晋，織絇邯鄲，終身不言衛。專之去，合乎《春秋》。

何休《廢疾》曰：

> 甯喜本弑君之家，獻公過而殺之，小負也。專以君之小負自絶，非大義也，何以合乎《春秋》？

① 皮錫瑞撰，吴仰湘整理：《釋廢疾疏證》，《皮錫瑞全集》第四册，中華書局2015年版，第435頁。

鄭玄釋曰：

> 甯喜雖弑君之家，本專與約納獻公爾。公由喜得入，已與喜以君臣從事矣。《春秋》撥亂，重盟約。今獻公背之而殺忠於己者，是獻公惡而難親也。獻公既惡而難親，專又與喜爲黨，懼禍將及，君子見幾而作，不俟終日。微子去紂，孔子以爲三仁。專之去衛，其心若此，合於《春秋》，不亦宜乎？①

鄭玄之釋實即以《春秋》之義作爲更高的標準，以之衡量《公羊》《穀梁》異同。雖如皮錫瑞所言，康成之説不能服《公羊》家，② 然其置《春秋》於三傳之上，以之爲更高標準，則是可以讓人遵從的。以是而論，鄭玄《春秋》學并不主一家，是合彙三傳、擇善而從的。

2.《春秋志》中的鄭玄《春秋》學

鄭玄《春秋》學既不主一家，主擇善而從，那麼，鄭玄之於三傳是否等量齊觀，或者説其於三傳所重爲誰呢？就《發墨守》《鍼膏肓》《起廢疾》來看，似乎以《公羊》爲核心，即欲以《左傳》《穀梁》綰合《公羊》。但這是建立在《墨守》《膏肓》《廢疾》都是以《公羊》爲標準的前提下，何休既以《公羊》爲標準，則鄭玄之發、鍼、起亦不得不以《公羊》爲中心。但如果并非在《公羊》的視域中，鄭玄亦以《公羊》爲重嗎？似亦不然。此可以《鄭志·春秋志》爲核心予以考察。

《鄭志》中包括《春秋志》一種，相較而言是目前可見鄭玄集中討論《春秋》的論著。既以《春秋》爲名，故并未專就某家立説。但若細究《鄭志》文本，我們可以發現鄭玄多以《左傳》爲中心。如今存《春秋志》共二十條，其中稱“傳”者十五條，其所謂“傳”皆指《左傳》而言，可見《左傳》在鄭玄《春秋》學中之重要性。③ 而這些稱“傳”之問答，基本都是鄭玄疏釋《左傳》之義，進而闡發左氏之學，是亦可見鄭玄《春秋》學多尊崇《左傳》。在此先舉“五侯九伯”爲例，以見鄭玄在

---

① 皮錫瑞撰，吴仰湘整理：《釋廢疾疏證》，第 501～502 頁。

② 皮錫瑞曰：“《穀梁傳》曰：‘己雖急納其兄，與人之臣謀弑其君，是亦弑君者也。’辭嚴義正，與《公羊解詁》曰‘剌鱄兄爲强臣所逐，既不能救，又移心事剽，背爲奸約’，責專之意相同，特《穀梁》取其去之見幾，以爲合乎《春秋》，何君以爲守小信而忘大義，拘小介而失大忠，其説小不合耳。鄭君美專太過，亦善善從長之義，可以無庸攻駁也。”（《釋廢疾疏證》，第 503 頁）

③ 此據皮錫瑞《鄭志疏證》（《皮錫瑞全集》第三册，中華書局 2015 年版）統計。

詮釋《春秋》時主《左傳》之説：

> 僖四年傳："五侯九伯。"
>
> 張逸受《春秋異讀》。鄭云："五侯，侯爲州牧也。九伯，伯爲州伯也。一州一牧，二伯佐之。大公爲王官之伯，二人共分陝而治。自陝以東，當四侯半，一侯不可分，故言五侯。九伯則九人。若主五等諸侯、九州之伯，是天子何異乎？何夾輔之有也？"①

《春秋》無明確的"伯/霸"之論，但三傳都在探討"伯/霸"問題。就《左傳》而言，"伯/霸"指向"五侯九伯"，即鄭玄此處所申論者；但就《公羊》《穀梁》而言，則只論"二伯"。故此條所言，鄭氏論證"五侯九伯"，必是主《左傳》之論，而非主《公羊》《穀梁》之説。故皮錫瑞疏證曰：

> 《詩·旄丘序》箋云："衛康叔之封爵稱侯，今曰伯者，時爲州伯也。周之制，使伯佐牧。《春秋傳》曰'五侯九伯'，侯爲牧也。"正義曰："此解言'衛伯'之意，故云'衛康叔之封爵稱侯，今曰伯者，時爲州伯也。周之制，使伯佐牧'。牧是州牧，伯佐之，是州伯也。知者，以《春秋傳》曰'五侯九伯'，是侯爲牧，伯佐之也。言'周之制，使伯佐牧'者，以《左傳》所論，周世之事，前代必不然，知指言周也。所引'《春秋傳》曰'，僖四年管仲對楚辭也，曰：'昔召康公命我先君太公：五侯九伯，汝實征之，以夾輔周室。'服虔云：'五侯，公、侯、伯、子、男。九伯，九州之長。'太公爲王官之伯，掌司馬職，以九伐之法征討邦國，故得征之。鄭不然者，以司馬征伐，由王命乃行，不得云'汝實征之'，且'夾輔'者，左右之辭也。故因漢張逸受《春秋異讀》云云。"《王制》正義曰："鄭必知州牧之下更有二伯者，以《左傳》云'五侯九伯'，服、杜皆爲五等諸侯、九州之伯。"引《鄭志》云云。《左氏》僖四年傳杜預集解曰："五等諸侯、九州之伯，皆得征討其罪，齊桓因此命以夸楚。"正義曰："太公爲王官之伯，得以王命征討天下，隨罪所在，各致其罰。故五等諸侯、九州之伯，皆得征討其罪。齊桓因太公有此王命，言己上世先公得征討有罪，所以夸楚也。鄭玄以爲：周之制，每州以一侯

① 皮錫瑞撰，吴仰湘整理：《鄭志疏證》，第 385 頁。

爲牧，二伯佐之，九州有九侯、十八伯。太公爲東西大伯中分天下者，當各統四侯半，一侯不可分，故言五侯，其伯則各有九耳。侯爲牧，伯佐之，言是周制，其事無所出也。且征者，征其所統之國，非征侯、伯之身，何當校計人數，以充九、五之言？即如其言，使伯佐牧，二伯共佐治而已，非是分州之半，復安得征九伯也？校數煩碎，非復人情，故先儒無同之者。"錫瑞案：杜説即張逸所問，蓋本舊解。鄭答張逸已駁之。《左傳》孔疏意在申杜，故以鄭爲"校數煩碎"耳。①

由上文可知，鄭玄之所以如此注"衛伯"，即是貫通《毛詩》《左傳》，以《左傳》之"五侯九伯"詮釋周代之伯。在此詮釋理路下，《春秋》中的"伯/霸"問題被轉化爲歷史中的"使伯佐牧"。《鄭志》此條無論是鄭玄之箋、答，還是孔穎達之疏，其實都是《左傳》語境中的詮釋。《春秋志》"傳曰"云云，基本皆如"五侯九伯"之論，即主《左傳》之説。是亦可以看出，鄭玄於三傳之中對《左傳》之推崇，而哀公十三年傳"乃先晉人"條對周公之定位則更具代表性。《春秋》："公會晉侯及吴子於黄池。"《左傳》曰："秋七月辛丑朔，吴、晉爭先。……乃先晉人。"鄭玄曰："不可以《國語》亂周公所定法。"皮錫瑞疏證曰：

正義曰："《吴語》説此事云：'吴公先歃，晉侯亞之。'與此異者，經書'公會晉侯及吴子'，傳稱'公會單平公、晉定公、吴夫差'，吴皆在下，晉實先矣。經據魯史策書，傳采魯之簡牘，魯之所書，必是依實。《國語》之書，當國所記，或可曲筆直己，辭有抑揚，故與《左傳》異者多矣。鄭玄云：'不可以《國語》亂周公所定法。'傅玄云：《國語》非丘明所作，凡有共説一事而二文不同，必《國語》虚而《左傳》實。其言相反，不可强合也。"錫瑞案：賈逵曰："《外傳》曰：'吴先歃，晉亞之。'先叙晉，晉有信，又所以外吴。"賈氏兼取《内外傳》義，説最明通。先晉，晉有信，用襄二十七年盟宋例。外吴，本《公羊》説。《公羊傳》曰："吴何以稱子？吴主會也。吴主會，則曷爲先言晉侯？不與夷狄之主中國也。其言及吴子何？會兩伯之辭也。不與夷狄之主中國，則曷爲以會兩伯之辭言之？重吴也。曷爲重吴？吴在是，則天下諸侯莫敢不至也。"《公羊》釋

① 皮錫瑞撰，吴仰湘整理：《鄭志疏證》，第386~387頁。

經最明。蓋此會實先吴，而《春秋》之義不與夷狄主中國，故仍先書晉侯，若會兩伯之辭。竊以爲經義當從《公羊》，事實當取《國語》。《左傳》説此不甚明晰，鄭君説亦不詳。蓋鄭用《左氏》説，以《春秋》本魯史，爲周公所定，不從《公羊》之義，故亦不取《國語》事實也。①

賈逵作爲《左傳》專家，兼取《左傳》《國語》。賈逵取《國語》"吴先歃，晉亞之"之説，實與《公羊》説合。然鄭玄之所以不取《國語》者，即認爲"不可以《國語》亂周公所定法"，實即以《左傳》爲周公垂法之書，而《國語》則非，此蓋取《左傳》家説。② 鄭玄作爲古文家，推崇《左傳》，亦可謂當行本色。但如上文所論，康成雖推尊《左傳》，但仍以《春秋》爲更高標準，故可合彙三傳以釋《春秋》，擇善而從。故《春秋志》亦有舍《左傳》而從《公羊》者，如閔公二年"夏五月，吉禘於莊公"條，《春秋志》載鄭玄答趙商問曰：

閔公心懼於難，務自尊大以厭其禍，凡二十二月而除，又不禫，於禮少六月。③

皮錫瑞疏證曰：

宋翔鳳《過庭録》曰："杜氏據《春秋》，有禘無祫。鄭《禘祫志》據《公羊傳》及何休説，有祫有禘。故閔二年之吉禘，必先有四月之祫。然經、傳則無其證。使如喪畢而祫，則四月祫，已先即吉，五月之禘不得云吉禘。若以慶父之難，不譏四月祫，則五月之禘亦因難而變禮，又何獨譏之也？二者不可通，則知'吉禘於莊公'爲喪畢而先禘也。案《詩·玄鳥》箋云：'喪三年既畢，禘於其廟，而後祫祭於大祖。明年春，禘於群廟。自此之後，五年而再殷祭，一禘一祫。《春秋》謂之大事。'案：此謂祫祭之前，别有禘於其廟之禮，喪畢而即吉，故云吉禘，與五年再殷祭之禘不同。《箋》與《禘祫

① 皮錫瑞撰，吴仰湘整理：《鄭志疏證》，第 415~416 頁。

② 杜預《春秋序》曰："仲尼因魯史策書成文，考其真僞而志其典禮，上以遵周公之遺制，下以明將來之法。"（杜預注，孔穎達正義：《春秋左傳注疏》，《十三經注疏》第六册，藝文印書館 1973 年版，第 10 頁上）即此義也。

③ 皮錫瑞撰，吴仰湘整理：《鄭志疏證》，第 383 頁。

志》異者，鄭君注《禮》既蚤，《禘祫志》想同時所述，箋《詩》晚，悟‘四月祫’之無據，故定此說。”錫瑞謂：宋説是也。鄭云祫大禘小，祫在大廟，禘各於其廟，皆本《公羊》，固不得以《左氏》終王大禘之説難之。而《禘祫志》謂閔公四月祫，則無所據。《玄鳥》箋有兩本，當以“兩禘夾一祫”爲定本，“前祫後禘”乃後人據《禘祫志》改之。①

如皮錫瑞所言，“鄭云祫大禘小，祫在大廟，禘各於其廟，皆本《公羊》，固不得以《左氏》終王大禘之説難之”，即從《公羊》而非《左氏》説。其所以如此者，或以參合五經而論，《公羊》説更爲合適。皮錫瑞以作注有早晚爲説，或亦可備一説。然要其本，蓋在參合五經。因爲鄭玄重在合彙三傳、參合五經，故其不專持一家一傳。故同樣是論禘禮，僖公八年“秋七月，禘於大廟，用致夫人”，鄭玄則一取《左氏》、一取《公羊》。鄭玄就此條答趙商問曰：

以僖八年正月，“公會王人於洮”，六月應禘，以在會未還，故至七月乃禘。君子原情免之。理不合譏，而書之者，爲“致夫人”，故書七月禘也。獻子既七月而禘，非時失禮。《春秋》之例，非時祭者皆書於經，以示譏。

皮錫瑞疏證曰：

“用致夫人”，三傳不同。《左氏》以爲哀姜，《公羊》以爲齊媵，《穀梁》以爲成風。《禘祫志》云：“因禘事而致哀姜，故譏焉。”鄭君論禘祫從《公羊》，而解“用致夫人”則從《左氏》。②

康成“論禘祫從《公羊》，而解‘用致夫人’則從《左氏》”，是亦可見康成參合《公》《左》以釋經。但就《春秋志》所論《穀梁》而言，雖然鄭玄“釋”《穀梁廢疾》，但似乎多從《左傳》《公羊》而屈《穀梁》。如就閏月的問題而言，鄭玄即未贊成《穀梁》之説。文公六年，“閏月不告朔，猶朝於廟。”《春秋志》載關於此條之問答曰：

---

① 皮錫瑞撰，吴仰湘整理：《鄭志疏證》，第384~385頁。

② 皮錫瑞撰，吴仰湘整理：《鄭志疏證》，第388~389頁。

> 趙商問云："經曰：'閏月不告朔，猶朝於廟。'《穀梁傳》云：'閏月，附月之餘日，喪事不數。'又哀五年：'閏月，葬齊景公。'《公羊傳》云：'閏月不書，此何以書？喪以閏數，喪數略也。'此二傳義反，於禮斷之何就？"答曰："居喪之禮，以月數者，數閏；以年數者，雖有閏，無與於數也。"①

就此條而言，關於喪事是否數閏的理解，《穀梁》與《公羊》完全相反，鄭玄爲之彌縫，提出"以月數者，數閏；以年數者，雖有閏，無與於數也"的説法。鄭玄此説是否合乎喪禮可再議，但就《穀梁》《公羊》二傳而言，鄭玄似爲折中之説，并不完全依從一家。但我們接着來看皮錫瑞之疏證就可以發現，在"數閏"與否這個問題上，鄭玄實則是贊同《公羊》之説：

> 《公羊》哀五年傳何氏解詁曰："謂喪服大功以下諸喪，當以閏月爲數。"疏曰："言大功以下之喪所以得數閏月者，正以恩殺故也。引《鄭志》云云，曰：然則鄭氏之意，以爲彼云'喪事不數'者，謂期與三年也，此云'喪以閏數'者，謂大功以下也。若《穀梁》之意，以爲大功以下及葬，皆不數閏。云云之説，在襄二十八年。"案：襄二十八年："十有二月，甲寅，天王崩。乙未，楚子昭卒。"解詁曰："乙未與甲寅相去四十二日，蓋閏月也。葬以閏數。卒不書閏者，正取期月。明期三年之喪，始死得以閏數，非死月不得數閏。"疏曰："哀五年：'閏月，葬齊景公。'傳云'閏不書，此何以書'，注云'據楚子昭卒不書閏'；傳云'喪以閏數也'，注云'謂喪服大功以下諸喪，當以閏月爲數'；傳又云'喪曷爲以閏數'，注云'據卒不書閏'；傳云'喪數略也'，注云'略，猶殺也。以月數，恩殺，故并閏數'。然則大功以下，以月爲數，故得數之，故此注云'葬以閏數'。云'卒不書閏者，正取期月'者，以其取期月，故不得書閏矣。何者？以閏非正月故也。以此言之，明期三年之喪，始死在閏月得數之。何者？正以閏月者，前月之餘，故得繼前月言之。若閏不在始死之月，則不得數之。何者？期三年皆以年計，若通閏數之，則不滿期三年故也。"錫瑞案：徐疏申何氏義甚明。據《鄭志》義，與何不異。《白虎通·喪服》篇曰："三年之喪，不以閏月數何？以言其

---

① 皮錫瑞撰，吴仰湘整理：《鄭志疏證》，第393頁。

期也。期者，復其時也。大功已下月數，故以閏月除。"《白虎通》從《公羊春秋》，何、鄭皆用其説，謂大功已下數閏月。《公羊》義期三年仍不數，亦與《穀梁》義不背。《通典》引射慈云："三年期喪，歲數没閏，九月以下數閏月也。"若死在閏月，二傳之説微異。據襄二十八年傳解詁，則《公羊》以死月在閏，得以閏數。《通典》引："鄭襲難范甯云：'以閏三月死者，當以來年何月祥？何月忌日？'答曰：'謂之閏月者，以餘分之日爲閏益月耳，非正月也，則吉凶大事，皆不可以用。閏月死，既不數之，禮，十三月小祥，二十五月大祥，自然當以來年四月小祥，明年四月大祥也。'"然則《穀梁》家以死月在閏，仍以後月爲斷也。①

筆者之所以不避煩瑣，將此文全部列入，即想展現當《公》《穀》二傳有異之時，鄭玄多持《公羊》説，而非《穀梁》，此條即明證。就此點而言，事實上，《起廢疾》遺文亦多可佐證。即如僖公二十一年，"釋宋公"，《穀梁》曰：

外釋不志，此其志，何也？以公之與之盟目之也。不言楚，不與楚專釋也。

何休駁曰：

《春秋》以執之爲罪，不以釋之爲罪。責楚子專釋，非其理也。《公羊》以爲公會諸侯釋之，故不復出楚耳。

鄭玄釋曰：

"不與楚專釋"者，非以責之也。傳曰："外釋不志，此其志何也？以公之與之盟目之也。"言公與諸侯盟而釋宋公，公有功焉，與《公羊》義無違錯。②

《穀梁》所謂"不與楚專釋"者，按《穀梁》書法，實有責楚之義。

---

① 皮錫瑞撰，吴仰湘整理：《鄭志疏證》，第392~394頁。
② 皮錫瑞撰，吴仰湘整理：《釋廢疾疏證》，第471頁。

但鄭玄認爲"非以責之"者，要在縮合《公》《穀》釋經之矛盾，以使《穀梁》"與《公羊》義無違錯"。易言之，鄭玄此釋雖解決了何休之難，但却也否定了《穀梁》傳義。皮錫瑞疏證曰：

> 劉逢禄難曰："如鄭君説，傳當云：不言楚，歸功於諸侯也。"柳興恩述曰："'不與楚專釋'，亦以甚其專執之罪也，較《公羊》説尤爲大義懔然。何氏乃曰'《春秋》以執之爲罪，不以釋之爲罪'，豈知《春秋》之旨者哉！鄭君之説，姑就其詞釋之云爾。"錫瑞案：《穀梁補注》曰："何既失之，鄭又非也。'不與楚專釋'，與上'以公盟目之'文意不相屬。《公羊》所云，不可通於傳。胡安國引傳文，以《公羊》爲誤，胡氏是也。傳言'不與專釋'者，明非楚所得專執，故亦非楚所得專釋也。傳但解經，釋'不言楚'，則上執不言楚，亦包其義。上執無傳，故於此特明之。"據鍾氏説，以傳申傳，不牽引《公羊》，説甚明捷。鄭君調和二《傳》，以爲"義無違錯"，特以解何氏之紛耳。①

無論是作爲《公羊》家的劉逢禄，還是作爲《穀梁》家的柳興恩、鍾文烝，都看出鄭玄之釋不符合《穀梁》傳義。以康成之經學素養，蓋不至誤讀如此。其所以如此者，當如皮錫瑞所言，調和二傳，特以解何氏之紛耳。而在《公》《穀》二傳存在矛盾之時，康成爲調和二傳，往往是屈《穀梁》而就《公羊》。就此點而言，桓公十三年二月"己巳，及齊侯、宋公、衛侯、燕人戰，齊師、宋師、衛師、燕師敗績"條可謂最爲典型。《穀梁》此條傳曰：

> 其言及者，由内及之也；其曰戰者，由外言之也。戰稱人，敗稱師，重衆也。其不地，於紀也。

何休駁《穀梁》曰：

> 《春秋》戰無不地，即於紀戰，無爲不地也。

鄭玄釋曰：

---

① 皮錫瑞撰，吴仰湘整理：《釋廢疾疏證》，第471頁。

“紀”當爲“己”，謂在魯也，字之誤耳。得在龍門，城下之戰迫近，故不地。①

康成改《穀梁》傳文以彌合《公》《穀》異説，可見其溝通二傳之努力。但如皮錫瑞所言：“《公》《穀》二義不同，當各從其家説。彼此相駁，皆可不必。鄭君改《穀梁傳》文以傅合《公羊》，似亦可不必也。”②三傳本自不同，康成强爲彌縫，難免方鑿圓枘之譏。而在此方鑿圓枘的彌縫背後，我們也可以看到，康成在《公》《穀》二傳之矛盾中，多尊《公羊》而抑《穀梁》。

三、專以演繹經文爲事：鄭玄“《穀梁》善於經”説申論

1.“《穀梁》善於經”的兩種詮釋及其分析

就《春秋》學而論，康成作爲古文家，於《春秋》三傳之中多持《左傳》以爲説；而就《公》《穀》二傳而言，似尊《公羊》而抑《穀梁》。那麽，三傳三善説，亦即“《左氏》善於禮，《公羊》善於讖，《穀梁》善於經”，當如何理解呢？楊士勛是目前可見對“三善説”最早的完整闡釋者，但楊氏之説似并未及於“三善説”之肌理。對於“三善説”之深入闡發，似以清儒之説更爲深入。但清儒之説亦具兩種差别極大之詮釋方向，不妨先以清儒之説爲切入點，對“三善説”之深層含義再作闡發。

對於鄭玄“三善説”，王鳴盛曾從三傳優劣的角度予以評述，《蛾術編》卷七《鄭康成意以〈左氏〉〈公羊〉爲勝於〈穀梁〉》曰：

《穀梁傳序》疏引《六藝論》云：“《左氏》善於禮，《公羊》善於讖，《穀梁》善於經。”康成之於禮深矣，又篤好讖，蓋讖書七十子之微言大義具在焉，康成削其𤇏駁而擇其精者以證經。故《左氏》善於禮者，《左氏》據禮以通《春秋》也；《公羊》善於讖者，《公羊》援讖以定《春秋》者也；惟《穀梁》意取簡約，專以演繹經文爲事，而其他不復旁及焉，則善於經而已矣。康成蓋意以爲《左氏》《公羊》皆勝於《穀梁》，乃俗儒反疑康成此言爲推尊《穀梁》，豈不

① 皮錫瑞撰，吴仰湘整理：《釋廢疾疏證》，第445頁。

② 皮錫瑞撰，吴仰湘整理：《釋廢疾疏證》，第447頁。

謬乎?①

王鳴盛從“於禮深”和“篤好讖”論“《左氏》善於禮”和“《公羊》善於讖”，即以康成學術爲基準，對“三善説”予以詮解，認爲“《左氏》善於禮者,《左氏》據禮以通《春秋》也;《公羊》善於讖者,《公羊》援讖以定《春秋》者也”，亦即從禮學和讖緯的角度提出鄭玄對《左傳》《公羊》之肯定。相較而言，“《穀梁》善於經”就僅僅是“專以演繹經文爲事，而其他不復旁及焉”，只是就經文而論經文而已。故王鳴盛認爲“康成蓋意以爲《左氏》《公羊》皆勝於《穀梁》”。此可謂解讀“三善説”的一個方向。而另一個詮釋方向，即王鳴盛所批判者，也就是所謂“俗儒反疑康成此言爲推尊《穀梁》”。就王鳴盛之批評者而言，惠棟可謂先驅。惠棟《九經古義》卷十五《穀梁古義》:

> 《孝經説》云:“孔子曰:‘吾志在《春秋》，行在《孝經》。以《春秋》屬商，《孝經》屬參。’”故應劭《風俗通》言《穀梁》爲子夏門人，楊士勛謂受經於子夏。……然則穀梁子非親受於子夏矣，古人親受業者稱弟子，轉相授者稱門人，則穀梁子於子夏猶孟子之於子思。……隱元年傳云“成人之美，不成人之惡”，僖廿二年傳云“過而不改是謂之過”，廿三年傳云“以不教民戰則是弃其師”，今皆在《論語》中。鄭《論語序》云仲弓、子夏等所撰《論語讖》，亦言子夏等七十二人共撰仲尼微言，其諸聖人之徒私淑諸人者乎?又傳中所載與《儀禮》《禮記》諸經合者不可悉舉。故鄭康成《六藝略》云“《穀梁》善於經”。②

惠棟從《穀梁》師承及其與《論語》《儀禮》《禮記》之關係入手，認爲穀梁子繼承了七十子之徒的微言大義，故鄭玄所謂“《穀梁》善於經”，即是對《穀梁》之褒揚。惠棟雖然并未將“《穀梁》善於經”與“《左氏》善於禮”“《公羊》善於讖”作比較，但在惠棟的語境下，“《穀梁》善於經”既然繼承了七十子之徒的微言大義，又合於諸經記載，則固

---

① 王鳴盛:《蛾術編》卷七,《續修四庫全書》第一一五〇册，上海古籍出版社 2002 年版，第 99 頁。

② 惠棟:《九經古義》卷十五《穀梁古義》,《景印文淵閣四庫全書》第一九一册，臺灣商務印書館 1986 年版，第 489 頁。

具有優先性，“《穀梁》善於經”似乎也隱含了一種《穀梁》比《左傳》《公羊》更善於詮釋《春秋》之義。惠棟作爲吴派學術領袖，其言無疑具有重要的影響力。在惠棟之後，阮元將“《穀梁》善於經”之說，推向更高的層次。阮元序柳興恩《穀梁大義述》曰：

> 《六藝論》云“穀梁子善於經”，蓋以其親受微言於子夏，最近於孔子也。《公羊》與《穀梁》同師子夏，而鄭氏《起廢疾》則以穀梁爲近孔子，公羊爲六國時人。然則，“善經近孔”四字固此傳之確評矣。①

其序許桂林《穀梁釋例》又曰：

> 《漢書·儒林傳》云：宣帝即位，聞衛太子好《穀梁春秋》，以問韋賢、夏侯勝及史高，皆魯人也，言穀梁子本魯學，公羊氏乃齊學也，宜興《穀梁》。……齊魯之學俱親受於子夏，魯學於齊爲較近，故鄭氏云《穀梁》四時田者近孔子故也。……道光二十年見鎮江柳氏撰《穀梁傳學》，余舉“善經近孔”語特爲序之。今讀許氏桂林所作《釋例》，有引《公羊》互證者，有駁《公羊》而專主者，大旨具見所作《總論》，末據鄭氏“《穀梁》善於經”之語，以爲時月日即善經之一，是亦篤信鄭學，不爲無根之譚，與柳氏書可相輔而行也。②

阮元之序《穀梁大義述》《穀梁釋例》，皆以“善經近孔”爲説。所謂“善經”者，即鄭玄所謂“《穀梁》善於經”，但阮元已明確將“《穀梁》善於經”轉變爲“《穀梁》更善於經”。所謂“近孔”，其序《穀梁大義述》則以時代而言，穀梁子較公羊更接近孔子的時代；其序《穀梁釋例》則是以地域爲標準，認爲穀梁子爲魯人，公羊氏爲齊人，穀梁子更近於孔子。作爲嘉道時期的士林領袖，阮元拈出“善經近孔”四字推舉《穀梁》，也在一定程度上推動了晚清阮元《穀梁》學之發展。但就其所謂“善經近孔”之理念而言，無疑是以鄭玄“《穀梁》善於經”爲準則，又以《起廢疾》“穀梁近孔”之説爲依據。那麼，其對“善經近孔”之解讀是否符合鄭玄原意呢？不妨回到《起廢疾》此條原文。

---

① 柳興恩：《穀梁大義述》，《穀梁大義述序》。

② 許桂林：《穀梁釋例》，《阮序》，第1頁。

《春秋》桓公“四年春正月，公狩於郎”，《穀梁》曰：

四時之田，皆爲宗廟之事也。春曰田，夏曰苗，秋曰蒐，冬曰狩。四時之田用三焉，惟其所先得，一爲乾豆，二爲賓客，三爲充君之庖。

何休《廢疾》曰：

《運斗樞》曰：“夏不田。”《穀梁》有夏田，於義爲短。

鄭玄釋曰：

四時皆田，夏、殷之禮。《詩》云：“之子于苗，選徒囂囂。”夏田明矣。孔子雖有聖德，不敢顯然改先王之法以教授於世；若其所欲改，其陰書於緯，藏之以傳後王。《穀梁》四時田者，近孔子故也。《公羊》正當六國之亡，讖緯見，讀而傳爲三時田。作傳有先後，雖異，不足以斷《穀梁》也。又云：歲三田，謂以三事爲田，即上一曰乾豆之等。①

何休據《公羊》論無“夏田”，指出《穀梁》於義爲短，鄭玄駁之，彌合二家之異。但鄭玄此處與其説是在表彰“穀梁近孔”，毋寧説是認爲《公羊》闡發了孔子改制的真實想法，也就是後人筆下所謂夫子的“微言大義”。鄭玄雖然以“近孔”解釋《公》《穀》田制之異，但其“近孔”之論與其説是推崇《穀梁》，不如説是將《穀梁》置於《公羊》之下。鄭玄言“孔子雖有聖德，不敢顯然改先王之法以教授於世；若其所欲改，其陰書於緯，藏之以傳後王”，則其真義，或者説微言大義不敢直接顯白書寫，而只能以讖緯形式流傳。《穀梁》四時田者，因其時代接近於孔子，故讖緯尚未流行；而《公羊》之書則在六國之時，已經時移世易，讖緯流傳，公羊氏得以藉讖緯一窺孔子之微言大義。故皮錫瑞疏證曰：

《公羊解詁》曰：“不以夏田者，《春秋》制也。以爲飛鳥未去於巢，走畜未離於穴，恐傷害於幼稚，故於苑囿中取之。”據何君説，

① 皮錫瑞撰，吴仰湘整理：《釋廢疾疏證》，第439頁。

> 以夏不田爲《春秋》制，則《周禮》本四時皆田，夫子作《春秋》，以夏乃長養之時，恐傷害幼稚，故爲後王立法，夏不田，止宜三時田。鄭君意申《穀梁》，而不背《公羊》，分别作傳先後，足以疏通二家之義。……穀梁子不受《春秋》改制大義，云四時田，自是周禮。公羊子得之口授，云三時田，自是《春秋》制。當如鄭説，分别觀之，以周禮説《周禮》，以《春秋》制説《春秋》制，不必以《周禮》疑《春秋》制爲誤，亦不必以《春秋》制詆《周禮》爲非。①

就此而言，按照鄭玄的詮解，雖然從時間上説《穀梁》近孔子，但從得孔子真義的角度而言，似乎《公羊》更“近”孔子。既然時間上的“近孔”并不代表更易於掌握孔子的微言大義，那麼，因“近孔”而來的“善經”也就不成立了。

同樣，如果將“《穀梁》善於經”與“《公羊》善於讖”對舉，那麼，“《穀梁》善於經”與“《公羊》善於讖”之間是否有褒貶之别呢？今人多以“《公羊》善於讖”爲貶《公羊》之説，如趙伯雄言：

> “《左氏》善於禮，《公羊》善於讖，《穀梁》善於經。”一下子就抓住了三傳的特點。所謂“《穀梁》善於經”，大約是指《穀梁》解經較《公羊》爲平正，没有那麼多“非常異義可怪之論”吧。②

在趙氏看來，康成“三善説”之於《穀梁》《公羊》似乎有褒貶之别，這主要是由於在他看來，《公羊》存在過多的“非常異義可怪之論”。但放在漢代《春秋》學的視域下，“非常異義可怪之論”似乎本就是《春秋》所具之内在屬性，《公羊》能掘發《春秋》“非常異義可怪之論”，乃可謂其“善經”之所在。何休《公羊解詁序》即曰：“傳《春秋》者非一，本據亂而作，其中多非常異義可怪之論。”③《春秋》本據亂而作，故其“非常異義可怪之論”亦《春秋》題中之義，固不足以論《公羊》之是非。就“《公羊》善於讖”而言，最著名的應是《春秋》“爲漢制法”説。前文所引《六藝論》第二條即“爲漢制法”説之闡述，鄭玄似乎并無貶斥之意。可進一步申説的是，鄭玄對“《公羊》善於讖”不但并無貶

---

① 皮錫瑞撰，吴仰湘整理：《釋廢疾疏證》，第 440~441 頁。

② 趙伯雄：《鄭玄〈春秋〉學考述》，《文獻》1994 年第 1 期。

③ 何休注，徐彦疏：《春秋公羊注疏》，《公羊解詁序》，第 3 頁。

斥，相反，或許頗爲推崇。蓋讖緯之學在哀平之際興起之後，日漸成爲漢代内學，其重要程度并不下於經學。引讖緯以解經，實後漢經學之一大特色。① 鄭玄解經多用讖緯，亦人所共知。② 即以《春秋》學而言，鄭玄亦多以緯書爲斷。如僖公二十二年《左傳》曰“君未知戰”，鄭玄鍼曰：

刺襄公不度德，不量力。《考異郵》云：“襄公大辱，師敗於泓。徒信，不知權譎之謀，不足以交鄰國、定遠疆也。”此是譏師敗也。《公羊》不譏，違《考異郵》矣。

宣公二年《左傳》曰“失禮違命，宜其爲禽也”，鄭玄鍼曰：

狂狡臨敵拘於小仁，忘在軍之禮，譏之，義合於讖。

襄公十一年《左傳》曰“魏絳於是乎始有金石之樂，禮也”，鄭玄鍼曰：

大夫、士無樂。《小胥》“大夫判縣，士特縣”者，《小胥》所云娱身之樂及治人之樂則有之也。故《鄉飲酒》有工歌之樂，是也。《説題辭》云無樂者，謂無祭祀之樂，故特牲、少牢無樂。

僖公二十一年“大旱”，鄭玄曰：

《春秋》凡書二十四旱，《考異郵》説云：“分爲四部，各有義焉。”

文公三年《穀梁》曰“茅茨盡矣。著於上，見於下，謂之雨”，何休以讖駁之，鄭玄釋曰：

《穀梁》意亦以宋德薄，後將有禍，故螽飛在上，墜地而死。言

① 參見徐興無《讖緯文獻與漢代文化建構》（中華書局 2003 年版）第二章《讖緯與經學·讖緯與兩漢經學》，第 65~70 頁。

② 《總目·周禮注疏提要》曰：“玄於《三禮》之學，本爲專門，故所釋特精。惟好引緯書，是其一短。”（《四庫全書總目彙訂》，第 560 頁）

"茅茨盡"者，著甚之驗，於讖何錯之有乎？①

可見鄭玄亦以讖緯説《春秋》，并以讖緯作爲評斷三傳得失之標準。如是而言，"《公羊》善於讖"不但不是對《公羊》的貶斥，反倒是鄭玄推崇《公羊》的一大表證。② 故如王鳴盛所言，"康成之於禮深矣，又篤好讖，蓋讖書七十子之微言大義具在焉"，則《左氏》善於禮、《公羊》善於讖皆爲鄭玄對《左傳》《公羊》解經特色之抉發，亦是其對《左傳》《公羊》推崇之所在。是以，《穀梁》善於經并不是比《左傳》善於禮、《公羊》善於讖更高之評價。唯王鳴盛以爲"《穀梁》意取簡約，專以演繹經文爲事，而其他不復旁及焉，則善於經而已矣，康成蓋意以爲《左氏》《公羊》皆勝於《穀梁》"，則亦不然。蓋在鄭玄的經學體系中，雖重禮崇讖，但其言《左氏》善於禮、《公羊》善於讖、《穀梁》善於經，則并不在比較三傳優劣，而在於概括三傳不同的解經特色與解經模式，并無高低軒輊之别。

2. "三善説"下的三傳解經模式試論：以"滕侯、薛侯來朝"條爲例

就"《穀梁》善於經"的兩種詮釋方向而言，自以王鳴盛之説較爲近實。但其以"《穀梁》善於經"爲貶損《穀梁》，則似亦難盡從。故就"三善説"所藴鄭玄之義，當以三傳不同的解經模式爲切入點予以考察。夫子言："我欲載之空言，不如見之於行事之深切著明也。"③ 欲論三傳解經模式之異同，亦不能空言以説之，故不妨以具體條目爲切入點，予以詮釋。在此以隱公十一年"春，滕侯、薛侯來朝"條爲例，對三傳解經模式予以梳理。

《春秋》隱公十一年"春，滕侯、薛侯來朝"，杜預注曰："諸侯相朝例在文十五年。"④ 杜預將"朝例"引向《春秋》文公十五年"夏，曹伯來朝"，《左傳》此條發傳曰："夏，曹伯來朝，禮也。諸侯五年再相朝，以修王命，古之制也。"⑤ 那麽，何以《左傳》不在隱公十一年發"朝例"，而要在文公十五年書之呢？杜預曰："（文公）十一年曹伯來朝，雖

---

① 皮錫瑞疏證，吴仰湘整理：《發墨守箴膏肓釋廢疾疏證》，第 377、396、414、469、485 頁。

② 張沛林《鄭玄穀梁學考述》（《追求平實精微——漢唐春秋穀梁學論稿》，福建教育出版社 2019 年版，第 112~114 頁）對"《穀梁》善經近孔"問題亦做了概括分析，可以參看。

③ 司馬遷撰，瀧川資言考證，楊海峥整理：《史記會注考證》卷一三〇《太史公自序第七十》，第 4317 頁。

④ 杜預注，孔穎達正義：《春秋左傳注疏》卷四，第 78 頁。

⑤ 杜預注，孔穎達正義：《春秋左傳注疏》卷十九下，第 337 頁。

至此乃來，亦五年。"① 實即欲發"諸侯五年再相朝"之禮，故於曹伯來朝書之。以是而論，《左傳》雖未於"滕侯、薛侯來朝"言朝例，然其朝禮則已於下文書之，可互見也。

回到"滕侯、薛侯來朝"，《左傳》曰：

> 十一年春，滕侯、薛侯來朝，争長。薛侯曰："我先封。"滕侯曰："我，周之卜正也；薛，庶姓也，我不可以後之。"公使羽父請於薛侯曰："君與滕君辱在寡人，周諺有之曰：'山有木，工則度之；賓有禮，主則擇之。'周之宗盟，異姓爲後。寡人若朝於薛，不敢與諸任齒。君若辱貺寡人，則愿以滕君爲請。"薛侯許之，乃長滕侯。②

《左傳》詳述滕侯、薛侯來朝、朝而争長之事。薛侯以先封爲説，滕侯以宗姓爲據，各以爲先。羽父以"周之宗盟，異姓爲後"爲説，平薛侯、滕侯之争。《左傳》此條詳論"滕侯、薛侯來朝，争長"之事，然其核心則在以禮斷之。杜預《春秋序》曰：

> 《春秋》者，魯史記之名也。……周禮有史官，掌邦國四方之事、達四方之志，諸侯亦各有國史。大事書之於策，小事簡牘而已。……韓宣子適魯，見《易象》與《魯春秋》，曰："周禮盡在魯矣，吾乃今知周公之德與周之所以王。"韓子所見蓋周之舊典禮經也。周德既衰，官失其守，上之人不能使《春秋》昭明，赴告策書、諸所記注多違舊章。仲尼因魯史策書成文，考其真僞而志其典禮，上以遵周公之遺制、下以明將來之法。其教之所存、文之所害則刊而正之，以示勸戒，其餘則皆即用舊史。史有文質、辭有詳略，不必改也。故傳曰："其善志。"又曰："非聖人孰能修之。"蓋周公之志，仲尼從而明之。③

杜預認爲，孔子之所以需要修《春秋》，即因周德既衰，舊史失其舊章，故仲尼依周公舊典、遺制而修之。以杜預爲代表的《左傳》家認爲《春秋》即事而論禮、依禮而斷事。就"滕侯、薛侯來朝"之記載而論，

---

① 杜預注，孔穎達正義：《春秋左傳注疏》卷十九下，第 337 頁。

② 杜預注，孔穎達正義：《春秋左傳注疏》卷四，第 79 頁。

③ 杜預撰，孔穎達正義：《春秋左傳注疏》卷一《春秋序》，第 6~10 頁。

《左傳》論其“朝”，是申論朝禮之制度；而論“滕侯、薛侯來朝争長”，亦以周禮爲説。以是而論，《左傳》之解《春秋》，要在明周禮、舊章。鄭玄所謂“《左氏》善於禮”者，此其意也。

如果説，《左傳》家認爲孔子是依據周公舊法修《春秋》，那麽，《公羊》家則認爲《春秋》是孔子爲後世之法、以《春秋》當新王。隱公十一年“春，滕侯、薛侯來朝”，《公羊》曰：

> 其言朝何？諸侯來曰朝，大夫來曰聘。其兼言之何？微國也。

似僅僅解釋了何謂朝，何以兼言薛侯、滕侯，但何休對此則有更進一步的申發，其言曰：

> 傳言來者，解内外也。《春秋》王魯，王者無朝諸侯之義，故内適外言如，外適内言朝聘，所以别外尊内也。

又曰：

> 稱侯者，《春秋》托隱公以爲始受命王，滕、薛先朝隱公，故褒之。……滕序上者，《春秋》變周之文，從殷之質，質家親親，先封同姓。①

《公羊》文實頗爲簡易，而何休則將其指向别内外、以《春秋》當新王之義。其所以如此者，即以“三科九旨”中的“新周、故宋、以《春秋》當新王”與“内其國而外諸夏、内諸夏而外夷狄”爲解讀之核心。何休三科九旨之説，與其説是《公羊》之本義，毋寧説是漢代《公羊》家與陰陽家合流、經學與讖緯兼宗之結果。此即何休所謂《春秋》之“非常異義可怪之論”，然此非《公羊》之短，實西漢經學之一大特色。皮錫瑞曰：

> 漢儒善言天人，齊學尤爲顯家。伏《傳》五行，《齊詩》五際，《春秋公羊》，皆齊學也。甄極毖緯，實有徵驗，能通天人相與之意，而警君上失政之非。自漢以來，儒者不明斯義，動詆讖緯妖妄，不宜

① 何休撰，徐彦疏：《春秋公羊注疏》卷三，第41頁下。

傅會灾祥，於是“天變不足畏”之邪説起，而《春秋》之義亡。①

此當注意的是，無論是《公羊》還是《齊詩》，并非《公羊》《詩經》本身“甄極毖緯”，實乃漢代《公羊》學、《齊詩》學多陰陽家言、讖緯之説。鄭玄所謂“《公羊》善於讖”者，與其説是《公羊》多“非常異義可怪之論”，毋寧説是兩漢《公羊》家“善於讖”而“多非常異義可怪之論”。

相較而言，《穀梁》既不善於禮，亦不善於讖，然亦有其特點，即緊扣經文發傳，是所謂“善於經”者。《穀梁》傳“春，滕侯、薛侯來朝”條曰：

天子無事，諸侯相朝，正也。考禮修德，所以尊天子也。諸侯來朝時，正也。犆言同時也，累數皆至也。②

《穀梁》此條傳文完全是緊扣《春秋》經文發論。《穀梁》先言“天子無事，諸侯相朝，正也”，即論諸侯互朝禮之正否；繼言“考禮修德，所以尊天子也”，言所以“諸侯相朝，正也”之故；續言“諸侯來朝時，正也”，則針對此條經文書時而發，即闡發諸侯來朝之正例；末言“犆言同時也，累數皆至也”，則闡釋何以滕侯、薛侯同條書之之義。我們可以發現，《穀梁》對《春秋》之詮釋不離經文，緊扣經文每一個字，對每個字都予以梳理。是即所謂“《穀梁》善於經”，即就經文而發傳，是固其釋經特色之所在。《穀梁》雖無《左傳》重視周禮之歷史性，亦無《公羊》“非常異義可怪之論”的現實性，但就釋經而言，其緊扣經文的嚴謹詮釋，亦當得起“善於經”之論。即如《春秋》此條何以書時，三傳惟有《穀梁》論之，即可謂其特色與價值之所在，是亦鄭玄“《穀梁》善於經”之意。

由是而論，鄭玄“《左氏》善於禮，《公羊》善於讖，《穀梁》善於經”之説，實是對三傳不同釋經特色與模式的概括詮釋。《穀梁》之特色雖不如《左傳》《公羊》明顯，然抉發之下仍可發現，《穀梁》釋經之意義與價值，亦即所以“善經”者。鄭玄對三傳釋經特色的詮釋并無高低軒輊之别，惠棟、阮元將“《穀梁》善於經”詮釋爲《穀梁》較《左傳》

---

① 皮錫瑞撰，吴仰湘整理：《箴膏肓疏證》，第 422 頁。

② 范甯集解，楊士勛疏：《春秋穀梁傳注疏》卷二，第 25~26 頁上。

《公羊》更善於經固然不是康成本意，王鳴盛以“《穀梁》善於經”爲貶低《穀梁》之辭亦非其實。要言之，如范甯所言：“《左氏》艷而富，其失也巫；《穀梁》清而婉，其失也短；《公羊》辯而裁，其失也俗。若能富而不巫、清而不短、裁而不俗，則深於其道者也。”[①] 三傳各有優長，亦有其短，故康成主合彙三傳、兼而用之。

① 范甯集解，楊士勛疏：《春秋穀梁傳注疏》，《監本附音春秋穀梁傳注疏序》，第7頁上。

第二章　集解與義疏：《穀梁注疏》釋經模式研究

《四庫全書薈要·〈春秋穀梁傳注疏〉提要》曰：

> 《春秋穀梁傳注疏》二十卷，晋范甯集解，唐楊士勛疏，宋邢昺等奉詔訂正，令太學傳授。《穀梁》主於説經，多得精義。魏晋以來，尹更始、唐固等説者共若干家，甯據經詰傳，較之何休之注《公羊》，不啻數倍過之。士勛此書頗能疏通范氏之旨。①

此條《薈要》提要與《總目》頗不相同，其言“甯據經詰傳，較之何休之注《公羊》，不啻數倍過之”，蓋以范甯據經駁傳爲是。《文溯閣四庫全書提要·春秋穀梁注疏》即改曰：

> 自後爲其學者有尹更始、唐固、糜信、孔衍、江熙、段肅、張靖等十餘家，而甯采集之以成是傳。……沈思是傳，其義精審，爲後儒所稱。蓋杜預注《左氏》、何休注《公羊》皆獨主其説，不敢稍有異同，是多所回護；甯治《穀梁》而能知其非，較他家爲最善矣。②

由是可知，四庫館臣蓋以范甯能够注《穀梁》而不回護《穀梁》爲其善。但就注經之學而言，其注一家而不守其學，似非注書正體。故四庫館臣有以善之者，亦是歷代《穀梁》家所以短范甯者。即便是楊士勛爲范

---

① 范甯集解，楊士勛疏：《春秋穀梁傳注疏》，《景印摛藻堂四庫全書薈要》第三十三册，世界書局 1988 年版，《〈春秋穀梁傳注疏〉提要》，第 2~3 頁。《春秋穀梁傳注疏》之《薈要提要》與《總目》存在較大差異，故此用《薈要提要》之説。

② 金毓黼編：《文溯閣四庫全書提要》，中華書局 2014 年版，第 472~473 頁。

甯《穀梁集解》作疏，亦多有不從范甯，甚至明確駁斥之。所以然者，蓋范甯非恪守之《穀梁》學，而楊士勛則以《穀梁》爲鵠的。是以《薈要》提要言“士勛此書頗能疏通范氏之旨”，似亦有不盡相符處。就《穀梁注疏》而言，若從是否恪守《穀梁》一家之學入手予以探討，似頗可見范、楊二家《穀梁》學之異同，亦可見其治《穀梁》學之方法與意義。

第一節　集解《穀梁》：范甯之《穀梁》學與《春秋》學

一、專以鄭氏家法：范甯《穀梁集解》中的鄭玄説

范曄《後漢書・鄭玄傳》論曰：

> 自秦焚六經，聖文埃滅。漢興，諸儒頗修藝文；及東京，學者亦各自名家。而守文之徒，滯固所稟，異端紛紜，互相詭激，遂令經有數家、家有數説，章句多者或乃百餘萬言，學徒勞而少功，後生疑而莫正。鄭玄括囊大典，網羅衆家，删裁繁誣，刊改漏失，自是學者略知所歸。王父豫章君每考先儒經訓，而長於玄，常以爲仲尼之門不能過也。及傳授生徒，并專以鄭氏家法云。①

李賢注曰：“范曄祖父甯，字武子，晋武帝時爲豫章太守，經義每以玄爲長也。”又曰：“言甯教授專門崇鄭學也。”② 范曄作爲范甯哲孫，其論必不虚。其言范甯“每考先儒經訓，而長於玄，常以爲仲尼之門不能過”，可知范甯對鄭玄之推崇；又言“及傳授生徒，并專以鄭氏家法云”，是知范甯之教授生徒亦以鄭學爲宗。《晋書・范甯傳》云：

> （范甯）求補豫章太守。……甯在郡又大設庠序，遣人往交州采磬石，以供學用，改革舊制，不拘常憲。遠近至者千餘人，資給衆費，一出私禄。并取郡四姓子弟，皆充學生，課讀五經。……既免官，家於丹楊，猶勤經學，終年不輟。……初，甯以《春秋》穀梁氏

① 范曄撰，李賢等注：《後漢書》卷三十五《鄭玄傳》，第1212~1213頁。
② 范曄撰，李賢等注：《後漢書》卷三十五《鄭玄傳》，第1213頁。

未有善釋，遂沈思積年，爲之集解。其義精審，爲世所重。①

就范甯之學而言，自以《穀梁》最爲著名。其“以《春秋》穀梁氏未有善釋”，故“爲之集解”，是爲《春秋穀梁傳集解》，亦即歷代《穀梁》學最爲重要的典籍之一。既然范甯之學宗鄭玄，“每考先儒經訓，而長於玄”，想必其《春秋穀梁傳集解》亦當多從鄭玄之説。鄭玄雖未有專門注釋《春秋》之作，但其論《春秋》學者亦復不少。尤其是鄭玄、何休就三傳異同之辯駁，可謂漢末今古文經學史上濃墨重彩的一筆。范甯既以鄭玄學爲宗，故其《穀梁集解》亦多采鄭玄之説以爲論。

據筆者統計，范甯《穀梁集解》共采取鄭玄之説33條，可謂采前賢經説之冠。② 更爲重要的是，《穀梁集解》無論是引西漢經學大師董仲舒之説，還是《穀梁》學大家劉向之論，抑或是漢晋經師京房、許慎、何休、杜預之言，皆直呼其名，而唯於鄭玄皆稱“鄭君”，可見范甯對鄭玄之尊崇。③ 鄭玄遍注群經，尤善於禮學，故范甯多引鄭玄之説以疏釋經傳。如莊公七年，“夜中，星隕如雨”，《穀梁》曰：“其不曰恒星之隕，何也？我知恒星之不見，而不知其隕也。我見其隕而接於地者，則是雨説也。著於上見於下謂之雨，著於下不見於上謂之隕，豈雨説哉。”范甯引鄭玄、劉向之説以釋之曰：

解經不得言雨星而言隕星也。鄭君曰：“衆星列宿，諸侯之象。不見者，是諸侯弃天子禮義法度也。”劉向曰：“隕者，象諸侯隕墜，失其所也。又中夜而隕者，象不終其性命，中道而落。”④

---

① 房玄齡等撰：《晋書》卷七五《范甯傳》，中華書局1974年版，第1985~1989頁。

② 吉川忠夫《六朝精神史研究》言《穀梁集解》引用鄭玄之説爲三十四條（江蘇人民出版社2012年版，第103頁），與筆者統計稍有差異。

③ 王熙元《穀梁范注發微》曰：“范注頗徵引漢、魏及當時儒者之説，以釋《穀梁》。……古今諸儒，凡十五家，范注之例，皆直稱其姓名，如‘董仲舒曰’‘劉向曰’是也。唯於鄭玄不稱名，而書‘鄭君曰’，或‘鄭君釋之曰’，蓋范氏篤信鄭學，每以鄭氏家法解《穀梁》，故獨尊之。”（第129頁）蒙文通曰：“范注《穀梁》，每攻本傳，斯亦前修所嘗詆訐者。然范所據以攻《穀梁》者，《周官》也，執《周官》以遍説群經者，鄭氏家法也。鄭於《春秋》左右采獲，不主一家，而以《穀梁》爲善經近孔，范注《穀梁》，每據鄭《起廢疾》爲之本，而兼采二傳，徵引諸家，皆列名氏，於康成則獨曰鄭君，則范之正爲鄭學也。”（蒙文通：《經學抉原》，《蒙文通全集》第一册，巴蜀書社2015年版，第258頁）

④ 范甯集解，楊士勛疏：《春秋穀梁傳注疏》卷五，第49頁。

通過鄭玄、劉向注，“星隕如雨”從自然天象轉化爲政治解讀，也讓范甯接續了兩漢《春秋》學的天人感應之説。但在三傳異同的視域下，何謂《穀梁》之義、《穀梁》與二傳之區别爲何，是爲研治《穀梁》學之核心内容。就此點而言，范甯引鄭玄説以論《穀梁》與《左傳》《公羊》之異同，尤其是論證《穀梁》在三傳之異中如何成立，可謂范甯引鄭玄説之最主要目的。如桓公八年冬，《春秋》書“祭公來，遂逆王后於紀”，范甯注曰：

> 祭公，寰内諸侯，爲天子三公者。親逆例時，不親逆例月。故《春秋左氏》説曰：“王者至尊無敵，無親逆之禮。祭公逆王后，未到京師而稱后，知天子不行而禮成也。”鄭君釋之曰：“大姒之家在郃之陽、在渭之涘，文王親迎於渭，即天子親迎之明文矣。天子雖尊，其于后猶夫婦，夫婦叛合，禮同一體，所謂無敵，豈施此哉。《禮記》：‘哀公問曰：“冕而親迎，不已重乎？”孔子愀然作色而對曰：“合二姓之好，以繼先聖之後，以爲天地宗廟社稷之主，君何謂已重焉？”’此言親迎繼先聖之後，爲天地宗廟社稷之主，非天子則誰乎？”①

《左傳》曰：“‘祭公來，遂逆王后於紀’，禮也。”杜預注曰：“天子娶於諸侯，使同姓諸侯爲之主，祭公來受命於魯，故曰禮。”② 則《左氏》明確以祭公逆王后爲禮，推之即以王者不親迎爲禮。但《穀梁》則曰：“其不言使焉，何也？不正其以宗廟之大事即謀於我，故弗與使也。”即明確以祭公來逆王后爲不正而不稱使。如是，則《左氏》説與《穀梁》説成一對立。范甯引鄭玄之説，即以《禮記》哀公問孔子以親迎之禮爲據，指出天子亦當迎親。鄭玄之説是否能够説服《左傳》家另當别論，但至少范甯可以之證《穀梁》之説亦有其據。故楊士勛疏之曰：“此注之意，言《左氏》天子不合親迎，故引鄭君之釋以明天子合親迎也。”③

雖然范甯亦引鄭玄之説以辨析《穀梁》《左氏》之是非，但因爲何、鄭之争的焦點在於《公羊》，是以鄭玄之論亦以針對《公羊》、何休説者爲最多。范甯藉鄭玄之説以駁《左傳》《公羊》之論，但就二傳而言，自以鄭玄對《公羊》與何休之駁論最爲突出，亦占范甯引鄭説之絶大部分。

---

① 范甯集解，楊士勛疏：《春秋穀梁傳注疏》卷四，第 36 頁。
② 杜預注，孔穎達正義：《春秋左傳注疏》卷七，第 119 頁。
③ 范甯集解，楊士勛疏：《春秋穀梁傳注疏》卷八，第 80 頁。

如僖公九年，“九月戊辰，諸侯盟于葵丘”，《公羊》發傳曰：

> 桓之盟不日，此何以日？危之也。何危爾？貫澤之會，桓公有憂中國之心，不召而至者，江人、黄人也。葵丘之會，桓公震而矜之，叛者九國。震之者何？猶曰振振然。矜之者何？猶曰莫若我也。①

《公羊》言“桓之盟不日，此何以日？危之也”，則不以葵丘之盟書日爲正。但與此相反，《穀梁》則以書日爲美。《穀梁》曰：

> 桓盟不日，此何以日？美之也。爲見天子之禁，故備之也。葵丘之盟，陳牲而不殺，讀書加于牲上，壹明天子之禁，曰毋雍泉，毋訖糴，毋易樹子，毋以妾爲妻，毋使婦人與國事。②

莊公十三年，“冬，公會齊侯盟于柯”，《公羊》曰：“何以不日？易也。其易奈何？桓之盟不日，其會不致，信之也。”③ 莊公二十七年，“夏六月，公會齊侯、宋公、陳侯、鄭伯同盟于幽”，《穀梁》曰：“桓會不致，安之也；桓盟不日，信之也。”④ 則無論《公羊》還是《穀梁》，皆有“桓盟不日，信之也”之説，亦即可將桓盟不書日視爲對齊桓公之信的褒揚。但在“桓盟不日，信之也”的共同書寫下，葵丘之盟書日，無疑是一特筆。《公羊》以書日爲危之，《穀梁》以書日爲美之，則二傳之説明顯針鋒相對。故何休對《穀梁》之説予以質疑，而鄭玄亦予以回應：

> 何休以爲：“即日爲美，其不日皆爲惡也。桓公之盟不日皆爲惡邪？莊十三年柯之盟不日爲信，至此日以爲美，義相反也。”鄭君釋之曰：“柯之盟不日因始信之，自其後盟以不日爲平文。從陽穀已來至此葵丘之盟，皆令諸侯以天子之禁，桓德極而將衰，故備日以美之，自此不復盟矣。”⑤

既然“桓盟不日”是《公羊》《穀梁》共同持守的一個原則，那麼，

---

① 何休注，徐彦疏：《春秋公羊注疏》卷十一，第134頁。
② 范甯集解，楊士勛疏：《春秋穀梁傳注疏》卷八，第80頁。
③ 何休注，徐彦疏：《春秋公羊注疏》卷七，第92頁。
④ 范甯集解，楊士勛疏：《春秋穀梁傳注疏》卷六，第61~62頁。
⑤ 范甯集解，楊士勛疏：《春秋穀梁傳注疏》卷八，第80頁。

葵丘之盟書日，無疑是值得懷疑的。何休“即日爲美，其不日皆爲惡也”似亦可理推。以是而論，《穀梁》在此條上似乎就解經有誤。然鄭玄釋之以“桓德極而將衰，故備日以美之”之說，則在一定程度上回護了《穀梁》解經的合理性。范甯藉此以解《穀梁》，自是以鄭玄家法爲其注《穀梁》之加持。事實上，這種《公羊》《穀梁》針鋒相對的論斷并不多，更多的是何休對《穀梁》之駁論，而非針對《公羊》。故范甯引鄭玄之說，更多的是對何休之釋難，而非針對《公羊》。如襄公二十七年，“衛侯之弟專出奔晋”，《穀梁》曰：

> 專，喜之徒也。專之爲喜之徒，何也？己雖急納其兄，與人之臣謀弑其君，是亦弑君者也。專其曰弟，何也？專有是信者，君賂不入乎喜而殺喜，是君不直乎喜也。故出奔晋，織絢邯鄲，終身不言衛。專之去，合乎《春秋》。①

范甯注曰：“據稱弟則無罪。”“言君本使專與喜爲約納君，許以寵賂，今反殺之，獻公使專失信，故稱弟見獻公之惡也。”② 則無論是《穀梁》還是范甯，皆以專之奔晋爲正。《公羊》此條發傳，似亦無貶鱄之意，但何休却另立新説，其言曰：

> 傳極道此者，見獻公無信。刺鱄兄爲强臣所逐，既不能救，又移心事剽，背爲奸約。獻公雖復因喜得反，誅之小負，未爲大惡，而深以自絶，所謂守小信而忘大義、拘小介而失大忠。③

何休此説似乎并不能從《公羊》傳文中推演出來，似爲何休新説。但何休據此説以疑《穀梁》“專之去，合乎《春秋》”之説，鄭玄即此而解之曰：

> 何休曰：“甯喜本弑君之家，獻公過而殺之，小負也。專以君之小負自絶，非大義也，何以合乎《春秋》？”鄭君釋之曰：“甯喜雖弑君之家，本專與約納獻公爾，公由喜得入，己與喜以君臣從事矣。

---

① 范甯集解，楊士勛疏：《春秋穀梁傳注疏》卷十六，第160頁。
② 范甯集解，楊士勛疏：《春秋穀梁傳注疏》卷十六，第160頁。
③ 何休注，徐彦疏：《春秋公羊注疏》卷二十一，第264頁。

《春秋》撥亂，重盟約，今獻公背之而殺忠于己者，是獻公惡而難親也。獻公既惡而難親，專又與喜爲黨，懼禍將及。君子見幾而作，不俟終日。微子去紂，孔子以爲上仁。專之去衛，其心若此，合于《春秋》，不亦宜乎？”①

鄭玄從實質性的君臣關係入手來解釋獻公與甯喜之關係，并進而推出“獻公既惡而難親，專又與喜爲黨，懼禍將及”之論，從而認爲“君子見幾而作，不俟終日”，“專之去衛，其心若此，合于《春秋》，不亦宜乎”，無疑是化解了何休之難。事實上，就此條而言，何休之論與《公羊》之説并不一致，鄭玄之解亦頗牽强，但范甯引以爲説，蓋即以鄭玄之論符合《穀梁》家法。

由是而論，范曄所謂“王父豫章君每考先儒經訓，而長於玄，常以爲仲尼之門不能過也。及傳授生徒，并專以鄭氏家法云”之説，確乎實録。范甯《穀梁集解》正彰顯了范氏對鄭玄與鄭玄學之推崇。

二、博示諸儒同異之説：范甯《穀梁集解》之引前人論説

范甯對鄭玄之推崇，或許比我們所想象的更高。如桓公十三年二月，“己巳，及齊侯、宋公、衛侯、燕人戰，齊師、宋師、衛師、燕師敗績”，《穀梁》曰：

其言及者，由内及之也；其曰戰者，由外言之也。戰稱人，敗稱師，重衆也。其不地，於紀也。

范甯注曰：

《春秋》戰無不地，即於紀戰，無爲不地也。鄭君曰：“紀當爲己，謂在魯也，字之誤耳。得在龍門，城下之戰，迫近，故不地。”②

范甯認爲《穀梁》此條傳文之解讀有誤，“即於紀戰，無爲不地也”。也就是説，《穀梁》言“其不地，於紀也”，若如是，則經文當書“於紀”，今不書則非是在紀戰。爲了解決這一問題，范甯引入鄭玄之説，即

① 范甯集解，楊士勛疏：《春秋穀梁傳注疏》卷十六，第160頁。
② 范甯集解，楊士勛疏：《春秋穀梁傳注疏》卷四，第38~39頁。

認爲《穀梁》傳文有誤，“紀”當爲“己”，即戰於魯國，故不書地。對於一本專門詮釋《穀梁》的著作而言，不細緻分析《穀梁》何以如此解經，而俓以鄭玄字誤爲説，誠可謂“寧道孔聖誤，諱聞鄭、服非”① 也。事實上，如果我們細繹范甯所引鄭玄之説，可以發現康成雖然意在爲《穀梁》與《公羊》《左氏》及何休等《公羊》家之駁難解紛，但其釋事實上亦非《穀梁》脉絡。鄭玄作爲合彙三傳，甚至説是要合彙五經的經學家，其論不恪守《穀梁》家法亦屬自然。但范甯《穀梁集解》作爲《穀梁》之注，却引鄭玄等非《穀梁》家説，則似有違《穀梁》家學。這也導出了范甯《穀梁集解》對鄭玄學更爲重要的繼承，即不在於汲取鄭玄對《春秋》的某些注釋，而是其對鄭玄“合彙三傳”思想的延續與發展。鄭玄遍注群經，其於《春秋》三傳則并無軒輊之别，力主合彙三傳，各取所長。而這一思想也爲“專以鄭氏家法”爲宗的范甯所繼承。范甯《穀梁集解序》曰：

> 成天下之事業，定天下之邪正，莫善於《春秋》。《春秋》之傳有三，而爲經之旨一，臧否不同，褒貶殊致。蓋九流分而微言隱，異端作而大義乖。《左氏》以鬻拳兵諫爲愛君，文公納幣爲用禮；《穀梁》以衛輒拒父爲尊祖，不納子糾爲内惡；《公羊》以祭仲廢君爲行權，妾母稱夫人爲合正。以兵諫爲愛君，是人主可得而脅也；以納幣爲用禮，是居喪可得而婚也；以拒父爲尊祖，是爲子可得而叛也；以不納子糾爲内惡，是仇讎可得而容也；以廢君爲行權，是神器可得而窺也；以妾母爲夫人，是嫡庶可得而齊也。若此之類，傷教害義，不可强通者也。凡傳以通經爲主，經以必當爲理，夫至當無二而三傳殊説，庸得不弃其所滯、擇善而從乎？既不俱當，則固容俱失。若至言幽絶，擇善靡從，庸得不并舍以求宗、據理以通經乎？雖我之所是，理未全當，安可以得當之難而自絶於希通哉！而漢興以來，瓌望碩儒各信所習，是非紛錯，準裁靡定，故有父子異同之論、石渠分争之説，廢興由於好惡，盛衰繼之辯訥。斯蓋非通方之至理，誠君子之所嘆息也。《左氏》艷而富，其失也巫；《穀梁》清而婉，其失也短；《公羊》辯而裁，其失也俗。若能富而不巫、清而不短、裁而不俗，則深於其道者也。故君子之於《春秋》，没身而已矣。②

① 劉昫等：《舊唐書》卷一百二《元行冲傳》，中華書局 1975 年版，第 3181 頁。
② 范甯集解，楊士勛疏：《春秋穀梁傳注疏》，《春秋穀梁集解序》，第 5~7 頁。

既然三傳之説各有不同，那麼，就經而言，三傳就存在正誤的問題。并進一步推論，“既不俱當，則固容俱失”，即三傳既有正誤，或亦可能存在三傳皆誤的情況。是以，范甯提出，“凡傳以通經爲主，經以必當爲理，夫至當無二而三傳殊説，庸得不弃其所滯、擇善而從乎”，“若至言幽絶，擇善靡從，庸得不并舍以求宗、據理以通經乎”，即認爲就《春秋》三傳而言，最終的目的在於“通經”。在“通經”這一最高目標下，范甯也指出了三傳的優缺點：“《左氏》艷而富，其失也巫；《穀梁》清而婉，其失也短；《公羊》辯而裁，其失也俗。”而欲通過三傳以解經，則要揚長避短、擇善而從，“若能富而不巫、清而不短、裁而不俗，則深於其道者也”。既然三傳之最終目的在於“通經”，那麼，注解《穀梁》自然也要以《春秋》爲最終標準；既然“通經”需要擇善而從，那麼，注解《穀梁》也不必專執於《穀梁》。

范甯説：“釋《穀梁傳》者雖近十家，皆膚淺末學，不經師匠，辭理典據既無可觀，又引《左氏》《公羊》以解此傳，文義違反，斯害也已。”[①] 可見范甯對於此前之《穀梁》注頗爲不滿，而其中頗爲重要的一點就是“引《左氏》《公羊》以解此傳”，以致“文義違反”。但范甯既以“通經”爲目的，認爲當擇善而從，則其釋《穀梁》本不必執泥於《穀梁》一傳。是以，雖然范甯以前此“引《左氏》《公羊》以解此傳”爲非，但其注實際上亦多引二傳以解《穀梁》。范甯注《春秋》開篇第一條“元年春王正月”，即用杜預之説：

> 隱公之始年，周王之正月也。杜預曰：“凡人君即位，欲其體元以居正，故不言一年一月也。”[②]

范甯雖僅將後一句署爲“杜預曰”，但事實上此兩句皆爲杜預《左傳》注。隱公八年，“秋七月庚午，宋公、齊侯、衛侯盟于瓦屋”，《穀梁》曰“交質子不及二伯”，范甯注曰：“二伯謂齊桓、晋文。齊桓有召陵之師，晋文有踐土之盟，諸侯率服，不質任也。”楊士勛疏曰：“其‘召陵之師’‘踐土之盟’，亦昭四年《左傳》文也。”[③] 亦以《左傳》文釋《穀梁》説。范甯不但引《左傳》、杜預，亦頗引《公羊》、何休説。

---

① 范甯集解，楊士勛疏：《春秋穀梁傳注疏》，《春秋穀梁集解序》，第7頁。

② 范甯集解，楊士勛疏：《春秋穀梁傳注疏》卷一，第9頁。

③ 范甯集解，楊士勛疏：《春秋穀梁傳注疏》卷二，第24頁。

如隱公三年，“夏四月辛卯，尹氏卒”，范甯注：“不書官名，疑其譏世卿。”楊士勛疏曰：“疑其譏世卿者，《穀梁》無傳，唯據《公羊》，故云疑也。”① 《穀梁》無“譏世卿”之説，則范甯以“譏世卿”爲説，必不是《穀梁》學之論，而是有以取於《公羊》者也。又如桓公四年，“夏，天王使宰渠伯糾來聘”，范甯注曰：“宰，官也；渠，氏也。天子下大夫，老故稱字。”楊士勛疏曰：“《公羊傳》曰：‘伯糾者何？下大夫也。’何休云：‘稱伯者，上敬老也。’”② 在《穀梁》并無明文的情况下，以渠伯糾爲天子下大夫，無疑是從《公羊》之説；而“老故稱字”之説，更無明證，而直以何休爲據。由是可見，范甯頗以《左傳》《公羊》之説爲據，以注《穀梁》。王熙元曰：

> 范氏注《穀梁》，兼采三傳，不主一家，與何邵公解《公羊》、杜元凱釋《左氏》不同。皮錫瑞《經學通論》云：“何休《解詁》，專主《公羊》；杜預《集解》，獨宗《左氏》；雖義有拘窒，必曲爲解説，蓋專門之學如是。”何氏雖亦參取《穀梁》《左氏》，然僅偶一爲之，若范武子之於《穀梁》，則恒以鄭君家法治之。康成之學，兼綜諸家，混合今古，不囿於門户之見，惟求其是非之真。范氏宗之，故於《公羊》《左氏》家説，多所兼采。凡義之所長者，范注必采用而并存之，以求其真，故能得是非之公。③

是知，《穀梁集解》之兼采三傳而不恪守一家實爲范甯注之一大特色。而《左傳》、《公羊》、何休、杜預的引入，也使《穀梁集解》不能恪守《穀梁》家法。事實上，范甯《穀梁集解》對前人注説之引録并不僅僅局限在《春秋》三傳及其注釋中，而是廣泛引録各種典籍與前賢、時人之説。王熙元在作過細緻統計與分析之後言道：

> 范注取群書之説，以釋《穀梁》，其徵引之例，有明言所出者，有未明言所出者。兹檢得注中明引之書，有《易》《尚書》《詩》《周禮》《禮記》《京房易傳》《五行傳》《爾雅》《周書》等九種。……

① 范甯集解，楊士勛疏：《春秋穀梁傳注疏》卷一，第 15 頁。

② 范甯集解，楊士勛疏：《春秋穀梁傳注疏》卷三，第 32 頁。

③ 王熙元：《穀梁范注發微》，第 236 頁。王天然《〈穀梁〉文獻徵》附録二《范甯釋地取杜預説集録》對范注取杜預説做了詳盡的輯録，亦可見范甯《集解》取杜預説之多。詳見《〈穀梁〉文獻徵》，社會科學文獻出版社 2014 年版，第 158~186 頁。

至未明言所出者，復有二例：或暗引原文；或不引原文，但據其意。兹檢得注中暗引、暗據之書，有《儀禮》《論語》《孝經》《孟子》《詩序》鄭玄《周禮注》《儀禮注》《禮記注》《説文》《廣雅》《禮緯含文嘉》《春秋緯考異郵》《國語》《世本》《史記》《荀子》《司馬法》等，凡十七種。①

可見范甯引書之富。而在引書之外，范甯亦頗引前賢、時人之説以釋《穀梁》。王熙元統計：

范注頗徵引漢、魏及當時儒者之説，以釋《穀梁》。所引漢、魏諸家，如董仲舒、尹更始、劉向、許慎、鄭玄、何休、譙周等，并一代碩儒；同時學者，則有鄭嗣、徐乾、江熙、徐邈等，皆《穀梁》名家，殆自序所謂“門生故吏”者歟？又其從弟邵、長子泰、中子雍、少子凱之説，亦多采録，則自序所謂“兄弟子侄”者也。②

據王熙元統計，則范甯《穀梁集解》徵引前賢、時人凡十五家。③ 可見，無論是對於前人著述，還是前賢論説，范甯都廣爲徵引。至於范甯何以要廣徵博引，王熙元亦有論述：

凡注釋經傳，貴能會通義旨，故必旁徵博取，以期立説之有本也。夫《春秋》一經，理精詞約，義例謹嚴；《穀梁》之傳，文理清婉，典據精核。尤當參互鈎稽，以貫通其旨；采輯故訓，以疏釋其義；庶幾於理益明，於文有徵也。故范氏注《穀梁》，多博取群書之説以釋之。④

如王熙元所論，則范甯之所以廣徵博引，即意在“立説之有本”。但事實上，范甯對前人的引述，有時反而有違《穀梁》詮釋體系。如范甯除或明或暗地徵引前人之説外，亦藉用了二傳之詮釋理路，而這往往會導致

---

① 王熙元：《穀梁范注發微》，第 79 頁。

② 王熙元：《穀梁范注發微》，第 129 頁。

③ 王熙元此書無出版時間，但據書前作於 1972 年之高明序，則此書當作於 1972 年之前，去今五十餘年矣。王氏此書雖作於五十餘年前，但就范甯《穀梁集解》引書、引説而言，仍是目前最爲詳盡深入的研究。

④ 王熙元：《穀梁范注發微》，第 78 頁。

其説有違《穀梁》家説。如莊公元年，“王使榮叔來錫桓公命”，《穀梁》曰：“禮有受命，無來錫命，錫命非正也。生服之，死行之，禮也；生不服，死追錫之，不正甚矣。”范甯注曰：

> 榮，氏；叔，字。天子之上大夫也。禮有九錫，一曰輿馬，二曰衣服，三曰樂則，四曰朱户，五曰納陛，六曰虎賁，七曰弓矢，八曰鈇鉞，九曰秬鬯，皆所以褒德賞功也。德有厚薄，功有輕重，故命有多少。何休曰：“桓弑逆之人，王法所宜誅絶而反錫命，悖亂天道，故不言天王也。文五年王使榮叔歸含且賵，則曰‘含者，臣子之職也’，以至尊行卑事，故不言天王也。三月王使毛伯來會葬，又曰‘刺比失禮’，故亦不言天王也。”甯案：僖二十四年天王出居于鄭，不可最大矣。禮，天子既有賵含之制，傳但譏二事共一使耳，言且所以示譏，一事無再貶之道也。以天王之尊，會人妾祖母之葬，誠失禮矣，孰若使任叔之子來聘、使家父來求車之不可乎？此三者皆言天王，明非義之所存。舊史有詳略，夫子因而弗革。故知曲説雖巧，致遠則滯矣。①

桓公弑君而立，其薨也，周王命榮叔來賜桓公命。《春秋》書“王”而不書“天王”，何休論曰：“桓弑逆之人，王法所宜誅絶而反錫命，悖亂天道，故不言天王也。”徐彦《公羊疏》言有兩種“三科九旨”，何休主一説，與舊説不同。據宋氏説：“三科者，一曰張三世，二曰存三統，三曰異外内，是三科也。九旨者，一曰時，二曰月，三曰日，四曰王，五曰天王，六曰天子，七曰譏，八曰貶，九曰絶。”② 何休雖不主此“三科九旨”説，然亦以天王、王、天子之書寫有夫子之義存焉，故認爲“王使榮叔來錫桓公命”是有意去“天”以貶之。但范甯駁之，認爲去天貶王之論爲曲説。但如果我們來看《春秋》對於天王與王之書寫，就可以發現，或許確有意爲之。《春秋》經文書周王多書“天王”，其書“王”者僅四條，書“天子”者僅一條。除此條外，桓公五年，“秋，蔡人、衛人、陳人從王伐鄭”，《穀梁》曰：“舉從者之辭也。其舉從者之辭，何也？爲天王諱伐鄭也。鄭同姓之國也，在乎冀州，於是不服，爲天子病

① 范甯集解，楊士勛疏：《春秋穀梁傳注疏》卷五，第45頁。

② 何休撰，徐彦疏：《春秋公羊注疏》，第7頁。

矣。"[①] 文公"五年春王正月，王使榮叔歸含且賵"，《穀梁》曰："含一事也，賵一事也，兼歸之非正也。其曰且，志兼也。其不言來，不周事之用也，賵以早而含已晚。"其下續書"三月辛亥，葬我小君成風，王使毛伯來會葬"，亦書王。[②] 就此三條而論，似皆有所貶。而成公八年，"秋七月，天子使召伯來錫公命"，《穀梁》曰："禮有受命，無來錫命，錫命非正也。曰天子何也？曰：見一稱也。"[③] 又昭公二十三年，"天王居於狄泉"，《穀梁》曰："始王也，其曰天王，因其居而王之也。"[④] 我們不必細緻分析這六條對於周王書寫的特筆，但至少可以發現，在《穀梁》體系中雖未必有宋氏所謂"天王、王、天子"這樣嚴格的"三科九旨"之説，但穀梁子似亦對天王、王、天子之義有所區分。如是，則《穀梁》詮釋脉絡中亦具天王、王、天子之别。但范甯此條却藉用《左傳》"舊史"之説，提出"舊史有詳略，夫子因而弗革"之論，從而將《穀梁》釋義之學與《左傳》叙事之學拉到一起，這也導致其説與《穀梁》詮釋脉絡之抵牾。

事實上，范甯對《左傳》叙事體系的藉用并不止此一條，如其多用"舊史""時王"以釋經。桓公二年，"滕子來朝"，范甯注曰："隱十一年稱侯，今稱子，蓋時王所黜。"同年，"秋七月，紀侯來朝"，注曰："隱二年稱子，今稱侯，蓋時王所進。"莊公二十七年，"杞伯來朝"，注曰："杞稱伯，蓋時王所絀。"僖公二十三年，"冬十有一月，杞子卒"，注曰："莊二十七年稱伯，今稱子，蓋爲時王所黜。"文公十二年，"杞伯來朝"，注曰："僖二十三年稱子，今稱伯，蓋時王所進。"成公二年十一月"丙申，公及楚人、秦人、宋人、陳人、衛人、鄭人、齊人、曹人、邾人、薛人、鄫人盟于蜀"，注曰："齊在鄭下，蓋時王所黜。"襄公二十九年，"杞子來盟"，注曰："杞復稱子，蓋時王所黜。"我們知道，在《公羊》《穀梁》的詮釋體系下，爵位、順序都具有褒貶黜陟意義，但范甯引入"時王"之説，則消解了夫子的褒貶黜陟權，這無疑是有違《穀梁》詮釋脉絡的。[⑤]

---

① 范甯集解，楊士勛疏：《春秋穀梁傳注疏》卷三，第 32~33 頁。

② 范甯集解，楊士勛疏：《春秋穀梁傳注疏》卷十，第 101 頁。

③ 范甯集解，楊士勛疏：《春秋穀梁傳注疏》卷十三，第 133 頁。

④ 范甯集解，楊士勛疏：《春秋穀梁傳注疏》卷十八，第 179 頁。

⑤ 事實上，即使是《左傳》家，亦賦予舊史以新經之義。孔穎達《春秋正義序》曰："因魯史之有得失，據周經以正褒貶。一字之嘉，有同華衮之贈；一言所黜，無異蕭斧之誅。所謂不怒而人威，不賞而人勸，實永世而作則，歷百王而不朽者也。"即此義也。

三、據理以通經：范甯之"集解"《穀梁》

王熙元言"凡注釋經傳，貴能會通義旨，故必旁徵博取"，但據上文分析，旁徵博取似乎并不能真的使注釋更爲合理，有時甚至反而會違背《穀梁》家説。就經學而言，恰恰與范甯相反，應該恪守家法。如兩漢經學即"專門授受，遞稟師承，非惟詁訓相傳，莫敢同異，即篇章字句，亦恪守所聞，其學篤實謹嚴"①。兩漢經學講究師法家法，不但要治專經之學，在專經之中更要恪守師法家法。以是而論，"凡注釋經傳，貴能會通義旨，故必旁徵博取"之説并不一定適用於經學。蓋治經學重在厘清一經脉絡與其義理，而非廣徵此經外之説以説此經，以防有悖師法家法。而就《春秋》而言，左氏、公羊、穀梁皆《春秋》經之師法，而《公羊》顔、嚴與夫《穀梁》江公，則《公羊》《穀梁》之家法也。若依兩漢專經之學，則當恪守家法也。此可觀何休《公羊解詁》之例。何休《公羊解詁序》曰：

> 傳《春秋》者非一，本據亂而作，其中多非常異義可怪之論。説者疑惑，至有倍經任意、反傳違戾者。其勢雖問，不得不廣。是以講誦師言至於百萬，猶有不解，時加釀嘲辭，援引他經，失其句讀。……余竊悲之久矣，往者略依胡毋生條例，多得其正，故遂隱括使就繩墨焉。②

在何休筆下，《春秋》與《公羊》具有不同地位，《公羊》是爲解《春秋》而設。但無論是解《春秋》還是釋《公羊》，都不應"援引他經"，以防"失其句讀"。所謂"失其句讀"，實即失其師法家法。何休不滿前此《公羊》家援引他經，其提出的解决之道就是回到胡毋生條例，也就是重新回到《公羊》胡毋生的師法與家法。兩相比照，即可發現范甯《穀梁集解》與何休《公羊解詁》之異。是以，皮錫瑞曰：

> 何休《解詁》專主《公羊》，杜預《集解》專宗《左氏》，雖義有拘窒，必曲爲之説，蓋專門之學如是。……范氏兼采三傳，不主一

---

① 魏小虎編撰：《四庫全書總目彙訂》，上海古籍出版社 2012 年版，第 1 頁。

② 何休撰，徐彦疏：《春秋公羊注疏》，《春秋公羊解詁序》，第 3~4 頁。

家，開唐啖、趙、陸之先聲，異漢儒專門之學派。蓋經學至此一變。①

皮錫瑞所謂“一變”，即由兩漢專門之學轉而消泯師法、家法者也。但這并非個案，而是漢晋經學演變之大勢所趨。劉師培對此有更爲深入的論述，其言曰：

魏、晋之間，漢儒家法尚未盡淪。……然兩漢師法之亡，亦亡於魏、晋。……大約魏、晋經學與兩漢殊，尚排擊而鮮引伸，演空理而遺實詁，尚摭拾而寡折衷，遂開南朝經學之先。此經學之一大變也。②

劉師培自注“尚摭拾而寡折衷”曰：“如何晏、江熙《論語集解》，皆多采古人之説，范甯《穀梁集解》亦然。即杜預注《左氏傳》，亦名《左傳集解》，惟乾没古説耳。”③ 蓋“集解”體的出現，必然導致家法師法泯滅也。從專門家法到集解體，可謂漢晋經學之一大變。檢姚振宗所輯《後漢藝文志》，經部無以“集解”“集注”爲名者；④ 而《三國藝文志》則首次出現以“集解”爲名的何晏《論語集解》，蓋爲最早以“集解”名經書注釋者；⑤ 及至兩晋，則頗有以“集解”“集注”名書者，如李顒《集解尚書》、孔倫《集注喪服經傳》、杜預《春秋左氏經傳集解》、孔衍《春秋公羊傳集解》、程闡《春秋穀梁經傳集注》、范甯《春秋穀梁經傳集解》、沈仲義《穀梁經傳集解》、荀勖《講孝經集解》、謝萬《集解孝經》、袁敬仲《集議孝經》、衛瓘《集注論語》、崔豹《論語集義》、孫綽《集解論語》、江熙《集解論語》、應琛《論語藏集解》等十數種。⑥ 如是，則

---

① 皮錫瑞著，吴仰湘整理：《經學通論》，第 391～392 頁。

② 劉師培撰，萬仕國點校：《國學發微》，《儀徵劉申叔遺書》第四册，廣陵書社 2014 年版，第 1415～1416 頁。

③ 劉師培撰，萬仕國點校：《國學發微》，第 1416 頁。劉師培認爲杜預《春秋經傳集解》亦名“集解”，其“集解”實爲“乾没古説”者，即認爲杜預注亦爲“集解”體，非僅名“集解”耳。按照杜預自己的解釋，其所謂集解，則是“分經之年與傳之年相附，比其義類，各隨而解之，名曰經傳集解”。若依杜預自述，則其“集解”與何晏“集解”不同。二種集解之異論者頗多，此不贅述。

④ 詳見姚振宗撰，馬小方整理：《後漢藝文志》，清華大學出版社 2011 年版。

⑤ 姚振宗撰，朱莉莉整理：《三國藝文志》，清華大學出版社 2012 年版，第 136～137 頁。

⑥ 參見文廷式撰，朱新林整理：《補晋書藝文志》，清華大學出版社 2012 年版。

范甯《穀梁集解》不過是魏晉“集解”體新生與興起潮流中一産物耳。那麼，集解體如何消解師法、家法呢？不妨來看何晏《論語集解序》之所述：

> 校尉劉向言《魯論語》二十篇，皆孔子弟子記諸善言也。太子太傅夏侯勝、前將軍蕭望之、丞相韋賢及子玄成等傳之。《齊論語》二十二篇，其二十篇中章句頗多於《魯論》。瑯琊王卿及膠東庸生、昌邑中尉王吉皆以教授之。故有《魯論》，有《齊論》。魯恭王時，嘗欲以孔子宅爲宫，壞，得《古文論語》。……安昌侯張禹本受《魯論》，兼講《齊》説，善者從之，號曰《張侯論》，爲世所貴。苞氏、周氏章句出焉。《古論》唯博士孔安國爲之訓説，而世不傳。至順帝之時，南郡太守馬融亦爲之訓説。漢末，大司農鄭玄就《魯論》篇章考之《齊》《古》，以爲之注。近故司空陳群、太常王肅、博士周生烈，皆爲之義説。前世傳授師説雖有異同，不爲之訓解。中間爲之訓解，至於今多矣。所見不同，互有得失。今集諸家之善説，記其姓名，有不安者頗爲改易，名曰《論語集解》。①

《經典釋文·序録》曰：“何晏集孔安國、包咸、周氏、馬融、鄭玄、陳群、王肅、周生烈之説，并下己意爲集解。”② 按照何晏《論語序》，則孔安國、馬融治《古論》；包咸、周氏治《張侯論》；鄭玄則就《魯論》而考之《齊》《古》，蓋以治《魯論》爲主者；陳群、王肅、周生烈家法未詳，然據文義，或據鄭玄注以爲説者乎？就《論語》家法而言，《古論》《張侯論》《魯論》各自成家，是爲三家；就師法而言，孔安國、包咸、周氏、馬融、鄭玄皆可爲師法。何晏集解《論語》，擇取八家《論語》注之善者置於一書之中，無疑破壞了《論語》學原本的魯、齊、古、張侯之家法，亦消泯了八家之師法。是以，如劉師培所言，魏晉經學“尚摭拾而寡折衷”。雖然看上去何晏擇取八家之説，據依宏富，但其集解只可謂之“摭拾”。“摭拾”背後則是“寡折衷”，即未能折衷於一家一師之學。易言之，集解的出現，就代表了漢代專門之學的消解，家法師法隨之消泯。范甯在東晉中晚期編撰《穀梁集解》，雖然其序言：

① 何晏集解，皇侃義疏，高尚榘校點：《論語義疏》，《論語序》，第9~14頁。
② 陸德明撰：《經典釋文》卷一《序録》，上海古籍出版社2013年版，第61頁。

升平之末，歲次大梁，先君北蕃回軫，頓駕于吴，乃帥門生故吏、我兄弟子侄研講六籍，次及三傳。……於是乃商略名例，敷陳疑滯，博示諸儒同異之説。……乃與二三學士及諸子弟各記所識，并言其意。業未及終，嚴霜夏墜，從弟彫落，二子泯没，天實喪予，何痛如之。今撰諸子之言，各記其姓名，名曰《春秋穀梁傳集解》。①

似乎其所集解者爲門生故吏、我兄弟子侄之説，② 但據上文所述，則《穀梁集解》撰集前賢時人之説十五家、著述十七種，更廣引《左傳》《公羊》家説，則其所謂“集解”實同於何晏《論語集解》，即消泯家法師法之“集解”。因爲范甯廣引《左傳》《公羊》二傳及二家之説，則雖然其以集解《穀梁》爲名，但事實上已消解了《穀梁》家法；又因爲其所引絶大多數并非《穀梁》家，則其“集解”亦消泯了《穀梁》師法。也只有如此理解范甯之“集解”，才能明白何以其言三傳各有得失，要取長補短、擇善而從。蓋在范甯的思想中，穀梁、公羊、左氏都只是《春秋》家法，無論哪家，最終都是要回歸《春秋》。穀梁、公羊、左氏三家都只是“九流分而微言隱，異端作而大義乖”下的解經之説，“經以必當爲理”，而三傳則各有“所滯”，故需要“擇善而從”，甚至“并舍以求宗、據理以通經”，即在三傳“俱失”的情況下可以舍傳而求經。易言之，范甯認爲只有《春秋》才是至理，而三傳只是説《春秋》的三家之學。爲了詮釋《春秋》之至理，則要弃其所滯、擇善而從。在這樣的《春秋》經傳理解下，范甯集解《穀梁》，固可以廣徵博引，甚至求取《左氏》《公羊》二家之説以爲解。是以，范甯《穀梁集解》之“集解”，實當爲集歷代著述、賢哲之説以解《春秋》。其書雖以《穀梁》爲依托，但之所以選擇《穀梁》，并不是因爲《穀梁》家法師法較之二傳更“善”，而只是《穀梁》無善釋。其言曰：

《左氏》則有服、杜之注，《公羊》則有何、嚴之訓，釋《穀梁傳》者雖近十家，皆膚淺末學，不經師匠。辭理典據既無可觀，又引《左氏》《公羊》以解此傳，文義違反，斯害也已。③

---

① 范甯集解，楊士勛疏：《春秋穀梁傳注疏》，《春秋穀梁集解序》，第7~8頁。

② 楊士勛曰：“集解者，撰集諸子之言以爲解，故曰集解。”（《穀梁注疏》，第8頁）楊氏即將范甯集解指向門生故吏、兄弟子侄。

③ 范甯集解，楊士勛疏：《春秋穀梁傳注疏》，《春秋穀梁集解序》，第7頁。

故就三傳而言，范甯之所以選擇《穀梁》，并不是因爲《穀梁》之善，而是由於《穀梁》舊注之不善。但這又引出了另一個問題，即范甯明言“辭理典據既無可觀，又引《左氏》《公羊》以解此傳，文義違反，斯害也已”，不是明確反對以二傳解《穀梁》嗎？事實上范甯頗引二傳及二家之説以爲解，是以後人多以范甯爲自相矛盾。如章梫《〈穀梁注引二傳彙證〉跋》即言：

> 《春秋》公羊、穀梁、左氏三家皆原本於聖人而旨歸各別，非舛誤也，其所傳殊也。自東京《左氏》興而二傳漸廢，注《公羊》者則有劭公之墨守，家法猶存，而治《穀梁》者闕焉。范氏奮於晋代而爲集解，嘗云：“釋《穀梁傳》者雖近十家，皆膚淺末學，又引《左氏》《公羊》以解此傳，文義違反。”是其意欲成《穀梁》家學矣。然范氏之學私淑康成，不能爲劭公之墨守，故即其譏十家者，《集解》中自蹈其弊仍不少也。①

章氏所論不爲無因，范氏既然自言“引《左氏》《公羊》以解此傳，文義違反”，《穀梁集解》又頗引二家之説，則似自蹈其弊矣。是亦歷代於范甯《穀梁集解》之常有見解。但我們應看到，范甯在批判“引《左氏》《公羊》以解此傳”之後，則言“於是乃商略名例，敷陳疑滯，博示諸儒同異之説”②。所謂“博示諸儒同異之説”，自包括董仲舒、何休、杜預等二傳專家，亦包括許慎、鄭玄等非《春秋》專門之家。故如將“引《左氏》《公羊》以解此傳”與“博示諸儒同異之説”對觀，則可發現范甯并非要墨守《穀梁》、摒弃二傳。其所謂“引《左氏》《公羊》以解此傳，文義違反”者，蓋是放在“釋《穀梁傳》者雖近十家，皆膚淺末學，不經師匠”“辭理典據既無可觀”這樣的限定條件下，即范甯認爲前此之引《左氏》《公羊》爲未能董理辭理典據下的膚引，故予以反對。而自己對於二傳之引證，則是在“商略名例，敷陳疑滯，博示諸儒同異之説”後的疏解。也就是説，范甯反對的不是引二傳以解《穀梁》，而是反對在没有疏解清楚《穀梁》之前就膚引二傳以爲説。這也可與其前言“凡傳以通經爲主，經以必當爲理，夫至當無二，而三傳殊説，庸得不弃其所滯、

---

① 章梫：《一山文存》卷六，《近代中國史料叢刊》第329册，文海出版社1966年版，第301~302頁。

② 范甯集解，楊士勛疏：《春秋穀梁傳注疏》，《春秋穀梁集解序》，第7頁。

擇善而從乎”相呼應，即無論是《穀梁》，還是《公羊》《左傳》，其目的都在“通經”。既然三傳之通經有滯有善，則注傳亦不得不擇善而從、集解諸説，以期據理以通經也。

四、甯所未詳：范甯《穀梁集解》之駁傳

因爲范甯以通經爲最終目的，而非要成就《穀梁》專門之學，是以，在經傳存在矛盾之時，范甯往往舍傳而從經，即不從《穀梁》之説。如莊公元年，“齊師遷紀、郱鄑郚”，《穀梁》曰：“紀，國也；郱鄑郚，國也。或曰：遷紀于郱鄑郚。”對於“或曰”之説，范甯即認爲不符合《春秋》書法，是以駁之曰：

> 十年宋人遷宿，傳曰：“遷，亡辭也。其不地，宿不復見矣。”齊師遷紀，四年復書紀侯大去其國者，紀侯賢，不與齊師之亡紀，故變文以見義。郱鄑郚之君無紀侯之賢，故不復見，從常例也。若齊師遷紀于郱鄑郚，當言“于”以明之。又不應復書地，當如宋人遷宿、齊人遷陽。或曰之説，甯所未詳。①

范甯以宋人遷宿、齊師遷紀爲據，指出國遷不書地，是爲常例。若如“或曰”之説，即以齊師將紀國遷往郱鄑郚，那麼，《春秋》經文當作“齊師遷紀于郱鄑郚”。經文無“于”以明之。且即便是“齊師遷紀于郱鄑郚”，依據《春秋》書法，亦不應書所遷之地。故“或曰”之説不合乎《春秋》書法，而穀梁子以“或曰”入傳，爲范甯所不取。范甯此條分析可謂據《春秋》書法以立論，但其爲《穀梁》作注不梳理傳文所以如此之緣由，惟言其誤，雖以“甯所未詳”爲言，但其對傳文之駁斥可謂直截了當，頗不似《穀梁》家言。與此相仿，哀公二年“晋趙鞅帥師納衛世子蒯聵于戚”條亦復如是。《穀梁》曰：

> 納者，内弗受也。帥師而後納者，有伐也。何用弗受也？以輒不受父之命，受之王父也。信父而辭王父，則是不尊王父也，其弗受以尊王父也。

范甯注曰：

---

① 范甯集解，楊士勛疏：《春秋穀梁傳注疏》卷五，第45頁。

> 甯不達此義。江熙曰："齊景公廢世子，世子還國書篡。若靈公廢蒯聵立輒，則蒯聵不得復稱曩日世子也。稱蒯聵爲世子，則靈公不命輒審矣。"此矛楯之喻也，然則從王父之言，傳似失矣。經云"納衛世子"，"鄭世子忽復歸于鄭"，稱世子明正也，明正則拒之者非邪？①

據《穀梁》説，則輒之不納子糾爲尊王父命而拒父命，可以爲正。但范甯曰"甯不達此義"，不以《穀梁》爲是。其所以如此認爲者，在《春秋》此條經文書"世子"，書"世子"則不貶，即其所謂"稱世子明正也"，稱世子爲正則拒之非正可知。是亦據《春秋》書法以駁《穀梁》。事實上，范甯之所以駁《穀梁》此條之説，并不僅僅是因爲經傳矛盾，更重要的是，如據《穀梁》之説，則父子之倫壞矣。范甯《穀梁序》曰："《穀梁》以衛輒拒父爲尊祖，……以拒父爲尊祖，是爲子可得而叛也。……若此之類，傷教害義，不可得强通者也。"即此義也。也正是因爲對經學教化作用的强調，其對傳或有"傷教害義"之趨向者甚深惡痛絶。如莊公九年，"夏，公伐齊納糾"，《穀梁》曰："當可納而不納，齊變而後伐，故乾時之戰不諱敗，惡内也。"范甯注曰：

> 何休曰："三年溺會齊師伐衛，故貶而名之。四年公及齊人狩于郜，故卑之曰人。今親納讎子反惡其晚，恩義相違莫此之甚。"鄭君釋之曰："於讎不復則怨不釋，而魯釋怨，屢會仇讎，一貶其臣，一卑其君，亦足以責魯臣子，其餘則同，不復譏也。至於伐齊納糾，譏當可納而不納爾，此自正義，不相反也。"甯謂讎者無時而可與通，縱納之遲晚，又不能全保讎子，何足以惡内乎？然則，乾時之戰不諱敗，齊人取子糾殺之，皆不迂其文，正書其事。内之大惡不待貶絶，居然顯矣，二十四年公如齊親迎亦其類也。惡内之言，傳或失之。②

魯桓公爲齊所弑，莊公作爲桓公之子，不與齊爲仇，《穀梁》反譏魯納子糾之晚，無怪乎何休要發"今親納仇子反惡其晚，恩義相違莫此之甚"的質疑與感嘆。雖然鄭玄以"一貶其臣，一卑其君，亦足以責魯臣子"爲解，但范甯却不以爲是，故言"仇者無時而可與通，縱納之遲晚，

---

① 范甯集解，楊士勛疏：《春秋穀梁傳注疏》卷二十，第199、200頁。

② 范甯集解，楊士勛疏：《春秋穀梁傳注疏》卷五，第50頁。

又不能全保讎子，何足以惡内乎”，“惡内之言，傳或失之”，直言《穀梁》之失。蓋在范甯的思想中，經最重要的作用在於教化，而聖人之所以作經，亦是對亂世之批判與撥正。而《穀梁》某些條目則破壞了這種教化，在以《春秋》爲最終鵠的的前提下，范甯就駁傳而返經了。

第二節 義疏與正義：唐初義疏學視域下楊士勛《穀梁疏》

一、未通此傳之意：唐初義疏學與楊士勛之“疏亦破注”

范甯雖然爲《穀梁》作注，但在“集解”體的模式下，范甯已經消解了《穀梁》家法與師法。以是而言，《春秋穀梁傳集解》雖以《穀梁》爲名，但范甯事實上却是行《春秋》家之實。如果將范甯和《穀梁集解》置於《春秋》學之下，而非《穀梁》專家之學，那麽，後人對於范甯的批評也就成爲無的放矢，自然隨之消解了。雖然范甯《穀梁集解》并非恪守《穀梁》的專門之學，但相較於其他《穀梁》注本，仍是略勝一籌，是以成爲東晋之後最流行、最重要的《穀梁》注本。以是之故，楊士勛於唐初爲范甯《穀梁集解》作疏，合爲後世所謂《穀梁注疏》，是爲《穀梁》學最重要的著作。

經學義疏體起於六朝，唐初《五經正義》之編撰，是後遍疏十三經，可謂義疏學發展之頂峰，但同時也是義疏學走向衰亡之標志。[①] 今存義疏之書，自當以唐初《五經正義》最爲重要，也正是《五經正義》奠定“疏不破注”的疏體特點。[②] 孔穎達《禮記正義序》述其作疏之體曰：

> 去聖逾遠，異端漸扇，故大、小二戴共氏而分門，王、鄭兩家同經而異注。……其爲義疏者，南人有賀循、賀瑒、庾蔚、崔靈恩、沈

---

① 參見牟潤孫：《論儒釋兩家之講經與義疏》，《注史齋叢稿（增訂本）》，中華書局 2009 年版，第 88～155 頁。關於南北朝唐初之義疏學，亦可參看喬秀巖《義疏學衰亡史論》（生活·讀書·新知三聯書店 2017 年版）。

② “疏不破注”一直作爲唐初以降疏體的基本特點被學界接受，近年吕友仁對此觀念予以檢討，認爲《五經正義》之疏皆可破注，爲學界提供了更爲精確的認識。但筆者以爲，《五經正義》中自然存在所謂“疏以破注”的情況，但并不是普遍現象，而只是當經、傳、注不合時的特殊處理。詳見吕友仁：《孔穎達〈五經正義〉義例研究》，上海古籍出版社 2019 年版。

重、范宣、皇侃等；北人有徐遵明、李業興、李寶鼎、侯聰、熊安生等。其見於世者，唯皇、熊二家而已。熊則違背本經，多引外義，猶之楚而北行，馬雖疾而去逾遠矣；又欲釋經文，唯聚難義，猶治絲而棼之，手雖繁而絲益亂也。皇氏雖章句詳正，微稍繁廣，又既遵鄭氏，乃時乖鄭義，此是木落不歸其本、狐死不首其丘。此二家之弊，未爲得也。①

孔氏對皇、熊二家之分析，實即關乎義疏學師法家法之論。其言熊氏“違背本經，多引外義”即違背家法，而皇氏“既遵鄭氏，乃時乖鄭義”之説則有違注家之家法。其論皇氏之疏爲“木落不歸其本、狐死不首其丘”，可見其於“疏以合注”之强調。就此點而言，孔穎達於《春秋正義序》亦有相似之論：

其爲義疏者，則有沈文何、蘇寬、劉炫。……劉炫於數君之内實爲翹楚，然聰慧辯博固亦罕儔，而探賾鉤深未能致遠。……又意在矜伐，性好非毁，規杜氏之失凡一百五十餘條，習杜義而攻杜氏，猶蠹生於木而還食其木，非其理也。②

即以劉炫義疏不守杜氏家法爲非。“疏不破注”，是可謂唐初義疏學之特點，亦唐初官修《五經正義》與六朝義疏學之差異所在。是以，孫詒讓《周禮正義略例》曰：“唐疏例不破注，而六朝義疏家則不盡然。”③ 皮錫瑞亦曰：“著書之例，注不駁經，疏不駁注；不取異義，專宗一家。曲徇注文，未足爲病。”④ 在皮錫瑞看來，爲了貫徹“疏不破注”的原則，即使注文有誤，仍然要“曲爲之説”。易言之，“疏不破注”的核心是以“注”爲一家之學，必須以其爲準則。經傳讓位於注，對於疏而言，注是最爲核心之準則與對象。“自《五經正義》頒行，而後賈氏疏《儀禮》《周禮》，徐氏疏《公羊》，楊氏疏《穀梁》，亦用孔氏之例，執守一家之言，例不破注。”⑤ 可見“疏不破注”可謂唐初以降疏體之重要標準。楊

① 鄭玄注，孔穎達正義，呂友仁整理：《禮記正義》，《禮記正義序》，第 2 頁。
② 杜預注，孔穎達正義：《春秋左傳注疏》，《春秋正義序》，第 3~4 頁。
③ 孫詒讓撰，汪少華整理：《周禮正義》，中華書局 2015 年版，第 9 頁。
④ 皮錫瑞撰，吴仰湘整理：《經學歷史》，第 66 頁。
⑤ 劉師培撰，萬仕國點校：《國學發微》，第 1416 頁。

士勛與編《左傳正義》①，故必明了“疏不破注”之原則。但上文已述，范甯雖注《穀梁》，核心却是《春秋》，是以《穀梁集解》更像是《春秋》學而非《穀梁》一家之學。在范甯合彙三傳、擇善而從的注釋下，疏不破注就會存在較多矛盾，即《穀梁》與范甯《集解》之間，存在着《穀梁》與二傳之間的矛盾。這也是惟有《春秋》三傳才會出現的問題。孔穎達《春秋正義序》曰：

> 漢德既興，儒風不泯。其前漢傳《左氏》者有張蒼、賈誼、尹咸、劉歆，後漢有鄭衆、賈逵、服虔、許惠卿之等，各爲詁訓。然雜取《公羊》《穀梁》以釋《左氏》，此乃以冠雙屨，將絲綜麻，方鑿圓枘，其可入乎？晋世杜元凱又爲《左氏集解》，專取丘明之傳以釋孔氏之經，所謂子應乎母、以膠投漆，雖欲勿合，其可離乎？今校先儒優劣，杜爲甲矣，故晋、宋傳授，以至於今。②

孔穎達之疏《左傳》，之所以選擇杜預《集解》，正是因爲杜預恪守《左傳》一家之學。而無論是前漢之張蒼、賈誼、尹咸、劉歆，還是後漢的鄭衆、賈逵、服虔、許惠卿，都雜取《公羊》《穀梁》以釋《左氏》，孔穎達認爲是“以冠雙屨，將絲綜麻，方鑿圓枘”，故不可入。也就是説，孔穎達在《左傳》中的“疏不破注”是建立在注與傳相合的基礎上，或者説注以釋傳的基礎上的。以是而論，范甯《穀梁集解》就屬於“以冠雙屨，將絲綜麻，方鑿圓枘”之列。由於《穀梁》無善釋，故楊士勛不得不選擇范甯注以爲義疏之底本，但這亦不過是退而求其次的選擇。楊士勛雖然明瞭“疏不破注”的準則，但其釋范甯《集解》則多有“破注”之處。蓋當《穀梁》與范甯注相違背之時，楊士勛仍以《穀梁》爲準的，而以之駁范甯之説。如僖公四年，“夏，許男新臣卒”，《穀梁》曰：“諸侯死於國不地。死於外地，死於師何爲不地？内桓師也。”范甯注曰：

> 十四年冬，蔡侯肸卒，傳曰：“諸侯時卒，惡之也。”宣九年辛酉晋侯黑臀卒于扈，傳曰：“其地，于外也。其日，未逾竟也。”然則新

---

① 《春秋正義序》曰：“雖課率庸鄙，仍不敢自專，謹與朝請大夫國子博士臣谷那律、故四門博士臣楊士勛、四門博士臣朱長才等，對共參定。”（《春秋左傳注疏》，第4頁）就是而言，則楊士勛當爲《左傳正義》之主要編撰者。

② 杜預注，孔穎達正義：《春秋左傳注疏》，《春秋正義序》，第3頁。

臣卒于楚，故不日耳，非惡也。

楊士勛疏駁此注曰：

宋公和卒，傳曰“諸侯日卒，正也”，則日卒由正，不由善惡。蔡侯肸卒，傳曰“時卒，惡也”，則似不日卒由善惡，不由正者。凡諸侯雖則正卒，有惡者亦不得書日，成十五年“夏六月，宋公固卒”、僖二十四年“冬，晋侯夷吾卒”、十四年“冬，蔡侯肸卒”是也。身既是庶，雖則無惡，亦不得書日，故傳云“日卒，正也”，明不日是不正，昭十四年“八月，莒子去疾卒”、定十四年夏五月“吴子光卒”、襄十八年冬十月“曹伯負芻卒”是也。日卒有二義，故傳兩明之。是諸侯正而無惡，縱在外在内卒書日，不正無惡則書月。但有大惡，不問正與不正皆時也。“宋共公卒”書月者，彼爲葬日，表其違例，故不得書時也。雖例言之，則此許男新臣亦是不正也。故范直以“非惡”解之，不云正與不正。又，昭二十三年“夏六月，蔡侯東國卒于楚”，范云“不日，在外也”，則此新臣亦在外，故不書日。襄二十六年“八月壬午，許男甯卒于楚”，彼亦在外而書日，則甯是正可知也。然則庶子逾竟未逾竟并皆不日，嫡子在外在内并皆書日，則新臣由不正而不書日。注云“卒于楚，故不日”者，以新臣非直不正，又兼在外，傳例云“其日，未逾竟”，故順傳文書之。其實由正與不正，不論在外在内也。其襄公二十六年傳注云“在外已顯”者，彼甯實是正，經言“于楚”，則在外之文已顯，必不須去日，故亦順傳文言之。必知由正不正，不由在外在内者，宣九年范注云：“諸侯正卒則日，不正則不日。而云未逾竟者，恐後人謂操扈是國，故發傳日未逾竟是也。”知新臣無罪者，以薨于朝會，乃有王事之功，明無罪。或以爲許男新臣亦正也，但爲卒於楚，故不日。“許男甯卒于楚”書日者，以“新臣卒”無“于楚”之文，故去日以見在外而卒也。許男甯經有在外之文，故書日以明其正。“晋侯黑臀卒于扈”，是正未逾竟，故亦書日，與許男異。故范以爲“其日，未逾竟”者，表其非國，不釋日與不日。范氏之注，上下多違，縱使兩解，仍有僻謬，故并存之，以遺來哲。①

① 范甯集解，楊士勛疏：《春秋穀梁傳注疏》卷七，第72~73頁。

楊士勛以《穀梁》推諸侯卒書日、書月、書時之例，以爲《穀梁》當以“諸侯正而無惡，縱在外在内卒書日，不正無惡則書月；但有大惡，不問正與不正皆時也”爲例。但范甯以在内在外、逾竟與否爲書日、書月、書時之標準，故與《穀梁》傳例不符。以《穀梁》傳例論之，則“范氏之注，上下多違”。楊士勛言“縱使兩解，仍有僻謬”，事實上，更重要的并不是范甯之解不够圓融，而是其説與《穀梁》傳例不符，故楊士勛駁注以從傳。又如僖公元年，“冬十月壬午，公子友帥師敗莒師于麗，獲莒挐”，《穀梁》曰：

> 莒無大夫，其曰莒挐，何也？以吾獲之，目之也。内不言獲，此其言獲，何也？惡公子之紿。紿者奈何？公子友謂莒挐曰：“吾二人不相説，士卒何罪？”屏左右而相搏，公子友處下，左右曰：“孟勞。”孟勞者，魯之寶刀也，公子友以殺之。然則何以惡乎紿也？曰：弃師之道也。

范甯注曰：

> 江熙曰：“經書敗莒師，而傳云二人相搏，則師不戰，何以得敗？理自不通也。夫王赫斯怒，貴在爰整，子所慎三，戰居其一。季友令德之人，豈當捨三軍之整，佻身獨鬪，潛刃相害，以决勝負者哉？雖千載之事難明，然風味之所期，古猶今也。此又事之不然，傳或失之。”

楊士勛疏曰：

> 《老子》云：“以政治國，以奇用兵。”季子知莒挐之可擒，弃文王之整旅，佻身獨鬥，潛刃相争，據禮雖乖，於權未爽。縱使禮違，猶須申傳。况傳文不知，江生何以爲非乎？又且季子無輕鬥之事，經不應書獲，傳不須云“弃師之道”，既經傳文符，而江熙妄難。范引其説，意亦同之，乃是范失，非傳失之。又經書獲，所以惡季子之紿。今江熙云季子令德也，則是非獨不信傳，亦是不信經。①

① 范甯集解，楊士勛疏：《春秋穀梁傳注疏》卷七，第70頁。

《穀梁》言魯公子季友帥師與莒師戰於麗，季友與莒挐屏左右而相搏，季友殺莒挐。范甯引江熙之説，認爲“季友令德之人，豈當捨三軍之整，佻身獨鬥，潜刃相害，以决勝負者哉”，即不認爲季友與莒挐相搏而殺之。同時，通過經文“經書敗莒師”，更證當爲師戰。是即疑《穀梁》之記載也。范甯引江熙之説，亦即認同江熙之論，亦有以疑傳也。但楊士勛則認爲，“季子無輕鬥之事，經不應書獲，傳不須云‘弃師之道’”，既然“經傳文符”，則江熙之難傳爲妄論。更進一步説，“又經書獲，所以惡季子之紿”，即所謂經傳相符。而“江熙云季子令德也，則是非獨不信傳，亦是不信經”，則進一步推論江熙、范甯疑傳亦疑經。江熙之説是否符合《春秋》經義可以再論，但江熙明確疑傳，以爲“傳或失之”，“公子友帥師敗莒師于麗”之事必不如《穀梁》所載，則無疑義。在《春秋》學視域中，《春秋》是最終標準，則如范甯所言，“既不俱當，則固容俱失”，《穀梁》解經固有所不達經義者，故亦可據經以駁傳。但就《穀梁》專家之學而言，則固當恪守《穀梁》一家之學。就此條而言，范甯、江熙之説顯然是駁傳之説，楊士勛爲《穀梁》作疏，雖以范注爲本，但其核心在於《穀梁》學，固不能駁注以釋傳也。由是而論，江熙、范甯之説是否符合《春秋》容可再議，但其不符《穀梁》之學則是無疑問的，楊士勛以《穀梁》家學而駁之，可謂的當。

由是而論，楊士勛《穀梁疏》所守之一家爲“穀梁”而非范甯，“疏不破注”的原則在《穀梁疏》中并不成立。易言之，楊士勛更像是“疏以釋傳”“疏不破傳”，而非“疏不破注”。

二、重探《穀梁》體系：楊士勛《穀梁疏》對《穀梁》脉絡之梳理

如果説孔穎達等所撰《五經正義》、賈公彦《儀禮疏》《周禮疏》、徐彦《公羊疏》等，都是恪守一家之學，是以注爲中心而成立的，那麽，《穀梁》因爲范甯注并不守《穀梁》學，而使楊士勛疏成爲一種特例。雖然無論是孔穎達還是賈公彦、徐彦，都難免有破注之處，但像楊士勛疏這樣“以傳爲宗”，不惜“守傳以破注”，則使其在一定程度上成爲《穀梁》的一種“以疏爲注”之新體，而非僅僅守范甯一家之注。在“疏以釋傳”“疏不破傳”的模式下，楊士勛所作之疏，主要涉及梳理范注、補釋范注所未及者、提煉《穀梁》傳例以及比較三傳異同四個方面。而楊士勛也通過這四個方面，在一定程度上重構了《穀梁》學體系與脉絡。

1. 對范注之梳理與補充

雖然范甯《穀梁集解》不謹守《穀梁》家學，但楊士勛既以范注爲

底本，則其疏自當以范注爲中心。是以，楊士勛雖多有駁注、破注之處，但更多的則是對范注的梳理，通過梳理范注闡發其義。如隱公元年，“夏五月，鄭伯克段于鄢”，范甯注曰：“段有徒衆，攻之爲害必深，故謹而月之。”楊士勛對范甯此條注文作了頗爲細緻的分析，其言曰：

> 案下四年“九月，衛人殺祝吁于濮”，傳曰：“其月，謹之也。”范云：“討賊例時也。衛人不能即討祝吁，致令出入自恣，故謹其時月所在，以著臣子之緩慢也。”此云“爲害必深，故謹而月之”。彼祝吁以二月弑君，衛人以九月始討，傳云“其月，謹之也”，明知謹臣子之緩慢。此無歷時之事，傳云“段之有徒衆也”，故知爲害必深，故謹而月爾。莊九年“齊人殺無知”不書月者，無知雖復歷年，時月尚淺，又無重害，故直書時也。宣十一年“楚人殺陳夏徵舒”書月者，爲陳不能討而藉外楚力，故禍害深也。①

范甯言“段有徒衆，攻之爲害必深，故謹而月之”，但就討賊之例而言，“鄭伯克段于鄢”實爲特例，故楊士勛引下文“九月，衛人殺祝吁于濮”“齊人殺無知”爲比，以見“討賊”書時、書月之體例。是以，楊士勛此條可以説是真正的“疏”，即梳理注文之義。又如文公二年，“八月丁卯，大事于大廟，躋僖公”，范甯注曰：“大事，祫也。時三年之喪未終，而吉祭於大廟，則其譏自明。”楊士勛疏曰：

> 舊解范云其譏自明者，謂吉禘於莊公書吉。此大事于大廟不書吉者，以同未滿三年，前已書吉，則此亦同譏，故云其譏自明。此解取杜預之意也。然杜云其譏已明，故得以吉禘并之，范云其譏自明，焉知遠比吉禘？蓋范意以喪制未終，不待譏責，其惡足顯，故云自明也。②

楊士勛此條疏文梳理了舊解對於范甯此注的理解，指出其出於杜預之意。同時辨析杜注與范注之差異，辨明范甯“其譏自明”之説與杜預不同，而是來自對喪制的不同理解。這就爲我們理解范注提供了更爲深層、細緻的梳理，利於把握范注内涵。又如莊公二十四年，“冬，戎侵曹，曹

① 范甯集解，楊士勛疏：《春秋穀梁傳注疏》卷一，第10頁。
② 范甯集解，楊士勛疏：《春秋穀梁傳注疏》卷十，第99頁。

羈出奔陳，赤歸于曹郭公”，《穀梁》曰：“赤蓋郭公也，何爲名也？禮，諸侯無外歸之義，外歸非正也。”范甯引徐乾之說曰：

郭公，郭國之君也，名赤，蓋不能治其國，捨而歸于曹。君爲社稷之主，承宗廟之重，不能安之而外歸他國，故但書名以罪而懲之。不直言赤，復云郭公者，恐不知赤者是誰，將若魯之微者故也。以郭公著上者，則是諸侯失國之例，是無以見微之義。①

范甯引徐乾說以注此條，但似有異說，故楊士勛疏曰：

薄氏駁云：“赤若是諸侯，不能治國，捨而歸曹，應謂之奔，何以詭例言歸乎？”徐乾又云：“不言郭公，疑是魯之微者，若是微者，則例所不書，何得以微者爲譬？”二事俱滯，而范從之者，凡諸侯出奔其國者，或爲人所滅，或受制强臣，迫逐苟免，然後書出。今郭公在國，不被迫逐，往曹事等如歸，故以易辭言之，不得云出奔也。凡內大夫未得命者，例但書名。若使赤直名而無所繫，則文同俠等，故又云郭公也。徐乾之說理通，故范引而從之。②

即對范甯引徐乾說之脉絡予以梳理，以使後人明了范甯之注何以如此。與此相仿，莊公元年，“三月，夫人孫于齊”條亦是對范注之梳理；但不同的是，楊士勛在范注之外，提供了另一種理解，可謂是對范注之補充。《穀梁》此條發傳曰：

孫之爲言猶孫也，諱奔也。接練時，録母之變，始人之也。不言氏姓，貶之也。人之於天也，以道受命；於人也，以言受命。不若於道者，天絶之也；不若於言者，人絶之也。臣子大受命。

范甯注曰：

臣子則受君父之命，婦受夫之命。若，順。言義得貶夫人。

① 范甯集解，楊士勛疏：《春秋穀梁傳注疏》卷六，第60頁。
② 范甯集解，楊士勛疏：《春秋穀梁傳注疏》卷六，第60頁。

楊士勛疏曰：

> 天之道，臣事君、子事父、妻事夫也。夫者，妻之天，故曰“人之於天也，以道受命”，謂事夫之道也。臣子之法，當受君父教令，故曰“於人也，以言受命”。“不若於道者，天絶之也”，謂文姜殺夫，是不順於道，故天當絶之。“不若於言者，人絶之也”，謂臣子不順君父之命，則君父當絶之。“臣子大受命”，謂君父既絶天人，臣子受君父之命，故不得不貶也。其注云“臣子則受君父之命”者，解經中“以言受命”也。云“婦受夫之命”者，解“以道受命”也。恐此説非也，但舊爲此解，不得不述。或當“人之於天也，以道受命”，謂順天道以事夫也。“於人也，以言受命”，謂臣受君命也。“不順於道者，天絶之”，天道妻當事夫，今夫人反弑公，是不順天也，故“天絶之”。“不順於言者，人絶之”，謂婦當受夫之命，夫人不受夫命，是不順人也，故“人絶之”。“臣子大受命”者，臣謂群下，子謂莊公，上受命於天，下受命於君，是大受命也。以其受君之命，故臣子得貶退夫人也。①

范甯以“臣子則受君父之命，婦受夫之命”解傳文“人之於天也，以道受命；於人也，以言受命”，但楊士勛在詳細分疏“人之於天也，以道受命；於人也，以言受命。不若於道者，天絶之也；不若於言者，人絶之也”的基礎上，對舊解提出質疑，認爲“恐此説非也”。但他并未明確駁注，僅是提出另一種可能，以供讀者參酌。事實上，楊士勛對范注之補充頗多，更多的則是在范注之外，補充與范注不同之舊解與他説。如僖公五年“冬，晋人執虞公”，《穀梁》曰：“執不言所于地，緼于晋也”，范甯注曰：“時虞已包裹屬於晋，故雖在虞執而不書其處。”楊士勛疏曰：

> 舊解云執人例不書地，此云“不地，緼於晋也”者，凡執人不地者，亦以地理可明故也。若晋會諸侯於溴梁，執莒子、邾子，楚合諸侯於申，執徐子，皆因會而執之，則在會可知，故不假言地。至如滅人之國，執人之君，則亦是就國可知也。經若書晋滅虞，則是言其地。今不書滅虞，即不舉滅國之地，不謂執人當地也。所以不言滅虞者，晋命先行於虞，虞已屬晋，故不得言之也。或以爲“執不言所於

① 范甯集解，楊士勛疏：《春秋穀梁傳注疏》卷五，第44頁。

地”，謂不書執虞公于虞也；“緼于晋也”，謂虞已苞裹屬晋，故不得言也。理亦通耳也。①

楊士勛提出舊解以不書地爲執人之常例，但《穀梁》此言，“執不言所于地，緼于晋也”，那麼，《穀梁》之説與舊解似乎存在矛盾。范甯僅僅是圍繞傳文出注，而未提及舊解；楊士勛則是在提出舊解的基礎上，對舊解“執人例不書地”之義予以分疏，從而認爲二者并不矛盾。在解决此矛盾的基礎上，又提出“或説”，即在范甯注之外，提出了另一種解釋。楊士勛認爲這種解釋也符合《穀梁》之説，即所謂“理亦通耳”，從而爲此條傳文的解讀提供更豐富的解釋與可能。而宣公十二年，“夏六月乙卯，晋荀林父帥師及楚子戰于邲，晋師敗績”條，則是在范甯未注的情况下，提供了舊解與徐邈説兩種解讀指向。《穀梁》曰：“績，功也。功，事也。日其事敗也。”楊士勛疏曰：

舊解此戰事書日者，爲敗之故也。特於此發之者，二國兵衆，不同小國之戰，故特發之。徐邈云：“於此發傳者，深閔中國大敗於强楚也。今以曰爲語辭，理足通也。”但舊解爲日月之日，疑不敢質，故皆存耳。②

范甯此條無注，楊士勛提出舊解和徐邈二説，不但補充了前此《穀梁》家對此條之理解，亦讓我們看到此文存在不同的解釋。這可以説是保存了異説，更是對范甯注缺略之補充。就楊士勛對范甯注之補充而言，不但包括范甯未注而楊士勛疏補者，亦包括范甯已注而楊士勛以爲未完而補説者。如隱公五年“九月，考仲子之宫”，范甯注曰：“失禮宗廟，功重者月，功輕者時，莊二十三年‘秋，丹桓宫楹’是也。”楊士勛疏曰：

考者謂立其廟祭之，成爲夫人也。此所以書之者，仲子，孝公之妾、惠公之母，惠公雖爲君，其母唯當惠公之世得祭，至隱不合祭之，故書以見譏也。不言立者，不宜立。爲庶母築宫，得禮之變，但不合於隱之世祭之，故止譏其考，不譏立也。《公羊》《左氏》妾子爲君，其母得同夫人之禮。今《穀梁》知不然者，《喪服記》云：

① 范甯集解，楊士勛疏：《春秋穀梁傳注疏》卷七，第75~76頁。

② 范甯集解，楊士勛疏：《春秋穀梁傳注疏》卷十二，第121頁。

> “公子爲其母練冠麻衣縓緣，既葬，除之。”傳曰：“何以不在五服之中也？君之所不服，子亦不敢服也。”鄭玄云：“子，君之庶子。”是貴賤之序，嫡庶全别，安得庶子爲君即同嫡夫人乎？故穀梁子以爲“於子祭，於孫止”。①

范甯注只是就經文書時、書月之别出注，而其所以譏者，雖傳文有述，但范甯并未詳論。楊士勛則分“考仲子之宫”與“立仲子之宫”予以梳理，提出在傳文“禮，庶子爲君，爲其母築宫，使公子主其祭也，於子祭，於孫止”的脉絡下，惠公立仲子之宫合禮，而隱公祭之則不合禮，故“止譏其考，不譏立”。而其所以如此者，則在禮制所規定之貴賤之序、嫡庶之等。穀梁子之説與鄭玄等禮家之説相符。如果没有楊士勛的梳理、補釋，我們就無法明了《穀梁》何以譏其“考仲子之宫”，亦不知其所譏之依據爲何。

簡言之，楊士勛無論是就范注予以梳理，還是對范注的補充與補釋，抑或是對經傳的補詮，要在疏通《穀梁》之内涵與脉絡，使《穀梁》之詮釋從范甯《春秋》學的視角重新回到《穀梁》體系之中。

2.《穀梁》脉絡與體例之探索

既然楊士勛的目的是要使《穀梁》的詮釋重新回到《穀梁》體系之中，那麼，對於《穀梁》義例之梳理即成爲首要任務。楊士勛在梳理《穀梁》傳文和范甯注文的基礎上，通過概括，對《穀梁》體例作了頗多提煉。如對於日食，楊士勛於隱公“三年春王二月己巳，日有食之”條下曰：

> 《穀梁》之例，書日食凡有四種之别，故此“二月己巳，日有食之”，傳云：“言日不言朔，食晦日也。”桓十七年“冬十月朔，日有食之”，傳云：“言朔不言日，食既朔也。”彼是二日食矣。又莊十八年“三月，日有食之”，傳云：“不言日、不言朔，夜食也。”又桓三年“七月壬辰朔，日有食之既”，傳云：“言日言朔，食正朔也。”是有四種之别。②

對《春秋》所記日食，依據《穀梁》予以梳理和區分。桓公二年，

---

① 范甯集解，楊士勛疏：《春秋穀梁傳注疏》卷二，第21頁。

② 范甯集解，楊士勛疏：《春秋穀梁傳注疏》卷一，第14頁。

“三月，公會齊侯、陳侯、鄭伯于稷，以成宋亂”，《穀梁》曰：“以者，内爲志焉爾，公爲志乎成是亂也。此成矣，取不成事之辭而加之焉，於内之惡而君子無遺焉爾。”楊士勛曰：

> 十四年傳云“以者，不以者也”，僖二十一年傳云“以，重辭也”，此傳云“以者，内爲志焉爾”，則“以”有三種之義。范於僖二十一年注云“以有二義矣”者，以“内爲志焉”與“不以”者正是一事耳。“以成宋亂”者，公也，非諸侯故也，是以云“内爲志焉爾”，其實以者仍是不以之例，故注彼爲二事焉。①

楊士勛在范甯注的基礎上，對《穀梁》書“以”之例予以梳理和分析，從而對《穀梁》“以”例予以概括。楊士勛對《穀梁》傳例之概括、梳理頗多，可見楊士勛實可謂已成《穀梁》一家之學。但對於《穀梁》學而言，除了對本傳的梳理，或許更爲重要的是如何在三傳異同中展現《穀梁》之義。要達到此一目的，楊士勛必當逸出范注之外，在辨析《穀梁》脉絡的基礎上，比較三傳異同，探尋《穀梁》傳之脉絡與意義。

可以説，楊士勛《穀梁疏》建立在辨析三傳異同的基礎之上，蓋惟有辨清《穀梁》與二傳脉絡之異同，才能談《穀梁》之去取與義例。如僖公“十有六年春王正月戊申朔，隕石于宋五”，范甯注引劉向曰：“石，陰類也；五，陽數也。象陰而陽行，將致隊落。”楊士勛疏曰：

> 何休云：“石者，陰德之專者也。鷁者，鳥中之耿介者，皆有似宋襄公之行。宋襄欲行霸事，不納公子目夷之謀，事事耿介自用，卒以五年見執，六年終敗，如五石六鷁之數。天之與人，昭昭著明，甚可畏也。”賈逵云：“石，山岳之物。齊，大岳之胤。而五石隕宋，象齊桓卒而五公子作亂，宋將得諸侯而治五公子之亂。鷁退，不成之象，後六年，霸業退也。鷁，水鳥，陽中之陰，象君臣之象閲也。”許慎《異義》載《穀梁》説云：“隕石於宋五，象宋公德劣國小，陰類也。而欲行霸道，是陰而欲陽行也。其隕，將拘執之象也。是宋公欲以諸侯行天子道也。”六鷁退者，鄭玄云：“六鷁俱飛，得諸侯之象也。其退，示其德行不進，以致敗也。得諸侯，是陽行也。被執敗，是陰行也。”是二説與劉向合耳。其何休、賈逵之言，并是《公羊》

---

① 范甯集解，楊士勛疏：《春秋穀梁傳注疏》卷三，第29頁。

《左氏》舊説，非《穀梁》意也。①

楊士勛此疏實是緊扣范甯注而發，其言許慎引《穀梁》説、鄭玄説與劉向説合，實以劉向爲《穀梁》家，許慎引《穀梁》家説，而鄭玄之言亦爲《穀梁》之説，即皆《穀梁》家言。其引許慎、鄭玄之説，實可視爲對劉向説之深化與細化。而同時提出何休、賈逵説，則是意在辨析此條存在三傳異説，《穀梁》與二傳不同。就此條而言，何休、賈逵之言雖與劉向、許慎、鄭玄不同，但似仍有可通之處。但楊士勛之所以定要予以辨析，即是要指明三傳不可通説之意。就此點而言，更爲明顯的是，三傳存在解釋歧異之時，楊士勛對不可用二傳之説的强調。如文公四年"夏，逆婦姜于齊"，《穀梁》曰：

其曰婦姜，爲其禮成乎齊也。其逆者誰也？親逆而稱婦，或者公與？何其速婦之也？曰，公也。其不言公，何也？非成禮於齊也。曰婦，有姑之辭也。其不言氏，何也？貶之也。何爲貶之也？夫人與有貶也。

楊士勛疏曰：

宣元年已有傳，今故深發之者，彼書夫人，此直云婦姜，嫌文異也，故彼此明之。以彼稱夫人，又書至，此不然者，《公羊傳》曰："其謂之逆婦姜于齊何？娶於大夫者，略之也。"徐邈亦以爲不書至、不稱夫人，下娶賤，略之。若以諸侯下娶大夫便爲略賤，則大夫亦不得上娶諸侯，且天子得下婚諸侯，何爲諸侯不得下娶大夫？是《公羊》之言，不可以解此也。蓋不稱夫人、不言至者，以其婦禮成於齊，故異於餘稱。傳云"夫人與有貶也"者，解不稱氏之意，非釋不稱夫人也。②

楊士勛首先梳理《公羊》對於經文此條不書夫人而稱婦姜的脉絡，從而引出徐邈説，并將徐邈説的依據指向《公羊》。進而指出，"若以諸侯下娶大夫便爲略賤，則大夫亦不得上娶諸侯，且天子得下婚諸侯，何爲諸

---

① 范甯集解，楊士勛疏：《春秋穀梁傳注疏》卷八，第 84 頁。

② 范甯集解，楊士勛疏：《春秋穀梁傳注疏》卷十，第 100~101 頁。

侯不得下娶大夫"，即《公羊》之不合理處。故就《穀梁》脉絡而言，必不能引《公羊》以解之。從而，在解讀《穀梁》與《公羊》之異的基礎上，提出其《穀梁》學解讀。①

因爲楊士勛《穀梁疏》的目的在於梳理《穀梁》詮釋脉絡，是以，三傳異同之比較僅可謂第一步工作，更重要的是，在比較之後對《穀梁》學脉絡予以梳理與詮釋。上文"逆婦姜于齊"條實即指向了對《穀梁》學脉絡的梳理，但此條之梳理并不算典型，我們可以來看隱公二年"十有二月乙卯，夫人子氏薨"條。《穀梁》曰："夫人薨不地。夫人者，隱之妻也。卒而不書葬，夫人之義，從君者也。"對於"夫人子氏"之身份，范甯并未出注，但此條三傳之解讀皆異。楊士勛疏曰：

> 《左氏》以子氏爲桓公之母，《公羊》以爲隱公之母，《穀梁》知是隱公之妻者，以隱推讓，據其爲君而亦稱公，故其妻亦稱夫人也。夫既不葬，故其妻亦不葬，以經文上下符合，故爲隱妻。而《左氏》桓未爲君，其母稱夫人，是亂嫡庶也。《公羊》以爲隱母，則隱見爲君，何以不書葬？若以讓不書葬，何爲書夫人子氏薨？故穀梁子以爲隱妻也。②

對於"夫人子氏"，《左傳》以爲桓公之母，《公羊》以爲隱公之母，《穀梁》則以爲隱公之妻。對於這種明顯的三傳異説，楊士勛對《穀梁》何以認爲其爲隱公之妻予以梳理。其言"以隱推讓，據其爲君而亦稱公，故其妻亦稱夫人"，同時以"夫既不葬，故其妻亦不葬"爲證，認爲《穀梁》之説爲確。楊士勛的詮釋，或者説《穀梁》的解讀，是否就是《春秋》之義可以再論，但就楊士勛而言，其疏確實是梳理了《穀梁》此條之脉絡，讓我們理解了《穀梁》文本背後的深層内涵，可謂的當。隱公七年"滕侯卒"條亦復如是。《穀梁》釋曰："滕侯無名，少曰世子，長曰君，狄道也，其不正者名也。"楊士勛疏指出三傳之别，并詮釋曰：

---

① 當然，楊士勛《穀梁疏》并不是完全不用二傳之説，而是二傳之説不能與《穀梁》相矛盾。如僖公三十年，"夏六月，公會王人、晋人、宋人、齊人、陳人、蔡人、秦人盟於翟泉"，《穀梁》無傳，楊士勛疏曰："何休注《公羊》云晋文德衰，故微者往會。今《穀梁》既無傳注，或如何説，'王人'以下皆是微也。"即用何休之説。楊士勛用《左傳》、《公羊》、何休、杜預之説亦不少，但要在不與《穀梁》相違爲前提。

② 范甯集解，楊士勛疏：《春秋穀梁傳注疏》卷一，第 14 頁。

> 《左氏》以滕侯無名爲未同盟，故薨不得以名赴。《公羊傳》云："滕侯何以不名？微國也。微國則其稱侯何？《春秋》貴賤不嫌同號，美惡不嫌同辭。"今《穀梁》以爲用狄道也，故無名者。若《左氏》以爲未同盟，故不名，何爲《春秋》之内，亦有不盟而書名者？若《公羊》以爲微國不名，則邾子克、許男新臣何以名？故穀梁子以爲用狄道也，本來無名字。①

對於滕侯無名之緣由，《左傳》以爲"未同盟，故薨不得以名赴"，《公羊》以爲"微國"，而《穀梁》則以爲滕用狄道而本無名字。楊士勛通過反推，即"若《左氏》以爲未同盟，故不名，何爲《春秋》之内，亦有不盟而書名者"，則《左傳》之説不能成立；"若《公羊》以爲微國不名，則邾子克、許男新臣何以名"，則微國之君亦書名，故《公羊》説不能成立。通過排除《左傳》《公羊》二説，事實上并不能就證明《穀梁》之説即爲確解。如范甯所言，"凡傳以通經爲主，經以必當爲理，夫至當無二而三傳殊説，……既不俱當，則固容俱失"，《左傳》《公羊》解讀之誤并不能就指向《穀梁》之確。楊士勛與范甯之異就在於，范甯是《春秋》家，其雖以《穀梁》爲注釋底本，但目的在於通經；但楊士勛則是要抉發《穀梁》一家之學，故其重在比讀三傳之異同，而以《穀梁》爲準的。是以，楊士勛比讀三傳以論證《穀梁》脉絡之真確，事實上就在一定程度上指向了"《穀梁》善於經"的字面意義，即《穀梁》較二傳所釋更符合《春秋》之義。

就目前存世之《穀梁》學著作而言，楊士勛《穀梁疏》可謂第一本真正意圖恪守《穀梁》一家之學的著作。如范甯所言不虛，其注《穀梁》之前，《穀梁》注本多引據二傳以爲説，而范注亦復意在《春秋》而非《穀梁》，那麽，楊士勛實可稱得上第一位真正的《穀梁》學專家，而其《穀梁疏》亦可謂第一本真正的《穀梁》一家之書。以是而論，楊士勛《穀梁疏》亦可謂"穀梁正義"。

---

① 范甯集解，楊士勛疏：《春秋穀梁傳注疏》卷二，第22頁。

第三章　再發現與新詮釋：“《穀梁》善於經”視域中的晚清《穀梁》學

自范甯、楊士勛以降，歷千餘年，直至清中晚期，《穀梁》學皆未爲士人所重。[①] 但隨着考據學，或者説清人所謂的“漢學”在清代的勃興，鄭玄作爲漢學最重要的代表人物，地位日益上升，成爲清代漢學“祖師”，其隻言片語皆爲清人所重。鄭玄關於《春秋》三傳“《左氏》善於禮，《穀梁》善於經，《公羊》善於讖”的論説，也成爲清人重新考察三傳優劣之先導。

在這種情況下，阮元在詁經精舍舉行祭鄭活動推崇鄭玄，并進而標舉“《穀梁》善於經”説。他不但將“《穀梁》善於經”書於《穀梁校勘記》之首，更在爲許桂林、柳興恩等人所撰著述作序時以“《穀梁》善於經”作爲評判二氏著作價值的一條先驗標准。阮元的推崇也推動了學海堂學子對《穀梁》學的重視，從而使歷來頗受忽視的《穀梁》學在學海堂學人中形成了一股不小的研習潮流，進而促使《穀梁》學在清晚期得以復興。

就晚清《穀梁》學而論，似以許桂林、柳興恩、侯康、鍾文烝最爲主要。劉師培於《經學教科書》言清儒《穀梁》學曰：“治《穀梁》者有侯康（《穀梁禮證》）、柳興恩（《穀梁大義述》）、許桂林（《穀梁釋例》）、鍾文烝（《穀梁補注》），咸非義疏。梅毓作《穀梁正義》，亦未成書。是爲《穀梁》之學。”[②] 劉申叔承先世之緒而治經學、《春秋》學，其論晚清《穀梁》學，可謂當行本色。就晚清《穀梁》學著述而言，最爲重要的或許就是侯、許、柳、鍾四家。但如果我們深入分析，就會發現

---

① 很明顯的一點就是阮元集刻《清經解》無一《穀梁》專家、《穀梁》專門著述。

② 劉師培：《經學教科書》第一册第三十三課《近儒之春秋學》，《儀徵劉申叔遺書》第十三册，第2086頁。

侯康并非宗《穀梁》之學者。[1] 如是，則晚清《穀梁》學自以許桂林、柳興恩、鍾文烝最爲重要。許桂林《春秋穀梁時月日書法釋例》意在藉《穀梁》以闡釋《春秋》時月日之義，進而建構《穀梁》時月日義例；柳興恩《穀梁大義述》則是以《春秋》日月例爲核心，融貫《穀梁》學與《穀梁》學史，試圖建構一個完整而嚴密的《穀梁》學體系；鍾文烝《春秋穀梁經傳補注》則是范甯、楊士勛之後，又一個《穀梁》新注本。三者的進路與研究方法雖然不同，但其意皆以"《穀梁》善於經"爲中心，試圖建構一個《穀梁》"善經"體系。以是而論，其鵠的可謂一也。

要言之，晚清《穀梁》學皆是在"《穀梁》善於經"一語影響下的《穀梁》學接受與詮釋史。

第一節　傳承與共構：阮元與晚清《穀梁》學的再發現

一、考證之學者自是始：鄭玄地位升降與清中期宗鄭之風的興起

鄭玄作爲漢末大儒，遍注群經，是中國經學史上最重要的儒者之一。故而，學者對鄭康成多所推崇。[2] 其所以被推崇，最主要的原因是當時所流行的儒家經典中，《禮記》《周禮》《儀禮》《詩經》皆用鄭康成注，故而"自今有事於太學，并令配享尼父廟堂"[3]。及至明代，隨着程朱理學取代漢唐注疏，鄭玄地位亦有所下降，《明史·禮志·吉禮》記曰：

> 嘉靖九年，大學士張璁言："先師祀典，有當更正者。……其從祀申黨、公伯寮、秦冉等十二人宜罷，林放、蘧瑗等六人宜各祀於其鄉，后蒼、王通、歐陽修、胡瑗、蔡元定宜從祀。"帝命禮部會翰林諸臣議。……於是禮部會諸臣議："……至從祀之賢，不可不考其得失。申黨即申棖，厘去其一。公伯寮、秦冉、顔何、荀况、戴聖、劉向、賈逵、馬融、何休、王肅、王弼、杜預、吴澄罷祀。林放、蘧

① 參見許超傑：《經史之間：侯康〈穀梁禮證〉詮釋理路研究》，《中國經學》第二十四輯，廣西師範大學出版社 2019 年版。

② 參見《通典》卷五十三《禮十三·沿革十三·吉禮十二》（中華書局 1988 年版，第 1480 頁）、《唐會要》卷三十五《褒崇先聖》（上海古籍出版社 1991 年版，第 742 頁）、《文獻通考》卷四十三《學校考四》（中華書局 2011 年版，第 1268~1269 頁）。

③ 王溥撰：《唐會要》卷三十五《褒崇先聖》，第 742 頁。

瑗、盧植、鄭衆、鄭玄、服虔、范甯各祀於其鄉。后蒼、王通、歐陽修、胡瑗宜增入。”命悉如議行。又以行人薛侃議，進陸九淵從祀。①

鄭玄從“從祀孔廟”降爲“各祀於鄉”，當然是一種降格。從“后蒼、王通、歐陽修、胡瑗宜增入”“進陸九淵從祀”和“林放、蘧瑗、盧植、鄭衆、鄭玄、服虔、范甯各祀於其鄉”的對比中也可以知道，這無疑是宋明理學大盛之後的必然結果，蓋在理學、心學大行其道的明中後期，鄭玄其人其學已不爲時人所重了。故程敏政《考正祀典疏》曰：

> 唐貞觀二十一年始以左丘明等二十二人從祀孔子廟庭，蓋當時聖學不明，議者無識，拘于舊注疏，謂釋奠先師，如《詩》有毛公、《禮》有高堂生、《書》有伏生之類，遂爲專門訓詁之學爲得聖道之傳，而并及馬融等。……議者謂能守其遺經，轉相授受，以待後之學者，不爲無功。臣竊以爲不然。夫守其遺經，若左丘明、公羊高、穀梁赤之于《春秋》，伏勝、孔安國之于《書》，毛萇之于《詩》，高堂生之于《儀禮》，后蒼之于《禮記》，杜子春之于《周禮》，可以當之。蓋秦火之後惟《易》以卜筮僅存，而餘經非此九人則幾乎熄矣。此其功之不可泯者，以之從祀，可也。若融等又不過訓詁此九人所傳者耳，况其書行于唐，故唐姑以備經師之數祀之。今當理學大明之後，《易》用程、朱，《詩》用朱子，《書》用蔡氏，《春秋》用胡氏，又何取于漢魏以來駁而不正之人，使安享天下之祀哉？……至于鄭衆、盧植、鄭玄、服虔、范甯五人，雖若無過，然其所行亦未能以窺聖門，所著亦未能以發聖學，若五人者得預從祀，則漢唐以來當預者尚多。臣愚乞將戴聖、劉向、賈逵、馬融、何休、王肅、王弼、杜預八人褫爵罷祀，鄭衆、盧植、鄭玄、服虔、范甯五人各祀于其鄉。②

程敏政認爲左丘明、公羊高、伏生、孔安國等在秦火之後能够守經授徒，非其人則遺經幾熄，故當褒其功。但鄭玄等人，他認爲只是訓詁前人之書，并不能窺聖門、發聖學。唐代所以使其從祀者，“姑以備經師之數”

① 張廷玉等：《明史》卷五十《禮四》，中華書局1974年版，第1298~1300頁。

② 程敏政：《考正祀典疏》，黃訓編：《名臣經濟録》，《景印文淵閣四庫全書》第四四三册，第649頁上~650頁下。

而已。而宋明以來，理學大昌，孔門聖學之真諦在於是。是以，在"《易》用程、朱，《詩》用朱子，《書》用蔡氏，《春秋》用胡氏"的理學世界中，無須再從祀此類人物，不能使汉魏以來駁而未純之人安享後人祭祀，反倒是需要將王通、歐陽修、胡瑗、陸九淵等人增入從祀之列。鄭玄是否通於聖門大道無須贅論，我們只需知道，鄭玄在明代罷祀不過是學隨世變的一種順時之爲罷了。

也正是學隨世變這一緣故，從清中前期開始，考據實證之學慢慢成爲學林之主流。鄭玄地位急劇上升。其因是對此前理學的反動，抑或理學發展的內在理路，與本文關涉不大，故姑置不論。① 筆者想談的只是在考據成爲清中期學術主流後，鄭玄地位得到特尊的情況。當然，鄭玄地位上升并不是在乾嘉考據學大盛之後橫空出世，清前期即有其漸。《欽定皇朝文獻通考》記載雍正二年關於鄭玄復祀之討論：

> 聖諭云：祔饗廟庭諸賢，或有先罷而今宜復者。臣等議得明嘉靖時厘定祀典，改祠於鄉者七人：林放、蘧瑗、鄭康成、鄭衆、盧植、服虔、范甯；罷祀者四人：秦冉、顔何、戴聖、何休。今俱宜復其從祀也。
>
> 得旨：先儒從祀文廟關係學術人心，典至重也，宜復宜增，必詳加考證，折衷盡善，庶使萬世遵守，永無異議。爾等所議復祀諸儒，雖皆有功經學，然戴聖、何休未爲純儒，鄭衆、盧植、服虔、范甯謹守一家言，轉相傳述，視鄭康成之淳質深通，似乎有間。②

由此聖諭可見，雍正對於鄭玄與戴聖、何休、鄭衆、盧植、服虔、范甯之地位已有不同的看法，在他看來，"戴聖、何休未爲純儒，鄭衆、盧植、服虔、范甯謹守一家言，轉相傳述"，不若鄭玄之"淳質深通"。易言之，在雍正時，鄭玄已具備了超乎一般傳經儒者的地位。但必須看到的是，乾隆之前鄭玄地位雖有所上升，但清廷官方仍以理學爲儒學正宗，故鄭玄仍不能與程、朱分庭抗禮。雍正在同一關於增祀的諭旨中言道：

---

① 自梁啓超已還，學界研究清代考據學興起之緣由甚多，在此不再贅述，可參見余英時《論戴震與章學誠》（生活・讀書・新知三聯書店 2000 年版）外篇六《清代思想史的一個新解釋》、漆永祥《乾嘉考據學研究》（中國社會科學出版社 1998 年版）第一章《乾嘉考據學成因（上）》。

② 《欽定皇朝文獻通考》卷七十四，《景印文淵閣四庫全書》第六三三册，臺灣商務印書館 1986 年版，第 770~771 頁。

諭禮部等衙門，……孔子道高德厚，萬世奉爲師表，其祔享廟庭諸賢，皆有羽翼聖經、扶持名教之功。然歷朝進退不一，而賢儒代不乏人，或有先罷而今宜復，有舊缺而今宜增。其從祀崇聖祠諸賢，周、程、朱、蔡外，孰應升堂祔享者，并先賢先儒之後孰當增置五經博士以昭崇報。①

可見，鄭玄雖然在此次增祀中得以重新復祀，但其在官方的認識中，仍處在周、程、朱、蔡位階之下。但到了乾隆時期，隨着考據學的勃興，鄭玄真正成爲第一位階的儒者。《四庫全書總目》曰：

漢代傳經，專門授受，自師承以外罕肯旁徵，故治此經者不通諸别經。即一經之中，此師之訓故亦不通諸别師之訓故。專而不雜，故得精通。自鄭元淹貫六藝，參互鉤稽，旁及緯書，亦多采摭，言考證之學者自是始。②

《四庫全書》之編纂不單是現當代學者所謂“寓毁於徵”的文化策略，《總目》也不單單是一種讀書目録，《四庫全書》及其《總目》實爲清中期官方對中國歷代學術之總結。《總目》對於學人、論著之論述，即官方對於學人、論著之評判。無論鄭玄是否爲考證學第一人，既然《四庫》館臣提出了“言考證之學者自是始”的論斷，也就代表了清廷對於鄭玄之於考據學關係的評判。此一評判的提出，必然對鄭玄之評判産生重要的影響。

雖然有清一代程朱理學一直是科舉考試的標準，但理學與經學，或者説考據與義理，實已分途。如江藩撰《漢學師承記》與《宋學淵源録》，即以漢學爲經學、宋學爲理學；而唐鑒之撰《學案小識》，將清代學林分爲道學、經學、心學三派，則亦是將經學、理學分而視之。而就民間學術研究而言，考據學被視爲經學研究正途。正是在這一情形下，鄭玄能成爲第一位階的經學家。隨着越來越多的學者從事考據而非義理研究，鄭玄的地位也就超邁宋明儒者而上。孫星衍即曰：

① 《欽定皇朝文獻通考》卷七十四，第770頁。

② 永瑢等撰：《四庫全書總目》卷三三《經部・五經總義類》，中華書局1965年版，第278頁上。

> 漢代諸儒，承秦絶學之後，傳授經文經義，去古不遠，皆親得七十子之傳，若伏生、鄭康成，其功在經學絶續之際，較七十子爲難，又迥在唐宋諸儒之上。①

伏生在秦漢之際傳授《尚書》，實“功在經學絶續之際”。但鄭玄身處漢末，距秦火已四百餘年，兩漢一尊儒術，實難言“絶續”二字。其所以如此者，在鄭玄之地位已特高，不得不重加標舉，顯見此時鄭玄之地位已遠邁於唐宋之上。而《增立鄭氏博士議》更徑言：“濂、洛、關、閩四大儒《章句》《語録》，其天人奥旨，不出鄭注範圍；至於服物典章，亦或遜其精密。”② 更是將宋明儒特擅之義理學亦置於鄭玄之下，則是要將原本屬於宋明理學的義理解釋權也拉到鄭學門庭之内。

正是由於考據學的發展，官方、民間兩層都認可鄭玄在考據學上的重要地位，故稱之爲“百世儒宗”③，鄭玄的地位也就達到了前所未有的高度，而宗鄭之風亦由之而起，最明顯的表徵就是嘉道之際士大夫的崇祀鄭玄活動。④

二、以禮代理：阮元興學與崇祀鄭玄

1. 阮元與崇祀鄭玄

受崇鄭學風的影響，阮元作爲清中期的儒學重臣，亦頗爲推崇鄭玄。乾隆五十九年，阮元重修高密鄭玄祠，即是對此風之嚮應。阮元撰《重修高密鄭公祠碑》曰：

> 元嘗博綜遺經，仰述往哲，行藏契乎孔、顔，微言紹乎游、夏，則漢大司農高密鄭公其人矣。公當炎祚陵夷，清流沈錮，泊然抱道，遂情墳典，却謝車服，隱德彌修。所學《易》《書》《詩》《禮》《春秋》《論語》《孝經》箋注百餘萬言，石渠會議無以逮其詳實，扶風教授不足擬其旨趣。又嘗比核算數，甄極毖緯，兩京學術用集大成，

---

① 孫星衍撰，駢宇騫點校：《岱南閣集》卷一，中華書局 1996 年版，第 161 頁。

② 孫星衍：《平津館文稿》卷上，《清代詩文集彙編》第四三六册，上海古籍出版社 2010 年版，第 209 頁。

③ 陳壽祺：《尚書大傳定本序》，南開大學古籍整理研究所選：《清代經部序跋選》，天津古籍出版社 1991 年版，第 52 頁。

④ 參見車行健：《嘉道之際北京士大夫的崇祀鄭玄活動》，《傳統中國研究集刊（九、十合輯）》，上海人民出版社 2012 年版，第 494~514 頁。

> 天下師法久而彌篤固，不以齊、魯域焉。今皇帝惇崇儒術，表章經學，纂定《三禮義疏》，多采鄭説，是以海内學人翕然依嚮，言性天道無敢騁其虚悟，禮度書文靡不通其原本，庶幾孔壁簡策得以訓言，儒生耳目未傷瞽瞶，被公之教，斯爲至矣。①

阮元認爲鄭玄接續了孔、顔、游、夏之傳，其在漢末遍注群經，更是集兩漢經學之大成。尤其是就禮學而言，“禮是鄭學”一詞爲學者所熟知，《三禮義疏》的頒布及其對鄭玄注的引舉，進一步促進了清代鄭學在官方與民間的發展。而與鄭學被推崇相對應的則是宋代尚論性與天道的理學漸爲講究度數儀節的禮學所取代，是即學者所謂“以禮代理”，亦是鄭學在清中期得到推崇的一種表現。② 阮元從這一角度出發，認爲“孔壁簡策得以訓言，儒生耳目未傷瞽瞶，被公之教，斯爲至矣”，即將鄭玄推向了接續孔子之傳與開啓孔門之鑰的地位。以是之故，阮元重修高密鄭玄祠以祀之，以鄭氏後人“以風登俎，世世勿絶，庶使大儒之祀不致忽諸之嘆，治經之士無歉仰止之懷”③。

當然，阮元對鄭玄的推崇并不僅僅是建祠祭祀，更重要的是將對鄭玄的推舉置於其對後學的引導之中。嘉慶五年，阮元撫浙，在西湖孤山設立詁經精舍課生，崇祀許慎、鄭玄。阮元於《西湖詁經精舍記》曰：

> 諸生謂周秦經訓至漢高密鄭大司農集其成，請祀於舍。……乃於嘉慶五年五月己丑奉許、鄭木主於舍中，群拜祀焉，此諸生之志也。④

阮元在設立詁經精舍之初，即議崇祀鄭玄於書院。因爲孫星衍的提倡，詁經精舍亦同時崇祀許慎。在諸生提倡下，詁經精舍於嘉慶五年五月始祀許慎、鄭玄。阮元在此記中言“元昔督學齊魯，修鄭司農祠墓”云云，諸生之所以請祀鄭玄，雖有時代風氣之影響，然更受阮元之直接引導。詁經精舍學子陸堯春亦撰《詁經精舍崇祀許鄭兩先師記》曰：

---

① 阮元撰，鄧經元點校：《揅經室集》下册，中華書局 1993 年版，第 732 頁。

② 參見張壽安：《以禮代理——凌廷堪與清中葉儒學思想之轉變》，河北教育出版社 2001 年版。

③ 阮元撰，鄧經元點校：《揅經室集》下册，第 733 頁。

④ 阮元：《西湖詁經精舍記》，《詁經精舍文集》卷三，《中國歷代書院志》第 15 册，江蘇教育出版社 1995 年版，第 54 頁。

> 明天道，正人倫，求王教之典籍，則《易》《書》《詩》《三禮》及《大傳》諸書箋注完與不完皆可寫而定之也。七十子之傳，微言大義之不絕於今者，系於是乎?①

從阮元“言性天道無敢騁其虛悟，禮度書文靡不通其原本”到陸堯春“明天道，正人倫，求王教之典籍，則《易》《書》《詩》《三禮》及《大傳》諸書箋注完與不完皆可寫而定之”，則是從以《三禮》爲核心擴展到鄭玄所撰群經箋注，進而將鄭玄所撰群經箋注指向“明天道，正人倫，求王教”所據之“定”本，也就是後世得以進入孔門天道、人倫、王教之途輒，這無疑是對阮元之論的進一步擴展與深化。當陸堯春《詁經精舍崇祀許鄭兩先師記》與阮元《西湖詁經精舍記》并列排撰之時，也就不難發現，其之所以崇祀鄭玄、推舉鄭學，蓋受阮元之直接影響。

2. 學海堂與宗鄭之風

嘉慶二十二年，阮元調任兩廣總督，道光元年建學海堂課士，道光四年學海堂遷址粵秀山。② 阮元序《學海堂集》，論何以名“學海堂”曰：

> 昔者何邵公學無不通，進退忠直，聿有學海之譽，與康成并舉。惟此山堂吞吐潮汐，近取於海，乃見主名。③

可見，是堂取名“學海”似乎有兩個原因，一則因爲此堂“吞吐潮汐，近於諸海”，而另一個似乎更爲直接也更可引人思考的原因，則是何休有“學海”之譽。阮元説何休“聿有學海之譽，與康成并舉”，似乎不廢宗鄭之風，但堂即以“學海”名之，則何、鄭之間是否有所偏勝，欲使何休取鄭玄而代之呢?

尤其是師生咏贊修建粵秀山學海堂之時，頗可見師生將學海堂指向何休“學海”之稱者。如趙均言：“粵秀山之學海堂，宫保揚州阮公取漢何休學海之義以造就我粵人才之地也。”④ 樊封曰：“學海者，何公訓士名也。今仍其稱，欲粵士無忘初志，學於古訓而有獲耳。”⑤ 而崔弼徑言：

---

① 陸堯春：《詁經精舍崇祀許鄭兩先師記》，《詁經精舍文集》卷三，第55頁。

② 詳見阮元輯《學海堂集》（《中國歷代書院志》第13册）卷十六所附《新建粵秀山學海堂記》等文、容肇祖《學海堂考》（《嶺南學報》第3卷第3期）。

③ 阮元輯：《學海堂集》，《序》，第1頁。

④ 趙均：《新建粵秀山學海堂記》，阮元輯：《學海堂集》卷十六，第270頁。

⑤ 樊封：《粵秀山新建學海堂銘（并序）》，阮元輯：《學海堂集》卷十六，第276頁。

"公之名堂，取何休學海之意，謂學之海也。"① 徐榮論學海堂之學則曰："會將兩漢《公羊》學，直掃浮華見古今。"② 以上種種論説，在在皆將"學海堂"指向何休"學海"之譽，似乎阮元已從崇鄭走向奉何。但事實確乎如學海堂師生所咏嘆的那樣嗎？不妨來看阮元之論。

阮元《小暑前坐宗舫船游北湖南萬柳堂宿別業，用庚午年雨後游京師萬柳堂五律韵爲七律》詩有句云"學海深知叛釋儒"，其自注曰：

> 嶺南學人惟知尊奉白沙、甘泉，余於《學海堂初集》大推東莞陳氏《學蔀》之説，粤人乃知儒道。東莞山長李繡子送行文云："五百年來儒不入釋者，雲臺先生而已。"③

據此自注可知，阮元在學海堂極推陳氏《學蔀》之説。《學蔀》即《學蔀通辨》，明人陳建所撰。《學蔀通辨》以分判朱陸、理學心學、儒釋之異同，實則崇理學而斥心學者。然則，阮氏之推崇此書，亦在敬理學而黜心學乎？阮元嘗爲《學蔀通辨》撰序，其言曰：

> 此書專辨朱陸異同，推尊朱子。……皆表章正學之要言，即有過激之論，無非欲辨朱子之誣。粤中學人固當知此鄉先生學博識高，爲三百年來之崇議也。④

似亦在分辨朱陸異同。但阮氏所謂"於《學海堂初集》大推東莞陳氏《學蔀》之説"者，似乎有出乎其外者。《學海堂初集》收録阮元《書東莞陳氏〈學蔀通辨〉後》一文，其言曰：

> 朱子中年講理固甚精實，晚年講禮尤耐繁難，誠有見乎理必出於禮也。古今所以治天下者，禮也。五倫皆禮，故宜忠宜孝即理也。……理必附乎禮以行，空言理則可彼可此之邪説起矣。……朱子一生拳拳於君國大事、聖賢禮經，晚年益精益勤之明證確據。若

① 崔弼：《新建粤秀山學海堂記》，阮元輯：《學海堂集》卷十六，第 279 頁。
② 徐榮：《新建粤秀山學海堂詩》，阮元輯：《學海堂集》卷十六，第 281 頁。
③ 阮元：《揅經室再續集》卷六，《續修四庫全書》第一四七九册，上海古籍出版社 2002 年，第 630 頁。
④ 阮元撰，鄧經元點校：《揅經室集》下册，《揅經室續集》卷三，《學蔀通辨序》，第 1063～1064 頁。

> 如王陽明誣朱子以晚年定論之説，直似朱子厭弃經疏、忘情禮教，但如禪家之簡静，不必勞煩、不必凄黯矣，適相反矣。然則，三禮注疏學者何可不讀？蓋未有象山、篁墪、陽明而肯讀《儀禮注疏》者也，其視經疏直以爲支離喪志者也。豈有朱子守孔顔博文約禮之訓而晚悔支離者哉？此清瀾陳氏所未及，亦學海堂諸人所未言者，故特著之。①

就阮元此言而論，與其説是在分辨朱陸異同，毋寧説更是在分判理學與禮學之異同。朱子終生窮理盡性，其最重要的著作《四書章句集注》亦以“理”爲要。但阮元《書東莞陳氏〈學蔀通辨〉後》則是將陳建朱陸異同的課題轉换爲“理禮異同”。當阮元提出“朱子一生拳拳於君國大事、聖賢禮經”“理當附乎禮以行”時，朱子終生追尋的“理”也就轉化爲“禮”了。易言之，在阮元的筆下，朱子晚年定論當指向“禮”。阮元謂陽明以朱子早年之説談朱子晚年定論爲非，而其擷取朱子晚年論禮之説，謂朱子晚年深求於禮，固亦不可。陳建《學蔀通辨》論陽明晚年定論之非，若得見阮元之説，必亦當辨之而不以爲是。

無論阮元所論“朱子晚年定論”是否合理，但其言“余於《學海堂初集》大推東莞陳氏《學蔀》之説，粤人乃知儒道”者，事實上亦非陳建《學蔀通辨》之説，而只是藉《學蔀通辨》所發的另一種論斷罷了。我們也可以從《書東莞〈陳氏學蔀通辨〉後》看出，阮元所謂“儒道”者，實即指向“禮學”，論禮之據依則在三禮注疏。世人皆知“禮爲鄭學”，三禮皆爲鄭玄所注，阮元亦謂“今皇帝惇崇儒術，表章經學，纂定《三禮義疏》，多采鄭説，是以海内學人翕然依嚮”，則阮元所推崇之儒道，最終仍是指向鄭玄。是以，學海堂雖然以“學海”稱名，但就其學而言，似乎仍指向對鄭玄之尊崇。故鄭棻作《新建粤秀山學海堂詩》亦徑言“分明宗派鄭公鄉”②，即不爲“學海”堂名所惑，指出學海堂宗學之核心。

是以，就學海堂之學而論，仍以宗鄭爲主旨。

---

① 阮元：《書東莞陳氏學蔀通辨後》，阮元輯：《學海堂集》卷五，第 85~86 頁。

② 鄭棻：《新建粤秀山學海堂詩》，阮元輯：《學海堂集》卷十六，第 281 頁。

三、誤讀與傳承：阮元與學海堂《穀梁》學者群

1. 阮元對“《穀梁》善於經”説的再發現和再詮釋

正是在宗鄭之學的引導下，阮元重新發現和詮釋了鄭玄的“《穀梁》善於經”説。阮元第一次重提“《穀梁》善於經”説當是《十三經注疏校勘記·春秋穀梁傳注疏校勘記序》，其言曰：

> 《六藝論》云“穀梁善於經”，豈以其親炙於子夏，所傳爲得其實與？公羊同師子夏，而鄭氏《起廢疾》則以穀梁爲近孔子，公羊爲六國時人。又云“傳又先後”，然則穀梁實先於公羊矣。①

據《恭進十三經注疏校勘記摺子》可知，阮元撰寫《春秋穀梁傳注疏校勘記序》當不遲於嘉慶二十一年。② 阮元將鄭玄《六藝論》所謂“《穀梁》善於經”説指向了穀梁子得子夏之傳，且近於孔子，即由於穀梁子從時間上近於孔子，故被稱爲“近孔”，并由“近孔”而推出“善經”。這種由“近孔”而導向的“善經”，更像是一種時間意義上的“由近而善”。就“善經近孔”而言，阮元爲柳興恩《穀梁大義述》所作序中言之更詳，其言曰：

> 《六藝論》云“穀梁子善於經”，蓋以其親受微言於子夏，最近於孔子也。公羊與穀梁同師子夏，而鄭氏《起廢疾》則以穀梁爲近孔子，公羊爲六國時人。然則“善經近孔”四字固此傳之確評矣。③

阮元此序作於道光二十年，很明顯可以看出，是時其對“穀梁善於經”的理解，也從時間性的“近孔”，轉化爲意義性的“近孔”。也就是將穀梁子與孔子之間的“近”，從時間概念進而轉化爲詮釋理念。穀梁之所以“善經”，并不僅僅在於時間上近於孔子，更是在“微言大義”上得到夫子之真。故其“近孔”也就由單純的時間性轉化爲意義性了。“善經近孔”四字的正式提出，也表明了阮元對“穀梁善於經”説的進一步推

---

① 阮元：《十三經注疏校勘記》，《續修四庫全書》第一八三册，上海古籍出版社 2002 年版，《春秋穀梁傳注疏校勘記序》，第 146 頁。

② 詳見阮元撰，鄧經元點校：《揅經室集》下册，《揅經室二集》卷八，《恭進十三經注疏校勘記摺子》，第 589~590 頁。

③ 柳興恩：《穀梁大義述》，《穀梁大義述序》。

闡。而其所以論證穀梁近於孔子者，依據亦在鄭玄之論。阮元序許桂林《穀梁釋例》曰：

> 《漢書·儒林傳》云：宣帝即位，聞衛太子好《穀梁春秋》，以問韋賢、夏侯勝及史高，皆魯人也，言穀梁子本魯學，公羊氏乃齊學也，宜興《穀梁》……案：齊魯之學俱親受於子夏，魯學於齊爲較近，故鄭氏云《穀梁》四時田者近孔子故也。①

由是可見，阮元所謂穀梁近孔者，即以鄭玄所論"《穀梁》四時田者近孔子故也"爲據。前文已述，鄭玄所謂"《穀梁》善於經"并非推崇《穀梁》最得《春秋》經義，而"穀梁子近孔子"亦非意在褒揚《穀梁》學得孔子之真。那麼，阮元何以要重新詮釋鄭玄的"《穀梁》善於經"説，甚至不惜曲解鄭玄之意呢？這當然不是阮元學有不逮，而是如前所述，在乾嘉崇鄭之風的影響下，阮元崇祀鄭玄、推舉鄭學，故當鄭玄"《穀梁》善於經"出現在其眼前時，自會得到重視。阮元從推舉鄭玄出發，從而發現"《穀梁》善於經"説；再由鄭玄"《穀梁》善於經"的片語，衍化成"《穀梁》善於經"的學説。

正是出於對鄭玄的推崇，"《穀梁》善於經"被賦予全新的意涵。阮元序《穀梁釋例》謂許桂林"篤信鄭學，不爲無根之譚"②，阮元之所以認爲許桂林之《穀梁釋例》爲優善，不在其是否發揮《穀梁》之義，而在其能"篤信鄭學"。也就是説，在推崇鄭玄的乾嘉時代，"《穀梁》善於經"也被阮元重新發現，并予以再詮釋。這種詮釋并非鄭玄原意，但却在一定程度上促進了《穀梁》學在晚清的再發現。尤其是就學海堂而言，湮没兩千餘年的《穀梁》學在此重新發出了輝光。

2. 學海堂《穀梁》學述論

（1）張杓、張維屏之《春秋》三傳論

阮元開學海堂，仍一貫其宗鄭之學風，也正是在這樣的學風主導下，學海堂師生乃多以宗鄭爲其學主旨。就《春秋》三傳而言，阮元宗奉"《穀梁》善於經"説，也影響了學海堂師生的《穀梁》學研究與對《穀梁》學的推崇。學海堂嘗課問《春秋》三傳，《學海堂集》收録張維屏撰《〈儀禮〉之記之傳、〈春秋〉之傳解》一文，其將《春秋》三傳分爲兩類：

---

① 許桂林：《穀梁釋例》，《阮序》。
② 許桂林：《穀梁釋例》，《阮序》。

> 釋經之傳門户不同而并立不廢者，蓋莫著於三傳矣。……三傳皆傳示後人，《左氏》主於傳事，則史傳之傳也；《公》《穀》主於傳義，則傳注之傳也。其爲傳不同，其爲釋經同也，其爲傳信同也。①

張維屏雖然認爲三傳"爲傳不同"，但"其爲釋經同也，其爲傳信同也"。然孔子修《春秋》，要在建構一個賦予微言大義的"經"，而非記載史事之"史"，當張維屏將《左傳》歸之於"史傳之傳"，將《公》《穀》定義爲"傳注之傳"時，傳之於經、三傳之於《春秋》，也就有了高下之分。與此相仿，張杓《〈春秋〉之傳解》一文亦將三傳分爲兩類，其言曰：

> 傳有二義，有訓詁之傳，有載記之傳。訓詁之傳主於釋經，載記之傳主於紀事。昔之傳《春秋》者五家，鄒氏無師，夾氏無書，今所傳者惟《左》《公》《穀》。《公》《穀》依經立傳，經所不書，更不發義，故康成謂"《穀梁》善於經"，王接亦曰"《公羊》於文爲儉，通經爲長"，此而例之訓詁之傳猶或可也。若左氏之書，據太史公《十二諸侯年表》則曰《左氏春秋》，而不言傳；據嚴彭祖引《觀周篇》之文，則言爲傳，與《春秋》相表裏，而不言是釋經；據盧氏植、王氏接則謂囊括古今，成一家之言，不主爲經發；據高氏祐、賀氏循則并目之爲史。是漢晋諸儒言《左氏》者，莫不以爲紀事之書，所謂載記之傳是也。②

如張氏所論，則傳當分爲二類，一爲釋經之傳，一爲載記之傳。釋經之傳自爲經而設，固附經以存；載記之傳則是紀事之書，實近乎史。在這兩種分類下，《公羊》《穀梁》固屬於釋經之傳，《左傳》則是紀事之書、載記之傳。在這樣的界定下，《春秋》三傳被三分爲二，《左傳》也從"釋經之傳"轉化爲紀事之書，事實上是從"經"轉化爲"史"，這無疑是一種降格。與《左傳》降格相對應的，《穀梁》歷來并不受到學者重視，但張杓用鄭玄"《穀梁》善於經"爲據，爲《穀梁》争取到了釋經的合法性，從而高於《左傳》，可與《公羊》平起平坐。而"《穀梁》善於經"的出場，似乎也在一定程度上彰顯了《穀梁》在釋經上的優越性。

---

① 張維屏：《〈儀禮〉之記之傳、〈春秋〉之傳解》，阮元輯：《學海堂集》卷一，第22頁。
② 張杓：《〈春秋〉之傳解》，阮元輯：《學海堂集》卷一，第20頁。

張杓此説雖不必定是受阮元直接影響，但阮元推崇鄭玄，推舉“《穀梁》善於經”説，學海堂諸生以“《穀梁》善於經”爲推尊《穀梁》之依據，則不能不説是受到阮元影響。且《學海堂集》所收多爲學海堂課業之文，故無論是張杓還是張維屏，其所以探討《春秋》三傳之“傳”，本就是學海堂之課業。阮元開創學海堂，并親自課生，故諸生之所以論《春秋》三傳之“傳”，本就可以看作是阮元的直接導向與影響。

學海堂不設山長，常設八學長以管理。[①] 張杓、張維屏分別於道光七年、九年補選爲學長。[②]《學海堂集》刻成於道光五年，[③] 是時張杓、張維屏雖尚未就任學長，但其分判三傳、推舉《穀梁》的論斷，或與阮元之論一起，共同影響了學海堂諸生對《穀梁》的態度。

（2）侯康《穀梁禮證》

或許正是在阮元以及學長張杓、張維屏等人的影響下，侯康撰寫了《穀梁禮證》。侯康，字君謨，番禺人，受學於學海堂，道光十五年舉人，道光十七年補學海堂學長，撰有《穀梁禮證》《春秋古經説》《補後漢書藝文志》《補三國志藝文志》《後漢書補注續》《三國志補注》等書。[④] 據今本《穀梁禮證》統計，卷一爲二十九條，卷二爲二十三條，共五十二條，要皆考求《穀梁》禮儀、禮義者也。

在禮學研究的脉絡中，歷代學者多認爲《左傳》較《公羊》《穀梁》更爲重要。然則，侯康何以捨《左傳》而論《穀梁》呢？即侯康爲什麼要撰寫《穀梁禮證》呢？且鄭玄有“《左氏》善於禮”之論，侯康何以不作《左氏禮證》，却轉而撰寫《穀梁禮證》呢？蓋《左傳》與《公羊》《穀梁》有别，《公羊》《穀梁》所傳者在“義”，《左傳》所傳者在“事”。如以“義”爲中心探求《春秋》之禮，則必當捨《左傳》而求之於《公羊》《穀梁》。當然，侯康這種捨《左傳》而就《穀梁》的做法，當有遠源。宋人葉夢得可謂以《春秋》説禮最爲重要之一家，其論《左傳》與《公羊》《穀梁》之别，即以“義”與“事”爲分判，其言曰：

> 《春秋》爲魯而作乎？爲周而作乎？爲當時諸侯而作乎？爲天下與後世而作乎？曰爲魯作《春秋》，非魯之史也。曰爲周作《春秋》，

---

① 參見陳澧：《學海堂志》，《陳澧集》第五册，上海古籍出版社 2008 年版，第 615 頁。

② 參見容肇祖：《學海堂考》，第 30~31 頁。

③ 參見容肇祖：《學海堂考》，第 141 頁。

④ 參見趙爾巽等：《清史稿》卷四八二《儒林三》，中華書局 1977 年版，第 13286 頁。

> 非周之史也。曰爲當時諸侯作《春秋》，非當時諸侯之史也。夫以一天下之大，必有與立者矣。可施之一時，不可施之萬世，天下終不可立也。然則，爲天下作歟？爲後世作歟？故即魯史而爲之經，求之天理則君臣也、父子也、兄弟也、朋友也、夫婦也，無不在也；求之人事則治也、教也、禮也、政也、刑也、事也，無不備也……夫《春秋》者，史也；所以作《春秋》者，經也。故可與通天下曰事，不可與通天下曰義。《左氏》傳事而不傳義，是以詳於史而事未必實，以不知經故也。《公羊》《穀梁》傳義不傳事，是以詳於經而義未必當，以不知史故也。①

葉夢得將《春秋》分爲史、事、經三個層面，“《左氏》傳事而不傳義”，“《公羊》《穀梁》傳義不傳事”，各得一偏。以葉氏之論觀之，“《左氏》之書詳於典制，三代之文章禮樂，猶可以考見其大凡”云云，“典制莫備於《左氏》”之説，莫非“傳事而詳於事”者也。至於其義，則當以《公羊》《穀梁》爲主。與之相仿，惠士奇“承其家學，考證益密，於《三禮》核辨尤精。”《半農春秋説》“以禮爲綱，而緯以《春秋》之事，比類相從，約取三傳附於下，亦間以《史記》諸書佐之”，其論則“大抵事實多據《左氏》，而論斷多采《公》《穀》”②。惠氏之説，實亦祖述葉夢得之論，事實即事與史，論斷之依據即義。惠氏以事實、論斷分《左傳》與《穀梁》《公羊》之所偏重，實繼葉氏而發。

無論是葉夢得還是惠士奇，都區分《春秋》三傳爲二類。也就是説，葉夢得、惠士奇都先張杓、張維屏劃分三傳爲二。但與張杓、張維屏不同，葉夢得、惠士奇都是主張參用三家之學，而在張杓、張維屏的論斷中，《左傳》已從“傳”走向了“史”，只有《公羊》《穀梁》才是真正的“釋經之傳”。

在這樣的學術背景下，葉夢得、惠士奇之《春秋》學都是合彙三傳之論，侯康却選擇了《穀梁》作爲研究的主體。侯康《穀梁禮證》之目的，蓋亦在恢復夫子之禮，其鵠的在“經”不在“史”。經的核心是“義”，也就是夫子的大義。侯康所求者即《春秋》所書禮制背後的“義”，而不僅僅是禮文、儀節。清代距離春秋時代已頗爲久遠，由於禮文散佚，學者

---

① 葉夢得：《葉氏春秋傳》，《原序》，《景印文淵閣四庫全書》第一四九册，第 2 頁下~第 3 頁上。

② 魏小虎編撰：《四庫全書總目彙訂》卷二九“半農春秋説”條，第 883 頁。

雖欲證《春秋》禮典，但其説無憑，亦不過是一種推測，并不能坐實其言之必確。故就侯康而言，其治《穀梁》之禮，雖以《穀梁禮證》爲名，其鵠的則是指向歷史現實。也就是説，侯康對《穀梁》古禮的論證、研究，其目的不單單在考證古禮之儀節，更希望能够通過對《穀梁》古禮的探討，進而探求《穀梁》“禮儀”背後的“禮義”。

侯康將禮區分爲“儀”與“義”兩方面，這也是在《春秋》禮學的角度延續了張杓、張維屏之論，也就是在禮學視域下，將《春秋》三傳區分爲兩種形式，即“儀”與“義”的兩種不同傾向。而在《公羊》《穀梁》的比較中，似乎又繼承了阮元“《穀梁》善於經”的論斷，從而選擇《穀梁》撰寫《穀梁禮證》，而非《左氏禮證》《公羊禮證》。

如伍崇曜爲《穀梁禮證》所撰之跋所言：“三代之文章、禮樂猶可考見其大凡，然要皆詳於《左氏》而略於《公》《穀》。夫典制莫備於《左氏》，而義理莫精於《穀梁》，惟《公羊》雜出衆師，時多偏駁耳。”① 伍崇曜也看到侯康之所以撰寫《穀梁禮證》，隱含了一種“《穀梁》善於經”的先驗性。這種認爲“《穀梁》善於經”的隱含意味無疑受之於阮元與學海堂所建構的一種場域與傾向。侯康《穀梁禮證》的撰寫，一方面延續了這種傾向，另一方面也進一步共構了這一“《穀梁》善於經”的學術場域。②

（3）陳澧與金錫齡

事實上，《穀梁禮證》只是侯康的遺著，但從《穀梁》學的角度來説，侯康似乎生前已經希望由陳澧予以傳承和完成。陳澧於道光十四年被選爲學海堂專課肄業生，“問詩學於張維屏，問經學於侯康”③，故侯康、陳澧之間似有師生之誼。侯康殁世之後，其弟侯度謀刻《穀梁禮證》，刊刻之先，曾請陳澧爲之序。陳澧《東塾集》收有《穀梁禮證序》一則，其言曰：

> 《穀梁禮證》者，吾友侯君模孝廉未成之書也。甲午歲，余治《穀梁春秋》，君模出示此編曰：“此傳今爲絶學，君當努力，吾方治諸史，未暇卒業也。異時君書成，當以此相付。”因舉鄭康成、服子

---

① 伍崇曜：《穀梁禮證跋》，《嶺南遺書》本。

② 關於侯康《穀梁》學之研究可參看拙文《經史之間：侯康〈穀梁禮證〉詮釋理路研究》、《“禮證”與“正禮”：侯康〈穀梁禮證〉述論》（《經學文獻研究集刊》第二十九輯）。

③ 參見容肇祖：《學海堂考》，第40頁。

慎説《左傳》事語，相與歡笑。未幾，而君模卒。……此編雖未成之書，亦略見一斑矣。①

甲午歲即道光十四年，是時陳澧適被選爲學海堂專課肄業生，即容肇祖所謂"問經學於侯康"之時。陳澧言"吾友君模"云云，實則從是時學海堂之情狀而論，則侯康與陳澧之間實有師生之誼。從陳澧序文看，其所以治《穀梁》未必是受侯康的直接影響，但既然説"問經學於侯康"，則亦不可將侯康之於陳澧之影響簡單抹煞。

與陳澧同時，金錫齡亦於道光十四年選爲學海堂專課肄業生。據金氏《八十自述》，其嘗撰《穀梁釋義》一書。② 此書或已亡佚，其學亦難以考索，然道光十四年被選爲專課肄業生的十餘人中，就有陳澧欲撰《穀梁》學，金錫齡更嘗撰《穀梁釋義》，不得不説《穀梁》在湮没不聞兩千餘年之後，却在晚清的學海堂重新得到重視。從中亦不難看出，學海堂隱然有重視以至推舉《穀梁》之意。而陳澧、金錫齡又擔任學海堂學長數十年，二人對《穀梁》學之重視，亦必傳於後之學子。

(4) 劉昌齡《〈穀梁〉善於經説》

《學海堂集》所收文章多以學長所命課題爲主，《學海堂三集》收録劉昌齡《〈穀梁〉善於經説》一文，則可看出是時學海堂學長仍在探討"《穀梁》善於經"這一課題。而劉昌齡此文之所以能够被選入《學海堂三集》，也正顯示了學海堂主事者對於此文的肯定。③

就"《穀梁》善於經"説而言，劉昌齡此文作了最爲系統的論述，將《穀梁》之所以善於經分爲六點予以論證，現將其文引述於次：

嘗讀鄭君《六藝論》，以爲《左氏》善於禮，《公羊》善於讖，《穀梁》善於經。夫三傳皆所以通經也，而鄭獨謂《穀梁》善於經，然則經旨以《穀梁》爲最近，《左氏》《公羊》未足相方。《穀梁》

---

① 陳澧：《東塾集》卷三《穀梁禮證序》，《陳澧集》第一册，上海古籍出版社 2008 年版，第 116~117 頁。

② 參見容肇祖：《學海堂考》，第 44 頁。

③ 《學海堂三集·序》言："自道光乙未年《學海堂二集》刻成後，制府、中丞、學使課士如舊，閱己酉年積卷既多，葉相國命刻《三集》。維屏等選爲一帙，厘爲二十四卷，呈請鑒定，以付梓人。"（《学海堂三集》，《中國歷代書院志》第 14 册，第 1 頁）"道光乙未年"爲道光十五年，"己酉年"爲道光二十九年。劉昌齡《〈穀梁〉善於經説》收録於《學海堂三集》，則當是撰寫於道光十五年到二十九年間。

> 師説在漢已微，亦越於今，幾成絶學，微言大義日就暗晦，不深可惜哉。嘗試論之。……鄭君《起廢疾》以爲《穀梁》近孔子，《公羊》當六國之亡。又曰作傳有先後，夫《春秋》屬商，微旨斯存，親受遺經，獨得要領，是曰近古，其善一也。……夫舊典遺文具資考證，《左氏》善禮，遜其該博，是曰洽聞，其善二也。……夫《公羊》善讖，論多誕妄，義必宗經，異説悉屏，是曰卓見，其善三也。……夫言非一端，義各有當，隨文立義，務得其實，是曰宏通，其善四也。……夫經無達例，本非確論，通其旨要，綱舉目張，是曰明例，其善五也。……夫是非懸絶，詎容溷淆，發覆闡微，經無滯義，是曰定論，其善六也。較彼二傳，有兹六善，尋尼山筆削之旨，承西河授受之遺，誠藝林之津涉、麟經之鈐鍵，承學之士詎宜忽之?①

劉昌齡雖然没有逐條分析《穀梁》以證"《穀梁》善於經"説，但其提出的"六善"，實已涵括了清代中晚期推崇《穀梁》的最重要的原因。劉氏論《穀梁》所以善於經，首以"近古"爲説，這無疑是賡續了阮元等人的論點。其謂"《左氏》善禮，遜其該博"，也就是在禮學方面不贊同鄭玄"《左氏》善於禮"之論，更提出《穀梁》亦可在禮學上勝過《左傳》，這也從"禮"學的角度進一步廣大了侯康《穀梁禮證》的觀點，同時也論證"《穀梁》善於經"説在禮學上得以延伸的可能性。學者認爲《春秋》無達例，但劉昌齡從《春秋》日月例入手，認爲"《穀梁》以日月爲例"，舉例論證《穀梁》日月書法有其例，更有其義，"通其旨要，綱舉目張，是曰明例"，是所謂《穀梁》明《春秋》之例，亦《穀梁》明《春秋》之義。劉昌齡之説，實爲賡續許桂林、阮元之論。阮元將許氏此書指向"《穀梁》善於經"説，許氏《穀梁釋例》確乎亦在以《穀梁》時月日例證明何以言"《穀梁》善於經"。其後，柳興恩撰《穀梁大義述》，其中《述日月例》部分，亦是以日月例論證"《穀梁》善於經"及其如何善於經。

易言之，劉昌齡所謂《穀梁》六善説是從鄭玄"《穀梁》善於經"説出發，對《穀梁》何以善於經的闡發。這雖然只是一篇學海堂的課業作文，却已經包括了"《穀梁》善於經"説影響下清代中晚期《穀梁》學發展的主要面相。劉昌齡此文可謂對"《穀梁》善於經"視域下的晚清《穀梁》學作了一個理論總結，但同時也彰顯了學海堂對《穀梁》"善經"之學的推舉。

---

① 劉昌齡：《〈穀梁〉善於經説》，《學海堂三集》，第153~155頁。

小 結

清中期之後的《穀梁》學，雖不能説皆依從康成，却不妨説多以康成“《穀梁》善於經”之説爲依歸，其進路蓋在康成“《穀梁》善於經”一語。由於宗鄭之風在清中期的興起，鄭康成“《穀梁》善於經”之説成了清中期儒者推尊《穀梁》的一大觸因。而鄭玄崇拜也使“《穀梁》善於經”一語成爲清儒研究《穀梁》的一杆標尺。鄭康成“《穀梁》善於經”的誤讀成了清儒推崇《穀梁》的一個重要觸因。不妨説，清儒對於“《穀梁》善於經”的誤讀，倒起了郢書燕説的功能，無意中推動了清中期《穀梁》學的發展。

從阮元推崇鄭玄、祭祀鄭玄開始，“《穀梁》善於經”就作爲先師遺訓被繼承下來。學海堂學人接受了阮元的論調，也試圖去接續鄭玄“《穀梁》善於經”的遺緒。其起始點雖然在於鄭玄“《穀梁》善於經”説，但經過阮元、張杓、張維屏、侯康、劉昌齡等人的闡發，此一論斷在學海堂得到全新的再詮釋，進而影響晚清學界對《穀梁》學的重新重視。這無疑是學海堂學人互動中共構的一個“《穀梁》善於經”場域，同時也觸發了晚清《穀梁》學的再發現與再研究。

第二節　重構《穀梁》時月日例：許桂林《穀梁釋例》研究

或許正是在乾嘉考據學推崇鄭玄與阮元重提“《穀梁》善於經”説的影響下，許桂林成爲目前可見清代第一個系統論述《穀梁》義例的學者，《春秋穀梁時月日書法釋例》也成爲具有開創性的《穀梁》時月日研究專著。許桂林，字同叔，號月南，又號月嵐，江蘇海州人，嘉慶二十一年舉人。《春秋穀梁時月日書法釋例》（以下簡稱“《穀梁釋例》”）是許桂林研治《穀梁》學的專著，許氏對《春秋穀梁傳》時月日例及其意義作出了全新的詮釋，是清代最早專治《穀梁》學的幾種著作之一。①

一、許桂林論《穀梁》與《春秋》時月日例

今本《穀梁釋例》實由許桂林弟子羅士琳整理刊行。羅士琳所作跋於

① 《穀梁釋例》最早刻於道光二十五年，後伍崇曜於咸豐四年刻入《粵雅堂叢書》第十六集，是後又有《皇清經解續編》本，以《粵雅堂叢書》本、《皇清經解續編》本較爲常見。

《穀梁釋例》内容有簡略精當之概括，略引於此，以見其梗概：

> 《春秋穀梁傳時月日書法釋例》四卷，先師許月南先生所著也。第一卷爲《總論》，第二卷爲《提綱》，第三卷爲《述傳》，第四卷爲《傳外餘例》。《總論》一卷，……蓋即以此篇爲自序也。《提綱》一卷，舉其大端。《述傳》一卷，析其子目，所分門類大率相同。……《傳外餘例》一卷，則以傳無明文而僅見於范注者附之於後，……凡注稱傳例，爲傳所本有者，則不復更録焉。①

如羅氏所述，《穀梁釋例》共分爲《總論》《提綱》《述傳》《傳外餘例》四部分。其中《總論》一卷，“即以此篇爲自序”，論《春秋》時月日例之必要及何以必以《穀梁》爲據；《提綱》《述傳》各一卷，詳論《穀梁》所述《春秋》時月日例；《傳外餘例》一卷，附論僅見於范甯注之時月日例。其核心則是《提綱》與《述傳》二卷。羅士琳作爲許桂林弟子，《穀梁釋例》實亦由其整理，故羅氏於《釋例》所識頗深，當無疑義。羅氏跋語對《穀梁釋例》的内容、意義多有論述，可爲讀是書之一助。其謂“總論”曰：

> 《總論》一卷，先述《穀梁》之有功於經者三端，次辨趙匡、劉敞、程頤學、汪克寬、顧棟高諸説之誤，終論《左氏》《公羊》之異同，蓋即以此篇爲自序也。②

羅士琳此言實已概括了《穀梁釋例・總論》之内容與脉絡，提要鈎玄，實得許氏之旨。惜言之不詳，而許氏之學又頗有深於經義傳例者，尚需爲之疏釋、詳論。欲知《穀梁釋例》之大旨，實當以《總論》爲核心，予以深入探討。故筆者以《總論》爲綱，對《穀梁釋例》之大旨予以詮釋。

---

① 許桂林：《穀梁釋例》，《粤雅堂叢書》本，《羅士琳跋》，第1~2頁。

② 許桂林：《穀梁釋例》，《羅士琳跋》第1頁A。

1. 論《穀梁》時月日例之有功於經①

《春秋》經文時月日書寫是否有例，這是《春秋》學上的一個重要議題。《穀梁》《公羊》對於《春秋》時月日之解釋雖有不同，但都認爲時月日書寫有其書法，亦即有例存焉。但《左傳》則認爲"《春秋》不以日月爲例"②。關於《穀梁》時月日例之於《春秋》的重要性，許桂林於《穀梁釋例》開篇即言：

> 《穀梁傳》與《公羊傳》皆謂《春秋》書法以時月日爲例，而《穀梁》尤備。先儒多譏爲迂妄，桂林通案經傳，而疑其説之不可廢也。③

之所以言《春秋》書法有時月日例之説不可廢，許氏將其由歸納爲三點。第一，《春秋》文字簡略，其時月日之書寫，常常有略而不書者。且去古已遠，經典流傳過程中亦不免闕文佚字，故不免疑夫子時月日之"不書"爲《春秋》流傳之"缺漏"。許氏論曰：

> 張晏謂《春秋》萬八千字，李燾謂今闕一千二百四十八字。自晏時至燾時闕字如此，向非《穀梁》有日月之例，則盟眛不日、公子益師卒不日、蔡侯肸卒不月、壬申公朝於王所不繫月，必指爲張晏以後闕文矣。自《穀梁》有傳，葉夢得、俞皋之徒雖疑此諸經爲缺，而不敢决，人亦莫信。其有功於經一也。④

張晏言《春秋》經文萬八千字，但到了李燾之時，相比萬八千字的字數，已經"闕一千二百四十八字"。至於何者爲文本流傳過程中的"闕佚"，何者爲夫子書寫中的"不書"，由於文獻難徵，就成懸疑之題。而

---

① 吴連堂《清代穀梁學》第三章第六節之三論《穀梁釋例》之成就，其中特提出"穀梁時月日日有功於經"之條目（花木蘭出版社 2016 年版，第 291~292 頁）；文廷海也對《穀梁》時月日例有功於《春秋》的情况作了概括（詳見《清代春秋穀梁學研究》，巴蜀書社 2006 年版，第 243~256 頁）。但吴氏、文氏都只是引用《穀梁釋例·總論》之論述，對其稍作概括，并未深入分析《穀梁》時月日例有功於經的深層内涵。筆者以爲，許桂林對《穀梁》有功於經的論述具有重要的意涵，非深入分析不可得也。且其所謂"經"，亦非限於《春秋》，此亦有待掘發，故對許氏之意詳爲之釋，以期明瞭許氏之用意。

② 杜預注，孔穎達正義：《春秋左傳注疏》卷二，第 33 頁下。

③ 許桂林：《穀梁釋例》，《總論》，第 1 頁 A。

④ 許桂林：《穀梁釋例》，《總論》，第 1 頁 A。

《穀梁》於隱公元年，“三月，公及邾儀父盟於眛”下曰“不日，其盟渝也”；“公子益師卒”下曰“大夫日卒，正也；不日卒，惡也”；僖公十四年，“冬，蔡侯肸卒”下曰“諸侯時卒，惡之也”；僖公二十八年，“壬申，公朝於王所”下曰“其日，以其再致天子，故謹而日之”。也就是説，在穀梁子的詮釋下，這些《春秋》經文時月日的不書，不是經文的“缺失”，而是書寫的特筆。

《穀梁》對《春秋》時月日書與不書的詮釋，一定程度上減少了後人疑經的可能性，這也就是許桂林提出《穀梁》時月日例有功於《春秋》的第一條理由。當然，許桂林也承認《春秋》在流傳過程中存在闕文的現象，他認爲《穀梁》時月日例有功於經的第二點，就是可依據《穀梁》傳文而決經文之闕。其論《春秋》闕文曰：

> 春王正月、秋七月，《穀梁》皆有傳；而桓四年、七年無秋冬，昭十年、定十四年不書冬，莊二十二年書夏五月而無事，乃不發傳言其故，知此實作傳後缺文。①

《穀梁》最重時月日例，《春秋》之書時月日，凡有特出之處，《穀梁》必爲之釋。如《春秋》桓公元年空書“冬十月。”《穀梁》釋曰：“無事焉，何以書？不遺時也。”②《穀梁》認爲“《春秋》編年，四時具而後爲年”③。故《穀梁》詮釋下的《春秋》“編年”必須是“四時具”，即便“無事”，亦需書時。故如桓四年、七年無秋冬，昭十年、定十四年不書冬，《穀梁》未發傳，則應當是《穀梁》爲《春秋》作傳之後的所産生的新的闕文。

這也就駁斥了“程端學疑《春秋》多孔子修成後所缺”，并以之“駁《穀梁》日月例”④的説法。程端學認爲在穀梁子爲《春秋》作傳之前，《春秋》經文時月日之記載文字已有缺略。⑤他認爲《穀梁》對《春秋》時月日例的概括是以《春秋》時月日已殘缺的文本爲依據而作出的詮釋。如穀梁子實以殘缺的《春秋》文本爲據，那麼，他據之詮定的《春秋》

① 許桂林：《穀梁釋例》，《總論》，第1頁B。
② 范甯集解，楊士勛疏：《春秋穀梁傳注疏》卷三，第29頁上。
③ 范甯集解，楊士勛疏：《春秋穀梁傳注疏》卷三，第29頁上。
④ 許桂林：《穀梁釋例》，《總論》，第1頁B。
⑤ 程端學於隱公元年“三月，公及邾儀父盟於眛”下曰：“愚謂或有闕文。”（《春秋本義》卷一，《景印四庫全書》第一六〇册，臺灣商務印書館1986年版，第41頁）

時月日例就是一種郢書燕説的過度詮釋，也就不足爲訓了。許桂林“以《穀梁》無傳者證作傳後所缺，於事較確”①，即通過《穀梁》未發傳的條目比對《穀梁》時月日例，則可確定這是穀梁子爲經作傳之後的闕文。蓋非如此，則以《穀梁》之重時月日例，必當有説也。《穀梁》無説，則可知非穀梁子作傳之前已闕。

此外，從《穀梁》之未發傳，也可看出《春秋》經文有所闕略，而這種闕略是流傳過程中的“闕文”，而不是夫子書寫中“不書之書”的特筆。即如許桂林所説：“先儒謂桓無秋冬，貶其簒立；莊書夏五月，譏取仇女；昭不書冬，在取孟子之歲。謬悠之説，不攻自破。”② 許氏即以《穀梁》未發傳而定穀梁子爲《春秋》作傳之後，《春秋》文本有所闕略。以莊公二十二年爲例，此年《春秋》空書“夏五月”三字。《春秋》四時編年，不能有闕。在“無事”的書寫中，凡是要空書其“時”，則以“時加此時之首月”的模式出現，即“春正月”“夏四月”“秋七月”“冬十月”。《春秋》此處空書夏時，按其空書之例，當書“夏四月”，此處書“夏五月”有違常例。故范甯注曰：“以五月首時，甯所未詳。”③ 何休注《公羊》曰：“以五月首時者，譏莊公取仇國女，不可以事先祖、奉四時祭祀，猶五月不宜爲首時。”④ 但許氏從《穀梁》於《春秋》時月日例最爲嚴謹這條原則出發，認爲如果穀梁子見《春秋》“夏五月”的書寫，必當發傳。而《穀梁》的未發傳，恰恰證明這是穀梁子爲經作傳之後的闕文，而不是夫子《春秋》的特筆。職是之故，何休的解釋也就成了“謬悠之説”，不攻自破了。許桂林以《穀梁》有嚴謹的時月日例爲準的，以此判斷《春秋》經文時月日書寫之特筆與闕文，此即《穀梁》有功於《春秋》的第二點。

許氏所論“《穀梁》有功於經”的第三點即不得輕易疑經。後人對經文書寫頗有懷疑，而最易在流傳過程中出現錯誤的時月日書寫，當然更是後世學者懷疑的重點，而《穀梁》正可定後人所疑之是非。故許桂林曰：

> 桓五年甲戌、己丑，桓十二年再書丙戌，非《穀梁》有傳，則以爲脱簡，人孰能難？嬰齊卒於貍蜃，在公至後，非《穀梁》有傳，則

---

① 許桂林：《穀梁釋例》，《總論》，第 1 頁 B。

② 許桂林：《穀梁釋例》，《總論》，第 1 頁 B。

③ 范甯集解，楊士勛疏：《春秋穀梁傳注疏》卷六，第 58 頁上。

④ 何休注，徐彦疏：《春秋公羊注疏》卷八，第 99 頁下。

以爲错簡，世莫由辯。……其有功於經三也。[①]

《春秋》紀時月日或有存疑之處，許桂林引三條以爲説，認爲非《穀梁》之釋，我們則不得其解也。凡人之卒，無二日者，故《春秋》言“正月甲戌、己丑，陳侯鮑卒”，難免啓人之惑，疑經文此處或有衍脱、訛誤。然《穀梁》釋之曰：“鮑卒何爲以二日卒之？《春秋》之義，信以傳信，疑以傳疑。陳侯以甲戌之日出，己丑之日得，不知死之日，故舉二日以包也。”[②]《穀梁》之釋是否確乎爲《春秋》之義不可知，然其釋却使我們明瞭《春秋》記甲戌、己丑陳侯鮑卒，亦可得其説者。而桓公十二年十一月，“丙戌，公會鄭伯盟于武父。丙戌，衛侯晋卒”。一日二事而再書“丙戌”者，《穀梁》釋曰：“再稱日，决日義也。”范甯注曰：“明二事皆當日也。”[③] 同日二事，再稱日者，難免使人疑惑，疑經有衍文。然《穀梁》之釋則説明此爲經文特筆，非衍文也。而《春秋》成公十七年，“冬，公會單子、晋侯、宋公、衛侯、曹伯、齊人、邾人伐鄭。壬申，公孫嬰齊卒於貍蜃。”《穀梁》曰：“十有一月，公至自伐鄭。……十一月無壬申，壬申乃十月也。致公而後録臣子之義也。”[④] 成公十七年十一月無壬申，壬申屬十月。然《春秋》在成公至自伐鄭之後書“壬申，公孫嬰齊卒”，則難免使人懷疑此處有錯簡，即“壬申”條當在“公伐鄭”條之前。但《穀梁》用“致公而後録臣子”解釋何以十月條當在十一月之後，實爲臣不得先君之義。這也就是《穀梁》時月日例有功於《春秋》的第三點，即其釋使後人之疑得以解决。

許桂林把《穀梁》時月日例有功於《春秋》經概括爲三條，實則只是一點，即不得隨意疑經。許氏認爲《穀梁》時月日例之功并不限定在《春秋》一經之上，而是要推及群經。故其言曰：“考定《武成》、移易《大學》之事，必當先見於《春秋》一經矣。”[⑤]《武成》爲《尚書》的一篇，後人疑其文存有錯簡，蔡沈《書集傳》即認爲“此篇編簡錯亂、先後失序”，故爲之“考正”，成《今考定武成》。[⑥] 而自兩宋以來，學者多

① 許桂林：《穀梁釋例》，《總論》，第 1 頁 B ~ 第 2 頁 A。

② 范甯集解，楊士勛疏：《春秋穀梁傳注疏》卷三，第 32 頁。

③ 范甯集解，楊士勛疏：《春秋穀梁傳注疏》卷四，第 38 頁下。

④ 范甯集解，楊士勛疏：《春秋穀梁傳注疏》卷十四，第 142 ~ 143 頁。

⑤ 許桂林：《穀梁釋例》，《總論》，第 2 頁 A。

⑥ 詳見蔡沈：《書經集傳》卷四《武成》《今考定武成》，《景印文淵閣四庫全書》第五八册，臺灣商務印書館 1986 年版，第 72 ~ 76 頁。

疑《大學》古本篇章有誤，故自二程以來多有改本，不慮數十百家。① 尤其是朱熹《大學章句》出，士人皆讀朱子改本，而將古本束之高閣。元明之後，朱子《四書章句》與蔡沈《書集傳》皆爲科舉範本，故更弃置古本如敝屣也。許桂林此文雖就《穀梁》有功於《春秋》者發，然要其歸，則非僅於《春秋》，蓋延及群經者。即以《穀梁》之説《春秋》存疑處爲例，論後人不當隨意疑經，蓋非經之誤，而實爲後人不明聖經深義。

2.《春秋》時月日例必當以《穀梁》爲準的

事實上，《春秋》時月日書寫是否有例，一直存在着"經"與"史"的兩種讀法與争議。孔穎達《左傳正義》對此作了詳盡的論述：

> 史之所記，皆應具文，而《春秋》之經文多不具，或時而不月，月而不日，亦有日不繫月、月而無時者。史之所記，日必繫月，月必繫時，《春秋》二百四十二年之間，有日無月者十四，有月無時者二，或史文先闕而仲尼不改，或仲尼備文而後人脱誤。……既得其月，時則可知，仲尼不應故闕其時，獨書其月，當是仲尼之後寫者脱漏。其日不繫於月，或是史先闕文，若僖二十八年冬下無月，而有壬申、丁丑，計一時之間再有此日，雖欲改正，何以可知？仲尼無以復知，當是本文自闕，不得不因其闕文，使有日而無月。如此之類，蓋是史文先闕，未必後人脱誤。其時而不月、月而不日者，史官立文，亦互自有詳略。……計記事之初日月應備，但國史揔集其事，書之於策，簡其精粗，合其同異，量事而制法，率意以約文，史非一人，辭無定式，故日月參差，不可齊等。及仲尼修故，因魯史成文，史有詳略，日有具否，不得不即因而用之。案經傳書日者凡六百八十一事：自文公以上，書日者二百四十九；宣公以下亦俱六公，書日者四百三十二。計年數略同，而日數向倍，此則久遠遺落，不與近同；且他國之告有詳有略，若告不以日，魯史無由得其日而書之，如是，則當時之史亦不能使日月皆具。當時已自不具，仲尼從後修之，舊典參差，日月不等，仲尼安能盡得知其日月皆使齊同？去其日月，則或害事之先後；備其日月，則古史有所不載。自然須舊有日者因而詳之，舊無日者因而略之，亦既自有詳略，不可以爲褒貶，故《春秋》諸事皆不以日月爲例。其以日月爲義例者，唯卿卒、日食二事而已。……日與不日，唯此而已；月與不月，傳本無義。《公羊》《穀梁》之書，道聽

① 參見李紀祥：《兩宋以來大學改本之研究》，臺灣學生書局1988年版。

塗説之學，或日或月，妄生褒貶。先儒溺於二傳，横爲《左氏》造日月褒貶之例，故杜於大夫卒例備詳説之。仲尼刊定日月無褒貶，而此序言史官記事必繫日月時年者，自言記事之體須有所繫，不言繫之具否皆有義例也。①

如上所述，就《春秋》的經/史屬性而言，孔穎達以時月日爲史例而非經例，即“史官記事必繫日月時年者，自言記事之體須有所繫，不言繫之具否皆有義例也”。易言之，即“魯史”本必當具時月日之時間性，《春秋》經不必以時月日藴褒貶之經義。孔穎達闡發杜預之説，直指《春秋》“日月之義”惟有“卿卒”與“日食”二事而已，除此之外則别無就“時月日”發義者。是故，《公羊》《穀梁》以“時月日”書法發義，則成爲“道聽塗説之學”“妄生褒貶”。

出於將《春秋》由“史”拉回到“經”的目的，許桂林認爲治《春秋》必當言時月日例。蓋若不依時月日例，則《春秋》猶如斷爛朝報，其文固非完具，更毋論其義矣。後人多有因不明《春秋》時月日書法而疑《春秋》經文者，如許氏舉例曰：“僖二十九年秋，大雨雹。季本謂不書月日爲闕文，棟高亦信之，以爲豈經一時皆雨雹。”② 季本、顧棟高皆以爲不可經一時皆雨雹，“僖公二十九年秋大雨雹”實爲闕月日之文。但就《穀梁》而言，“《穀梁》例灾異，甚則月，不甚則時”③，許氏即從《穀梁》之説駁季、顧二氏。季、高二氏將《春秋》之記載看作歷史實録，以歷史現實爲標準，考究《春秋》記載之確否，實將《春秋》作爲“史”來讀。但就作爲經學典籍的《春秋》而言，其所記載之事的評判標準并不在於史實之確否，而在於如何用“書法”去解讀。《穀梁》將《春秋》灾異書法分爲兩類，即“甚則月，不甚則時”。其所以書“時”者，不在於經時皆灾，而是灾異不甚，故以“時”爲紀。此即《穀梁》解讀下的《春秋》灾異書法，不必牽扯是否符合歷史事實。要之，以《穀梁》闡發的《春秋》書法而言，《春秋》所書時月日雖不合常理，但却有“經例”存焉。但若將《春秋》視爲“實録”之“史”，那麼，就難免簡編缺略、斷爛朝報之譏。故許桂林續言曰：

---

① 杜預注，孔穎達正義：《春秋左傳注疏》卷一《春秋左氏傳序》，第7頁。

② 許桂林：《穀梁釋例》，《總論》，第2頁B。

③ 許桂林：《穀梁釋例》，《總論》，第2頁B。

然則隱二年春公會戎於潛，經一時皆會戎乎？五年春，公觀魚於棠，經一時皆觀魚乎？以此類推，《春秋》闕文殆居其半，是爲王安石斷爛朝報之説復揚其燼也。①

即以“實録”標準予以衡量，《春秋》記載闕略實甚，甚至於“《春秋》闕文殆居其半”。但如果説這些記載本身就具有書法、義例，那麼，就非但不是闕文，反而是夫子之特筆了。也惟有將《春秋》的記載視爲書法意義下的特筆，《春秋》之爲“經”才能成立。故而，研治《春秋》經學者必當講時月日例。

但是，後人即便承認《春秋》存在時月日書法，却又疑《春秋》流傳千載，難免有闕，其中時月日之書，亦不免存在文字闕略，而非夫子原本。故據殘缺之本以言夫子之筆，則亦不免使人有疑。故許氏對《春秋》所載時月日是否存在“闕文”又作了分析，其言曰：

程端學謂《春秋》闕文皆孔子修成後所闕，尤不可通。三傳各相傳受，而經文不同者，不過人名如祝吁作州吁，隱如作意如；地名如屈銀作厥憖，浩油作皋鼬；“公伐齊納糾”，《左氏》多“子”字；“不至而復”，《公羊》少“而”字；“莊十六年，盟幽”，《公羊》有“公”字，《左氏》無曹伯之類。而最易訛誤脱落之月日，三傳皆同，其無脱誤審矣。②

許桂林認爲時月日書寫是最易脱誤的，但三傳皆同，則當無闕文，亦可視爲時月日爲修《春秋》時所定者。是以，《春秋》所以如此書寫時月日，必有義例存焉。但這只能認爲夫子修定《春秋》，其時月日之書寫即已如此，然其所以如此者，仍有可疑之處，即先儒“謂月日或有或無皆據舊史，寧用《公羊》年遠之説，不從《穀梁》”③。此所謂“皆據舊史”者，即杜預《左傳》説，即“《春秋》不以日月爲例，唯卿佐之喪獨記日以見義”④。而《公羊》於“公子益師卒”下發傳曰：“何以不日？遠也。

---

① 許桂林：《穀梁釋例》，《總論》，第 3 頁 A。
② 許桂林：《穀梁釋例》，《總論》，第 3 頁。
③ 許桂林：《穀梁釋例》，《總論》，第 4 頁 A。
④ 杜預注，孔穎達正義：《春秋左傳注疏》卷二，第 33 頁下。

所見異辭，所聞異辭，所傳聞異辭。"① 何休用"恩有厚薄，義有深淺"②以爲説，即"《公羊》年遠之説"也。但無論是杜預之將日與不日坐實到公之臨與不臨，抑或是何休、《公羊》以年遠爲説，其實皆是一種歷史性的解讀法。但自《穀梁》言之，則是《春秋》書法之所藴，其日與不日不再是歷史性的追溯，而是書法義例的書寫。故柯劭忞曰："今以《穀梁傳》證之日月時之例，傳義較《公羊》詳數倍。"③

但《穀梁》時月日例之説并不能服後儒。自漢晋已還，《公羊》式微，《左氏》漸興，尤其是清初以來，考據之學勃興，《左傳》以多載事實而爲學者所重，成爲三傳中最爲特出者。及至許桂林所處的乾嘉時期，考據之風更是前所未有地熾烈，而晚清《公羊》學尚未興起，故許氏此言與其説是針對《左傳》《公羊》二傳而發，不如説是就《左傳》而論。《左傳》以爲"月日或有或無皆據舊史"，即時月日之具與不具，可能是孔子據魯史以修《春秋》之時，魯史本已闕時月日，孔子據之而修《春秋》，則亦因陋就簡耳。若是如此，則是"文獻不足故也"，固無義例存焉。

對此，許桂林以孔子參盟之例予以反駁，其文曰："外盟，如曲濮孔子身當其時而不書日，瓦屋之盟遠矣乃書日，此不用《穀梁》外盟不日以謹參盟之始而書日不可也。"④ 許桂林用曲濮之會爲例，認爲孔子身經曲濮之會，不可能不知其日，其所以不書日者，必有義例存焉。許氏以此爲證反駁"舊史"説，可使論敵難以辯駁，故認爲"因舊史"之説亦當就此而破。簡言之，以時月日爲例者，經學也；以時月日爲闕文者，史學也。就《春秋》時月日例而言，《左傳》可毋論。而對於《公羊》《穀梁》二家而言，許桂林認爲：

> 穀梁子受業子夏，孔門文學科也。深得古人爲文體要，以其所論推其所不論，省文互見，條理自具。觀其與《公羊》爲同門，各自爲傳而詳略亦復相備，則其本傳之不爲繁贅，宜矣。……竊嘗讀三傳而疑《公羊》《穀梁》二傳爲一人所述，其書彼詳此略，異同互存，似屬有意。⑤

---

① 何休注，徐彦疏：《春秋公羊注疏》卷一，第17頁上。
② 何休注，徐彦疏：《春秋公羊注疏》卷一，第17頁上。
③ 柯劭忞注：《春秋穀梁傳注》，《序》，力行書局影印民國十六年初版，第2頁。
④ 許桂林：《穀梁釋例》，《總論》，第4頁。
⑤ 許桂林：《穀梁釋例》，《總論》，第5頁B~第6頁A。

也就是説，在他的理解中，《公》《穀》屬於同門同源，故而可以相通。然凡屬於“兩傳義異者，則《穀梁》之義多正，《公羊》之論多偏”，“《穀梁》明著月日義例，居要不煩，深得經旨”①。又説：“漢鄭君碩學大儒，作《六藝論》，獨稱《穀梁》善於經，其必有所見矣。夫善於經者，時月日書法亦其一也。”② 由是而推演出“蓋以《穀梁》爲正傳，《公羊》爲外傳，如《左氏》之與《國語》耳”③ 之論，即對於《公》《穀》關係，許桂林認爲《穀梁》是本，而《公羊》是流。而就《春秋》時月日例言，“《穀梁傳》與《公羊傳》皆謂《春秋》書法以時月日爲例，而《穀梁》尤備”。④ 是以，其論時月日例，必當以《穀梁》爲據。

二、書法與義例：許桂林對“時月日例”的重構

一般而言，治《春秋》學者喜言“正例”“變例”，但許桂林《提綱》首條即言“《春秋》書時月日有正例、不用正例者，或謹之，或危之，或美之，或惡之，或備之，或略之，或著之，或非之，或信之，或閔之”。其用“正例”與“不用正例”相對立論，而非以“正例”與“變例”爲對，則頗不同於其他治《春秋》者之言。但許桂林并不是不用“變例”，只是其所謂“變例”與他人所謂之“變例”有别，亦復與其所謂“不用正例”有别。也就是説，許桂林對《春秋》時月日例的書法概念重新作了詮釋與定義。故當對其概念、術語作一分疏。

1.“正例”與“不用正例”

許桂林於“卒葬例”言“正例”“不用正例”“變例”最詳，故不妨先以“卒葬例”爲例，略示其“正例”“不用正例”及“變例”之所指。

“卒葬例”實當分爲“卒例”和“葬例”，因卒、葬頗相關聯，故常卒葬連書而稱“卒葬例”。許桂林即將“卒例”與“葬例”放在一起，分諸侯、大夫、内女等類，對“卒葬例”予以統一探討。其論諸侯曰：“諸侯日卒，正例。”⑤ 諸侯“日卒時葬，正也”⑥。“日卒時葬”即爲諸侯“卒葬”之正例。然諸侯之中，又分“中國”“夷狄”。宣公十八年“甲戌，楚子吕卒”，《穀梁》曰：“夷狄不卒，卒，少進也。卒而不日，日，

---

① 許桂林：《穀梁釋例》，《總論》，第 6 頁 B、第 3 頁 B。
② 許桂林：《穀梁釋例》，《總論》，第 8 頁 B~第 9 頁 A。
③ 許桂林：《穀梁釋例》，《總論》，第 6 頁 B。
④ 許桂林：《穀梁釋例》，《總論》，第 1 頁 A。
⑤ 許桂林：《穀梁釋例》，《述傳》，第 27 頁 B。
⑥ 許桂林：《穀梁釋例》，《述傳》，第 28 頁 A。

少進也。日而不言正不正，簡之也。”許桂林案曰：“傳意夷與中國不同，故别著此例，實則進之，即用日卒正例耳。”① 也就是説，按《春秋》書法，夷狄之君與中國不同，其卒實不書日，即按照《春秋》夷狄卒之常法，則當書“楚子卒”，而不當書“甲戌”之日。然因進之，故“用日卒正例”。那麽，需要進一步追問的是，夷狄“卒例”不書“日”，是“不用正例”，還是“變例”呢？不妨再來看“大夫卒例”：

> 隱元年，“公子益師卒”。傳：“大夫日卒，正也；不日卒，惡也。”僖十六年“三月壬申，公子季友卒”。傳：“大夫日卒，正也。……”，“秋七月甲子，公孫兹卒。”傳：“大夫日卒，正也。”
>
> 成十六年“乙酉，刺公子偃”。傳：“大夫日卒，正也。先刺後名，殺無罪也。”
>
> 成十七年，“十有一月，公至自伐鄭。壬申，公孫嬰齊卒於貍首。”傳：“十一月無壬申，壬申乃十月也。致公而後録臣子之義也。……”②

許桂林案曰：

> 右大夫卒例。公子益師不日卒，惡也，俠卒、無侅卒其類也。公子季友日卒，正也，隱五年公子彄卒其類也。公子偃見刺，以無罪，亦用日卒正例。公子買有罪，則書曰“不卒戍，刺之”，不用日卒例矣。③

由上文可知，大夫卒，書日爲其正例，公子季友、彄是也。而公子益師、俠、無侅之卒不書日，惡也。那麽，此益師、俠、無侅卒之不書日，當爲“不用正例”抑“變例”耶？許氏在論公子偃、公子買之“刺”時言，“公子買有罪，則書曰‘不卒戍，刺之’，不用日卒例矣”，即公子偃無罪故用正例書日，公子買有罪故“不用日卒例”。“不用日卒例”，即“不用日卒正例”。以理推之，則公子益師、俠、無侅之不書日，亦“不用日卒正例”也。

---

① 許桂林：《穀梁釋例》，《述傳》，第 29 頁 A。

② 許桂林：《穀梁釋例》，《述傳》，第 31 頁。

③ 許桂林：《穀梁釋例》，《述傳》，第 32 頁 A。

2. “不用正例”與“變例”

然則“不用正例”是否能等同於“變例”呢？筆者以爲不然。上文已述，諸侯以“日卒時葬”爲正例，故許桂林引“隱三年癸未，葬宋穆公”“僖三十三年癸巳，葬晋文公”後，據《穀梁》“日葬故也，危不得葬也”之説，案曰：“此諸侯日葬故也例。”① 又引“隱五年夏四月，葬衛桓公”“隱八年八月，葬蔡宣公”“莊三年四月，葬宋莊公”，案曰：“此月葬故也例。”② 就此數條而言，許桂林只言“此月葬故也例”“此日葬故也例”，而未指爲“變例”。但緊跟此數條之後，許氏連續提出四條“變例”，可見“變例”與此數條必有不同之處。現將各條列下，逐一分析，以見何謂許氏之“變例”。

（1）成十五年秋八月庚辰，葬宋共公

《穀梁》曰：

> 月卒日葬，非葬者也。此其言葬何也？以其葬共姬，不可不葬共公也。葬共姬則其不可不葬共公何也？夫人之義不逾君也，爲賢者崇也。③

許桂林曰：

> 此一變例也。本例諸侯日卒正也，月卒無文，時卒惡之也，日葬故也。今共公月卒而日葬，疑於危不得葬，故著變例。紀叔姬月卒日葬，傳云“閔紀之亡”，此與紀叔姬同義，蓋閔共姬之守禮遇灾，因詳共公之葬，所謂“爲賢者崇也”。其云非葬者，係言本例日葬必有故，此非葬有故也。注以共公昏亂，本不宜葬，於事無證，於義未安。④

諸侯之卒葬，以“日卒時葬”爲“正例”，此書“八月庚辰，葬宋共公”，按之上文之例，則是“日葬故也，危不得葬也”。然《穀梁》不發“日葬故也”之傳，而是就共姬立説，則似乎在“日葬故也”之外别發一義。按范甯注曰：

---

① 許桂林：《穀梁釋例》，《述傳》，第34頁。

② 許桂林：《穀梁釋例》，《述傳》，第34頁B。

③ 許桂林：《穀梁釋例》，《述傳》，第35頁A。

④ 許桂林：《穀梁釋例》，《述傳》，第35頁。

> 宋共公正立，卒當書日。葬無甚危，則當録月。今反常違例，故知不葬者也。然則，共公之不宜書葬，昏亂故。賢崇伯姬，故書共公葬。①

范甯以共公昏亂而不宜書葬立説，對其何以昏亂，柯劭忞曰："文公卒未葬，共公即會諸侯，不子，故奪其臣子之辭，宜不書葬。"② 易言之，范甯、柯劭忞都認爲實不應書共公之葬，但因爲崇伯姬之故而書其葬。但無論是昏亂還是"不子"，都是在解説宋共公之不當書葬的理由。而崇伯姬之所以必要葬宋共公，即"夫人之義不逾君"，欲書伯姬之葬，則必書宋共公之葬。也就是説，在此條中，范甯、柯劭忞都認爲宋共公之"日葬"不當以"日葬故也，危不得葬也"發義，而是要從伯姬發義。

許桂林不贊同范甯之説，即不認同"共公昏亂，本不宜葬"，認爲范甯之説"於事無證，於義未安"。但與范甯、柯劭忞一樣，許氏也認爲此條并非"日葬故也，危不得葬也"之例，而是因爲伯姬而産生的"特例"。因爲宋共公"月卒日葬"，容易啓人"疑於危不得葬"之論，即使人以爲宋共公是"危不得葬"，故書日以見之。《穀梁》傳文提出宋伯姬之説，就是要告訴讀《春秋》之人，此處非"危不得葬也"，實因伯姬之故然也。易言之，這并不是一條通例，而是因爲宋伯姬而産生的特書。許氏并不欲探討何以此處宋共公不書"時葬"之正例，或者説，如范甯、柯劭忞之論，是否宋共公本不當書葬，其所欲論者，只是指出此處之"日葬"非謂"危不得葬也"，實爲因宋伯姬而起之《春秋》特書。

故而，許桂林將其稱爲"變例"。所謂"變例"者，不在時月日書寫之"變"，而在書日之義由"危不得葬也"轉變爲"爲賢者崇也"。因爲"爲賢者崇"，故書宋共公之"日葬"以見之。這只能是僅適合於宋共公、伯姬的特書、特義，而不能稱爲"例"。蓋"例"者，可推而及於他者也，但就此義而言，却是《春秋》文本之特書，不能推之於其他"日葬"書寫之義。是以，許桂林雖然亦稱之爲"變例"，筆者以爲不妨視之爲"變義"，而不能言爲"例"也。

（2）襄三十年冬十月，葬蔡景公

《穀梁》曰：

---

① 范甯集解，楊士勛疏：《春秋穀梁傳注疏》卷十四，第140頁下。

② 柯劭忞：《春秋穀梁傳注》卷十，第325頁。

不日卒而月葬，不葬者也。卒而葬之，不忍使父失民於子也。

許桂林曰：

此又一變例也。凡君弒賊不討，不當書葬。况世子行弒，是無葬之者矣，故曰不葬。然世子不子，景公不得謂無民，特書其葬，不忍使父失民於子。其義正而大矣，然必書月日以著有故。①

魯襄公三十年，《春秋》書“夏四月，蔡世子般弒其君固”，按《穀梁》書法，“君弒賊不討不書葬，以罪下也”②，則此處不當書蔡景公。但《春秋》却書以“月葬”，則與《穀梁》常例不合。《穀梁》言“不日卒而月葬，不葬者也。卒而葬之，不忍使父失民於子也”，許氏即以此論爲中心，以“君弒賊不討”與“世子不子，景公不得謂無民”爲立足點，對其所以“不日卒而月葬”者予以探討。所謂“不葬”者，不當書葬者也。“君弒賊不討不書葬”，且世子弒之，則更“無葬之者”。是以，按例不當書葬。但《穀梁》發“不忍使父失民於子”之義，范甯注引鄭嗣曰：“夫葬者臣子之事也，景公無子，不可謂無民。無民則景公有失於民，有民則罪歸於子。若不書葬，則嫌亦失民，故曰不忍使父失民於子。”③ 這就在“君弒賊不討不書葬”之外，又開出了世子弒君而書葬之義。許桂林進一步指出，“世子不子，景公不得謂無民”，其所以特書其葬，即不忍君父因世子而失其民也。這一方面是對蔡景公被弒的哀悼，另一方面也更加深了對世子般的批判。是故，在“君弒賊不討不書葬”之外又開出書葬之文，許氏以爲“其義正而大矣”。

但蔡景公被世子所弒而書葬，這實爲特筆，只有滿足世子弒君、君未失其民的情況，才能成立此一書法。相比於“君弒賊不討不書葬”，這是一種特殊情況，故許桂林稱之爲“變例”，即變“君弒賊不討不書葬”之常例而成者也。《穀梁》言“諸侯葬時正也，月葬故也”，“故”即常例書“月葬”所藴之義。但此處之所以書月葬，却并不僅僅在明其“故也”，而在於發景公未失其民而世子般弒君不子之義。也就是説，此處書“葬”與否不但是書法之變，更是其義之變。故許桂林言“其義正而大矣，然必

① 許桂林：《穀梁釋例》，《述傳》，第 35 頁 B~36 頁 A。

② 范甯集解，楊士勛疏：《春秋穀梁傳注疏》卷二，第 26 頁上。

③ 范甯集解，楊士勛疏：《春秋穀梁傳注疏》卷十六，第 162 頁下。

書月日以著有故"，許氏所矚目的也不單單是"例"，其歸結處則在於"義"。是以，許桂林雖稱其爲"變例"，毋寧説更是一種"變義"。

（3）昭十九年冬，葬許悼公

《穀梁》曰：

> 日卒時葬，不使止爲弒父也。曰：子既生，不免乎水火，母之罪也。羈貫成童，不就師傅，父之罪也。就師學問無方，心志不通，身之罪也。心志既通而名譽不聞，友之罪也。名譽既聞，有司不舉，有司之罪也。有司舉之，王者不用，王者之過也。許世子不知嘗藥，累及許君也。①

傳文言"日卒時葬，不使止爲弒父也"，又説"許世子不知嘗藥，累及許君也"，則論許悼公之葬書法前，有必要先對許悼公之卒予以探討。《春秋》昭公十九年，"夏五月戊辰，許世子止弒其君買"。《穀梁》曰：

> 日弒，正卒也，正卒則止不弒也。不弒而曰弒，責止也。止曰我與夫弒者，不立乎其位，以與其弟虺。哭泣歠飦粥，嗌不容粒，未逾年而死。故君子即止自責而責之也。②

也就是説，許世子止實不弒許悼公，但許世子止自比於弒君，《春秋》"即止自責而責之"，故書"弒"。而從其後葬許悼公之文視之，則是止不嘗藥，許悼公因藥而死，止以是自以爲弒，故《穀梁》曰"許世子不知嘗藥，累及許君也"。許桂林曰："中國弒日，謹之也。夷狄弒例不日，略之也。中國臣弒君日，子弒父不日，比之於夷狄也。"③ 即按照"子弒父"之例，許世子如實弒許君，則當"不日"。但《春秋》書許君日卒，則非中國子弒父之常例。《春秋》一面書弒，一面又書時葬，則是在成許世子止自責之情的同時，展現其實爲非弒之義。許氏即曰："今書日，是用正卒例，明不弒也。"④ 又曰："此又一變例也。葬時，正也。弒而書時，見非弒也。"⑤ 易言之，此雖明言止弒君買，但止實非弒。非弒而曰弒，是

---

① 許桂林：《穀梁釋例》，《述傳》，第 36 頁 A。
② 范甯集解，楊士勛疏：《春秋穀梁傳注疏》卷十八，第 177 頁。
③ 許桂林：《穀梁釋例》，《述傳》，第 37 頁 B ~ 38 頁 A。
④ 許桂林：《穀梁釋例》，《述傳》，第 38 頁 A。
⑤ 許桂林：《穀梁釋例》，《述傳》，第 36 頁。

成止之義也。然又不能不見其實非弒，故書弒而時葬，見其實非弒者。故許氏曰“三傳皆同，而《穀梁》著日月例尤明”①，即將此條書弒、時葬之日月書法視爲一種“變例”，從時月日書法之“變例”看其“特義”。

（4）哀五年閏月，葬齊景公

對於此條經文，《穀梁》只有一句傳文，即“不正其閏也”。許桂林曰：“此又一變例也。蓋非月葬故也，而月之，著其閏之不正耳。”② 此所謂“著其閏之不正”，許氏於“閏月”條曰：

> 九月癸酉齊景公卒，并閏月數之，爲五月而葬。《穀梁》此傳文略者，喪事不數之義已著於文六年“閏月不告月”傳也。③

《春秋》曰：“閏月不告月，猶朝於廟。”《穀梁》曰：

> 不告月者何也？不告朔也。不告朔則何爲不言朔也？閏月者，附月之餘日也，積分而成於月者也。天子不以告朔，而喪事不數也。④

所謂“喪事不數”者，范甯注曰：“閏是叢殘之數，非月之正，故吉凶大事皆不用也，不數所右也。”⑤ 即喪事不當數閏月以爲數。哀公五年所以書“閏月葬齊景公”者，齊國以閏月葬之，《春秋》非之也。但其書閏月之葬，并不是發“月葬故也”之義，而是責“閏月而葬”之義。“九月癸酉齊景公卒”，日卒，正也。日卒而月葬，非言其正卒而危葬，實爲貶齊國數閏而葬，故許桂林言其爲“變例”，實亦爲諸侯月葬之“變義”也。

分析以上四條許桂林所書“變例”可知，許氏所謂之“變例”實非時月日書寫之變例，而是時月日書寫中具有了不同於常例之義。許氏所謂“變例”并不是相對於“正例”而言，而是相對於“常例”而言，即在同一時月日書法之下，却具有了不同之義。故許氏雖稱其爲“變例”，筆者以爲，毋寧稱之爲“變義”。因爲這些“變例”所具有的“變義”皆具有獨特性，皆是由“特例”所産生的“特義”，皆是一種特筆。

---

① 許桂林：《穀梁釋例》，《述傳》，第 36 頁 B。

② 許桂林：《穀梁釋例》，《述傳》，第 36 頁 B。

③ 許桂林：《穀梁釋例》，《述傳》，第 3 頁 B。

④ 范甯集解，楊士勛疏：《春秋穀梁傳注疏》卷十，第 102 頁。

⑤ 范甯集解，楊士勛疏：《春秋穀梁傳注疏》卷十，第 102 頁。

3. “正例”與“常例”

上文言“變例”是相對於“常例”而言，那麼，何謂“常例”，又與“正例”存在什麼差異呢？不妨先來看看許桂林所謂“正例”與“常例”之運用。

諸侯以日卒爲正例，但逾境不日卒。如宣公九年，“辛酉，晋侯黑臀卒於扈”。《穀梁》曰：“其地，於外也。其日，未逾竟也。”襄公七年，“鄭伯髡原如會，未見諸侯。丙戌，卒於操。”《穀梁》曰：“其地，於外也。其日，未逾竟也。日卒時葬，正也。”① 從“其日，未逾竟也”逆推，則逾境不當“日卒”，即不當書日。故許桂林曰：

> 此即“日卒正例”。卒於外，有疑於異，故著之。……許男新臣卒不日，爲其逾竟。許男甯卒於楚，亦逾竟，又書壬午日者，經書卒於楚，是逾竟已見，不必不書日也。昭二十三年六月，蔡侯東國卒於楚，注“不日，在外也”，仍用“逾竟不日”常例。②

許桂林以“日卒”爲正例，以“逾竟不日”爲常例，則“正例”與“常例”顯然有别。諸侯卒於境外則不書日，是雖可稱“常例”，但不能稱爲“正例”，蓋就諸侯之卒而言，正例只能是日卒。

那麼，當如何來理解“正例”與“常例”之别呢？不妨以“滅國”爲例述之。《穀梁》曰：“滅國有三術，中國謹日，卑國月，夷狄不日。”又曰：“中國日，卑國月，夷狄時。”③ 易言之，就滅國而言，“中國日，卑國月，夷狄不日”是一般書法，亦當是書法之“常例”。但此三術能否皆稱爲正例呢？筆者以爲不然。

許桂林引莊公十三年、僖公五年、僖公二十六年三例論滅微國之書法，曰：“莊十年④，齊人滅遂。傳：其不日，微國也。僖五年，楚人滅弦。傳同。僖二十六年，楚人滅夔。傳同。”⑤ 許氏引文删節頗多，事實上，《春秋》此三條當分爲兩種情況，由於許氏删節，難以察知，今將文字補全，并略作分析。莊公十三年，“齊人滅遂”，實書“夏六月”，即“夏六月，齊人滅遂”；僖公五年，“楚人滅弦”之前雖未書時月日，但前

---

① 許桂林：《穀梁釋例》，《述傳》，第 28 頁 A。

② 許桂林：《穀梁釋例》，《述傳》，第 28 頁。

③ 范甯集解，楊士勛疏：《春秋穀梁傳注疏》，第 122 頁上、149 頁下。

④ 實爲“莊公十三年”，當脱一“三”字。

⑤ 許桂林：《穀梁釋例》，《述傳》，第 23 頁 A。

此一條書“秋八月”，按《春秋》書法，此條亦當爲書月例。即許氏所引此二條皆爲“卑國月”之“常例”。但“卑國月”既然爲“常例”，《穀梁》爲何仍書：“遂，國也，其不日，微國也。”① 也就是說，當“卑國月”的書寫出現在《春秋》經文中時，穀梁子爲之詮釋，但其衡量的標準仍然是何以“不日”，即“卑國月”只是一種“常例”，而不是“正例”。惟“常例”與“正例”有別，當不符合“正例”之“常例”出現在經文中，傳文才會問何以不書“正例”。與前二例相比，“楚人滅夔”是另一種書法。僖公二十六年，“秋，楚人滅夔，以楚子歸”，《穀梁》曰：“夔，國也。不日，微國也。以歸猶愈乎執也。”② 相比於滅遂、滅弦之書月符合“卑國月”之“常例”，“楚人滅夔”則是書“時”，這明顯不符合“卑國月”之書法。但《穀梁》却只是解答何以“不日”，并未解答何以“不月”，這也就説明，當穀梁子面對《春秋》滅國時月日書寫時，凡書月、書時皆非“正例”，故問答何以不書“日”之正例。

當許桂林在《提綱》中同時書寫下“中國日，卑國月，夷狄時”與“滅國不日，微國也”這兩條書法之例時，“中國日，卑國月，夷狄時”雖然作爲“常例”出現在許桂林的《穀梁》時月日例中，但也就昭示了書“日”才是許氏滅國之“正例”。由是而言，“常例”包括“正例”，也包括“變例”之外的“不用正例”。③

4.“例”與“義”

《春秋》時月日例有“正例”“不用正例”“變例”等等，蓋正之與否、正變之間，才可見夫子褒貶之義。《提綱》所謂“《春秋》書時月日有正例，不用正例者，或謹之，或危之，或美之，或惡之，或備之，或略之，或著之，或非之，或信之，或閔之”，即時月日書法之義。此條就《春秋》全書時月日例之書法而發，故提綱挈領，先發其義。許桂林將《穀梁》所述《春秋》常例、正例、不用正例、變例運於每例之中，并進一步探求其謹、危、美、惡、備、略、著、非、信、閔之義也。而其義即附於時月日之正例、不用正例與變例之間。《春秋》“盟例”頗爲繁複，其間“正例”“不用正例”“變例”錯雜，頗可見其間所藴之義。故此以“盟”爲例，對《春秋》時月日例之義予以探討。《提綱》曰：

---

① 范甯集解，楊士勛疏：《春秋穀梁傳注疏》卷五，第52頁下。

② 范甯集解，楊士勛疏：《春秋穀梁傳注疏》卷九，第92頁上。

③《穀梁釋例》亦用“本例”一詞，尋其文義，當與“常例”相同。故本文不再對“常例”與“本例”予以區分。

盟渝不日。卑者之盟不日。前定之盟不日。外盟不日。而參盟之始謹而日之。內不與而其盟善亦謹而日之。齊桓之盟不日，雖內與亦不日，信之也。葵邱之盟日，美之也、備之也。①

此即許桂林對“盟例”提要鈎玄之概括。如將其以“常例”“正例”“不用正例”“變例”予以區分，則可表列如下：

《穀梁釋例》“盟例”表

<table>
<tr><th>正例</th><th>不用正例</th><th>變例</th><th>變例之變例</th></tr>
<tr><td rowspan="7">盟日</td><td>盟渝不日</td><td></td><td></td></tr>
<tr><td>卑者之盟不日</td><td></td><td></td></tr>
<tr><td>前定之盟不日</td><td></td><td></td></tr>
<tr><td>外盟不日</td><td>內不與而其盟善，亦謹而日之</td><td></td></tr>
<tr><td></td><td>參盟之始謹而日之</td><td></td></tr>
<tr><td></td><td>齊桓之盟不日</td><td>葵丘之盟日</td></tr>
</table>

許桂林首以“盟渝不日”發“盟例”，從中我們可以知道，“盟渝不日”是許氏“盟例”之總綱。其引隱元年盟眛、莊九年盟暨、莊十九年與齊侯宋公盟爲例，證“不日，其盟渝也”之説，又引柯陵之盟論“盟日”之書法。許氏詳論《穀梁》柯陵之盟曰：

成十七年夏，公會尹子、單子、晉侯、齊侯、宋公、衛侯、曹伯、邾人伐鄭。六月乙亥，同盟於柯陵。傳：柯陵之盟，謀復伐鄭也。

秋，公至自會。傳：不日，至自伐鄭也，公不周乎伐鄭也。何以知公之不周乎伐鄭？以其以會致也。何以知其盟？復伐鄭也，以其後會之人盡盟者也。不周乎伐鄭，則何爲日也？言公不背柯陵之盟也。

冬，公會單子、晉侯、宋公、衛侯、曹伯、齊人、邾人伐鄭。傳：言公不背柯陵之盟也。②

---

① 許桂林：《穀梁釋例》，《提綱》，第1頁B~第2頁A。

② 許桂林：《穀梁釋例》，《述傳》，第9頁B。

許桂林案曰：

> 此盟渝不日一例。柯陵之盟，傳文屈曲以明不渝，故書日耳。因是以推盟唐、盟浮來、盟越、盟趡等，凡書日者，皆不渝者也。定四年，皋鼬之盟不日。注："不日者，後楚伐蔡不能救故。"①

許桂林之所以要詳引柯陵之盟經傳之文，并爲之疏解，其意正在説明"不渝而日"與"盟渝不日"確乎爲《穀梁》"盟例"之核心。許氏用柯陵之盟説明"凡盟，不渝則日"，以"盟渝不日"爲"盟例"之總綱，則"盟不渝而日"即爲許氏"盟例"之"正例"。如是，則"盟渝不日"即"不用正例"。許氏雖未明言此條盟例之義，但其義并不難抉發。范甯注曰："日者，所以謹信，盟變，故不日。"楊士勛疏曰："不日，其盟渝也。……結盟之後，信義不固，……故去日以惡之。"② 結盟書日，正在謹其盟而信之。如盟渝，則不書日，故所以惡其盟之渝也，故去日以見之。而其核心，即"信"之與否。也就是説，書日"謹信"，謹其有信也；不書日，"惡之"，惡其不謹於信也。此即以盟渝與否判定"盟例"書日與否之原則，亦即"盟例"之"正例"與"不用正例"之義。

許桂林雖未論何以"卑者之盟不日""前定之盟不日""外盟不日"，其義爲何，但從許氏《春秋》時月日例書法總綱，即以"《春秋》書時月日有正例，不用正例者，或謹之，或危之，或美之，或惡之，或備之，或略之，或著之，或非之，或信之，或閔之"論之，不難發現，此即其所謂"略之"者也。"卑者之盟"不可與"公盟"抗，故略而不日；"前定之盟"，前此已定，故此略而不日；"外盟不日"，《春秋》别内外，以魯爲内，魯公不與，故略而不日。此即所謂"略之"之義也。

而"外盟不日"又有一"變例"，即"内不與而其盟善，亦謹而日之"。許桂林論平丘之盟曰：

> 平邱之盟公不與，是亦外盟也，日以著其善。故後蔡侯廬歸於蔡，陳侯吴歸於陳，傳又云："善其成之，會而歸之，故謹而日之。"③

① 許桂林：《穀梁釋例》，《述傳》，第 10 頁 A。

② 范甯集解，楊士勛疏：《春秋穀梁傳注疏》卷一，第 10 頁上。

③ 許桂林：《穀梁釋例》，《述傳》，第 11 頁。

平丘之盟屬外盟，故按例不當書“日”，但《春秋》却書日，則實善此盟也。《穀梁》曰：“公不與盟者，可以與而不與，譏在公也。其日，善是盟也。”① 易言之，當平丘之盟以外盟書日，一則善是盟，一則責公當與而不與，是即其義也。

也就是説，在許桂林所概括的“盟例”中，“盟渝不日，卑者之盟不日，前定之盟不日，外盟不日”是四條“常例”，而“參盟之始謹而日之。内不與而其盟善亦謹而日之。齊桓之盟不日，雖内與亦不日，信之也”則是三條“變例”。其中，齊桓之盟則又是《春秋》書盟中的特例。“盟例”之總綱即“信盟而日，盟渝不日”，但“齊桓之盟不日”，這無疑已非“盟渝不日”所能涵括。《穀梁》曰：“桓盟雖内與不日，信也。”又曰：“桓會不致，安之也；桓盟不日，信之也。”② 齊桓公信於天下，故其盟可不必書日以謹之，信齊侯也，是即“桓盟不日”之義。而齊桓公葵丘之會書日，《穀梁》曰“美之也”，則亦變例之變例，“美之”即其義也。

許桂林以“《春秋》書時月日有正例，不用正例者，或謹之，或危之，或美之，或惡之，或備之，或略之，或著之，或非之，或信之，或閔之”爲其時月日例發義之總綱，其文雖以“例”爲主，少有專涉“義”者，但有此一條總綱在，則許氏之論《春秋》時月日例，實則亦欲透過例而求其義也。故許氏非僅爲探求《春秋》時月日之例，更在尋求其義也。許桂林論“義”之文雖少，然亦有頗深邃者，其中尤以論“定公即位”條最爲深刻。

許桂林在“正月例”中，只選擇了隱公“元年春王正月”、隱公十一年“公薨”及定公“元年春王”三條爲説，而没有選擇其餘十公的“正月”，之所以如此，蓋隱公、定公之書“正月”與“正例”最不相符。《穀梁》於隱公條發傳曰：“雖無事，必舉正月，謹始也。”“隱十年無正，隱不自正也。元年有正，所以正隱也。”③ 如用“義”論隱公“正月”之例，則是於元年書正月以“正之”。許桂林用定公與隱公比較曰：“特書正月，明隱之正異於定之無正也。”④ 許氏在《提綱》中説“不自正則不書（正月）”，即是就隱公發不用正例之例。而此處説“特書正月，明隱之正異於定之無正也”，則是在闡述《穀梁》“正隱”之義。《穀梁》論定

① 許桂林：《穀梁釋例》，《述傳》，第 11 頁 A。

② 許桂林：《穀梁釋例》，《述傳》，第 11 頁 B。

③ 范甯集解，楊士勛疏：《春秋穀梁傳注疏》，第 9、26 頁。

④ 許桂林：《穀梁釋例》，《述傳》，第 1 頁 B。

公“元年春王”曰：“不言正月，定無正也。定之無正何也？昭公之終非正終也，定之始非正始也。昭無正終，故定無正始。”① 許桂林用昭公之無“正始”對比隱公元年之有正，則是發隱公爲“正始”之義。而“定無正始”的含義也不僅僅是簡單的元年正月尚未得到昭公之喪或“書日以危之”，而是要見昭定即位之“義”，故於“即位例”發“定無正始”之義。《春秋》書定公“元年春王”，“夏，六月癸亥，公之喪至自乾侯。戊辰，公即位”②。許桂林曰：

> 即位例不日，故桓、文、宣、成、襄、昭、哀七公書即位皆不書日，獨此書日，《穀梁》發二義。一明先君無正終，後君無正始，故曰“戊辰，公即位”，謹之也，又曰“逾年即位，厲也”。一明“殯，然後即位”之義，故曰“著之也”，又曰“於厲之中又有義焉”。③

什麼叫作“於厲之中又有義焉”呢？《穀梁》曰：

> 即位，授受之道也。先君無正終，則後君無正始也。先君有正終，則後君有正始也。“戊辰，公即位”，謹之也。定之即位，不可不察也。公即位，何以日也？戊辰之日然後即位也。癸亥，公之喪至自乾侯，何爲戊辰之日然後即位也？正君乎國，然後即位也。沈子曰：“正棺乎兩楹之間，然後即位也。”内之大事日。即位，君之大事也，其不日，何也？以年决者，不以日决也。此則其日，何也？著之也。何著焉？逾年即位，厲也。於厲之中又有義焉！未殯，雖有天子之命猶不敢，况臨諸臣乎！周人有喪，魯人有喪，周人弔，魯人不弔。周人曰：“固吾臣也，使人可也。”魯人曰：“吾君也，親之者也，使大夫則不可也。”故周人弔，魯人不弔，以其下成康爲未久也。君至尊也，去父之殯而往弔，猶不敢，况未殯而臨諸臣乎！④

其所謂“於厲之中又有義焉”者，即在定公何以“癸亥，公之喪至自乾侯”，而必當在“戊辰之日然後即位”。范甯曰：“先君見授，後君乃

① 范甯集解，楊士勛疏：《春秋穀梁傳注疏》卷十九，第186頁上。
② 范甯集解，楊士勛疏：《春秋穀梁傳注疏》卷十九，第186頁。
③ 許桂林：《穀梁釋例》，《述傳》，第6頁。
④ 范甯集解，楊士勛疏：《春秋穀梁傳注疏》卷十九，第186~187頁。

受，故須棺在殯，乃言即位。”“諸侯五日而殯，今以君始死之禮治之，故須殯而後言即位。”“先君未殯，則後君不得即位。”① 《穀梁》所以要書寫昭公之喪至之日與定公即位之日，正是要見定公之即位雖無正始，但仍恪守“五日而殯”“而後即位”之禮。這也正是許桂林所欲發之“義”。易言之，定公之即位無正始，故不書“正月”以“厲之”。但定公仍恪守諸侯五日而殯之禮，昭公之喪至，五日而後即位，是守禮者也，故《春秋》書喪至、即位之日以見之，可謂“於厲之中又有義焉”。許桂林就此發論曰：“周人有喪以下曲折沈痛，可補禮經所未備。後世奪情起復之流，讀之得不愴然生哀，默而自悔乎！”② 是亦將經典之義運用於歷史現實之中，予以褒貶評判。

自清初以來，學者頗以疑經爲事，非但疑經文簡編錯亂，更疑經書爲後人僞撰。③ 乾嘉考據之風興起之後，對經典的考究日深，而經典的神聖性反而日減。蓋乾嘉時期考據盛行，治經者雖多，然多局於文字、音韵、訓詁之學，細節雖越辯越明，而大旨却越來越不爲人所知了。故柳詒徵曰：“吾謂乾、嘉諸儒所獨到者，實非經學，而爲考史之學。……諸儒治經，實皆考史。”④ 許桂林此書，蓋就此而發。其之所以一定要辯白《穀梁》時月日例之用功於經，并不單單在《穀梁》之傳《春秋》、解《春秋》，更欲在當時考經、疑經的風氣下，恢復經學的神聖性，使世人從考經回到研經、尊經的道路上。是以，許桂林此書雖然以《穀梁釋例》標目，但其鵠的則在《春秋》，蓋期以《春秋》義例啓世人研經、尊經之心也。其所以以《穀梁》標目者，蓋《穀梁》所概括的時月日例最可説明《春秋》大義，也就是所謂“《穀梁》善於經”吧。

第三節　治諸侯與日月例：《穀梁大義述》與“《穀梁》學”體系之建構

稍後於許桂林之撰《穀梁釋例》，柳興恩亦撰《穀梁大義述》，其

① 范甯集解，楊士勛疏：《春秋穀梁傳注疏》卷十九，第186頁下。

② 許桂林：《穀梁釋例》，《述傳》，第6頁B。

③ 參見林慶彰：《清初的群經辨僞學》，華東師範大學出版社2011年版。

④ 柳詒徵：《中國文化史》，上海古籍出版社2001年版，第832頁。

《述日月例》即述《穀梁》之時月日例，可與許氏《穀梁釋例》比而觀之。① 但柳興恩并不限於對《穀梁》日月例之研究，而是欲建構一套完整的《穀梁》學史和《穀梁》學詮釋體系。《穀梁大義述》總三十卷，分爲《述日月例》《述禮》《述異文》《述古訓》《述師説》《述經師》《述長編》七個部分，確乎清晚期《穀梁》學一大巨作。然細繹之則可以發現，《穀梁大義述》實以《述日月例》最爲核心。

阮元曾先後爲柳興恩《穀梁大義述》、許桂林《穀梁釋例》作序，其序《穀梁大義述》曰："二十年夏，柳氏興恩挾其書渡江來，始得讀之，知其專從'善於經'入手，而善經則以屬辭比事爲據，事與辭則以《春秋》日月等名例定之。"② 道光二十五年序《穀梁釋例》曰："末據鄭氏'《穀梁》善於經'之語，以爲時月日即善於經之一，是亦篤信鄭學，不爲無根之譚，與柳書可相輔而行也。"③ 從阮元二序看，阮氏皆以鄭玄

① 柳興恩（1795~1880），原名興宗，字賓叔，江蘇丹徒人。初治《毛詩》，後以《穀梁》學名世，著述頗豐，尤以《穀梁大義述》爲重要。但由於《穀梁》之學久湮於世，《穀梁大義述》亦不爲世人所重。及至王先謙刊刻《皇清經解續編》，《穀梁大義述》才有了第一個較爲完整的刊本，是後學者開始對此書有了進一步的研究與探討。武黎嵩《柳興恩與〈穀梁大義述〉》（《古籍研究》第57~58卷，第42~49頁）一文以稀見史料《京江柳氏宗譜》爲核心，對柳興恩其人、《穀梁大義述》之成書與刊刻經過、柳興恩之學術傾向等方面做了介紹。由於文章以《京江柳氏宗譜》爲核心史料，故多集中在柳興恩生平及《穀梁大義述》之編纂刊刻等内容上。雖然亦涉及柳興恩之學術傾向，但限於篇幅與重心之異，作者僅舉二例論述柳興恩對《春秋》三傳的態度，并未深入分析《穀梁大義述》内容。若就對《穀梁大義述》内容之探討而言，文廷海《清代春秋穀梁學研究》之《"昌明魯學"：柳興恩〈穀梁大義述〉》節則對《穀梁大義述》的七類内容都做了較爲全面的介紹。與此相仿，吴連堂《清代穀梁學》亦對《穀梁大義述》做了全面的介紹，且更爲詳盡、深入。但無論是吴連堂還是文廷海，都重在對《穀梁大義述》作分類研究，而對《穀梁大義述》的核心脉絡與貫穿始終的主題，即"《穀梁》善於經"，則未予深入研究。吴連堂在柳興恩"述作動機"節提到"《春秋》之微言大義，……惟《穀梁》知所闡發，所謂善於經也。……然柳氏以《穀梁》之善，前人鮮克舉之，《穀梁》述作亦不如二傳之多，乃發憤闡發大義，并思集《穀梁》之大成"（《清代穀梁學》，第174~175頁）。但只是一筆帶過，并没有深入分析"《穀梁》善於經"之於《穀梁大義述》的核心意義，僅僅將其視爲柳興恩的述作動機而已。文廷海雖然將柳興恩的撰作意圖之一指向"出於探索'《穀梁》善於經'的需要"，并認爲"《穀梁傳》善於經，這是柳興恩在研究《日月例》時最爲突出的一點"（《清代春秋穀梁學研究》，第226、232頁），但也只是舉例論述，且將其主要限定在"日月例"中，而未將其視爲貫穿《穀梁大義述》的核心理念與脉絡予以研究。即便就"述日月例"而言，亦未詳論柳興恩如何貫徹"《穀梁》善於經"之理念。故無論吴氏還是文氏，對"《穀梁》善於經"之於《穀梁大義述》意義的研究，都有待更進一步的研究與深入。

② 柳興恩：《穀梁大義述》，《穀梁大義述序》。

③ 許桂林：《穀梁釋例》，《阮序》。

“《穀梁》善於經”述二書之論《穀梁》時月日例，似頗有相似之處。如阮元所言，《穀梁釋例》與《述日月例》皆以“《穀梁》善於經”爲說。許桂林曰：“漢鄭君碩學大儒，作《六藝論》，獨稱《穀梁》善於經，其必有所見矣。夫善於經者，時月日書法亦其一也。”①《述日月例》則明言“《穀梁》善於經”不下十次。此正阮元之論所由發，亦許桂林《穀梁釋例》、柳興恩《述日月例》大旨之所在也。要言之，探討“《穀梁》善於經”正是《穀梁釋例》《述日月例》研討《穀梁》之目的，同時也是貫穿其間的核心理念。

是以，筆者以爲，柳興恩編纂《穀梁大義述》之緣起在“《穀梁》善於經”，其所欲論證者亦在“《穀梁》善於經”，但與許桂林專注於《春秋》時月日例不同，柳興恩對《穀梁》善經“大義”之詮釋，最終則是要建構一個完整的“《穀梁》善經體系”。

一、“《穀梁》善於經”與《穀梁大義述》撰述之緣起

據柳興恩《穀梁大義述·叙例》所言，其所以治《穀梁》學，起於對“《春秋》何以始乎隱”的疑問，其言曰：

> 《春秋》終於獲麟而托始隱公之元年。杜預曰：“因獲麟而作，作起獲麟，則文止於所起。”此說允矣。至何以托始於隱元，憶自十歲外讀《左氏傳》時即懷此疑，見杜預“平王，東遷之始王；隱公，讓國之賢君”云云，竊以爲其詞支嗣，是博訪通人，均未有剴切言之者。②

《春秋》何以始於魯隱公元年、終於魯哀公十四年西狩獲麟，這是《春秋》學的大課題，也是每個《春秋》學家都要面對的問題。柳興恩在遭遇此二問題之時，認爲其所以終於西狩獲麟，以杜預“作起獲麟，文止說起”之説爲是；但就何以始於隱公元年，則以杜預之説爲支嗣，且亦未有契心者。柳興恩之所以治《穀梁》學，即始於對“《春秋》何以始乎隱”的思考。柳氏自十餘歲對“《春秋》何以始乎隱”發問以來，博采文獻，皆未能有愜於其心者，而其對此一課題之有自己的看法與解讀，則是

① 許桂林：《穀梁釋例》，《總論》，第8頁B~第9頁A。
② 柳興恩：《穀梁大義述》，《穀梁大義述叙例》，第1頁。

在讀《穀梁》學之後，“專精治之，治之久而不覺數十年來之疑頓釋也”①。柳興恩曰：

> 烏乎，《穀梁》之學之微也久矣，乃今而知《春秋》托始於隱之旨獨在此矣。何言之？《公羊》予桓公以宜立，《穀梁》罪桓以不宜立。宜立，則罪在桓；不宜立，則罪在隱。傳曰：“先君之欲與桓，非正也，邪也。探先君之邪志以與桓，是則成父之惡也。”如傳意，則隱在惠公爲賊子。傳曰：“爲子受之父，爲諸侯受之君。廢天倫，忘君父。”如傳意，則隱於周室爲亂臣。《孟子》曰：“孔子成《春秋》而亂臣賊子懼。”夫所謂賊者，豈但剸之刃乃爲賊哉，成父之惡即賊子矣。所謂亂者，豈但犯上作逆乃爲亂哉，廢倫忘君即亂臣矣。烏乎，以輕千乘之國者而卒不能逃亂賊之誅，則千秋萬世臣子之懼心必自隱公始矣。況傳曰“先君既勝其邪心以與隱”，是惠公未失正也，明其不必托始於惠也。傳曰“讓桓不正”，見桓之弑逆隱實啓之也，并明其無庸托始於桓也。且惠反諸正以與隱，隱乃不行即位之禮以啓桓，是隱之納於邪也。然則，隱之元年尤邪正絶續之交，《春秋》托始於此，即於不書“公即位”見之。②

柳興恩將“《春秋》何以始乎隱”的詮釋建立在惠公、隱公、桓公的善惡褒貶之上，用“惠隱之間”和“隱桓之際”的善惡褒貶建構“《春秋》始隱”説成立的基礎。他認爲《春秋》之所以始於隱公，就是隱公不自正而讓位於桓公，故“隱在惠公爲賊子”，“於周室爲亂臣”。要言之，柳興恩將《春秋》何以始乎隱的詮釋指向了夫子作《春秋》而亂臣賊子懼的治諸侯之義，即將《春秋》指向了“治諸侯”。柳氏之所以提出以“治諸侯”爲核心的“《春秋》始隱”義，就是建立在《孟子》“孔子成《春秋》而亂臣賊子懼”的基礎之上。隱公既然於惠公爲賊子，於周室爲亂臣，即爲孔子修《春秋》而所當治的“亂臣賊子”。而隱公之所以成爲“亂臣賊子”，就在於他“廢倫忘君”，不即位爲魯君。是以，柳興恩曰：“以輕千乘之國者而卒不能逃亂賊之誅，則千秋萬世臣子之懼心必自隱公始矣。”而《春秋》所以“正”隱公而又“治”之者，在“隱十

① 柳興恩：《穀梁大義述》，《穀梁大義述叙例》，第1頁A。
② 柳興恩：《穀梁大義述》，《穀梁大義述叙例》，第1頁。

年無正，隱不自正也；元年有正，所以正隱也”①。其“正”“治”之核心即在是否書寫“正月”。要言之，則在是否書寫其“正”。故《述日月例》“元年”條曰：“傳例通以正不正爲言，亦大義之所在也。”② 柳興恩將“《春秋》何以始乎隱”的詮釋，建立在對正“隱公之位”與治“隱公不自正”這兩點之上。而“正”與“治”之指向，即“治諸侯”。

隱公因爲不自正而成爲被治的第一人，故《春秋》因之以托始。而“治諸侯”自《春秋》之始，即成爲孔子書寫之核心與歸結點。易言之，《穀梁》對隱公、桓公的書寫，使柳興恩認識到數十年未解的“《春秋》何以始乎隱”得到了解答，同時也使他認識到“《穀梁》善於經”、《穀梁》對《春秋》詮釋的獨特價值與意義。故柳興恩曰：

> 烏乎，《穀梁》之學之微也久矣，乃今而知《春秋》托始於隱之旨獨在此矣。……隱之元年尤邪正絶續之交，《春秋》之托始於此，即於不書公即位見之。……此《春秋》之微言，即《春秋》之大義也。……鄭康成《六藝論》獨曰“《穀梁》善於經”，此之謂也。③

“《春秋》何以始乎隱”，這不單是關乎《春秋》起始的問題，更是關乎夫子大義的問題。柳興恩認爲，在《穀梁》詮釋下，以“治諸侯”爲核心的“《春秋》始隱”義，是《春秋》之微言，同時也是《春秋》之大義。鄭玄謂“《穀梁》善於經”，就在於《穀梁》得以闡發《春秋》之微言大義。由是，柳興恩認爲《穀梁》之學久湮，易言之，也是《春秋》大義久湮。柳興恩之撰《穀梁大義述》，不但是在闡釋《穀梁》之大義，更是在闡發《春秋》之大義。這就是柳興恩撰寫《穀梁大義述》之緣起，同時也是《穀梁大義述》核心之所在。

二、《穀梁大義述》之核心與《穀梁》學體系之建構

1. “治諸侯”與“諸侯卒葬例”

柳興恩欲以《穀梁大義述》建構一個《穀梁》學體系，而《述日月例》則是這一體系最爲核心的部分。故阮元論柳興恩之《穀梁》學，言“其專從善於經入手，而善經則以屬辭比事爲據，事與辭則以《春秋》日

---

① 范甯集解，楊士勛疏：《春秋穀梁傳注疏》卷二，第 26 頁上右。

② 柳興恩：《穀梁大義述》卷一《述日月例》，第 2 頁 A。

③ 柳興恩：《穀梁大義述》，《穀梁大義述叙例》，第 1 頁。

月等名例定之”①，可見日月例之於柳興恩《穀梁》學之重要性。就柳興恩詮釋下的《穀梁》日月例體系而言，其核心在“治諸侯”，柳興恩於《述日月例》“元年”條述曰：

> 余表弟蔣寶素著《春秋貫》云：“孔子藉魯史以爲東周，故開宗明義，首書元年春王正月。明乎元年者，諸侯列國或各不同，若正朔則周天子所頒。正月者，周以子爲天正，即建子之月也。春王者，周王以建子之月爲正月，即以建子之月爲首春也。書一‘王’字於‘春’‘正月’之間，而藉魯史爲東周之意昭然若揭已。”今案：書“元年”，魯史也；書“春王正月”，藉魯史以尊王也。貫乎二百四十二年，其間有不書王者，有不書正月者，有不書春者，如桓公十餘年無王，隱十年無正，定公元年無正月，文公五年王不稱天，皆孔子即魯史以示義。《穀梁》“《春秋》日月之例”即從此起，何莫非奉天子以治諸侯哉？此《春秋》所以爲天子之事也。②

柳興恩將孔子作《春秋》之意旨指向了“藉魯史以尊王”，也就是“奉天子以治諸侯”，“尊王”與“治諸侯”成爲柳氏《穀梁》學詮釋體系的兩個支點。當然，柳氏此說并不是獨創，而是承自《孟子》之說。《孟子》曰：

> 堯舜既没，聖人之道衰，暴君代作。壞宫室以爲污池，民無所安息；弃田以爲園囿，使民不得衣食。邪説暴行又作，園囿污池沛澤多而禽獸至。及紂之身，天下又大亂。周公相武王，誅紂伐奄，三年討其君，驅飛廉於海隅而戮之，滅國者五十，驅虎豹犀象而遠之，天下大悦。……世衰道微，邪説暴行有作，臣弑其君者有之，子弑其父者有之。孔子懼，作《春秋》。《春秋》，天子之事也，是故孔子曰：“知我者，其惟《春秋》乎；罪我者，其惟《春秋》乎。”……昔者禹抑洪水而天下平，周公兼夷狄、驅猛獸而百姓寧，孔子成《春秋》而亂臣賊子懼。③

---

① 柳興恩：《穀梁大義述》，《穀梁大義述序》，第 1 頁 A。

② 柳興恩：《穀梁大義述》卷一《述日月例》，第 3 頁。

③ 趙岐注，孫奭疏：《孟子注疏》卷六下《滕文公章句下》，《十三經注疏》第八册，藝文印書館 1973 年版，第 117~118 頁。

孟子據堯、舜、禹、武王、周公而言“世衰道微”、言“臣弑其君者有之”，則孔子《春秋》之作無非接續堯、舜、禹、武王、周公之緒，以《春秋》當“天子之事”也。故趙岐注曰：

> 世衰道微，周衰之時也。孔子懼王道遂滅，故作《春秋》，因魯史記設素王之法，謂天子之事也。知我者，謂我正綱紀；罪我者，謂時人見彈貶者。言孔子以《春秋》撥亂也。①

朱熹亦曰：

> 胡氏曰：“仲尼作《春秋》以寓王法。惇典、庸禮、命德、討罪，其大要皆天子之事也。”……愚謂孔子作《春秋》以討亂賊，則致治之法垂於萬世，是亦一治也。②

無論是趙岐所謂“素王之法”，還是朱子所謂“致治之法”，其要皆在“討亂賊”。柳興恩接續孟子之説，以夫子作《春秋》爲“天子之事”，“討亂賊”爲夫子作《春秋》之主旨，更進一步將“討亂賊”指向了“治諸侯”，故其言：“奉天子以治諸侯，此《春秋》所以爲天子之事也。”而“奉天子”與“治諸侯”本爲一體之兩面，“治諸侯即所以尊天子”③ 也。也正是從這一角度出發，“治諸侯”成爲柳興恩《穀梁》時月日詮釋體系的核心，其言曰：

> 《穀梁》日月之例莫詳且備於諸侯之卒葬，二百四十二年日月例各事之予奪，又皆自諸侯卒葬例來。治諸侯即所以尊天子，此《穀梁》所以爲善於經。自漢唐諸儒正例、變例之紛糾，非余亦莫能爲之觀其會通、究其始終也。④

柳興恩將“治諸侯”設定爲《穀梁》日月例“大義”之起點，同時亦爲其日月大義之核心與歸結。

---

① 趙岐注，孫奭疏：《孟子注疏》卷六下《滕文公章句下》，第117頁下左。

② 朱熹：《孟子集注》卷六《滕文公章句下》，《四書章句集注》，中華書局1983年版，第272頁。

③ 柳興恩：《穀梁大義述》卷一《述日月例》，第3頁。

④ 柳興恩：《穀梁大義述》卷一《述日月例》，第3頁。

2.《穀梁》日月例體系之建構

“治諸侯”在日月例中的體現，當以“諸侯卒葬”爲核心，因爲“《春秋》所以治諸侯，故書其卒葬特詳，而日月褒貶之例亦特備”①。故就其詮釋體系而言，以“治諸侯”爲起點，“二百四十二年日月例各事之予奪，又皆自諸侯卒葬例來”。柳氏論“諸侯卒葬例”曰：

> 禮：天子七日而殯，諸侯五日而殯，大夫三日而殯。故傳例云日卒正也，月卒非正也，時卒惡之也。天子七月而葬，七月則歷三時矣；諸侯五月而葬，五月則歷二時矣；大夫三月而葬，三月則盡一時矣。故傳例云時葬正也；月葬故也；日葬故也，危不得葬也。其起例之反對，實理之自然，不假强爲者也。而通傳之以書日而褒者，皆自“日卒正也”之例推之，以書日爲貶者，皆自“日葬故也”之例推之，此更一以貫之矣。後儒未窺此秘，但見同一書日，此既爲褒，彼又爲貶；同一不書日，而此既爲貶，彼又爲褒。且同一事也，而前以不日爲信，後又以書日爲美，遂紛紛議之，固無怪其一唱而百和矣。自此説出，而《穀梁》日月之例乃以懸諸日月而不刊云。②

柳興恩以“天子七日而殯”“諸侯五日而殯”“大夫三日而殯”的禮制爲依據，提出《穀梁》傳例之書卒當以日爲正，以時、月爲非正、爲惡。同時，又以天子、諸侯、大夫不同的葬制爲依據，提出凡葬當以時爲正，以月、日爲非正。將“卒葬之禮”看作《春秋》書寫“卒葬之例”的天然依據，并以此爲中心，推及《穀梁》全傳之日月例，即柳興恩以“諸侯卒葬例”爲核心，建構了一個《穀梁》日月例詮釋體系，而這個體系的起點，就在“諸侯卒葬”。

但從這裏我們不難發現一個問題，就是柳興恩雖然以《述日月例》標目，但就“諸侯卒葬例”而言，其核心却是在“時”與“日”這兩點上，而“月”似乎只是“時”與“日”之間的一個過渡狀態。當然，“諸侯卒葬”亦有書“月”例，柳興恩亦予以探討，但就其論而言，更能佐證“月例”并非《述日月例》之核心，其言曰：

> 隱公元年、三年、莊八年，傳俱曰“諸侯日卒，正也”，則舉宋

---

① 柳興恩：《穀梁大義述》卷三《述日月例》，第13頁。

② 柳興恩：《穀梁大義述》卷三《述日月例》，第13頁。

公和、蔡侯考父、陳侯林以例其餘。……“僖十有四年冬，蔡侯肸卒”，傳“諸侯時卒，惡之也”，則凡時卒者視此，皆不正也。又有月卒者，……月卒者不言正不正，亦從簡也。……葬例有三，與卒例正反。時卒惡之也，而時葬正也；月卒非故也，而月葬故也；日卒正也，而日葬故也，危不得葬也。①

就“諸侯卒例”而言，其書寫之正否，在於是否書“日”，“日卒”爲正，“時卒”爲惡，而處於“日卒正”與“時卒惡”之間的“月卒”，却“不言正不正，亦從簡也”。“從簡”和“不言正不正”的提出，也就意味着這僅是“日卒”與“時卒”之間的一個過渡狀態，褒貶的核心仍在於“時”與“日”。相比於“月卒”之“從簡”與“不言正不正”，“月葬”已經明確有了“故也”的詮釋，但在書葬的時月日例中，“時葬”爲正，“日葬”爲“故”，“危不得葬”，“月葬”則仍是處於“時”與“日”之間的一個過渡狀態。其藴含褒貶大義的核心只是“書日例”和“書時例”，“書月例”只是介於二者之間的一種過渡狀態而已。易言之，柳興恩雖以“述日月例”爲名論《穀梁》時月日體系，但其核心，却是“時”與“日”。柳興恩正是通過以“時”與“日”爲中心的“諸侯卒葬例”，爲我們建構了一個《穀梁》時月日書法詮釋體系。

簡言之，柳氏所書、所述雖略有異同，然要其歸，其《穀梁》日月例詮釋體系不過是從“諸侯卒，日正也，時故也”和“諸侯葬，時正也，月故也，日故也，危不得葬也”兩條生發出去的。在其爲《穀梁》時月日例所詮釋的體系中，“内盟”“内大夫卒”“内女”“夫人薨葬”“諸侯相伐”“天王崩葬”“王臣卒葬”“來求”“内伐”“公觀”“圍”“周聘”“雩”“平”“降”“納”“伐我”“築”“刺”“外大夫來奔”“公薨”等二十一例皆言自“諸侯卒，日正也，時故也”例來。而“元年”“來歸”“來朝”“王會”“入”“山崩”“取”“弑”“外殺”“遇”“立”“城”“諸侯來聘”“内灾異”“内敗外”“公葬”“諸侯會”“内大夫如”“夫人至及如”“有年”“狩獵”“外如”“王后”“廟祭”“内戰”“外大夫見執”“諸侯及大夫復歸”“諸侯出奔”“遷”“次”“救”“滅”“逃”“追”“外灾異”“外戰”“新作”“作”“潰”“諸侯見執”“乞”“戍”“天王出居”“聘周”“郊”“閏月”“諸侯來奔”“内大夫見執”“歸”等四十九

① 柳興恩：《穀梁大義述》卷三《述日月例》，第 9 頁 A~第 12 頁 B。

例則是自“諸侯葬，時正也，月故也，日故也，危不得葬也”例來。①

3. **“日月例”與“《穀梁》學體系”**

柳興恩《穀梁大義述》之撰寫，并不只是爲了建構一個“日月例”體系，其最終目的在建立完整的《穀梁》學體系。《述日月例》作爲《穀梁大義述》最爲核心的一部分内容，固然是建構柳氏《穀梁》學詮釋體系的中心，但却亦需將“日月例”擺置在整個《穀梁》學體系中予以探討。柳興恩的《穀梁》學體系固然建立在“日月例”等内容之上，但“日月例”與《穀梁》學詮釋體系之間，亦難免産生矛盾。故“日月例”之探討，仍當以符合其《穀梁》學體系的最終建構爲原則。如柳興恩論“内大夫出奔”曰：

> 書日之義有二：公孫敖奔莒書日，謹而日之（此自“諸侯卒葬，日危也”例來），一也；僑如、臧紇之出，其日，正也（此自“諸侯卒葬，日正也”例來），二也。②

柳興恩明確將“内大夫出奔”分爲“謹而日之”和“其日，正也”兩種情況，各與“諸侯卒例”“諸侯葬例”相關聯。但柳氏何以必分“内大夫出奔”例爲二呢？這既有傳文脉絡體系的原因，又與柳氏《穀梁》學詮釋體系有關。不妨先將公孫敖、公孫僑如、臧孫紇出奔之經傳文字梳理於次，以見其詮釋理路。

文公八年，“公孫敖如京師，不至而復。丙戌，奔莒。”《穀梁》曰：

> 不言所至，未如也，未如則未復也。未如而曰如，不廢君命也；未復而曰復，不專君命也。其如非如也，其復非復也，唯奔莒之爲信，故謹而日之也。③

范甯以“弔周喪”釋“公孫敖如京師”之目的，又曰“若其已行，當如公子遂至黄乃復，今不言所至而直言復，知其實未如也”，其所以未如未復而書如復，則如范雍所言，“書如京師以顯命行於下，不書所至以

---

① 關於《述日月例》各條目與“諸侯卒葬例”之關係，詳見附録二《〈穀梁釋例〉〈述日月例〉條目比較表》。

② 柳興恩：《穀梁大義述》卷五《述日月例》，第10頁B。

③ 范甯集解，楊士勛疏：《春秋穀梁傳注疏》卷十，第103頁下。

表不去之罪”。[①] 也就是説，《春秋》書“公孫敖如京師，不至而復”，實爲貶斥公孫敖的不如不復。那麼，何以知道公孫敖不如不復呢？即下一句經文所言，“丙戌，奔莒”，《穀梁》曰“其如非如也，其復非復也，唯奔莒之爲信”，即《春秋》書寫中的“如”“復”“奔”中，只有“奔”是實然之事。如是，在貶斥公孫敖不如不復下“信然”的“奔莒”，自然亦是當貶的。故《穀梁》所謂“唯奔莒之爲信，故謹而日之”，這裏的“謹而日之”，自然是對公孫敖的貶斥。故在此條中，出奔書日亦是一種貶斥的書法。由於這是《穀梁》明確發義而書貶，故柳興恩亦遵而從之，以此爲貶義，言其自“諸侯卒葬，日危也”例來。

由於成公十六年，“冬十月乙亥，叔孫僑如出奔齊”條，《穀梁》并未發傳，亦非柳興恩所論焦點之所在，故不詳論。而襄公二十三年“臧孫紇出奔邾”則是柳興恩與范甯、楊士勛争議之焦點。《春秋》：“冬十月乙亥，臧孫紇出奔邾。”《穀梁》曰：

其日，正臧孫紇之出也。蘧伯玉曰：“不以其道事其君者，其出乎?”[②]

范甯以“正其有罪”釋《穀梁》之“正”，以“必不見容”釋蘧伯玉所謂“不以其道事其君者，其出乎”，則不正臧孫紇之出奔。如果將“臧孫紇出奔”與“公孫敖奔莒”聯繫起來看的話，似乎内大夫出奔書日皆爲貶，如是，則《穀梁》未發傳之“叔孫僑如出奔齊”書日，亦當是貶之。楊士勛即以書日爲貶詮釋“内大夫出奔”之義，言之甚詳：

襄二十三年冬十月乙亥，臧孫紇出奔邾。傳曰：“其日，正臧孫紇之出也。”范云“正其有罪”。彼云正其有罪，則此亦正其有罪。兩處發傳者，此其如非如、其復非復，臧孫則實奔，嫌其意異，故舉二者以包其餘。成十六年冬十月乙亥，叔孫僑如出奔齊亦同此例，故不復發之。若然，僑如亦是有罪書日，亦以包之。於彼注引徐邈云：“禮：大夫去，君埽其宗廟，不絶其祀。身雖出奔，而君遇之不失正，故詳而日之，明有恩義也。”與此異者，書日之義有二種之意也：一爲正罪，一爲兼君恩。知者，以閔二年公子慶父出奔莒，文承九月下

① 詳見范甯集解，楊士勛疏：《春秋穀梁傳注疏》卷十“文公八年”條，第103頁下。

② 范甯集解，楊士勛疏：《春秋穀梁傳注疏》卷十六，第158頁下右。

而不書日，傳稱慶父不復見，明罪重合誅，故去日以見恩絶，則書日者有恩可知。①

由楊士勛疏可知，范氏、楊氏都將“内大夫出奔”之書法看作具有一個統一體例的詮釋體系。具體而言，就是由公孫敖奔莒之書日爲貶而推及其餘，從而認定叔孫僑如、臧孫紇之出奔書日皆爲貶。楊士勛更進一步將書日之義區分爲“正罪”和“兼君恩”兩個層次，用“兼君恩”更進一步論證出奔之“罪”。我們可以發現，這是一條由“例”而“義”的論證體系，就“内大夫出奔”而言，實可謂綿密可靠。但柳興恩却不以之爲是，認爲范、楊之説爲誤，其言曰：

成十有六年，范注引徐邈曰：“案襄二十三年臧孫紇出奔邾②。傳曰：其日，正臧孫紇之出也。禮：大夫去，君埽其宗廟，不絶其祀。身雖出奔，而君遇之不失正，故詳而紀之，明有恩義也。”推徐邈之意，乃引臧紇之無罪以證僑如之有恩，見其書日之同，與公孫敖之日不同也。③

柳興恩引成公十六年“叔孫僑如出奔齊”下范注引徐邈説爲分析起點，認爲徐邈之意只能證明“引臧紇之無罪以證僑如之有恩，見其書日之同”，而“與公孫敖之日不同”，進而認爲范注、楊疏之解讀有誤。但柳興恩在此刻意忽略了楊疏的詮釋邏輯。就此三條出奔而言，楊疏論證其書日例的支點在於“臧孫紇奔邾”與“公孫敖奔莒”這兩點上，舉公孫敖“其如非如、其復非復”和“臧孫紇之實奔”以包其餘。而叔孫僑如出奔并不是范、楊二家建立“内大夫出奔”的邏輯支點，而只是建立出奔書日例之後的一種應用。成十六年，叔孫僑如出奔下雖然引徐邈之言以爲説，但徐邈之論也只是指向書日恩義説，與“出奔書日爲貶”則無關。也就是説，柳興恩對范、楊的批判并不能駁倒“内大夫出奔書日爲貶”的論説。

而就范、楊二氏而言，他們對《穀梁》傳例的解讀都是由“例”而“義”的推理、詮釋模式。范甯因爲“公孫敖奔莒書日”爲貶，推出“臧孫紇奔邾書日”亦爲貶，故在“臧孫紇奔邾”下書“正其有罪”。楊士勛

① 范甯集解，楊士勛疏：《春秋穀梁傳注疏》卷十，第 103 頁下左。

② 邾：原誤作“齊”，據正文及《穀梁注疏》改。

③ 柳興恩：《穀梁大義述》卷五《述日月例》，第 10 頁。

雖然在"公孫敖奔莒"下以"臧孫紇奔邾"書"正其有罪"爲據，但就其詮釋邏輯而言，"公孫敖奔莒""臧孫紇奔邾"爲同例，故可互訓。但究而言之，二者的邏輯起點仍在"公孫敖奔莒"之貶。

因爲《穀梁》傳文明確表達了對公孫敖奔莒之貶斥，柳興恩亦不能不以之爲貶。但他所采取的方法是，將"公孫敖奔莒"與臧孫紇、叔孫僑如分爲兩例，一爲正，一爲危、斥。那麽，柳興恩何以定要將三條出奔經文區分爲兩種書法呢？因爲《穀梁》在"臧孫紇奔邾"下言"其日，正臧孫紇之出也"，"正"字的解讀，牽涉到柳興恩對《穀梁》學詮釋模式的整體建構。如按照范甯"正其有罪"的理解，柳興恩的《穀梁》學詮釋模式就面臨重大的挑戰。柳興恩曰：

> 范注臧紇之出云"正其有罪"，此誤以"正"字作"治"字也。隱十有一年傳曰："元年有正，所以正隱也。"（范注：明隱宜立。）桓元年傳曰："元年有王，所以治桓也。"則知治者治其不正，正者不待治也。紇如有罪，傳當云治臧孫紇之出矣。范注、楊疏不明"正"字、"治"字之分，多誤以"治"字解"正"字。①

柳興恩《穀梁》學體系的核心與邏輯起點是"治諸侯"。而柳興恩撰寫《穀梁大義述》，觸因就在於對"《春秋》何以始乎隱"這一《春秋》學的開端提問的思考，而其解答，就在"治諸侯"三字。柳興恩將"《春秋》何以始乎隱"指向孔子與《春秋》對魯隱公身份之"正"與其讓位之"治"，這也成爲他整個《穀梁》學體系的核心觀點。而柳興恩見之"正""治"的詮釋模式，就是建立在對"正"隱"治"桓的理解上。如果按照范甯、楊士勛的理解，"正"字指向"正其有罪"的話，那麽，其整個詮釋體系都需要改寫。是以，爲了維護整個《穀梁》學詮釋體系，同時又不能違背《穀梁》傳文的情況下，只能將"内大夫出奔"區分爲兩種書法模式，如此其《穀梁》學體系才得以成立。以是之故，亦必當駁范甯、楊士勛之説。但柳氏之駁并不能使人信服，而區分一條日月例爲兩種書法模式，更是啓人疑竇，但這也是柳氏在磨合條例與體系之間不得不爲的一種做法。

在柳興恩的詮釋體系中，《穀梁》學是一個完整的詮釋系統，日月例是其中一個組成部分。當"日月例"與"《穀梁》學體系"之間産生矛

① 柳興恩：《穀梁大義述》卷五《述日月例》，第10頁。

盾、抵牾之時，柳興恩必將屈“日月例”以就“《穀梁》學體系”。蓋柳興恩的目的在於建構一個完整而系統的《穀梁》學體系，而非斤斤於一事一例者也。

4. 柳興恩日月例詮釋體系之缺陷

柳興恩雖然希望能以“諸侯卒葬例”推導、攏括所有《穀梁》日月例，但事實上却并不能如此整齊劃一。由於柳興恩對日月例與“諸侯卒葬例”的關係勾連缺乏實質而確鑿的證據，故常常會存在似是而非、模棱兩可的情況。如柳興恩論“平”例曰：

> 范注“及鄭平”曰：“傳例‘盟不日者，渝盟，惡之也’，取夫詳略之義。則‘平’不日者，亦有惡矣，蓋不能相結以信。”今案：范説非也。觀下經“叔還如鄭莅盟”，傳例“凡來盟、莅盟俱爲前定之盟”，盟且前定，則平何謂不能結信乎？然則，平何以不日也？曰：平非一日之事也。觀宣四年之“莒人不肯”及昭七年之“以内及外”，則知不日之故矣。（不果成者書時，此自“諸侯卒葬，時惡之也”例來；其次書月，此自“月故也”例來。）①

范甯認爲“平”不書日，如盟之不日，是不相結信的結果。但柳興恩不以之爲是，他認爲“平”之不日，蓋自“諸侯卒葬例”來。但柳氏將“平”分爲成與不成兩種情況，成則書日，不果成則書時、書月，用書時、書月顯示《春秋》之褒貶。從“平例”與“諸侯卒葬例”之關係而言，即從“諸侯卒，日正也，時故也”例來。但這裏存在一個顯見的問題，就是柳氏自言“平非一日之事也”，如果“平非一日之事”，那麼，按照“諸侯卒例”與“諸侯葬例”之書法，則當以“時”爲正，即以“平例”當以“諸侯葬，時正也，月故也，日故也，危不得葬也”爲依據。但柳興恩依據《穀梁》傳文却以書時爲不正，② 同時又要糾合“平非一日之事”之説，則難免左支右絀，難以自圓其説了。

如果説這只是“例”與“據”之間存在的難以圓融的情況，那麼，尚存數例難爲“諸侯卒葬例”所攏括者，則是對此一詮釋體系更大的挑

---

① 柳興恩：《穀梁大義述》卷三《述日月例》，第 31 頁 A～B。

② 《春秋》：隱公六年“春，鄭人來輸平”。《穀梁》曰：“輸者，墮也。平之爲言以道成也。來輸平者，不果成也。”（《春秋穀梁傳注疏》卷二，第 22 頁下左）則“平例”書時必爲不正可知。

戰。這主要包含兩種情況。一者，一例之内，兼具自“諸侯卒例”與“諸侯葬例”來者，如柳興恩論“公至”曰：

> 莊二十有三年、定八年傳例備矣。“往時正也，致月故也；往月致月，有懼焉爾。”此自“諸侯卒葬，時正也，月故也，日故也，危不得葬也”例來。“往時致月，危致也；往月致時，危往也；往月致月，惡之也。”此自“外諸侯卒葬，危也，惡之也”例來。①

因爲“往、致”有“往時正也，致月故也；往月致月，有懼焉爾”和“往時致月，危致也；往月致時，危往也；往月致月，惡之也”這樣複雜的情況，無論是“諸侯卒例”還是“諸侯葬例”，皆無法完全攏括“往、致”的書法，故柳興恩只能將其分爲兩種情況予以闡釋。但這種區分與闡釋，并没有得到强有力的證據，以至於柳氏自身難以完全梳理清楚，同時亦難以使人信服。

如果説柳興恩對“公至例”的詮釋只是不能爲人所信服的話，那麼，完全不符合“諸侯卒葬例”的日月例條目之存在，則是從根本上挑戰柳興恩的整套《穀梁》日月例詮釋體系。柳興恩在“宫廟”“蟲灾”“侵”“外大夫奔”“獻捷”五條中，皆言爲“諸侯卒葬”例之反對，就是他在難以將日月例放入“諸侯卒葬”體系下時的一種權宜性修補。現將此五例之柳興恩述語表列於下：

《述日月例》中的“諸侯卒葬”例之反對表

宫廟	隱五年，范注云“失禮宗廟，功重者月，功輕者時”，此但較“丹桓宫楹”書“秋”言之，亦用蟲灾“甚則月，不甚則時”之例，蓋與“諸侯卒葬，月故也，時惡之也”例爲反對。
蟲灾	甚則月，不甚則時，可由蟲例而推。諸凡灾也，亦與“諸侯卒葬，月故也，時惡之也”例爲反對。
侵	侵時，謹而月之，傳例備矣。（此與“諸侯卒葬，時正也，月故也”反對。）
外大夫奔	奔書時者，惡之也，惡甚則月。此與“諸侯卒葬，時正也，月故也”反對。

① 柳興恩：《穀梁大義述》卷四《述日月例》，第9頁B。

续表

獻捷	楊疏：一書月，一不書月者，徐邈云："霸主服遠之功重，故詳而月之也。"此與"諸侯卒葬，月故也"例反對。

從上文的論述可知，柳興恩《述日月例》之核心在於"日例"與"時例"，"月例"在柳興恩的詮釋體系中，只是處於"日例"與"時例"之間的過渡狀態。但我們從上表也可以看到，在"宫廟""蟲灾""侵""外大夫奔""獻捷"這五種日月例中，"月例"才是正與不正之根本，"時例"則是進於"月例"的過渡階段。是以，這五種日月例與柳興恩之詮釋體系之間，不可避免地産生了矛盾。爲了彌合此一矛盾，柳興恩又建構了"例之反對"一説，即原本只是處於過渡狀態的"月例"反而成爲評判日月例之正否的標準。這雖然彌合了二者之間的矛盾，但柳興恩重設"例之反對"一説，則不但不能使其詮釋體系得到圓融的完滿，反而更使人看到了此一詮釋體系中存在的隙縫。

第三節　《穀梁》最善於經：鍾文烝《穀梁補注》約論

如果説許桂林、柳興恩是對《穀梁》義例體系，尤其是《穀梁》時月日體系的詮釋與建構，那麼，鍾文烝可謂是范甯、楊士勛千數百年之後，再次爲《穀梁》全文作注的第一人。其《春秋穀梁經傳補注》（以下簡稱《穀梁補注》）雖以范甯注爲底本，但其意則如楊士勛之疏范甯，并不恪守范甯一家之注，而以發明《穀梁》之義爲本。

鍾文烝，字朝美，又字伯嫺，號子勤，浙江嘉善人，道光二十六年舉人。① 鍾氏博學經傳，精於《穀梁》學，撰《穀梁補注》二十四卷，在范甯注的基礎上，或從或補或駁，極論《穀梁》之善於經。《穀梁補注》是繼范甯注、楊士勛疏之後，又一部全面、系統地疏證《穀梁》的著作，是清代《穀梁》學最重要的代表作之一。而就其本旨而言，則是意在闡釋

① 參見徐世昌：《清儒學案》卷一八一《子勤學案》，中華書局 2008 年版，第 6983 頁。《清史稿》言鍾文烝字子勤，與此有别，姑置於此，另備一説。

《穀梁》之所以善經、《穀梁》較二傳更善於經。①

一、"經"與"史"：鍾文烝論《春秋》之性質與義例

解讀《春秋》之先，必當對《春秋》的性質予以詮定。惟有確定《春秋》之性質，才能論《春秋》之讀法，而後可論三傳之價值與得失。就《春秋》之性質而言，首先需要辨明的就是其"經/史"屬性。鍾文烝《春秋穀梁經傳補注序》曰：

> 魯之《春秋》，魯所獨也。孔子之《春秋》，孔子所獨也。魯所獨者，王禮所在，其史法較諸國爲備，故石、尚欲書《春秋》，當時以爲重。孔子所獨者，是非二百四十二年之中，修其辭以明其義，子游、子夏不能贊一辭、改一字，故梁、鄭正其名，石、鶂盡其辭，正隱治桓，皆卓然出於周初典策之上。夫梁、鄭之事，舊文也，而名有所必正，則其加損舊文者可知矣。石、鶂之事，微物也，而辭有所必盡，則大焉者可知矣。正隱治桓，揭兩字於卷首，則全書悉可知矣。②

鍾文烝用"魯"與"孔子"之對立，詮釋"魯《春秋》"與"孔子《春秋》"不同的"史""經"屬性。然如鍾文烝所説，"夫梁、鄭之事，舊文也，而名有所必正，則其加損舊文者可知矣"，則作爲"經"的"孔子之《春秋》"亦在作爲"史"的"魯《春秋》"之"舊文"基礎上"加損"而成。故孟子曰：

---

① 因爲《春秋穀梁經傳補注》的重要性，學者已從多個方面予以研究。文廷海從"《穀梁》傳者，《春秋》之本義也""正名而盡其辭，以明王道"等方面對鍾文烝推崇《穀梁》的學術傾向及其經學思想做了探討，又從明訓詁、通典禮、正謬誤等方面對《穀梁補注》的文獻學價值予以討論。（《清代春秋穀梁學研究》，巴蜀書社 2006 年版，第 159 ~187 頁）而吴連堂更是專撰《〈春秋穀梁經傳補注〉研究》一書，從作者、體例、對范注之證補、對經傳之發明、論二傳及三傳異文、《補注》之疏失等方面對《春秋穀梁經傳補注》做了深入、詳盡的探討。（詳見吴連堂《〈春秋穀梁經傳補注〉研究》，《古典文獻研究輯刊（五編）》，花木蘭文化出版社 2007 年版）可以説，無論是就鍾文烝經學思想之研究，還是對《春秋穀梁經傳補注》文獻訓詁成就之探討，前人都已做出了全面而深入的研究。但筆者認爲，《春秋穀梁經傳補注》的核心是對"《穀梁》善於經"的詮釋，此點似尚未有學者深入探討。故筆者此文希望在前人研究的基礎上，就鍾文烝如何論述"《穀梁》善於經"做一點探討與研究。

② 鍾文烝撰，駢宇騫、郝淑慧點校：《春秋穀梁經傳補注》，《序》，第 1 頁。

> 王者之迹熄而《詩》亡，《詩》亡然後《春秋》作。晋之《乘》，楚之《檮杌》，魯之《春秋》，一也。其事則齊桓、晋文，其文則史。孔子曰："其義則丘竊取之矣。"①

孟子所謂孔子所"竊取"之"義"，即孔子加損於"魯《春秋》"而成"孔子《春秋》"之"義"。鍾文烝述孟子此言曰："此言《春秋》以義爲重也。"② 即孔子"加損"者爲"辭"，而由所加損的"辭"體現出來的則是"義"。故鍾文烝進一步推闡"辭"與"義"之關係，認爲孔子所修之"辭"即《春秋》所藴之"義"，其言曰：

> 《公羊》述孔子之言曰："其辭則丘有罪焉爾。"此又言《春秋》以辭爲重也。其實義即是辭，辭即是義。《説文》解"𣍘"字曰："意内而言外。"義者内之意，辭者外之言。《公羊》所述即《孟子》所述，而《史記》引孔子曰《春秋》以道義，亦同旨也。是故君子之修《春秋》，修其辭以取其義也。③

故孔子之於"魯《春秋》"，其"修辭"之目的就在於"賦義"。也就是説，對於孔子的《春秋》而言，其要在於"辭"與"義"，但作爲"史"的"魯《春秋》"，其要則在"事"。故而，就從"史"修而爲"經"的《春秋》而言，自然當以"辭""義"爲主，故"泥於其事，溺於其文，《左氏》所以失也。即其辭而明其義，《穀梁》所以得也，《公羊》亦近之"④。易言之，鍾文烝指出，就"辭"與"義"的解讀而言，《左傳》"泥於事"而不知求其"辭"與"義"，故而失之。就作爲"經"的《春秋》而言，"以義修辭，不以記事爲重"，"若夫可以寄微旨而通王道者，存乎精義窮理，不在記事少多"⑤。鍾文烝認爲"此數語包絡全旨，開釋群疑，爲諸儒所不及，學者先識此意，乃可與論《春秋》矣。"⑥ 即就"事""辭""義"三者而言，經學的讀法當以"辭"與"義"爲主，

---

① 趙岐注，孫奭疏：《孟子注疏》卷第八上《離婁章句下》，第 146 頁下右。
② 鍾文烝撰，駢宇騫、郝淑慧點校：《春秋穀梁經傳補注》，《論經》，第 11 頁。
③ 鍾文烝撰，駢宇騫、郝淑慧點校：《春秋穀梁經傳補注》，《論經》，第 11～12 頁。
④ 鍾文烝撰，駢宇騫、郝淑慧點校：《春秋穀梁經傳補注》，《論經》，第 12 頁。
⑤ 鍾文烝撰，駢宇騫、郝淑慧點校：《春秋穀梁經傳補注》，《論經》，第 15 頁。
⑥ 鍾文烝撰，駢宇騫、郝淑慧點校：《春秋穀梁經傳補注》，《論經》，第 15 頁。

以“事”爲主讀之則是史學讀法。① 因爲就“事”“辭”“義”而言，雖然孔子《春秋》本於作爲國史的魯《春秋》，但夫子修改之處，才是《春秋》大義之所在，即便依仍史文，其不變處亦蘊含夫子之新義。故鍾文烝曰：

愚自己酉歲來，最憙黄澤之學。黄氏之言，尤切中樞要者，曰：“史記事從實而是非自見，雖隱諱而是非亦終在。夫子《春秋》多因舊史，則是非亦與史同，但有隱微及改舊史處，始是聖人用意，然亦有止用舊文而亦自有意義者。”②

易言之，孔子之《春秋》雖有沿用魯《春秋》之文，但在夫子的隱微修改之下，即便是沿用史文者，亦被賦予了夫子的新義，即史文已化爲經文，史法已變爲經法。故鍾文烝論曰：

夫史法既變爲經法，則其所遵用史法者亦皆經法而非史法，史法固不可不知，而亦不可過執也。此在《穀梁》梁亡一傳本有端緒，何也？梁亡，鄭弃其師，義主正名，而文仍舊史，以此推之，則不論其文之加損不加損，而其義皆有所取，不計其與舊史本意同異何如也。③

鍾文烝以“梁亡，鄭弃其師”爲例，論《春秋》文仍舊史而有夫子之大義。析言之，則《春秋》實兼新經與舊史二義，即“《春秋》因舊文

---

① 孔廣森《春秋公羊經傳通義叙》曰：“晋、唐以來，《公羊》《穀梁》皆成絶緒，唯《左氏》不絶於講誦。然今之《左氏》，失其師説久矣。漢世謂《公羊》爲今學，《左氏》爲古學，以其書多古文訓讀。賈逵、服虔號能明之，雖時與此傳抵牾，而一字予奪必有意，日月、名氏、詳略必有説，大指猶不甚相背。杜預始變亂賈、服古訓，以爲經承舊史，史承赴告。苟如是，因陋就簡，整齊册牘云爾，董狐、倚相之才遍優爲之，而又何貴乎聖人？大凡學者謂《春秋》事略，《左傳》事詳，經傳必相待而行，此即大惑。……聖人之所爲經，詞以意立，意以詞達，雖無三子者之傳，方且揭日月而不晦，永終古而不敝。魯之《春秋》，史也。君子修之，則經也。經主義，史主事。事故繁，義故文少而用廣。世俗莫知求《春秋》之義，徒知求《春秋》之事，其視聖經竟似《左氏》記事之標目，名存而實亡矣。”（孔廣森：《春秋公羊經傳通義》，上海古籍出版社2014年版，第724頁）孔氏之言與鍾氏所論相仿，亦附於此，以見經、史讀法之别乃清代《春秋》今文家之共識。

② 鍾文烝撰，駢宇騫、郝淑慧點校：《春秋穀梁經傳補注》，《論經》，第16頁。

③ 鍾文烝撰，駢宇騫、郝淑慧點校：《春秋穀梁經傳補注》，《論經》，第16頁。

爲一義，出聖筆又爲一義，相兼乃備”，鍾氏續以《詩》爲例論曰：

> 嘗讀《詩》而益信，凡《詩》有兩作者即有兩義，可明證者三焉。其一，《左傳》富辰論《常棣》詩，既以爲周公作，又言召穆公作。“召穆公亦云”，鄭君解之以爲凡賦詩者，或造篇，或誦古也。其二，晉郤至曰：“世之治也，公侯扞城其民，故《詩》曰‘赳赳武夫，公侯干城’。及其亂也，略其武夫，以爲己心腹股肱爪牙，故《詩》曰‘赳赳武夫，公侯腹心。’”此《兔罝》一篇之文，而以一章爲治詩，三章爲亂詩，明是互文錯舉也。其三，《毛詩》以《關雎》爲文王之時后妃之德；魯、韓《詩》則以爲康王房后，佩玉晏鳴，應門失守，畢公作諷。而觀《論語》夫子之言曰“《關雎》樂而不淫，哀而不傷”，上句謂文王詩，下句謂康王詩，則亦兩義兼用也。劉向《説苑》稱傳曰：“《詩》無通詁，《春秋》無通義。”此類皆是也。①

也就是説，夫子雖仍魯《春秋》之舊文，舊文雖有史家之舊義，但更有夫子之新義。即如桓公三年，《春秋》書“公子翬如齊逆女”，范甯曰：“翬稱公子者，桓不以爲罪人也。”鍾文烝補曰：“桓所不罪，故從常例，而仍史文。後不書翬卒者，弑君賊安死卿位，不得書卒，例在宣八年傳，蓋君子削之也。”② 翬稱公子，即《春秋》不削翬公子之稱，亦即孔子修《春秋》而仍魯《春秋》之文。但孔子雖仍史文而不改，但就其義而言，實已深蘊經義。而下文不書翬卒，即是孔子削其卒，變史文爲經文。但這種變與不變、仍與不仍，皆爲夫子之新經而非舊史。故“讀《春秋》者當知其辭之深微隱約，而不可以史家之學求之。……《春秋》説理者也。……説理故觀辭立曉而訪義方隱也”③。惟有於這種深微隱約之間求之，始能得《春秋》之真義，亦可知夫子大義之所在。

即如桓公二年，“冬，公至自會”，范甯注曰：“告廟曰至。傳例曰：‘致君者，殆其往而喜其反，此致君之意義也。’”鍾文烝補曰：“告廟飲酒、策勳書勞者，至之事也，《左氏》所據史例也。喜其反者，至之義也，

① 鍾文烝撰，駢宇騫、郝淑慧點校：《春秋穀梁經傳補注》卷三，第79~80頁。

② 鍾文烝撰，駢宇騫、郝淑慧點校：《春秋穀梁經傳補注》卷三，第85頁。

③ 鍾文烝撰，駢宇騫、郝淑慧點校：《春秋穀梁經傳補注》，《論經》，第20頁。

經例也。"① 此所謂《春秋》有經、史二義也。

鍾氏認爲《左傳》對《春秋》的解讀以"事"爲主，實以史法治作爲"經"的《春秋》，是以，《左傳》離於《春秋》之"辭""義"，實未得其本旨，故亦非解《春秋》之正途。即如"漢博士言'左氏不傳《春秋》'，實以其書專主記事，不若二家純論經義"②。

鍾文烝雖言"義即是辭，辭即是義"，但在"辭"與"義"之間，却并不是一條直綫的勾連，而是曲折的解讀。鍾文烝引《禮記·經解》以説《春秋》之"辭"與"義"曰：

> 《禮記·經解》述孔子之言曰："其爲人也，屬辭比事，《春秋》教也。"屬者，屬合之。比者，比次之。《春秋》之義，是是非非，皆於其屬合、比次、異同、詳略之間見之，是其本教也。③

鍾文烝藉用《經解》之文，將"屬'辭'比事"作爲解讀《春秋》之方法，認爲通過屬合、比次、異同、詳略之"屬比"可以見"《春秋》之'義'"。"屬辭比事"以求"義"，而所以求其義者，要在"例"而已矣。即例以求義，即義而定例，義與例實二而一者也。故鍾文烝曰：

> 君子修《春秋》，以史法爲經法而例立，於是有變史例以爲例者，於是有自變其例以爲變例者，此其正名盡辭以當王法，豈不尤備乎哉？夫例者義而已矣。④

---

① 鍾文烝撰，駢宇騫、郝淑慧點校：《春秋穀梁經傳補注》卷三，第 83 頁。

② 鍾文烝撰，駢宇騫、郝淑慧點校：《春秋穀梁經傳補注》，《序》，第 1 頁。鍾文烝曰："讀《春秋》者當知其辭之深微隱約，而不可以史家之學求之。雖曰左史書動爲《春秋》，右史書言爲《尚書》，然而《尚書》説事者也，《春秋》説理者也。説事故覽文如詭而尋理即暢也，説理故觀辭立曉而訪義方隱也。後人以史視《春秋》，一誤於杜預，則謂《春秋》不可無《左傳》；再誤於劉知幾，則謂《左傳》勝於《春秋》；異言喧豗，而斷爛朝報之説起矣。韓子答劉秀才論史書曰：'凡史氏褒貶大法，《春秋》已備之矣。後之作者，在據事迹實録，則善惡自見。'司馬光作《通鑒》，於《魏紀》特言之曰：'臣今所述，止欲叙國家之興衰，著生民之休戚，使觀者自擇其善惡得失以爲勸戒，非若《春秋》立褒貶之法，撥亂世反諸正也。'由二子之言思之，可以知史，可以知經。"（《春秋穀梁經傳補注》，《論經》，第 20 頁。）

③ 鍾文烝撰，駢宇騫、郝淑慧點校：《春秋穀梁經傳補注》，《論經》，第 10 頁。

④ 鍾文烝撰，駢宇騫、郝淑慧點校：《春秋穀梁經傳補注》，《論經》，第 12~13 頁。

史亦有例，即爲史例。夫子修《春秋》，就史例而爲經例，於史例有因有革，但無論因、革，皆藴夫子《春秋》之“義”，即《春秋》從“魯《春秋》”變爲“孔子之《春秋》”之後，其例亦隨之變爲經例。但孔子貫徹於《春秋》的只是“義”，《春秋》之例則是由後人在“義”的基礎上提煉、詮釋出來的。鍾文烝曰：“嘗竊謂夫子自言七十而從心所欲不逾矩，《春秋》之書，事事有其矩，事事從心而爲之，不易變易，相因相成，欲求《春秋》義例者，當知斯意。”① 也就是説，鍾文烝認爲孔子作《春秋》之時，已達到“從心所欲不逾矩”的階段，其作《春秋》皆從心而出，但亦皆不逾於矩也。鍾氏對此頗爲究心，更爲詳論曰：

> 尚有需申論者，則從心所欲不逾矩之説也。夫魯史記之爲信史也，其體嚴，其事重也。修之若無可修也，以義斷之又甚難言也。而觀於《穀梁傳》，則述作新舊之間，去留加損之際，章之離合，句之繁約，字之先後，亦既一一精其義而深其文辭矣。而在聖人，不過歲月間之事也。豈非無矩而有矩，有心而無心者歟？夫矩者中也，中者權也。……大氐聖人之學始於志，中於立，終於權，故四十而不惑，五十而知天命，六十而耳順，皆由立而權之節次功候也。至於七十而從心所欲不逾矩，則權道之備，而作《春秋》之年也。知禮者可與立，知《春秋》者可與權。權者立之極至也，《春秋》者禮之極至也。《記》曰：“禮，時爲大。”《孟子》曰：“孔子，聖之時者也。”時者，謂中而權也。②

鍾文烝在提出夫子作《春秋》“從心所欲不逾矩”的基礎上，進一步將“從心所欲不逾矩”的聖人境界與《春秋》之例聯繫起來。他認爲孔子在“從心所欲不逾矩”的境界下，以“權道”修《春秋》，故而《春秋》經文實爲“無矩而有矩，有心而無心”之作。③ 易言之，《春秋》之例來自於孔子“從心所欲不逾矩”的境界。故而，就聖人而言，并非刻意在《春秋》中設例，只是隨心所欲地修《春秋》，即《春秋》皆“酌在夫

---

① 鍾文烝撰，駢宇騫、郝淑慧點校：《春秋穀梁經傳補注》，《論經》，第 13 頁。

② 鍾文烝撰，駢宇騫、郝淑慧點校：《春秋穀梁經傳補注》，《論經》，第 17～18 頁。

③ 文廷海指出：“鍾文烝在《春秋》‘史法經法’不可過拘的基礎上，提出了閱讀《春秋》應該‘中而權’，需要變通看待，既有法又無定法。”（《清代春秋穀梁學研究》，第 165 頁）文廷海將“中而權”看作讀《春秋》之法，但筆者以爲，鍾氏此處所論，更是孔子修《春秋》之法。

子之心"①。但就後人而言，"則述作新舊之間，去留加損之際，章之離合，句之繁約，字之先後，亦既一一精其義而深其文辭矣"。這是聖人自然生發，而不是刻意爲之之事，故"在聖人，不過歲月間之事也"。但後人讀《春秋》，却能從中讀出聖人"從心所欲不逾矩"之"矩"，這就是《春秋》之例。故而，鍾文烝引洪興祖説曰："《春秋》本無例，學者因行事之迹以爲例，猶天本無度，治曆者即周天之數以爲度也。"② 易言之，即孔子本未對《春秋》刻意設例，而是一本自然。但後人解讀《春秋》，却能從"自然"中讀取其"例"。其所謂例者，鍾文烝贊同程子之説，即"大率所書事同則辭同，後人因謂之例。然有事同而辭異者，蓋各有義，非可以例拘"，并進一步申説曰："此言最切當，所謂非可例拘者，今所謂變例是也。"③

故後人欲求《春秋》之"義"，要當自《春秋》之"例"得之。鍾氏以"例"爲解經最要之法，故其雖不主《公羊》，然亦極稱何休以例解經之法："若欲求解經之法，則當先讀何休注。何氏固多怪妄之説，而條例文義之細密融貫，實爲古今第一。"④ 也就是説，鍾文烝雖不贊同何休之論，認爲"多怪妄之説"，但就其"例"而言，却深爲褒揚，許爲"古今第一"。鍾文烝雖同意"三傳各有義例，皆不敢以私意亂聖法"，但却不以"學者不必較量異同"爲是。⑤

二、"《穀梁》善於經"與三傳優劣論

傳所以解經者也，就《春秋》所藴聖人之"義"而言，《穀梁》《公羊》皆以詮解《春秋》之經義爲鵠的，聖人所賦之經義無二，則當無大異同。但事實上，《左傳》毋論矣，就《穀梁》《公羊》而言，亦頗爲不同。故當三傳存異之時，如何處理這種差異，就成了治《春秋》學者必須要面對的課題。

鍾文烝認爲，當面對三傳歧互之時，相較於《公羊》《左傳》，《穀梁》之釋經才真正體現了《春秋》之義，即"《穀梁傳》者，《春秋》之本義也"⑥。其論曰：

---

① 鍾文烝撰，駢宇騫、郝淑慧點校：《春秋穀梁經傳補注》，《論經》，第 14 頁。
② 鍾文烝撰，駢宇騫、郝淑慧點校：《春秋穀梁經傳補注》，《論經》，第 13 頁。
③ 鍾文烝撰，駢宇騫、郝淑慧點校：《春秋穀梁經傳補注》，《論經》，第 13 頁。
④ 鍾文烝撰，駢宇騫、郝淑慧點校：《春秋穀梁經傳補注》，《論經》，第 15 頁。
⑤ 鍾文烝撰，駢宇騫、郝淑慧點校：《春秋穀梁經傳補注》，《論經》，第 13 頁。
⑥ 鍾文烝撰，駢宇騫、郝淑慧點校：《春秋穀梁經傳補注》，《序》，第 1 頁。

蓋嘗論之，聖人既作《春秋》，書於二尺四寸之策，其義指數千，弟子口受之，自後遞相授受，録以爲傳，則《穀梁》之與《左氏》《公羊》，宜若無大異者。而漢博士言“《左氏》不傳《春秋》”，實以其書專主記事，不若二家純論經義。二家之中，公羊當六國之亡，穀梁去孔子近，則見聞不同。公羊五傳至其玄孫，當漢孝景時，始著竹帛。穀梁作傳，親授荀卿，則撰述亦不同。公羊爲齊學，穀梁乃魯學，則師承又不同。今觀《穀梁》“隕霜不殺草”之傳，據韓非書，乃夫子答哀公問《春秋》之語，而《公羊》無之。《穀梁》引尸子、公子啓、蘧伯玉、沈子之外，有稱“傳曰”者十。傳者，七十子所記，其來甚古，《儀禮·喪服傳》亦有此例，而《公羊》又無之。以公羊氏所未聞，明穀梁氏之近古，以《儀禮》傳之可信，明《春秋》傳之得真，知其爲《春秋》之本義無疑也。①

就鍾氏而言，漢儒持“《左氏》不傳《春秋》”之説，鍾文烝亦認爲“其書專主記事，不若二家純論經義”，即“《左傳》固史學”②，不必視爲專門釋《春秋》之傳。③ 《春秋》作爲“經”，其要在於“辭”與“義”，故鍾氏論經曰：

《孟子》曰：“王者之迹熄而《詩》亡，《詩》亡然後《春秋》作，晋之《乘》，楚之《檮杌》，魯之《春秋》，一也。其事則齊桓、晋文，其文則史。孔子曰：‘其義則丘竊取之矣。’”此言《春秋》以義爲重也。《公羊》述孔子之言曰：“其辭則丘有罪焉爾。”此又言《春秋》以辭爲重也。其實義即是辭，辭即是義。《説文》解“䛐”字曰：“意内而言外。”義者内之意，辭者外之言。……是故君子之修《春秋》，修其辭以取其義也。此揚雄《法言》所謂“説理者莫辯乎《春秋》”，（李軌注曰：“屬辭比事之義。”文烝案：《春秋》議而不辯者，邵子所謂録實事而善惡形於其中也，於文不辯，於理則辯矣。故《左傳》亦曰：“微而顯，婉而辨。”）而非其事與文之謂也。泥

---

① 鍾文烝撰，駢宇騫、郝淑慧點校：《春秋穀梁經傳補注》，《序》，第1~2頁。

② 鍾文烝撰，駢宇騫、郝淑慧點校：《春秋穀梁經傳補注》卷二，第68頁。

③ 《清儒學案·子勤學案》言鍾文烝“於學無所不通，其全力尤在《春秋》。初兼三傳，參稽互考，以爲《左氏》博采國史書，詳陳事迹，本末具見，爲有功於經，但於經之取義則罕有合。《穀梁》《公羊》實得其傳，而《穀梁》尤得所傳之正。”（《清儒學案》卷一八一《子勤學案》，第6983頁）即此意也。

於其事，溺於其文，《左氏》所以失也。即其辭而明其義，《穀梁》所以得也。《公羊》亦近之，而文多意少，或不知而强爲之説，故未盡善也。①

如上所述，《春秋》之書，雖在於“事”與“文”，然其鵠的則在“辭”與“義”。夫子修辭所以見義，其要歸不過“義”之一字。故鍾氏認爲《左傳》泥於“事”而溺於“文”，是其所以爲失也，《穀梁》《公羊》在“即其辭而明其義”。也就是説，就《左傳》之釋經而言，鍾氏認爲其過於泥溺事文，實不知《春秋》本義及其讀法。在鍾氏的體系中，《左傳》與《穀梁》《公羊》并不在一個層面上，其性質與其説是釋《春秋》之“傳”，毋寧説是偏向於“史”的魯《春秋》。易言之，在“《春秋》三傳”中，只有《穀梁》《公羊》是真正釋經之傳。

而《穀梁》《公羊》作爲釋經之傳，亦有優劣之分。就“即其辭而明其義”而言，“《公羊》亦近之，而文多意少，或不知而强爲之説，故未盡善也”。其所以如此者，鍾文烝將“去孔子之遠近”視爲一條評判二傳是否得《春秋》經義的一大標準予以標舉，他認爲“公羊當六國之亡，穀梁去孔子近，則見聞不同”，以《儀禮·喪服傳》爲比，提出“以公羊氏所未聞，明穀梁氏之近古，以《儀禮》傳之可信，明《春秋》傳之得真”。其於《論傳》詳論之曰：

(孔門後學) 皆以此經爲授受之業，但其義則徒有口説而無書，其有書亦但如穀梁子所引“傳曰”之類，實非專書，蓋至穀梁始有專書矣。公羊作傳則當六國之亡，直至漢景帝時乃著竹帛，其初皆是口説相授，故其經字與左氏、穀梁異者，大率音同聲近之字。而傳文亦多齊言，或以語急而易他字，如以“得”爲“登”之屬。②

是所謂《穀梁》近孔者也。易言之，《穀梁》在時代上的近孔而早書於竹帛，則亦在一定程度上肯定了《穀梁》在文本上的“近孔”，進而推論《穀梁》在義理上也“近孔”。“近孔”之成立，就决定了其可作爲後世詮解《春秋》的一種可靠依據。鍾文烝續曰：

① 鍾文烝撰，駢宇騫、郝淑慧點校：《春秋穀梁經傳補注》，《論經》，第 11~12 頁。

② 鍾文烝撰，駢宇騫、郝淑慧點校：《春秋穀梁經傳補注》，《論傳》，第 27~28 頁。

《春秋》之爲道，非伯夷、伊尹、柳下惠之道也，況執後世儒生之見，哆口而議其義理，不亦偏且謬乎？故是己所是，非己所非，説愈多而愈無定，惟依據《穀梁傳》則皆有以斷之。或曰《穀梁》何以必可依據也？曰商子有言曰，先聖人爲書而傳之後世，必師受之，乃知所謂之名。不師受之，而人以其心意議之，至死不能知其名與其意。愚之宗《穀梁》，亦宗其師受而已矣。①

鍾文烝認爲，欲知何謂《春秋》之道，惟有於《穀梁》尋之。或人亦問"《穀梁》何以必可依據"，鍾文烝以"師受"二字答之。鍾文烝認爲《穀梁》《公羊》皆傳自子夏，然穀梁子"受業於子夏之門人"②，距孔子近，故得夫子作經之旨。而"公羊之學，當亦由子夏之弟子輾轉相授，而去聖彌遠，意義不備，或多亂説。雖與穀梁同源，而其歸迥異"③。《穀梁》既近孔子，得夫子作經之旨，又早書於竹帛，故後世學《穀梁》之説，即近孔子而得夫子《春秋》之道矣。是即鍾文烝所謂"宗《穀梁》，亦宗其師受而已矣"。蓋《穀梁》傳承有自，不失《春秋》本旨。

同時，鍾文烝又提出"魯學"與"齊學"之異，認爲"公羊爲齊學，穀梁乃魯學，則師承又不同"，則二者所學亦不同。又引《漢書·儒林傳》云："宣帝即位，聞衛太子好《穀梁春秋》，以問丞相韋賢、長信少府夏侯勝及侍中樂陵侯史高，皆魯人也，言穀梁子本魯學，公羊氏乃齊學也，宜興《穀梁》。"鍾氏論曰："斯言也，天下之公言也。《春秋》猶《論語》也，漢初《魯論語》《齊論語》并行，其後孔氏壁中《古文論語》出，篇簡章句與《魯論》大同，不若《齊論》多所附益，是魯學必勝齊學也。公羊作傳多齊言，且其解經多有護齊者，何足憑乎？"④ 鍾文烝由《魯論語》多合於《古文論語》，即認爲《魯論語》優於《齊論語》，故推論"魯學"優於"齊學"。由是則屬魯學之《穀梁》固較屬齊學之《公羊》爲善。故鍾文烝曰：

《春秋》之書，一言以蔽之，揚雄謂"説理莫辯者"是也。夫子言《春秋》以道義，言其義則丘竊取之，正是此意，故穀梁子釋經，

---

① 鍾文烝撰，駢宇騫、郝淑慧點校：《春秋穀梁經傳補注》，《論傳》，第30~31頁。
② 鍾文烝撰，駢宇騫、郝淑慧點校：《春秋穀梁經傳補注》，《論傳》，第23頁。
③ 鍾文烝撰，駢宇騫、郝淑慧點校：《春秋穀梁經傳補注》，《論傳》，第24頁。
④ 鍾文烝撰，駢宇騫、郝淑慧點校：《春秋穀梁經傳補注》，《論傳》，第27頁。

> 專明義理，十一卷皆同。鄭君謂《穀梁》善於經，啖助謂《穀梁》意深，陸淳、孫覺、胡安國等謂《穀梁》最精密，葉夢得謂《穀梁》所得多。而李光地善承朱子之學，其論《春秋》家曰："《穀梁》尤好，皆不易之言。"①

一言以蔽之，所謂"《穀梁》善於經"者，即《穀梁》善釋夫子《春秋》之義也，亦即《穀梁》爲"《春秋》之本義無疑"。在鍾文烝的《春秋》學中，只有《穀梁》才是解經之正途。但無論鍾文烝如何詮釋與建構，其出發點仍在鄭玄"《穀梁》善於經"一語：

> 至其解經之妙，或專釋，或通説，或備言相發，或省文相包，或一經而明衆義，或闡義至於無文，此乃程瑶田之論《喪服傳》所謂"端緒雖多，一綫不亂"。而凌曙以爲唯鄭氏能綜核不誤者也。若夫《左氏》得之品藻，失之浮誇；《公羊》得之於辯，失之於俗，具如舊説。其解經不及《穀梁》，又無論矣。鄭君論三傳曰："《左氏》善於禮，《公羊》善於讖，《穀梁》善於經。"案：《左氏》言禮未必盡當，圖讖起於哀、平，乃附合《公羊》家説爲之，鄭評二傳，竊所未安，唯"《穀梁》善經"一語則不可易。墨子曰："夫辯者，將以明是非之分，審治亂之紀，明同異之處，察名實之理，處利害，决嫌疑焉。摹略萬物之然，論求群言之比，以名舉實，以辭抒意。"文烝爲此書，頗有志乎此數語，而要以"《穀梁》善經"一語爲準。②

鍾文烝説得許多，要其旨歸，則仍不過"《穀梁》善經"一語耳。但鍾文烝比之他人更進一步的一點是，他要在稱揚"《穀梁》善於經"的同時，貶弃鄭玄"《左氏》善於禮，《公羊》善於讖"二語，而將《春秋》的解釋權歸之於《穀梁》一傳。這無疑是將"《穀梁》善於經"一語從對《穀梁》的判詞上升到對《春秋》三傳的優劣評判，亦使"《穀梁》善於經"從《穀梁》學的意義上升到了《春秋》學的層面。這是鍾文烝對"《穀梁》善於經"的再詮釋，亦是其對"《穀梁》善於經"一語的進一步推進。

---

① 鍾文烝撰，駢宇騫、郝淑慧點校：《春秋穀梁經傳補注》卷一，第3頁。

② 鍾文烝撰，駢宇騫、郝淑慧點校：《春秋穀梁經傳補注》，《論傳》，第29頁。

三、《穀梁補注》之注釋旨趣

歷來治《穀梁》學者，以范甯爲最重要。但上文已論，范甯注與其説是宗《穀梁》，毋寧説是要回歸《春秋》。但鍾文烝以"《穀梁》善於經"作爲評判三傳之標準，故絶不能信從范甯合彙三傳之説。是以，當鍾文烝注范甯《春秋穀梁傳注序》，面對范甯"《穀梁》清而婉，其失也短"之時，鍾氏就發聲曰："文簡耳，非短也，其義實視二傳爲密。"① 鍾文烝以《穀梁》最善於經，昭然可見。而當范甯舉例説三傳異同、褒貶殊致之時，鍾氏亦曰："范誤，《傳》不誤。"② 即鍾文烝認爲《穀梁》之於《春秋》，實爲"善"之，非二傳所及也。易言之，"《穀梁》善於經"在鍾文烝的理解中，實爲《穀梁》最善於經，亦即較《公羊》《左傳》更善於經。

簡言之，范甯之注《穀梁》，并不以《穀梁》爲獨善於經，而可兼采《左傳》《公羊》、杜預、何休之論以爲説，但鍾文烝則以《穀梁》獨善、最善於經，故不得捨《穀梁》而就《左傳》《公羊》。也正是出於"兼采"與"獨善"之不同，范甯注中常用《左傳》《公羊》説，但鍾文烝則以《穀梁》爲銓衡經義之標準。如隱公四年，"秋，翬帥師會宋公、陳侯、蔡人、衛人伐鄭。"《穀梁》曰："翬者何也？公子翬也。其不稱公子何也？貶之也。"③ 對公子翬不稱公子而直呼其名，就《穀梁》書法而言，是爲貶之。《穀梁》之貶，略去"公子"二字以見之。但范甯用《左傳》杜注之説，認爲"外大夫貶皆稱人，内大夫貶皆去族稱名。記事之體，他國可言某人，而己之卿佐不得言魯人"④。是則雖亦可謂補充《穀梁》之説，然却不符合《穀梁》詮釋體系。故鍾文烝曰："杜自用《左傳》説，不宜引爲注。"⑤ 即不以范甯引用杜注爲是。

雖然鍾文烝指出《穀梁》最善於經，但并不是説注《穀梁》時不得援引《左傳》《公羊》二傳之説。事實上，鍾氏雖主《穀梁》，然其於二傳却并不完全排斥。相反，鍾氏認爲要注《穀梁》，不但需要融會二傳，更要博極群書，其言曰：

> 竊謂《穀梁》解《春秋》，似疏而密，甚約而該。經固難知，傳

① 鍾文烝撰，駢宇騫、郝淑慧點校：《春秋穀梁經傳補注》，《范氏元序》，第8頁。
② 鍾文烝撰，駢宇騫、郝淑慧點校：《春秋穀梁經傳補注》，《范氏元序》，第7頁。
③ 范甯集解，楊士勛疏：《春秋穀梁傳注疏》卷二，第20頁。
④ 范甯集解，楊士勛疏：《春秋穀梁傳注疏》卷二，第20頁。
⑤ 鍾文烝撰，駢宇騫、郝淑慧點校：《春秋穀梁經傳補注》卷一，第37頁。

亦難讀，學者既潛心於茲，又必熟精他經，融貫二傳，備悉周、秦諸子及二千年説者之得失，然後補苴張皇，可無遺憾。以予淺學，蓋未之逮，唯曰實事求是，而盡心平心則庶幾矣。①

鍾氏認爲注《穀梁》不能僅僅局限於《穀梁》，而要推及二傳，進而備悉周秦經子，然後“可無遺憾”。但“備悉”的目的不在於博覽，而在能斷。故鍾氏認爲“李鼎祚、衞湜之浩博，又苦於不斷，予期於明且斷而已矣”②。也就是説，“博”的目的在於“約”，約於《穀梁》，斷以《穀梁》。故當范甯説：“釋《穀梁傳》者雖近十家，皆膚淺末學，不經師匠，辭理典據既無可觀，又引《左氏》《公羊》以解此傳，文義違反，斯害也已。”③ 鍾文烝亦以之説范甯，認爲“范亦多無可觀，又其以二傳淆亂本書者亦往往有，故知解經難，故知何、杜不可及”④。何休、杜預之所以不可及，就在於二者皆“斷以本傳”，不以“二傳淆亂本書”。

也就是説，鍾文烝認爲，爲《穀梁》作注并非不能用《公羊》《左傳》的説法，相反需要融貫二傳，兼及經子，但融貫與兼及的前提在於謹守本傳，“斷以本傳”。不以“二傳淆亂本書”，如此才是《穀梁》學，不然則是自亂體例，即其所謂“夫學欲多也，思欲專也，取群書以治一書者，其道無以易此也”⑤。

職是之故，雖然鍾文烝認爲“大曆以降，經學一變，前此説《春秋》者，皆説三傳，主於一而兼其二，未有自我作故去取唯欲者。啖助、趙匡、陸淳之書出，而兩宋孫復、劉敞、孫覺、程子、葉夢得、胡安國、陳傅良、張洽之徒繼之，元之黄澤、趙汸用功尤深，又踵而詳之，於是三家之書各不成家，而《春秋》之説滋亂，至於今未已也”。中唐以降的《春秋》學已不尊三傳，而各出新意，難免“《春秋》之説滋亂”，“然而風氣日開，智慧日出，講求益密，義理益詳，則亦自有灼然不惑之説”⑥。鍾

① 鍾文烝撰，駢宇騫、郝淑慧點校：《春秋穀梁經傳補注》，《序》，第 4 頁。

② 鍾文烝撰，駢宇騫、郝淑慧點校：《春秋穀梁經傳補注》，《序》，第 4 頁。吴連堂曰：“子勤《補注》往往廣徵博引，羅列衆家之説，以求詳明。……求詳之外，子勤尚勉於明且斷。”（《〈春秋穀梁經傳補注〉研究》，第 18~20 頁）吴氏所謂“詳而能斷”者，即博引群書而有所裁斷也。但吴氏并没有指出鍾文烝“斷”的標準是《穀梁》義例，即“斷以本傳”這一最爲重要的理念。

③ 鍾文烝撰，駢宇騫、郝淑慧點校：《春秋穀梁經傳補注》，《范氏元序》，第 8~9 頁。

④ 鍾文烝撰，駢宇騫、郝淑慧點校：《春秋穀梁經傳補注》，《范氏元序》，第 8~9 頁。

⑤ 鍾文烝撰，駢宇騫、郝淑慧點校：《春秋穀梁經傳補注》，《序》，第 4 頁。

⑥ 鍾文烝撰，駢宇騫、郝淑慧點校：《春秋穀梁經傳補注》，《序》，第 3 頁。

氏亦不因其滋亂《春秋》之説而拒之，相反，《春秋穀梁經傳補注》引用宋明人説頗多，而這些説法往往并非恪守三傳之説。鍾文烝以《穀梁》家自居，又能如此博徵非《穀梁》家之群書，正在其用《穀梁》本傳斷各家之義。其所引以爲證者，或在證《穀梁》之確，或在補《穀梁》之未備，或更在駁二傳、他書之誤。要之，皆以《穀梁》爲斷者也。

故在隱公元年"夏五月，鄭伯克段於鄢"條下，《穀梁》書"何甚乎鄭伯？甚鄭伯之處心積慮成於殺也"，范甯注引范雍語曰："段恃寵驕恣，强足當國。鄭伯不能防閑以禮，教訓以道，縱成其罪，終致大辟。處心積思，志欲殺弟。"鍾文烝補注曰：

> 雍注取《左傳》譏失教爲説，理固如此，非傳意也，傳但據殺弟言之。處心積慮成於殺者，即上文能殺之謂，與殺佞夫言忍親、言甚之正同，譏失教之義自在其中矣。①

鍾氏雖認爲"譏失教之義自在其中"，但范雍"取《左傳》譏失教爲説"，雖"理固如此"，但"非傳意"。何謂"非傳意"呢？事實上，就《穀梁》而言，只是要發《春秋》之經義，而不是探尋其本事。范雍用《左傳》所述"鄭伯克段於鄢"的本事説《穀梁》發傳之義，則是以事爲説，非以義爲斷者也。雖然，鍾文烝也認爲范雍所用之事亦蘊含在《穀梁》義中，但把《穀梁》以義發傳的模式轉化爲以事爲據，則是范雍注釋的不當之處。故范雍所説，斷以《穀梁》，則實爲傳外之説，不可據也。此即所謂斷以本傳者也。

又如桓公二年，"滕子來朝"條，范甯曰："隱十一年稱侯，今稱子，蓋時王所黜。"鍾文烝補曰：

> 此等多用杜預義。疏曰："周公之制，爵有五等，所以擬其黜陟。今傳無貶爵之文，明降爵非《春秋》之義。"疏是也。滕子、薛伯、杞伯、杞子皆時王所黜。曹之爲伯，《左傳》所謂"曹爲伯甸"，而《汲冢·穆天子傳》有曹侯，此穆王後黜爵之驗。②

鍾文烝認爲范甯之注蓋承自杜預《左傳》注，雖然鍾氏亦認爲滕子、

① 鍾文烝撰，駢宇騫、郝淑慧點校：《春秋穀梁經傳補注》卷一，第10~11頁。
② 鍾文烝撰，駢宇騫、郝淑慧點校：《春秋穀梁經傳補注》卷三，第80頁。

薛伯、杞伯、杞子、曹伯之爵皆時王所黜，即范甯所言爲實，然就《穀梁》而言，“傳無貶爵之文，明降爵非《春秋》之義”，即就《穀梁》論，“降爵”本非其發傳之處。如是，則范甯援引杜預《左傳》注以爲説，則非《穀梁》專門家言。易言之，鍾文烝區分了《春秋》與三傳之不同、《穀梁》與《左傳》之差異。就《春秋》而言，前稱“滕侯”，今稱“滕子”，則或有褒貶之義；然就《穀梁》而論，并未就稱爵變化發傳，則《穀梁》并不以稱侯、稱子爲義。就《左傳》而言，滕侯由“侯”變“子”，爲時王所黜；就《穀梁》而論，其未發傳，則并不以稱侯、稱子爲《春秋》發義所在。鍾文烝雖然承認時王黜陟之説，且更藉曹侯稱伯爲據以論證之，但就注《穀梁》而論，其并不以范甯援引杜預《左傳》注爲是，蓋杜預説爲《左傳》家言，雖或近是，然非《穀梁》應有之義，故不以之爲是，即鍾文烝援引《左傳》、杜預之時，其衡論之核心，仍在《穀梁》本傳。

要言之，鍾文烝之注《穀梁》，雖可援引二傳以爲據，亦應廣涉群書以爲注，然其要歸，則在《穀梁》本傳。就其注釋旨趣而言，即以本傳斷群書。而其之所以要“以《穀梁》爲斷”，即是將《穀梁》建立在“最善於《春秋》”的基礎之上。易言之，相較於《公羊》《左傳》，《穀梁》才最能抉發《春秋》之微言大義。

第四章　九旨説與三臨言：柯劭忞之《穀梁》學體系建構

自清初以降，尤其是乾嘉考據學興起之後，鄭玄“《穀梁》善於經”説被重新發現與誤讀，引出了《穀梁》學在晚清復興的一個小高潮。無論是許桂林對《穀梁》時月日例的探討，還是柳興恩對《穀梁》義例體系的建構，抑或是鍾文烝在千數百年之後再次爲《穀梁》作補注，都是“《穀梁》善於經”説影響下的接受史與詮釋史。但就《穀梁》學體系而言，許桂林、柳興恩皆以時月日例爲核心，尚未能建立完整的《穀梁》學體系；鍾文烝雖然以范甯注爲底本作補注，但亦未能真正抉發《穀梁》“善經”學之綱領。是以，就晚清《穀梁》學而言，一方面尚未能够建構完整的《穀梁》學體系，另一方面則未能掘發《穀梁》之綱領，故雖然有復興之勢，却未能真正興起，蓋由此也。此二點之解決，則有待於柯劭忞。柯劭忞《春秋穀梁傳注》以“九旨説”與“三臨之言”爲《穀梁》綱領，真正爲《穀梁》建構了一個具有核心脉絡的詮釋體系。

一、重論三科九旨：“九旨”説與《穀梁》關係之建構

欲論柯劭忞之《穀梁》學體系，要當以“三科九旨”爲起點。“三科九旨”一般被視爲《公羊》學核心概念，徐彦《公羊疏》載：

> 問曰：《春秋説》云：《春秋》設三科九旨，其義如何？答曰：何氏之意以爲三科九旨正是一物。若揔言之，謂之三科，科者，段也；若析而言之，謂之九旨，旨者，意也。言三个科段之内，有此九種之意。故何氏作《文謚例》云：“三科九旨者，新周、故宋、以《春秋》當新王，此一科三旨也。”又云：“所見異辭、所聞異辭、所傳聞異辭，二科六旨也。”又：“内其國而外諸夏、内諸夏而外夷狄，

是三科九旨也。"①

何休《春秋》"三科九旨"之説，以"新周、故宋、以《春秋》當新王"爲一科三旨，以"所見異辭、所聞異辭、所傳聞異辭"爲二科六旨，以"内其國而外諸夏、内諸夏而外夷狄"爲三科九旨。自是以還，"三科九旨"成爲《公羊》家説，《穀梁》《左氏》不與焉。② 然察其實，則徐疏此條所論"三科九旨"，似不單爲《公羊》家説。案諸徐疏此條之問答，其後續云：

問曰：案宋氏之注《春秋説》，三科者，一曰張三世，二曰存三統，三曰異外内，是三科也；九旨者，一曰時，二曰月，三曰日，四曰王，五曰天王，六曰天子，七曰譏，八曰貶，九曰絶。時與日、月詳略之旨也，王與天王、天子是録遠近親疏之旨也，譏與貶、絶則輕重之旨也。如是，三科、九旨聊不相干，何故然乎？答曰：《春秋》之内具斯二種理，故宋氏又有此説，賢者擇之。③

就此條而言，首先需要發問的是，何謂《春秋説》？安居香山、中村璋八之輯《緯書集成》，於《春秋演孔圖》下録文曰："《春秋》設三科九旨。"④ 則徐彦疏所引之《春秋説》當以《春秋演孔圖》最爲可能。讖緯之勃興，要在哀平之後。⑤《後漢書・方術列傳》曰：

漢自武帝頗好方術，天下懷協道藝之士，莫不負策抵掌，順風而届焉。後王莽矯用符命，及光武尤信讖言，士之赴趣時宜者，皆騁馳穿鑿，争談之也。故王梁、孫咸名應圖籙，越登槐鼎之任，鄭興、賈逵以附同稱顯，桓譚、尹敏以乖忤淪敗，自是習爲内學，尚奇文，貴異數，不乏於時矣。⑥

---

① 何休注，徐彦疏：《春秋公羊注疏》卷一，第 7 頁下。

② "三科九旨"之説，有以董仲舒先發其例者，有以何休自創説者，有以何氏繼承胡毋生説者。就"三科九旨"之於後世《春秋》學而言，要以何休最爲關鍵，自何氏之後，"三科九旨"説完全成爲《公羊》家説。

③ 何修注，徐彦疏：《春秋公羊注疏》卷一，第 7 頁下。

④ 安居香山、中村璋八輯：《緯書集成》，河北人民出版社 1994 年版，第 579 頁。

⑤ 參見張學謙：《東漢圖讖的成立及其觀念史變遷》，《文史》2019 年第 4 輯。

⑥ 范曄撰，李賢等注：《後漢書》卷八二上《方術列傳上》，第 2705 頁。

王莽代漢、光武中興皆以符讖爲號，故光武之後，愈加崇信讖緯。儒者從風，言六經之合乎讖緯，鄭興、賈逵諸大儒所不能免也。職是之故，"終東漢之世，以通七緯者爲内學，通五經者爲外學，蓋自桓譚、張衡而外，鮮不爲所惑焉"①。七緯、五經内外之分，亦可見是時經、緯之關係與地位。《春秋》傳之興廢亦以能否合乎緯書爲之徵，故賈逵曰：

> 臣以永平中上言《左氏》與圖讖合者，先帝不遺芻蕘，省納臣言，寫其傳詁，藏之秘書。……至光武皇帝，奮獨見之明，興立《左氏》《穀梁》，會二家先師不曉圖讖，故令中道而廢。……五經家皆無以證圖讖明劉氏爲堯後者，而《左氏》獨有明文。五經家皆言顓頊代黄帝，而堯不得爲火德。《左氏》以爲少昊代黄帝，即圖讖所謂帝宣也。如令堯不得爲火，則漢不得爲赤。其所發明，補益實多。②

光武立《左傳》學，然因《左傳》先師不曉圖讖，故"中道而廢"。賈逵之争立《左傳》，亦以其合乎讖緯之論以爲説。故"漢時，又詔東平王蒼，正五經章句，皆命從讖。俗儒趨時，益爲其學，篇卷第目，轉加增廣。言五經者，皆憑讖爲説"③。是亦可見，歷後漢之世，五經必援引讖緯以爲之説。也就是説，當後漢而言，《春秋》緯雖然作爲解説《春秋》之緯書而出現，但在緯學成爲内學、五經成爲外學的時代，并不是"《春秋》經"決定"《春秋》緯"，一定程度上《春秋》經、緯的互動構成了後漢及其後的《春秋》解讀。

"三科九旨"作爲《春秋演孔圖》的一個概念，必然受到《春秋》家關注，進而在注《春秋》之時予以援引、闡發。何休作爲《公羊》家可據以爲説，《左傳》《穀梁》亦可引以説經。雖然何休"三科九旨"説深入人心，但後世所謂《公羊》家之"三科九旨"説并非何休獨創，而是傳承有自，是則有必要稍事梳理。劉逢禄曰：

> 其（孔廣森）意以爲三科之義不見於傳文，止出何氏《解詁》，疑非《公羊》本義。無論"元年""文王""成周""宣謝""杞子"

---

① 朱彝尊撰，侯美珍等點校，林慶彰等編審：《（點校補正）經義考》卷二九八《通説四》，臺灣"中央研究院"中國文哲所籌備處 1999 年版，第 885 頁。

② 范曄撰，李賢等注：《後漢書》卷三六《鄭范陳賈張列傳》，第 1237 頁。

③ 魏徵、令狐德棻：《隋書》卷三二《經籍志》，第 941 頁。

> “滕侯”之明文，且何氏序明言依胡毋生條例，又有董生之《繁露》、太史公之《史記·自序》《孔子世家》，皆《公羊》先師，七十子遺說，不特非何氏臆造，亦且非董、胡特創也。無“三科九旨”則無《公羊》，無《公羊》則無《春秋》，尚奚微言之與有?①

何休之説非其特創，就何氏“三科九旨”而言，亦可自董仲舒、司馬遷文内尋其脉絡。蘇輿注《春秋繁露》曰：

> 錢云：“何氏三科九旨之説，實本仲舒。此已得二科六指，尚有一科三指，見《王道篇》，或宜在此。”輿案：何氏九科三旨，所謂“張三世”見此篇，“通三統”見《三代改制篇》，“異外内”見《王道篇》。然董自有六科十指，何自言用胡毋生條例，或不必盡同。②

《史記·孔子世家》言孔子之作《春秋》，“據魯，親周，故殷，運之三代”③ 云云。就此看來，何休所謂“三科九旨”雖不必一定自董仲舒、司馬遷來，然其淵源有自則無疑。也就是説，董仲舒、司馬遷，抑或胡毋生等《公羊》先師，前此已提出孔子撰《春秋》之原則，而何休見諸《春秋演孔圖》等緯書之《春秋》“三科九旨”説，故以《公羊》先師之説附麗之，以成一完整體系。故何休之言“三科九旨”，實整合《公羊》先師之説與緯書之概念而成，并非其獨創。

既然“三科九旨”面對的是《春秋》而不是《公羊》，那麼，這就是爲《春秋》訂定的解讀體系而不是爲《公羊》特製的解釋系統。同時，由於此一概念出自緯書，則後世《春秋》家引此爲説，自難有確鑿無疑的標準答案，而可以按照自己的理解來解讀。何休亦只是憑藉《公羊》先師之説而附言“三科九旨”，則其説雖深入人心，但不必定以之爲唯一解。故《公羊》家之不同於何休者，自可提出自己的“三科九旨”説。而《左傳》家、《穀梁》家亦自可從《左傳》《穀梁》之學統出發，援引“三科九旨”之概念，構建其“三科九旨”説。

故何休以“新周、故宋、以《春秋》當新王”爲一科三旨，以“所

---

① 劉逢禄：《劉禮部集》卷三《春秋論下》，《續修四庫全書》第一五〇一册，第58頁上。

② 董仲舒撰，蘇輿校證，鍾哲點校：《春秋繁露義證》卷一《楚莊王第一》，第23頁。

③ 司馬遷撰，瀧川資言考證，楊海峥整理：《史記會注考證》卷四十七《孔子世家第十七》，第2476頁。

見異辭、所聞異辭、所傳聞異辭”爲二科六旨，以“内其國而外諸夏、内諸夏而外夷狄”爲三科九旨；宋氏以張三世、存三統、異外内爲三科，時、月、日、王、天王、天子、譏、貶、絶爲九旨。徐彦雖疏何休之《公羊》注，然其於何、宋“三科九旨”之不同，亦曰“《春秋》之内具斯二種理，故宋氏又有此説，賢者擇之”。易言之，即使就以疏解何休爲職志的徐彦看來，“三科九旨”也不必定以何説爲是。故在何休“三科九旨”説流行千年之後，孔廣森作爲夫子後人再次注解《公羊》之時，又提出了另一套“三科九旨”的解讀體系，其言曰：

> 昔我夫子有帝王之德，無帝王之位，又不得爲帝王之輔佐，乃思以其治天下之大法，損益六代禮樂文質之經制，發爲文章，以垂後世。……烏乎托之？托之《春秋》。《春秋》之爲書也，上本天道，中用王法，而下理人情。不奉天道，王法不正；不合人情，王法不行。天道者，一曰時，二曰月，三曰日；王法者，一曰譏，二曰貶，三曰絶；人情者，一曰尊，二曰親，三曰賢。此三科九旨既布，而壹裁以内外之異例，遠近之異辭，錯綜酌劑，相須成體。①

當以“昔我夫子”開始討論作爲“先祖”的孔子所撰的《春秋》時，重新提出一套“三科九旨”的説法，而完全拋弃了何休、宋氏之論，孔廣森似乎給了自己一種天然的合法性，而不必去討論何、宋是否合理，爲何需要重新提出一套完全不同的説法。但不管怎麽樣，孔廣森的出現讓我們看到，“三科九旨”并不是只能在何休的籠罩下成立，而可以有新生的可能。② 但對於孔廣森的新“三科九旨”説，劉逢禄予以激烈的批判，其言曰：

> 清興百有餘年，而曲阜孔先生廣森始以《公羊春秋》爲家法，於

---

① 孔廣森撰，崔冠華校點：《春秋公羊經傳通義·叙》，《儒藏（精華編八五）》，北京大學出版社 2010 年版，第 299 頁。

② 對於孔廣森新創“三科九旨”的做法，後世儒者、學者更多的是强烈反對，其中尤以劉逢禄最爲激烈。而當代史家之論孔廣森，亦以之爲不守《公羊》師法、家法之舉，多所批駁，如黄開國《孔廣森與何休的經學之異》（《齊魯學刊》2006 年第 2 期）即持此論。然後世對孔廣森之批判，多站在劉逢禄重新建構的《公羊》體系之上，他們所謂孔廣森不守《公羊》、何休之家法，亦是以劉逢禄重新建構的《公羊》學脉絡爲標準。故而，就目前對孔廣森的批判而言，實在有必要再作進一步的探討。

以擴清諸儒據赴告、據《左傳》、據《周官》之積蔀，箴砭衆説無日月、無名字、無褒貶之陳羹，詎不謂素王之哲孫、麟經之絶學。乃其三科九旨，不用漢儒之舊傳，而别立時、月、日爲天道科，譏、貶、絶爲王法科，尊、親、賢爲人情科。如是，則《公羊》與《穀梁》奚異？奚大義之與有？①

孔廣森作爲“素王之哲孫”重新提出“三科九旨”之時，劉逢禄所不能接受的是，孔氏將“三科九旨”從“何氏説”變成了“孔氏説”。在他看來，“孔氏説”提出的結果是：“《公羊》與《穀梁》奚異？奚大義之與有？”易言之，即《公羊》異於《穀梁》的微言大義將因之而泯。就孔氏《公羊通義・叙》而言，劉逢禄之責問并非杞人憂天、無稽之談。蓋孔廣森不重何休等《公羊》先師所謂的微言，而將《公羊》學的主旨從微言大義轉爲比辭求例發義，倒與《穀梁》學之比辭求例、進而求義之學更爲切近。②

就《公羊》家而言，孔廣森重設“三科九旨”，從而使何休等《公羊》先師所發之《春秋》微言隱而不彰，自難爲他們所接受。但就劉逢禄提出的疑問來説，我們可以接着追問，那麼，《穀梁》學是否可以援引“三科九旨”之説呢？如前所述，“三科九旨”説本就是爲《春秋》而發，并不是《公羊》家專利。而孔廣森提出的新“三科九旨”説似乎又更近於《穀梁》，那麼，爲何不能談“三科九旨”在《穀梁》中成立之可能呢？或許是囿於何休説之深入人心，兩千餘年的《穀梁》學史中，《穀梁》先師似乎并無論“三科九旨”在《穀梁》中如何成立之課題者。但及至兩千餘年後的民國初年，柯劭忞終於回答了“三科九旨”如何在《穀梁》中成立的問題，其言曰：

---

① 劉逢禄：《劉禮部集》卷三《春秋論下》，《續修四庫全書》第一五〇一册，第57頁。

② 孔廣森撰，崔冠華校點：《春秋公羊經傳通義・叙》曰：“漢世謂《公羊》爲今學，《左氏》爲古學，以其書多古文訓讀，賈逵、服虔號能明之，雖時與此傳抵牾，而一字予奪必有意，日月、名字詳略必有説，大指猶不甚相背。杜預始變亂賈、服古訓，以爲經承舊史，史承赴告。苟如是，因陋就簡，整齊册牘云爾，董狐、倚相之才，遍優爲之，而又何貴乎聖人？……魯之《春秋》，史也；君子修之，則經也。經主義，史主事。……夫唯有例而又有不囿於例者，乃足起事同辭異之端，以互發其蘊。《記》曰：‘屬辭比事，《春秋》之教也。’此之謂也。十二公之篇，二百四十二年之紀，文成數萬，赴問數千，應問數百，操其要歸，不越乎同辭、異辭二途而已矣。”（第300～301頁）就此叙而論，孔廣森確乎不重《公羊》家所謂之微言者，亦無怪乎劉逢禄必批而駁之也。

何邵公治《公羊》，智慮深長，爲經師之冠。其説三科九旨，不用古説，而别爲條例者。按《公羊》徐疏引宋君《春秋注》："三科者，一曰張三世，二曰存三統，三曰風内外。九旨者，一曰時，二曰月，三曰日，四曰天王，五曰天子，六曰王，七曰譏，八曰貶，九曰絶。"何氏則就三科分爲九旨，擯古説之九旨不用。蓋以三科爲《公羊》學，九旨《穀梁》學。故取其三科，而不取其九旨也。今以《穀梁傳》證之日月時之例，傳義較《公羊》詳數倍；天王、天子、王之三稱，傳義備矣，《公羊》未之及也；譏、貶、絶之例，亦較《公羊》爲密。用是知宋君所謂九旨者，誠哉爲《穀梁》之義例矣。何氏專治《公羊》，故捨之不取，奈何治《穀梁》者熟視無睹，而自弃綱領之大者乎？師説久湮，傳義恒疑其無條理，若統之以九旨，則如網在綱，有條不紊矣。①

柯氏首先以宋氏説爲"三科九旨"之古説，認爲何休所提的"三科九旨"説爲蔑弃古説而别爲條例者，從而將"三科九旨"的定義從何休拉到了古義。同時，不取何休、孔廣森合九旨於三科之中的理論，堅持三科、九旨爲兩個不同部分的提法。就宋氏所提出的九旨而言，"以《穀梁傳》證之日月時之例，傳義較《公羊》詳數倍；天王、天子、王之三稱，傳義備矣，《公羊》未之及也；譏、貶、絶之例，亦較《公羊》爲密"，故而"三科"爲《公羊》學、"九旨"爲《穀梁》學，從而使《公羊》《穀梁》各對應"三科九旨"的一部分，形成雙峰對峙的格局，使"九旨"説在《穀梁》學中成爲可能。②

如果説何邵公是使"三科九旨"説從屬於《公羊》的完成者，那麼，柯劭忞就是重新將"三科九旨"的理論拉回到《春秋》層面并爲《穀梁》取得"九旨"解釋權的奠基人。柯氏之注《穀梁》，以"九旨"爲綱，實爲真正以"九旨"説《穀梁》的第一人。故而，欲論"三科九旨"在

---

① 柯劭忞注：《春秋穀梁傳注》，《序》，力行書局影印民國十六年初版，第 1~2 頁。柯劭忞《春秋穀梁傳注》有初版與修訂版（修訂版影印本由廣西師範大學出版社 2018 年出版，另有中華書局 2020 年張鴻鳴點校本）二本，初版、修訂版此序微有不同，筆者此處用柯氏初版，以初版較修訂版更能體現柯氏對於《穀梁》與九旨説關係之强調。

② 但必須承認的是，柯劭忞之所以要區分"三科""九旨"的不同屬性，并不是要繼續《公羊》《穀梁》的千年之争，而是在面對千年未有之大變局時，希望爲經典開出一條新路，從而叩問中國如何面向世界。是以，他提出"竊謂世亂方亟，撥亂反正莫尚於《春秋》，非兼通三傳，不足以治《春秋》之學"。（《春秋穀梁傳注・序》）

《穀梁》學中之成立，必當以柯氏《春秋穀梁傳注》爲第一書。①

柯劭忞重新構建“三科九旨”的《穀梁》屬性，不過是想在晚清《公羊》大興的時代重提《穀梁》學之意義。事實上，自《公》《穀》二傳在漢代寫定以降，二傳之争不過是在争論誰才真正“善經”。無論是范甯、楊士勛，抑或是清中期以降的許桂林、柳興恩、鍾文烝，皆在重構《穀梁》學體系，柯劭忞所做的只是步武此一《穀梁》學潮流。但楊、許、柳、鍾所做的是在“《穀梁》善於經”的理念指導下，重新詮釋《穀梁》之所以善經；而柯劭忞將“九旨”説屬之於《穀梁》，則不但爲“《穀梁》善於經”提供了體系性脉絡，也爲《穀梁》學之展開建構了一套可供施行的理論體系。如果説許桂林、柳興恩只是對《穀梁》某些義例的探討，鍾文烝只是在“《穀梁》善於經”理念下對《穀梁》解經的價值予以詮釋，那麼，柯劭忞《春秋穀梁傳注》則真正開啓了《穀梁》詮釋系統的新篇章，而“九旨”説就是此新篇的核心。在柯氏的《穀梁》學體系中，其核心即“九旨”，只有以“九旨”爲綱，才能使《穀梁》學得到提綱挈領的闡發。

二、君子與修辭：柯劭忞詮釋體系中的“君子”與《春秋》

要理解柯劭忞之《穀梁》學體系，自當以“九旨”説爲中心；但《春秋》書寫中的日、月、時、天王、天子、王、譏、貶、絶之九旨，也就是以辭展現《春秋》之褒貶，則當回到《春秋》之書寫。柯劭忞言：“孔子疑以傳疑、信以傳信，但就其辭以明筆削之義而已。”② 歷來研讀《春秋》者皆關注夫子之筆削，而《穀梁》傳文多稱“君子”以論夫子之書寫與褒貶，柯劭忞亦賡續《穀梁》“君子”之説，就君子對《春秋》之筆削、大義予以探討。

《穀梁》明言“君子”以展現《春秋》之義者共十一條，③ 現列於次，以見《穀梁》之“君子”義。

---

① 關於柯劭忞及其《春秋穀梁傳注》之介紹，可參見文廷海：《春秋穀梁學史研究》，中國社會科學出版社 2019 年版，第 363～376 頁。

② 柯劭忞撰，張鴻鳴點校：《春秋穀梁傳注》，中華書局 2020 年版，《國立歷史博物館講演會講演録・春秋學（穀梁）》，第 492 頁。

③ 此十一條外，《穀梁》復有稱“君子”者，然此“君子”非指修《春秋》之“君子”。

《穀梁》稱“君子”表

	經文	傳文
1	（隱公元年）秋七月，天王使宰咺來歸惠公、仲子之賵。	母以子氏。仲子者何？惠公之母、孝公之妾也。禮，賵人之母則可，賵人之妾則不可，君子以其可辭受之。
2	（隱公二年）九月，紀履綸來逆女。	逆女，親者也，使大夫非正也。以國氏者，爲其來交接於我，故君子進之也。
3	（桓公二年）三月，公會齊侯、陳侯、鄭伯于稷，以成宋亂。	以者，内爲志焉爾，公爲志乎成是亂也。此成矣，取不成事之辭而加之焉，於内之惡而君子無遺焉爾。
4	（莊公二十八年）臧孫辰告糴於齊。	一年不艾而百姓饑，君子非之。
5	（莊公三十一年）秋，築臺于秦。	不正罷民三時，虞山林藪澤之利，且財盡則怨，力盡則懟，君子危之，故謹而志之也。
6	（僖公十二年）夏，楚人滅黄。	貫之盟，管仲曰：“江、黄遠齊而近楚，楚爲利之國也，若伐而不能救，則無以宗諸侯矣。”桓公不聽，遂與之盟。管仲死，楚伐江滅黄，桓公不能救，故君子閔之也。
7	（僖公）十有六年春王正月戊申朔，隕石于宋五。是月，六鶂退飛過宋都。	是月者，決不日而月也。六鶂退飛過宋都，先數，聚辭也，目治也。子曰：“石無知之物，鶂微有知之物。石無知，故日之；鶂微有知之物，故月之。”君子之於物，無所苟而已。石、鶂且猶盡其辭，而況於人乎。故五石六鶂之辭不設則王道不亢矣。
8	（僖公十七年）夏，滅項。	孰滅之？桓公也。何以不言桓公也？爲賢者諱也。項，國也，不可滅而滅之乎？桓公知項之可滅也，而不知己之不可以滅也。既滅人之國矣，何賢乎？君子惡惡疾其始，善善樂其終，桓公嘗有存亡繼絶之功，故君子爲之諱也。
9	（文公二年）八月丁卯，大事于大廟，躋僖公。	大事者何？大是事也，著祫嘗。祫祭者，毀廟之主陳于大祖，未毀廟之主皆升，合祭于大祖。躋，升也，先親而後祖也，逆祀也。逆祀則是無昭穆也，無昭穆則是無祖也，無祖則是無天也，故曰“文無天”。無天者，是無天而行也。君子不以親親害尊尊，此《春秋》之義也。

续表

	經文	傳文
10	(宣公十七年) 冬十有一月壬午，公弟叔肸卒。	其曰公弟叔肸，賢之也。其賢之，何也？宣弒而非之也。非之則胡爲不去也？曰兄弟也，何去而之？與之財則曰我足矣，織屨而食，終身不食宣公之食，君子以是爲通恩也，以取貴乎《春秋》。
11	(昭公十九年) 夏五月戊辰，許世子止弒其君買。	日弒，正卒也。正卒則止不弒也，不弒而曰弒，責止也。止曰："我與夫弒者，不立乎其位。"以與其弟虺。哭泣歠飦粥，嗌不容粒，未逾年而死。故君子即止自責而責之也。

就此十一條傳文之稱"君子"，略可分爲三類。一是對《春秋》何以書此條的探討，如"秋，築臺于秦"，《穀梁》曰"不正罷民三時，虞山林藪澤之利，且財盡則怨，力盡則懟，君子危之，故謹而志之也"，即指出"築臺于秦"之書寫是出於對"罷民三時"以"虞山林藪澤之利"的批評。二爲《春秋》何以如此書寫，如"秋七月，天王使宰咺來歸惠公、仲子之賵"條，《穀梁》曰"禮，賵人之母則可，賵人之妾則不可，君子以其可辭受之"，即釋《春秋》所以書"惠公、仲子"之義。而更多的則是對《春秋》書寫背後之褒貶的詮釋，如"臧孫辰告糴於齊"條，《穀梁》曰"一年不艾而百姓饑，君子非之"，對魯國一年不艾就導致百姓饑的情况予以貶斥，即體現夫子的褒貶大義。由此可見，"君子"一辭是《穀梁》的重要概念，《穀梁》傳文中的"君子"實指向孔子修《春秋》之書寫與褒貶大義。尤其是"九月，紀履緰來逆女"條曰"以國氏者，爲其來交接於我，故君子進之"，使"君子"得以進退諸侯、大夫，甚至是褒貶天子，故"君子"之《春秋》成爲"天子之事"。但對於《穀梁》的"君子"概念，歷代注家似乎并未予以足够的重視，如范甯言"君子"，其指向孔子之書寫《春秋》者唯二條。① 在柯劭忞的《穀梁》體系

① 即桓公十八年"冬十有二月己丑，葬我君桓公"，《穀梁》曰"不責逾國而討于是也"，范甯注曰："禮，君父之仇不與共戴天，而曰不責逾國而討于是者，時齊强大，非己所能討，君子即而恕之，以申臣子之恩。"宣公"十有二年春，葬陳靈公"，范甯注曰："傳例曰：'失德不葬。''君弒賊不討不葬，以罪下也。''日卒時葬，正也。'靈公淫夏姬、殺泄冶，臣子不能討賊，逾三年然後葬，而日卒時葬，何邪？泰曰：'楚已討之矣，臣子雖欲討之，無所討也，故君子即而恕之，以申臣子之恩。稱國以殺大夫，則靈公之罪不嫌不明。書葬以表討賊，不言靈公無罪也。逾三年而後葬，則國亂居可知矣。非日月小有前却，則書時不嫌。'"

中，“君子”真正成爲重要的《春秋》學概念，成爲其建構《穀梁》學體系之起點。

柯劭忞《穀梁注》以書寫《春秋》之“君子”釋經傳者共計八十五條，就此可見，“君子”之説確實是柯劭忞《穀梁》學體系的重要概念。[①]柯劭忞首先明確指出，《穀梁》所謂“君子”，即“修《春秋》之君子也”[②]。同時指出：“傳所言皆師説得之於君子者。”[③] 即將《穀梁》與《春秋》及其“作”者聯繫起來。如是，則《穀梁》之説即成爲孔子的《春秋》之義。這就使《春秋》的性質從“魯國舊史”轉變爲孔子個人性的“經”，而《穀梁》則成爲孔子欲藉《春秋》以表達之義得以彰顯的重要途徑。而“新經”與“舊史”得以轉换的連接點就是作爲“作者”的“君子”，也就是孔子。柯劭忞藉此彰顯孔子之“作意”，故在《穀梁注》中頗多“君子”與“舊史”對稱之説。

孔子以魯史爲底本而“修/作”《春秋》，則其文當多據魯史舊文。故柯劭忞亦將魯史舊文作爲研讀《春秋》的一個重要切入點。如《春秋》首條不書“公即位”，柯劭忞即曰：“隱自居於攝，舊史宜不書即位，君子因之。”[④]“冬，齊人來歸衛寶”，柯劭忞曰：“曰取于宋衛之賂，曰齊人來歸，君子據實書之。”[⑤] 而“梁亡”條《穀梁》曰：“自亡也。……梁亡，鄭弃其師，我無加損焉，正名而已矣。”柯劭忞曰：“我者，代君子言之，言因史之舊文，修《春秋》之君子無所加損。”[⑥] 可見，《春秋》據魯史舊文而成書，雖經“君子”修/作，但亦多據舊史之文。之所以仍舊史之文而不改，是因爲舊史之書符合君子《春秋》之標準。如“五年春正月甲戌、己丑，陳侯鮑卒”，柯劭忞曰：“鮑死不知其日，所謂疑以傳疑，此言舊史之例如此，君子從之。”[⑦] 即符合《春秋》“疑以傳疑，信以傳信”之標準。

但相比於對舊史的沿用，更多的情況則是君子要對舊史予以修訂，使舊史成爲新經，即要將其義賦予《春秋》書寫之中。如《春秋》元年或

① 柯劭忞《穀梁注》言及“君子”者非僅八十五條，此八十五條皆以“君子”指向書寫《春秋》之作者。

② 柯劭忞撰，張鴻鳴點校：《春秋穀梁傳注》卷一，第 5 頁。

③ 柯劭忞撰，張鴻鳴點校：《春秋穀梁傳注》卷三，第 101 頁。

④ 柯劭忞撰，張鴻鳴點校：《春秋穀梁傳注》卷一，第 1 頁。

⑤ 柯劭忞撰，張鴻鳴點校：《春秋穀梁傳注》卷三，第 83 頁。

⑥ 柯劭忞撰，張鴻鳴點校：《春秋穀梁傳注》卷七，第 182 頁。

⑦ 柯劭忞撰，張鴻鳴點校：《春秋穀梁傳注》卷二，第 47~48 頁。

書公即位，或不書公即位，以繼正、繼故爲别。《穀梁》曰："繼故不言即位，正也。繼故不言即位之爲正，何也？曰：先君不以其道終，則子弟不忍即位也。繼故而言即位，則是與聞乎弑也。繼故而言即位是爲與聞乎弑，何也？曰：先君不以其道終，已正即位之道而即位，是無恩於先君也。"《穀梁》以即位與否闡明是否與聞乎弑君。柯劭忞則在《穀梁》的基礎上，進一步闡明這種書寫與否是出於君子之手。柯劭忞曰：

> 諸侯歲首必有禮於廟。遭喪繼立者元年正月亦必有禮於廟，然後改元正位，故國史書"公即位"，無繼正、繼故，一也。君子之筆削則繼故不書即位，以見臣子不忍其先君之義；弑而代之者則仍依國史之文書即位，以見其無恩於君父。所謂就其意而言之。①

蓋就國史而言，無論繼正繼故，皆當於元年書"公即位"，但《春秋》或書或否，則是出於君子以《春秋》立法，展現其褒貶之義。也就是説，通過對舊史的改造，君子意圖藉以展現其褒貶予奪。正如"築王姬之館于外"條，《穀梁》曰"其不言齊侯之來逆，何也？不使齊侯得與吾爲禮也"，柯劭忞即就"不使"發論曰："君子不使之也。凡曰不使，皆筆削之大義，蓋舊史所有，君子削之。"② 即將"不使"指向"君子不使"。"君子不使"亦可進一步推衍，凡與舊史不同處，即君子"筆削之大義"所在。如"冬十有二月，祭伯來"，《穀梁》曰："來者，來朝也。其弗謂朝，何也？寰内諸侯非有天子之命不得出會諸侯，不正其外交，故弗與朝也。"柯劭忞釋曰："舊史實書來朝，君子不與其朝，去之。"③ 即筆削以奪祭伯朝魯之權。而"三月，公及邾儀父盟于眛"，柯劭忞曰："邾，附庸之國，未受周爵命。後自稱邾子，列於會盟。舊史書邾子，君子改之稱邾儀父，正其爲附庸之國。"④ 則筆削以正其爵、稱。這種與舊史不同的修辭，即君子筆削大義之所在。就此點而言，其於"冬，齊仲孫來"言之頗詳。《穀梁》曰："其曰齊仲孫，外之也。其不目而曰仲孫，疏之也。"柯劭忞釋曰：

---

① 柯劭忞撰，張鴻鳴點校：《春秋穀梁傳注》卷二，第 36 頁。
② 柯劭忞撰，張鴻鳴點校：《春秋穀梁傳注》卷三，第 73 頁。
③ 柯劭忞撰，張鴻鳴點校：《春秋穀梁傳注》卷一，第 7 頁。
④ 柯劭忞撰，張鴻鳴點校：《春秋穀梁傳注》卷一，第 3 頁。

> 宣八年“仲遂卒”，傳“此公子也，其曰仲，疏之也”。仲、仲孫皆氏也，不曰公子遂，曰仲遂，不曰慶父，曰仲孫，皆以其弑君疏之。疏之言絕，不爲親也。齊仲孫來，《左氏傳》所載者其事也，其人爲齊仲孫湫，書曰仲孫，嘉之。公羊子所言者其文也，據經文則魯有仲孫，齊無仲孫。引女子之言曰“以《春秋》爲《春秋》，其諸吾仲孫”，是女子固知仲孫爲齊大夫湫，特以經證經，與經不合。穀梁子所言者其義也。若曰其人爲齊仲孫湫，據經文宜爲慶父，此皆非吾所宜言者。《春秋》之義，慶父弑二君，經無誅絕之義，何以爲《春秋》？仲遂弑赤，其卒也書仲遂，不書公子，絕不爲親也。慶父奔莒，宜書仲孫慶父，今明書公子慶父，是必於他事已見誅絕。然則，齊仲孫來非誅絕慶父而何？慶父弑般，魯不能討，如齊，齊桓又不討之，傳曰疏之外之，所以見魯宜討賊。曰以累桓，所以見桓宜討賊，此《春秋》之大義也，穀梁子不言而誰言之？是故經書齊仲孫，其人實爲齊大夫，而君子筆削之義固爲魯公子慶父也。《春秋》者，褒貶善惡之書，非記事之書也。①

柯劭忞曰：“鄭君《論語注》‘正名謂正書字’，言依舊史文字書之，微言大義皆本於名，名既正而是非予奪自見也。”② 即將正名修辭指向微言大義。柯氏此條注語不但指出君子對舊史之予奪是《春秋》大義之所賦，更彰顯《穀梁》相較於《左傳》《公羊》的獨特價值與地位，即所謂“此《春秋》之大義也，穀梁子不言而誰言之”。如果將柯氏“傳所言皆師説得之於君子者”之論與此聯繫起來，那麼，柯劭忞拈出“君子”之説，可謂是把握住了《春秋》學、《穀梁》學的一個關鍵點。

三、發凡與辭例：三科九旨與柯劭忞《穀梁》學體系

“君子”之説之所以重要，在於柯劭忞將“君子”與《春秋》“修辭”聯繫起來，辭之正變代表了義之予奪，辭背後隱藏着作爲作/修者的“君子”。而辭之正變亦即《春秋》學所謂的“例”。柯劭忞釋《穀梁》“衛人者，衆辭也”曰：“衆辭，猶言衆之例稱，今謂之例，傳謂之辭。”③ 即將《穀梁》所謂“辭”指向後世所謂“例”。《春秋》之義，必當自其

---

① 柯劭忞撰，張鴻鳴點校：《春秋穀梁傳注》卷五，第130~131頁。
② 柯劭忞撰，張鴻鳴點校：《春秋穀梁傳注》卷七，第182頁。
③ 柯劭忞撰，張鴻鳴點校：《春秋穀梁傳注》卷一，第19頁。

辭、例觀之。柯劭忞曾在國立歷史博物館講演會講演中言道：

孟子引孔子之言："其事則齊桓、晋文，其文則史，其義則某竊取之。"《穀梁》引作："其事則齊桓、晋文，其會則主會者爲之，其辭則某竊取之。""其事則文"，《左氏傳》也；"其義"，《公》《穀》兩傳也。《穀梁》作"辭"者，今人謂之例，古人謂之辭，所謂"石無知故日之，鶂微有知故月之"，"石、鶂猶盡其辭"，可證辭之爲例矣。是故治三傳必先明三傳之例。五十三凡，《左氏》舊史之例也；三科九旨（當用舊三科爲正），《公羊》之例也；以日月例爲綱，天人三命爲緯，《穀梁》之例也（天命施之三稱，君命父命施之譏、貶、絶），實亦三科九旨也。此殆治三傳入手之門也。①

柯氏將《春秋》三傳分爲事與義兩類，《左傳》言其事，《公》《穀》言其義，而無論其事其義，皆當由三傳之例而入。柯氏將三科九旨拆散爲三科與九旨兩大系統，將三科屬之於《公羊》，以九旨屬之於《穀梁》。而在此講演中，柯氏更將九旨轉化爲"以日月例爲綱，天人三命爲緯"，對《穀梁》之例作了進一步的詮釋。通《穀梁》之例，或者説以例説《穀梁》，是柯劭忞《穀梁注》最爲重要的内容。其於《穀梁注序》言曰：

今就子政、康成之遺文墜義而推闡之，以九旨爲全書綱領，復取本傳之文旁參互證，以究其未備，庶幾穀梁一家之學得其門而入乎？至於疏通疑滯，其事有三：一曰正文字之訛。……一曰正説解之訛。……一曰通傳文之義例。傳文有二事相比之例。如隱五年"公觀魚于棠"，傳曰"尊不親細事，卑不尸大功"。此公觀魚之事與士丏不伐齊喪之事尊卑比例，以見義之高峻。有比事則發其義於一傳之例。如僖八年"禘于太廟，用致夫人"，傳曰："夫人之，我可不夫人之乎？夫人卒葬之，我可不夫人卒葬之乎？"此兼釋文五年"葬我小君成風"之義，略於彼故詳於此，以見義之精嚴。有因一事而通釋數事之例。如宣七年"衛侯使孫良夫來盟"，傳曰"不言及，以國與之；不言其人，亦以國與之"，此舉成七年"及荀庚盟""及孫良夫盟"之言"及"、定三年"仲孫何忌及邾子盟於拔"之言"仲孫何忌"而通

① 柯劭忞撰，張鴻鳴點校：《春秋穀梁傳注》，《國立歷史博物館講演會講演録·春秋學（穀梁）》，第491頁。

> 釋之。因不言及而通釋言及、言其人，如此而義始詳盡也。至於同一事有發傳不發傳之别，有前後發傳之别，又有處處發傳、不嫌重複者日月時之例。如内外之會盟、内大夫之卒、外諸侯之卒葬，參差錯互，皆精義之所在。吾友鄭東父有言："《穀梁》之複傳，其文省而理密。"嗚呼，可謂知言矣。①

由此可見，柯劭忞將其注《穀梁》主要指向了正文字之訛、正説解之訛與通傳文之義例三方面。而就此三方面而言，自以通傳文之義例最爲重要。柯劭忞又將傳文之義例區分爲二事相比之例、比事則發其義於一傳之例、因一事而通釋數事之例及"同一事有發傳不發傳之别，有前後發傳之别，又有處處發傳、不嫌重複者日月時之例"等數項，予以例釋。但如其引鄭杲之言所示，"《穀梁》之複傳，其文省而理密"，非此寥寥數語可以宣罄。《左傳》有"五十凡"，《公羊》有"三科九旨"之説，皆所以條例二傳而使二傳有其統理者，可謂使二傳可讀易解之管鑰。歷代《穀梁》學家亦有見於《春秋》條例之重要，欲建立《穀梁》之例學，但終究没有形成嚴密而精練之體系如"三科九旨""五十凡"者，此亦《穀梁》不顯之一大要因。柯劭忞既欲以義例之學通《穀梁》，則必當以建立《穀梁》例學爲指歸。柯氏所欲建立之《穀梁》義例學，就其核心而言，自是藉自"三科九旨"的"九旨"説，即其所謂"以九旨爲全書綱領"。但"《穀梁》之複傳，其文省而理密"，故需要"復取本傳之文旁參互證"，以究"九旨"之未備。故就柯氏之《穀梁》義例學而言，簡言之則借"九旨"爲核心，析論之則實以《左傳》"五十凡"爲參考。柯劭忞《穀梁注》頗言"凡"某某云云，實即概括《穀梁》經傳之"凡例"，究其實即欲建構其《穀梁》義例體系。劉煥瑩《春秋穀梁傳柯氏釋例目録叙》曰：

> 膠西柯劭忞氏，修學卓越，審决黑白，尋鏐、鄭之緒，補范、楊之缺，研精覃思，成《穀梁傳注》十五卷，發揮傳義至精至密。故捨柯氏《傳注》而從事於《穀梁》，猶面墻而立也。……僕末學膚受，蒙方師孝岳知迪，不揆檮昧，尋其條貫，正其統紀，成《釋例》十六章。②

① 柯劭忞撰，張鴻鳴點校：《春秋穀梁傳注》，《春秋穀梁傳注序》，第 2~4 頁。

② 柯劭忞撰，張鴻鳴點校：《春秋穀梁傳注》，《春秋穀梁傳柯氏釋例目録叙》，第 497 頁。

可謂對柯劭忞《穀梁注》例學最早的概括。其所謂“成《釋例》十六章”，據其《目録敘》，就是將柯注條例概括爲“十六凡”，即凡曰謹皆惡例弟一、凡經之大義傳必曰《春秋》以崇之例弟二、凡曰己皆惡之之辭弟三、凡傳謂之辭今謂之例即日月例弟四、凡曰目皆惡事例弟五、《春秋》之義以譏貶絶治大夫例弟六、凡失禮宗廟不爲尊者諱例弟七、凡言古皆指文武時言之例弟八、《春秋》以正不正治諸侯例弟九、凡言初有繼之者例弟十、凡曰不使皆筆削之大義例弟十一、凡亡人之國而善其辭曰遷例弟十二、凡言救不周乎救者例弟十三、凡言遂有二事一繼事之遂一直特之遂例弟十四、凡言亡乎人者不在乎人例弟十五、凡言猶皆兼可已二義例弟十六。① 劉焕瑩概括的十六凡，或許可以稱爲柯注中的重要條例，但就柯氏《穀梁注》全文而言，實不止十六凡。據筆者統計，柯注言“凡”者共六十二條②，現列於次：

柯劭忞《穀梁注》凡例表

序號	經文	傳文	柯注
1	元年春王正月。	雖無事，必舉正月，謹始也。	凡曰謹皆惡。
2	元年春王正月。	《春秋》成人之美，不成人之惡。	凡經之大義，傳必曰《春秋》以崇之。凡經之大義，傳必曰《春秋》之義以崇之。
3	元年春王正月。	己探先君之邪志而遂以與桓，則是成父之惡也。	凡曰己皆惡之之辭。
4	三月，公及邾儀父盟于眜。	不日，其盟渝也。	凡《春秋》大義皆在日月之辭，傳釋例尤詳。
5	夏五月，鄭伯克段于鄢。	殺世子母弟目君。	凡曰目皆惡事，猶斥言之。凡曰目皆惡事。凡目言己皆惡事。凡君子所目皆惡之。

① 柯劭忞撰，張鴻鳴點校：《春秋穀梁傳注》，《春秋穀梁傳柯氏釋例目録敘》，第 494~495 頁。

② 柯劭忞言“凡”者自不止六十二條，此所謂六十二條者，實爲六十二條例。此表對柯劭忞《穀梁》“凡”例的概括，以經傳首次出現爲標準，將此條及此後柯劭忞對相似内容的注釋皆列於此條經傳之下，即此表所謂“柯注”不僅僅是此條經傳之注，而且是相似内容柯注的彙集。

续表

序號	經文	傳文	柯注
6	九月，及宋人盟于宿。	及者何？内卑者也。宋人，外卑者也。	凡非命大夫皆卑者，外卑者稱人。
7	夏五月，莒人入向。	入者，内弗受也。	義不當受。凡得其地而不能有謂之入；篡人之國謂之入；大夫據地以叛謂之入；大夫出奔，歸而作難，謂之入；内夫人大惡，其至也，亦謂之入。皆義所不受者也。
8	戊申，衛祝吁弑其君完。	大夫弑其君，以國氏者嫌也，弑而代之也。	凡弑而代之者則以國氏，弑而立君者則書弑君者之名氏。
9	九月，衛人殺祝吁于濮。	其月，謹之也。	凡外事不以日决者皆以時，謹其事則月之，此外事時月日之通例。
10	九月，考仲子之宫。	仲子者，惠公之母，隱孫而修之，非隱也。	凡失禮宗廟，不爲尊者諱。
11	夏，城中丘。	凡城之志皆譏也。	釋内城之通例。内城二十有三，皆譏，所以重民力。凡城之志皆譏，曰可城，非謂無譏。凡書城某邑皆譏，以其民不足以滿城而自守也。
12	齊侯使其弟年來聘。	諸侯之尊，弟兄不得以屬通。其弟云者，以其來接於我，舉其貴者也。	凡稱弟皆母弟，貴貴之義，内外所同。
13	元年春王正月，公即位。	桓弟弑兄、臣弑君，天子不能定，諸侯不能救，百姓不能去，以爲無王之道，遂可以至焉爾。	凡不能去者，皆麗於亂賊者也。凡食宣之禄而不去者皆弑之。
14	元年春王正月，公即位。	繼故不言即位之爲正，何也？曰：先君不以其道終，則子弟不忍即位也。	子繼父、弟繼兄，凡非子弟而繼先君之位者，猶子弟也。凡繼先君之位者，雖非子猶其子也。

续表

序號	經文	傳文	柯注
15	夏，齊侯、衛侯胥命于蒲。	胥之爲言猶相也，相命而信諭，謹言而退，以是爲近古也。	凡言古皆指文武時言之。
16	有年。	五穀皆熟爲有年也。	傳依經立義，凡君子所書之天道皆不以人事比附之。
17	秋，公會衛侯于桃丘，弗遇。	弗遇者，志不相得也。	凡會皆譏，而弗遇尤爲恥辱。
18	夏五，鄭伯使其弟禦來盟。	來盟，前定也。	凡前定之事皆曰來，來盟、來戰、來聘是也。
19	三月，夫人孫于齊。	人之於天也，以道受命；於人也，以言受命。	受天之命爲君，以道命之；受君父之命爲臣，以言命之。《表記》曰："惟天子受命於天，士受命於君。"釋《春秋》之義也。凡未受命之諸侯、大夫皆士也。
20	秋，築王姬之館于外。	其不言齊侯之來逆，何也？不使齊侯得與吾爲禮也。	君子不使之也。凡曰不使，皆筆削之大義，蓋舊史所有，君子削之。
21	五月，葬桓王。	天子志崩不志葬，必其時也。何必焉？舉天下而葬一人，其義不疑也。志葬故也，危不得葬也。	凡曰故皆危。
22	秋，公至自伐衛。	惡事不致，此其致，何也？不致則無用見公之惡事之成也。	不爲公諱者，公得罪於天子，不爲之諱也。凡不諱國惡有二，得罪於天子、得罪於先君不諱。
23	十年春王正月，公敗齊師于長勺。	不日，疑戰也。疑戰而曰敗，勝内也。	凡戰責外則書來戰，責内則勝書敗某師、敗書及某師戰。
24	冬十月，齊師滅譚，譚子奔莒。		卑國之君不名，故失地亦不名，未能同盟故也。不發傳者，宿男卒已發傳，凡小國事俱從略。

续表

序號	經文	傳文	柯注
25	公及齊侯遇于穀。	及者，内爲志焉爾。遇者，志相得也。	内遇者三，皆發傳。外諸侯出，我要之，遇不遇未可知也，必志相得而後遇。凡傳義施於經而合者不嫌複重，若稍不當此義則傳不言之，他仿此。
26	夏六月，公會齊侯、宋公、陳侯、鄭伯同盟于幽。	桓會不致，安之也；桓盟不日，信之也。	凡致會皆危之，日盟皆疑之，此發桓盟會之通例。
27	秋，公子友如陳葬原仲。	言葬不言卒，不葬者也。不葬而曰葬，諱出奔也。	凡外諸侯、内女及王朝之大夫言葬者必言卒。
28	齊人伐山戎。	桓内無因國，外無從諸侯，而越千里之險北伐山戎，危之也。	凡危之皆内辭。
29	齊人救邢。	善救邢也。	凡言救皆不周乎救者。
30	冬，齊高子來盟。	其曰來，喜之也。其曰高子，貴之也。	凡鄰國聘問，擯者尊而不名則謂之子。
31	夏六月，邢遷于夷儀。	遷者，猶得其國家以往者也。	凡亡人之國而善其辭曰遷，名存而實已亡。
32	三年春王正月，不雨。	不雨者，勤雨也。	凡君事，雖前後同，必再發傳，尊君之義。
33	楚屈完來盟于師，盟于召陵。	來者何？内桓師也。	凡曰來皆内辭。
34	秋八月，諸侯盟于首戴。	桓，諸侯也，不能朝天子，是不臣也。王世子，子也，塊然受諸侯之尊己而立乎其位，是不子也。	王引之説："塊然，獨尊之貌。"凡書傳言塊者皆獨貌也。

续表

序號	經文	傳文	柯注
35	楚人使宜申來獻捷。	其不曰宋捷，何也？不與楚捷於宋也。	凡曰不與、弗與，皆疑其可與者。
36	二十有五年春王正月丙午，衛侯燬滅邢。	燬之名，何也？不正其伐本而滅同姓也。	傳以正不正治諸侯，凡言不正皆大惡。
37	夏四月，四卜郊，不從，乃免牲。	乃者，亡乎人之辭也。	王引之説："亡讀存亡之亡。亡者，不在也。"凡言亡乎人者，皆謂不在乎人。
38	猶三望。	猶三望，猶者，可以已之辭也。	凡言猶，皆兼可、已二義。
39	夏四月辛巳，晋人及姜戎敗秦師于殽。	秦越千里之險入虚國。	凡不設備之國皆謂之虚國。
40	公伐邾，取訾婁。		凡言惡皆大惡。
41	晋陽處父帥師伐楚救江。	此伐楚，其言救江，何也？江遠楚近，伐楚所以救江也。	凡詳於志者皆與之。
42	三月甲戌，取須句。	取邑不日，此其日，何也？不正其再取，故謹而日之也。	凡君子所謹，例時則月之，例月則日之。
43	六月，公會宋公、陳侯、衛侯、鄭伯、許男、曹伯、晋趙盾。癸酉，同盟于新城。	同者，有同也，同外楚也。	凡言有，皆前之未有者也。
44	四年春王正月，公及齊侯平莒及郯，莒人不肯，公伐莒取向。	取向非也，乘義而爲利也。	凡書取，皆爲利。

续表

序號	經文	傳文	柯注
45	六年春，晋趙盾、衛孫免侵陳。	此帥師也，其不言帥師，何也?	凡傳曰不言，皆不若於言也。
46	秋，晋侯會狄于欑函。	不言及，外狄也。	凡言外，皆谓中国宜先自治，由内及外，不宜从事夷狄。
47	宋師伐陳，衛人救陳。		凡救不發傳者皆不以爲善。
48	初税畝。	初者，始也。	凡言初，有繼之者也。
49	秋，郯伯姬來歸。		凡被出皆有罪，君子自責重、責人輕。
50	城中城。	城中城者，非外民也。	傳例："凡城之志皆譏。"不曰譏，曰非者，凡城皆譏，其民不衆而益城。至城中城，則梁伯溝其宫比也，是外民也，故非之重于譏。
51	夏五月，公自京師，遂會晋侯、齊侯、宋公、衛侯、鄭伯、曹伯、邾人、滕人伐秦。	言受命不敢叛周也。	凡曰言皆不若於言，而改之使若者。
52	仲孫蔑會晋欒黶、宋華元、衛甯殖、曹人、莒人、邾人、滕人、薛人圍宋彭城。	擊彭城於宋者，不與魚石正也。	凡善惡皆可言正。
53	劉夏逆王后于齊。	過我，故志之也。	凡過我并例時。

续表

序號	經文	傳文	柯注
54	宋公殺其世子座。		殺世子母弟不日者，凡日皆謹之，若曰履霜堅冰宜預防之，故弒君父謹而日之。
55	秋七月上辛，大雩。季辛，又雩。	季者，有中之辭也。又，有繼之辭也。	有者，不宜有也。有中、有繼皆微辭。
56	夏六月癸亥，公之喪至自乾侯。戊辰，公即位。	戊辰公即位，謹之也。	凡曰謹皆惡。
57	九月，大雩。	雩月，雩之正也。秋大雩非正也，冬大雩非正也。	凡言秋大雩，皆秋七月。凡言冬大雩，皆冬十月。
58	九月，大雩。	求者，請也，古之人重請。	天王求金、求車，上之求乎下者；雩，下之求乎上者。凡可以不必求而求皆不正，上下之辭一也。
59	衛世子蒯聵出奔宋。		凡内外大夫書出奔皆有罪。
60	晋人執戎蠻子赤歸于楚。		凡執而歸曰歸于、曰歸之于，皆歸于天子。
61	冬，鄭駟弘率師救曹。		凡書救，雖不及事之辭，皆善之。
62	十有一年春，齊國書帥師伐我。		凡書伐我皆敵至城下之辭。

就此六十二凡而言，雖分散於各條各類，但究其實，則皆是對《穀梁》傳例之析論。而這些條目亦可以再作整合，以見《穀梁》之義例。如柯劭忞於《春秋》書“救”之條目發“凡”三條，即“凡書救，雖不及事之辭，皆善之”，“凡言救皆不周乎救者”，“凡救不發傳者皆不以爲善”，即可見《穀梁》於《春秋》書“救”所闡發之義例。而就“善之”“不周乎救”“不以爲善”之義而言，即是對《春秋》“救”之書法所藴

的褒貶義例予以闡釋。易言之，在不同的“救”字書法背後，蘊含着“九旨”之“譏貶絶”義。而像“城”例，《穀梁》曰“凡城之志皆譏也”，柯劭忞就此概括了四條“凡例”，即“内城二十有三，皆譏，所以重民力”，“凡書城某邑皆譏，以其民不足以滿城而自守也”，此所謂傳例，亦即“城”之通例；進而言“凡城之志皆譏，曰可城，非謂無譏”，即在“凡城之志皆譏”的前提下，即使是“可城”，實亦蘊含譏義；而更進一步由譏而非，曰“不曰譏，曰非者，凡城皆譏，其民不衆而益城。至城中城，則梁伯溝其宫比也，是外民也，故非之重于譏”。譏貶絶作爲“九旨”之三旨，可以説是《春秋》學絶對的核心。蓋惟有明晰夫子《春秋》之褒貶，我們才能理解《春秋》書寫及其背後的微言大義。

柯劭忞認爲，《穀梁》譏貶絶之例較《公羊》爲密，其論《穀梁》譏貶絶例，遍布全傳，自非六十二凡所能囊括。限於篇幅，不再縷舉。但前文已述，《春秋》微言大義之彰顯，在於君子之“修辭”，即通過辭/例之不同，彰顯夫子之義。而就辭例而言，最爲典型的就是時月日例，亦“九旨”之三旨。柯劭忞概括凡例曰：“凡《春秋》大義皆在日月之辭，傳釋例尤詳。”又曰：“今以《穀梁傳》證之日月時之例，傳義較《公羊》詳數倍。”柯劭忞在前人研究的基礎上，透過《穀梁》，對《春秋》之時月日例作了詳晰的論述。① 要言之，可用其二凡予以概括，即“凡君子所謹，例時則月之，例月則日之”，“凡外事不以日決者皆以時，謹其事則月之，此外事時月日之通例”。易言之，凡以時爲正者，譏貶絶則書月、日；凡以日爲正者，則以時、月爲譏貶絶。這兩句話可以概括《春秋》時月日書寫之通例，在這體例背後，却蘊含時月日書寫的千變萬化。但無論如何變化，其核心則是夫子的褒貶之義。柯劭忞言：

> 要知《春秋》是説義理之書，不是考據事迹之書，所見異辭、所聞異辭、所傳聞異辭，奈何執此而疑彼乎？“納北燕伯于陽”，孔子曰：“我知之矣，公子陽生也。”門人曰：“夫子既知之，曷不改之？”子曰：“其如不知者何？”據此知孔子疑以傳疑、信以傳信，但就其辭以明筆削之義而已。我們治經，宜精研筆削之義，以求有裨實用，他

① 如上文所述，時月日例是晚清以降《穀梁》學研究的核心内容，無論是許桂林、柳興恩對《穀梁》時月日例的專門研究，還是鍾文烝《補注》，都對《穀梁》時月日例做了深入的詮釋。但許桂林、柳興恩重在釋例，鍾文烝《補注》似又不够詳盡恰切，則柯劭忞之《穀梁》時月日研究雖是建立在前人研究的基礎上，但亦有其獨到的推進，具有重要價值。

非所急也。①

無論是時月日例，還是譏貶絶，最重要的，仍是這些例背後的義，而最終則是要“精研筆削之義，以求有裨實用”。而就《穀梁》所闡釋之君子筆削之義而言，尤以君臣父子、尊尊親親爲要。《穀梁》曰：“爲天下主者天也，繼天者君也，君之所存者命也。爲人臣而侵其君之命而用之，是不臣也。爲人君而失其命，是不君也。君不君，臣不臣，此天下所以傾也。”柯劭忞曰：

> 人於天，以道受命，君是也；人於君，以言受命，臣受命於君是也。不若於言者，人當絶之；不若於道者，天當絶之。此通釋經之大義，可以隅反。②

柯劭忞認爲，《穀梁》以君君臣臣爲《春秋》之大義，而此可謂釋經之通論。柯劭忞釋“楚殺其大夫公子追舒”條曰：

> 城濮之戰楚稱人，傳“子玉得臣其稱人，大夫不敵君也”，是楚有大夫。楚有大夫者，屈完爲之也。然殺得臣、宜申不書族，褒夷狄不一而足。至書楚子旅卒之後，殺公子側始稱公子，有君而後有臣，經之大義。③

可謂對君臣大義的進一步闡釋，君受命於天，臣受命於君，無君故無臣，有君而後可以有臣。柯劭忞以之爲《春秋》君臣大義之所賦，而君臣先後又關乎尊親先後。而柯劭忞尊親先後亦以《穀梁》爲本，《穀梁》於“八月丁卯，大事于太廟，躋僖公”條發傳曰：

> 大事者何？大是事也，著祫嘗。祫祭者，毀廟之主陳于大祖，未毀廟之主皆升，合祭于大祖。躋，升也，先親而後祖也，逆祀也。逆祀則是無昭穆也，無昭穆則是無祖也，無祖則是無天也，故曰文無

---

① 柯劭忞撰，張鴻鳴點校：《春秋穀梁傳注》，《國立歷史博物館講演會講演録·春秋學（穀梁）》，第 492 頁。

② 柯劭忞撰，張鴻鳴點校：《春秋穀梁傳注》卷九，第 283~284 頁。

③ 柯劭忞撰，張鴻鳴點校：《春秋穀梁傳注》卷十二，第 365 頁。

天，無天者是無天而行也。君子不以親親害尊尊，此《春秋》之義也。

柯劭忞釋曰：

由祖而上溯之，人本乎天也。文之逆祀，知親親而不知害於尊尊者，《春秋》之大義不僅在宗廟昭穆之次，舉此事以括全經之義。①

《穀梁》由文公逆祀而躋僖公，論及尊祖敬天之義，進而推及尊尊先於親親之義，并以之爲全經大義。由是而論，君臣尊親之義，究其極則在尊君以尊天。柯劭忞曰："凡君事，雖前後同，必再發傳，尊君之義。"莊公元年"三月，夫人孫於齊"，《穀梁》曰："孫之爲言猶孫也，諱奔也。接練時録母之變，始人之也。不言氏姓，貶之也。人之於天也，以道受命；於人也，以言受命。不若於道者天絶之也，不若於言者人絶之也，臣子大受命。"柯劭忞注曰：

受天之命爲君，以道命之；受君父之命爲臣，以言命之。《表記》曰："惟天子受命於天，士受命於君。"釋《春秋》之義也。凡未受命之諸侯、大夫皆士也。若，順也。不若於天之道，故天王不稱天；不若於人之言，故大夫去氏、夫人去氏。臣不臣，子不子，婦不婦，皆不若於言者。臣子大受命，受君父之命，始爲臣子也。②

天子受命於天，臣子受命於君父，如是乃爲君爲臣。如否，則君不君，臣不臣，子不子，婦不婦矣。實即君臣尊親之義以尊君尊天爲本。③ 此亦柯劭忞所謂"天命施之三稱，君命父命施之譏、貶、絶"也。君父之命謂人道，即以時月日與名字號之書寫予以體現，以譏貶絶刺之；天命施之三稱者，則所謂天王、天子、王也，所謂"天王、天子、王之三稱，傳義備矣，《公羊》未之及也"。柯劭忞論曰：

---

① 柯劭忞撰，張鴻鳴點校：《春秋穀梁傳注》卷八，第220~221頁。

② 柯劭忞撰，張鴻鳴點校：《春秋穀梁傳注》卷三，第72頁。

③ 宣公四年"夏六月乙酉，鄭公子歸生弑其君夷"條亦有相似之論，柯劭忞注曰："《説苑》：'公子宋與子家謀弑靈公，子夏曰："《春秋》記君不君、臣不臣、父不父、子不子者也，此非一日之事也。"'按：子政引子夏之言明歸生之弑不由於公子宋食黿一日之事，可謂得經之大義矣。"

> 《春秋》三科九旨舊説王、天子、天王爲二科六旨，此《穀梁傳》之義例也，故何休《公羊》説不用之。人之於天，以道受命，天王是也。受命於天而命於人，則爲言天王之命是也。經書來錫命三：文元年稱天王，文公正也。莊元年稱王錫桓公，桓，篡弑之賊，不稱天者，以不若於道也。此稱天子，成，宣公之子，宣篡弑，其子不應立者，然視桓公則有别矣，雖不若於道，而尚若於言。何則？子繼父之位其言順，故不稱天王而稱天子也。義皆灼然易曉。傳曰“見一稱”者，天子之稱始見於此。①

此即柯氏所謂以“九旨”屬之於《穀梁》之義也。柯劭忞雖爲《穀梁》發六十二“凡”，注中所概括之“例”更是不勝枚舉，但要言之，則仍以時、月、日、天王、天子、王、譏、貶、絶之所謂“九旨”爲指歸。

但事實上，柯劭忞之注《穀梁》并不僅僅止於“九旨”。如何休以“内其國而外諸夏、内諸夏而外夷狄”爲三科九旨，但此非僅屬《公羊》之義，而是《春秋》之凡例，故柯劭忞亦多以之注《穀梁》。上表所列二凡，即“凡危之皆内辭”“凡言外，皆谓中国宜先自治，由内及外，不宜从事夷狄”，亦即“内其國而外諸夏、内諸夏而外夷狄”之義。柯劭忞注《穀梁》“内大夫可以會外諸侯”條曰：“接上文言之，以見尊内卑外之義。”② 上文即《穀梁》前曰：“公不會大夫。”③ 魯公不會外大夫，内大夫得會外諸侯，則是異内外之義，亦即内其國而外諸夏之義。而對於“内諸夏而外夷狄”，柯劭忞言之更詳。“甲戌，楚子莒卒”，《穀梁》曰：“夷狄不卒，卒，少進也；卒而不日，日，少進也；日而不言正不正，簡之也。”柯劭忞注曰：“君子以正不正治諸夏，不以治夷狄。有所受命之謂正，夷狄不受命於天子，無正不正之可言，故略之。”④《穀梁》夷狄由不卒而卒、由卒不日而日，皆有以進之。而相較於諸夏，即使日其卒，亦不言正不正，仍較諸夏爲略。柯劭忞由此《穀梁》夷狄卒書之凡例概括言曰，“君子以正不正治諸夏，不以治夷狄”，即所謂内諸夏而外夷狄者也。而其所以然者，乃在天子之命。柯劭忞於“鄭公子鰌、邾人會吴于鍾離”更詳言曰：

---

① 柯劭忞撰，張鴻鳴點校：《春秋穀梁傳注》卷十，第 311 頁。
② 柯劭忞撰，張鴻鳴點校：《春秋穀梁傳注》卷八，第 218 頁。
③ 柯劭忞撰，張鴻鳴點校：《春秋穀梁傳注》卷七，第 193 頁。
④ 柯劭忞撰，張鴻鳴點校：《春秋穀梁傳注》卷九，第 290 頁。

《春秋》之義，内其國而外諸夏，内諸夏而外夷狄，率列國之大夫而會遠人，君子所不與，故書又會外之。《説苑》："内治未得不可以正外，本惠未襲不可以制末，是以《春秋》先京師而後諸夏、先諸夏而後夷狄。"①

是所謂《穀梁》義下的"内其國而外諸夏，内諸夏而外夷狄"，與何休《公羊》説稍異。就柯劭忞《穀梁注》之注釋體系而言，此亦可與"九旨"説相綰合，即將其置於尊天尊君之義下予以理解。

是要言之，柯劭忞以"九旨"爲中心，以天王、天子、王爲敬天尊君之核心，以時月日、譏貶絶爲《春秋》書寫之辭例與義例之所賦，兼及"内其國而外諸夏，内諸夏而外夷狄"等《春秋》學詮釋原則，爲《穀梁》建構了一套嚴密的詮釋體系。

四、三臨之言：柯劭忞對《穀梁》學批評視域之建構

柯劭忞對《穀梁》詮釋體系的建構，可以説在今見《穀梁》學著作中最爲詳盡嚴密，爲系統研究《穀梁》經傳義例與微言大義提供了一套完整的體系。但與藉《公羊》學傳統之"九旨"説以建構《穀梁》學體系相比，筆者認爲，柯劭忞更大的貢獻是掘發"三臨之言"以爲《穀梁》釋經的核心切入點。如果説柯劭忞所建構的《穀梁》學體系仍是重在繼承的話，那麼，以"三臨之言"爲中心的詮釋視域的引入，則完全可謂是《穀梁》學乃至《春秋》學的全新起點。

"三臨之言"見諸"以邾子益來"條傳文。哀公七年，"八月己酉，入邾，以邾子益來"，《穀梁》發傳曰：

以者，不以者也。益之名，惡也。《春秋》有臨天下之言焉，有臨一國之言焉，有臨一家之言焉。其言來者，有外魯之辭焉。

筆者將此"臨天下之言焉，有臨一國之言焉，有臨一家之言焉"簡稱爲"三臨之言"。范甯釋此條曰：

徐乾曰："臨者，撫有之也。王者無外，以天下爲家，盡其有也。"諸侯之臨國，亦得有之，如王於天下。大夫臨家猶諸侯臨國。

① 柯劭忞撰，張鴻鳴點校：《春秋穀梁傳注》卷十，第323頁。

楊士勛疏“《春秋》有臨天下之言焉”曰：

此下三者，皆以内外辭别之。王者則以海内之辭言之，即僖二十八年“天王狩于河陽”，傳曰“全天王之行也”是也。王者微弱，則以外辭言之，即僖二十四年“天王出居于鄭”，傳曰“失天下也”是也。

其釋“有臨一國之言焉”曰：

此亦據内外言之，若宣九年“辛酉，晋侯卒于扈”，傳曰“其地，于外也；其日，未逾竟也”。既以内外顯地及日，是以一國言之。

又釋“有臨一家之言焉”曰：

家謂采地，若文元年“毛伯來錫公命”，定四年“劉卷卒”，其毛、劉皆采邑名，大夫氏采爲家。大夫稱家，是以一家言之也。①

無論是范甯還是楊士勛，對天下、國、家的解讀，似乎都指向作爲地域的地理概念。在這樣的解讀下，天下、一國、一家似乎并没有特殊的意義，是以范甯、楊士勛亦未關注此三概念。鍾文烝《穀梁補注》於范注、楊疏雖稍有補充，然仍只是在范、楊詮釋下的小修補，并無實質性的異同。但柯劭忞對“三臨之言”的解釋則换了一個全然不同的解釋。柯劭忞釋“《春秋》有臨天下之言焉，有臨一國之言焉，有臨一家之言焉”曰：

臨天下之言不爲天王諱也，臨一國之言不爲魯諱也，臨一家之言不爲魯大夫諱也，此《春秋》之微言大義。②

柯劭忞以“臨天下之言不爲天王諱”，故更不必爲諸侯、大夫諱；“臨一國之言不爲魯諱”，故更不必爲其他諸侯國及諸侯諱；“臨一家之言不爲魯大夫諱”，故更不必爲其他諸侯國之大夫諱。由是而論，臨天下之言、臨一國之言、臨一家之言就成了三種批評視域，臨天下之言即以天下

① 范甯集解，楊士勛疏：《春秋穀梁傳注疏》卷二十，第202頁。
② 柯劭忞撰，張鴻鳴點校：《春秋穀梁傳注》卷十五，第479頁。

爲評騭之標準，臨一國之言以一國爲批評之準的，而臨一家之言則以家爲褒貶之取予。在柯劭忞的詮釋下，“三臨之言”就從地域改變轉换爲批評視域，而這一轉變也使得“三臨之言”成爲評判《春秋》書寫的重要概念與標準。在這一新的天下、一國、一家的三級評判標準下，《春秋》經文就可以有新的解讀視角。如隱公二年，“無侅帥師入極”，《穀梁》曰：

入者，内弗受也。極，國也。苟焉以入人爲志者，人亦入之矣。不稱氏者，滅同姓貶也。

柯劭忞注“極，國也”曰：

《公羊傳》：“此滅也，其言入何？内大惡諱。”按：内滅國皆諱言取，此獨言入，鍾文烝説：“蓋欲與入向連文，我欲入極，則人亦入我之邑，此屬辭比事之旨。”鍾説得之。

按照《穀梁》所詮釋的《春秋》滅國之例，魯滅國書取，而此書入者，鍾文烝認爲是與“入向”爲比例之辭。但更重要的是，柯劭忞認爲這是從“臨天下之言”的角度對魯國入極的貶斥。其言曰：“再發傳者，明内外義同。内極、外無侅，《春秋》有臨天下之辭。”① 即從魯國的角度説，魯滅人之國以利於己，固無不可；但就天下視域言之，諸侯滅人之國固不可也。是以，就天下視域言之，魯之滅極當有所貶斥，故“内極而外無侅”。這就是在臨天下之言的視域下，對“無侅帥師入極”所作的詮釋。相比於歷代《穀梁》注釋，柯劭忞抉發“臨天下之言”的批評視域，在《春秋》與《穀梁》的解讀中，具有頗爲重要的方法論意義。與此相仿，莊公“二十有四年春王三月，刻桓宫桷”，《穀梁》曰：

禮，天子之桷，斫之礱之，加密石焉；諸侯之桷，斫之礱之；大夫斫之；士斫本。刻桷，非正也。夫人所以崇宗廟也，取非禮與非正而加之於宗廟以飾夫人，非正也。刻桓丹桷、丹桓宫楹，斥言桓宫，以惡莊也。

中國古代對於禮儀等級具有嚴格的規定，《穀梁》認爲“刻桷，非正

① 柯劭忞撰，張鴻鳴點校：《春秋穀梁傳注》卷一，第9頁。

也”，即僭越天子之禮。故柯劭忞曰：“得罪於天子與得罪於宗廟，雖魯先君可言惡，所謂臨一國之辭。”① 即認爲“臨一國之言不爲魯諱”，莊公“刻桓宮桷”是爲“得罪於天子與得罪與宗廟”，故以“臨一國之言”以貶之。而在“三臨之言”的角度下，三傳異同也有了新的解讀角度。襄公三十年，“晋人、齊人、宋人、衛人、鄭人、曹人、莒人、邾人、滕人、薛人、杞人、小邾人會于澶淵，宋灾故”，《穀梁》曰：

> 會不言其所爲，其曰宋灾故，何也？不言灾故則無以見其善也。其曰人，何也？救灾以衆。何救焉？更宋之所喪財也。澶淵之會，中國不侵伐夷狄，夷狄不入中國，無侵伐八年，善之也，晋趙武、楚屈建之力也。

柯劭忞釋曰：

> 大夫會以謀歸宋財，既而無歸，故《左氏傳》曰“尤之”。其事非大夫所當擅，大夫不得憂諸侯也，故《公羊傳》曰“貶之”。澶淵之會雖大夫專擅，然諸侯輯睦，八年無侵伐，是亦彼善於此，故穀梁子善之。《左》義臨一家之辭，《公羊》義臨一國之辭，《穀梁》義臨天下之辭也。屈建已卒於二十八年，此由澶淵之會追溯其功爾。鄭比部杲説：“弭兵之事在二十七年而稱之於三十年者，弭兵不在盟詛而在禮讓也，禮讓莫如澶淵之會，是以於此著之。”②

澶淵之會書“人”而不書諸侯，故知其爲卑者之會，即大夫之會。大夫會澶淵，實僭諸侯之事，故《左傳》《公羊》皆貶之。但對於賑濟宋灾而言，大夫之行雖爲僭越，但其事實當褒之。是以，雖然《左傳》《公羊》貶之，《穀梁》褒之，但并非存在差錯，而是不同視域之下的不同考量，即柯劭忞所謂“《左》義臨一家之辭，《公羊》義臨一國之辭，《穀梁》義臨天下之辭也”。就此而論，“三臨之言”的提出不但爲解讀《穀梁》提供了新的視角，更爲詮釋三傳異同提供了新的可能。

如果説“九旨”説是柯劭忞藉自《春秋》學史的舊概念，那麼，對於“三臨之言”的抉發則是柯劭忞的獨家新見，可謂柯氏《穀梁注》最

① 柯劭忞撰，張鴻鳴點校：《春秋穀梁傳注》卷四，第109頁。

② 柯劭忞撰，張鴻鳴點校：《春秋穀梁傳注》卷十二，第383頁。

有價值與意義的概念。

結　語

昭公“五年春王正月，舍中軍”，《穀梁》曰“貴復正也”，柯劭忞注曰：

> 季孫舍中軍，弱二家以自强。然其事固若於言矣，君子不誅其攘奪之心而貴其復正，以爲治國家莫亟於復正而已，復正則諸侯不僭天子、大夫不僭諸侯，何患乎政在大夫。後儒以傳爲非，陋甚矣。①

對於“舍中軍”之義，三傳及各家之注多有異議，柯劭忞則以《穀梁》“貴復正也”爲中心，對何以貴其復正予以詮釋。事實上，柯劭忞此注已經逸出《穀梁》“貴復正也”四字之外，已由“季孫舍中軍”之事而論及古往今來之史與事，認爲復正是第一要緊之事，“以爲治國家莫亟於復正而已，復正則諸侯不僭天子、大夫不僭諸侯，何患乎政在大夫”。柯劭忞言：“君子祖述堯舜、憲章文武，自三王而進於五帝，即不用盟詛，猶非君子所樂道也。穀梁子最峻之義往往如此。”② 柯劭忞之注自是有爲而發，蓋有見於晚清民初之事，有以言之者也。但如果將“舍中軍”置於“三臨之言”的角度下，那麼，從臨一國之言的角度來説，季孫之舍中軍雖爲復正，但却是“弱二家以自强”，并不利於公室，是以并不值得贊揚，故當貶之，《左氏》所謂“卑公室也”；但從臨天下之言而論，舍中軍則是復於正，故當褒之，《穀梁》所謂“貴復正也”。是以，視域不同導致褒貶殊致，三傳對《春秋》也産生了不一樣的解讀取向。但無論是《左傳》的“卑公室”，還是《穀梁》的“貴復正”，都可以置於“三臨之言”的角度下給出合理的解釋。柯劭忞能重新抉發《穀梁》“三臨之言”的價值與意義，讓我們看到了更爲系統地解讀《穀梁》的可能性。

《穀梁》之所以在兩千餘年的經學歷史中一直處於暗弱不彰的狀態，最重要的一個原因，并不是“廢興由於好惡”，也不是“盛衰繼之辯訥”，而是缺乏一套像《左傳》“五十凡”、《公羊》“三科九旨”那樣系統而精煉的體系，從而導致學者難以把握《穀梁》之義。無論是兩漢《穀梁》家，還是范甯、楊士勛、鍾文烝，抑或是許桂林、柳興恩，都試圖詮釋

① 柯劭忞撰，張鴻鳴點校：《春秋穀梁傳注》卷十三，第 390~391 頁。

② 柯劭忞撰，張鴻鳴點校：《春秋穀梁傳注》卷一，第 28 頁。

《穀梁》學條例，但最終却并未形成一套簡潔明瞭的體系。柯劭忞雖然并未專門提出《穀梁》學體系，但其以“九旨”與“三臨之言”爲核心的詮釋脉絡，却給《穀梁》學提出了一條全新的、也更體系化的進路。事實上，無論是“九旨”，還是“三臨之言”，都可稱爲或成爲《春秋》詮釋的核心脉絡。柯劭忞提出“九旨”與“三臨之言”，使《穀梁》學之體系化成爲可能，也必然是未來《穀梁》學研究進一步得以深入的新起點。藉由“三臨之言”與“九旨”説，或許我們可以重新詮釋《穀梁》學，乃至重構《春秋》學。

下　編

《穀梁》釋經新詮

第一章　叙事與賦義：《春秋》三傳釋經體系異同論

——以"齊桓晉文之事"爲中心

《春秋》作爲孔子晚年撰作之經典，貫注了夫子對王道的期許與對當下亂世之憂憤。齊桓公、晉文公作爲春秋前期的兩個重要人物，"齊桓、晉文之事"成爲孔子作《春秋》時必須要面對的問題，也是後人解讀《春秋》必須要面對的課題。前人對於《春秋》所述之齊桓、晉文，都以"伯/霸"[①]爲中心予以論述，如何休、杜預、范甯之注三傳，皆以"伯/霸"説之。但就筆者閱讀《春秋》三傳之體悟而言，三傳非但不能在"伯/霸"問題上有統一的答案，甚至"伯/霸"根本就不是《公羊》《穀梁》在面對齊桓、晉文之時所希望提出的解答，而存在着另一條外於"伯/霸"的詮解之路。是以，筆者以三傳爲中心，從梳理"伯/霸"問題出發，嘗試提出三傳及何休、杜預、范甯三家之注對解讀"齊桓、晉文之事"的不同路徑，指出三傳詮釋下的齊桓、晉文之義，進而展現三傳釋經模式之差異。

一、引言：《春秋》"齊桓、晉文之事"與"伯/霸"問題之提出

《史記》載孔子晚年之作《春秋》曰："'弗乎弗乎，君子病沒世而名不稱焉。吾道不行矣，吾何以自見於後世哉?'乃因史記作《春秋》。……推此類以繩當世。貶損之義，後有王者舉而開之。《春秋》之義行，

① 《春秋》及其注釋中的"伯""霸"二字常混用，由於文獻流傳等原因，實難以一一清理，故朱浩毅提出用"伯/霸"涵括《春秋》之"伯"與"霸"，而不細緻區分。本文認爲《春秋》三傳對於"伯"與"霸"的認識當有差異，但爲了便於論説，此處仍從朱浩毅之説，以"伯/霸"作爲《春秋》"伯""霸"的代稱。參見朱浩毅：《〈春秋〉三傳對"伯/霸"的理解及其詮釋問題》，《史學彙刊》第二十期。

則天下亂臣賊子懼焉。"① 孔子疾沒世而道不彰，故爲《春秋》以傳諸後世，後有王者舉而開之，王道可興也。故孔子"爲《春秋》，筆則筆、削則削，子夏之徒不能贊一辭。弟子受《春秋》，孔子曰：'後世知丘者以《春秋》，而罪丘者亦以《春秋》。'"② 是亦可見，孔子已將自己的生命意涵賦予《春秋》之中，知《春秋》、罪《春秋》亦即知孔子、罪孔子，孔子與《春秋》已融爲一體。

孟子接續孔子之傳，明《春秋》之王道義，故曰："王者之迹熄而《詩》亡，《詩》亡然後《春秋》作。晋之《乘》，楚之《檮杌》，魯之《春秋》，一也。其事則齊桓、晋文，其文則史。孔子曰：'其義則丘竊取之矣。'"③ 即明確將《春秋》作爲接續《詩》的王道之本。④ 然則，何以説"其事則齊桓、晋文，其文則史"呢？蓋魯《春秋》與《乘》《檮杌》皆一，皆爲史。然孔子"因史記作《春秋》"，"孔子之《春秋》"已非"魯《春秋》"矣。我們所見之《春秋》已非魯《春秋》之舊，而是孔子所修、所述之《春秋》，當屬之於孔子。孔子在修、述、作《春秋》的過程中，賦予褒貶之義，故言"其義則丘竊取之"。⑤ 然其"義"之賦，亦當以"事"來彰顯，故而孟子有"其事則齊桓、晋文"之語。⑥

孔子作《春秋》之目的既在"繩當世"而使"天下亂臣賊子懼"，則

---

① 司馬遷撰，瀧川資言考證，楊海峥整理：《史記會注考證》卷四十七《孔子世家第十七》，第 2476 頁。

② 司馬遷撰，瀧川資言考證，楊海峥整理：《史記會注考證》卷四十七《孔子世家第十七》，第 2478 頁。

③ 趙岐注，孫奭疏：《孟子注疏》卷第八上《離婁章句下》，第 146 頁下。

④ 阮芝生《孔子爲何作〈春秋〉》一文以《公羊》説爲中心，對孔子何爲作《春秋》及《春秋》之"王"與"王道"義予以掘發，可供參考。阮芝生撰，趙林校訂：《從公羊學論〈春秋〉的性質》，華夏出版社 2013 年版，第 59~71 頁。

⑤《史記·孔子世家》言孔子"因史記作《春秋》"。若以"魯《春秋》"與"孔子之《春秋》"言之，"魯《春秋》"即"史記"，《春秋》即"孔子之《春秋》"。劉正浩《春秋左傳通考》第二章第一節《孔子因史記舊聞"作"〈春秋〉》（致知學術出版社 2014 年版）對此有深入探討，可以參看。

⑥ 趙岐注《孟子》此條曰："其文，史記之文也。孔子自謂竊取之，以爲素王也。孔子人臣，不受君命，私作之，故言竊，亦聖人之謙辭爾。"趙岐以"私作"二字釋"竊"，即將《春秋》屬之於孔子，使之成爲"孔子的《春秋》"，即成爲聖人之"經"，而不再是"魯《春秋》"所屬的"史"了。故而，孔子之於《春秋》就有了"竊取之"的提法。舊題孫奭疏言之更詳，其言曰："故其所載之文，則魯史之文。而孔子自言之曰：其《春秋》之義，則丘私竊取之矣。蓋《春秋》以義斷之，則賞罰之意於是乎在，是天子之事也，故曰其義則丘竊取之矣。竊取之者，不敢顯述也，故以賞罰之意寓之褒貶，而褒貶之意則寓於一言耳。"（《孟子注疏》卷第八上《離婁章句下》，第 146 頁下）

齊桓、晋文作爲春秋時代之一大關鍵，自然是《春秋》評判之重點。趙岐注“齊桓、晋文之事”曰：“其事則五霸所理也。桓、文，五霸之盛者，故舉之。”舊題孫奭疏言之更詳：“蓋王者迹熄，則所存者但霸者之迹而已。言其霸，則齊桓、晋文爲五霸之盛者。”① 如趙岐、孫奭所注，自然是以“霸”字來釋“齊桓、晋文之事”，即以霸者視齊桓、晋文。但如果我們注意阮元所作的校勘記的話，不難發現，此間并非如此簡單。阮氏於“五霸”之下校曰：“閔、監、毛三本同，廖本、孔本、韓本、考文古本‘霸’作‘伯’，下同。”② 那麼，我們當如何理解“伯”“霸”之異呢？其於孔子言之，“伯”即是“霸”，“霸”即是“伯”歟，抑有差焉？但無論是“伯”抑或是“霸”，前賢之解“齊桓、晋文之事”，要皆以“伯/霸”爲説。是故，我們欲言“齊桓、晋文之事”，必當以“伯/霸”爲起點。

要理解《春秋》之“伯/霸”問題，必當回到《春秋》。但我們當下所見之《春秋》，要皆以三傳之形式出現③，故與其説是回到《春秋》，不如説是回到三傳來得確切。是以，本文以《春秋》三傳及何休、杜預、范甯注爲中心，來探討《春秋》“齊桓、晋文之事”及其“伯/霸”問題。

二、《左傳》“伯/霸”叙事

1.《左傳》齊桓、晋文“伯/霸”之異同

《左傳》第一次以“霸”稱齊桓公在莊公十五年。“春，齊侯、宋公、陳侯、衛侯、鄭伯會于鄄。”《左傳》曰：“十五年春，復會焉，齊始霸也。”杜預注曰：“始爲諸侯長。”④ 是爲《左傳》首次將“霸”與“齊桓”聯繫在一起，而杜預則以“諸侯長”釋“霸”。但在杜預筆下，齊桓與“霸”之勾連并不始於莊公十五年，杜預於莊公十三年北杏之會即注曰：“宋有弑君之亂，齊桓欲修霸業。”⑤ 而又注莊公十四年鄄之會曰：

---

① 趙岐注，孫奭疏：《孟子注疏》卷第八上《離婁章句下》，第146頁下。“五霸”説争議亦復不少，朱浩毅《春秋五霸之異説及其流傳》（《長安大學學報（社會科學版）》2015年第6期）一文詳盡梳理了“五霸”的不同説法，可參看。

② 趙岐注，孫奭疏：《孟子注疏》，《孟子注疏校勘記》，第150頁上。

③ 當然，除了三傳本的《春秋》外，尚有《春秋胡氏傳》等，但如《胡傳》者，亦是以三傳本《春秋》經文爲底本來構建自己的《春秋》文本，且就重要性而言，《胡傳》亦不能與三傳等同，故筆者只以三傳爲中心來論述《春秋》之問題。

④ 杜預注，孔穎達正義：《春秋左傳注疏》卷九，第156頁下。

⑤ 杜預注，孔穎達正義：《春秋左傳注疏》卷九，第154頁下。

“齊桓修霸業，卒平宋亂，宋人服從。欲歸功天子，故赴以單伯會諸侯爲文。”① 是皆以“霸”説齊桓者，并不涉“伯”，《左傳》亦未言齊桓爲“伯”。但杜預却將齊桓之“霸”指向“伯”。其之所以將齊桓與“伯”聯繫起來，正是以“王賜晋文爲侯伯”之文推衍所得。

僖公二十八年，“五月癸丑，公會晋侯、齊侯、宋公、蔡侯、鄭伯、衛子、莒子盟于踐土。陳侯如會。公朝于王所”②。但《左傳》在此年傳文中，另有王册封晋侯之文，其言曰：“王命尹氏及王子虎、内史叔興父策命晋侯爲侯伯。”③ 杜預曰：“以策書命晋侯爲伯也，《周禮》‘九命作伯’。”④ 即《左傳》、杜注皆以此爲王册封晋文爲伯之説。亦因爲《左傳》有册封晋文爲侯伯之説，杜預以之説齊桓爲“伯”。

《左傳》莊公二十七年，“王使召伯廖賜齊侯命。”杜預注曰：“召伯廖，王卿士，賜命爲侯伯。”⑤ 杜預何以以此賜命爲賜齊桓爲侯伯，孔穎達正義以王賜晋侯爲伯爲據，對此作了疏釋。正義曰：“僖二十八年，傳稱王命尹氏、王子虎策命晋侯爲侯伯，則知此賜齊侯命者，亦賜命爲侯伯也。彼注云《周禮》‘九命作伯’，則此亦九命之伯。”⑥ 然杜預釋此爲王封齊桓爲侯伯則不無可疑之處。僖公四年，齊率諸侯伐楚，《左傳》曰：

> 楚子使與師言曰：“君處北海，寡人處南海，唯是風馬牛不相及也，不虞君之涉吾地也何故？”管仲對曰：“昔召康公命我先君大公曰：‘五侯九伯，女實征之，以夾輔周室。’賜我先君履，東至于海，西至于河，南至于穆陵，北至于無棣。爾貢包茅不入，王祭不共，無以縮酒，寡人是征。昭王南征而不復，寡人是問。”⑦

管仲以“昔召康公命我先君大公”爲文來回答楚使之問，爲伐楚之合理性作注脚，則難免使人懷疑，若莊公二十七年實封齊桓爲侯伯，則何不以是爲據，而反遠引數百年前召康公之事呢？杜預注此曰：“五等諸侯，

---

① 杜預注，孔穎達正義：《春秋左傳注疏》卷九，第155頁上。
② 杜預注，孔穎達正義：《春秋左傳注疏》卷十六，第268~269頁。
③ 杜預注，孔穎達正義：《春秋左傳注疏》卷十六，第273頁上。
④ 杜預注，孔穎達正義：《春秋左傳注疏》卷十六，第273頁上。
⑤ 杜預注，孔穎達正義：《春秋左傳注疏》卷十，第176頁上。
⑥ 杜預注，孔穎達正義：《春秋左傳注疏》卷十，第176頁上。
⑦ 杜預注，孔穎達正義：《春秋左傳注疏》卷十二，第201~202頁。

九州之伯，皆得征討其罪，齊桓因此命以夸楚。"① 孔穎達正義曰："大公爲王官之伯，得以王命征討天下，隨罪所在，各致其罰，故五等諸侯、九州之伯皆得征討其罪。齊桓因大公有此王命，言己上世先公得征討有罪，所以夸楚也。"② 杜預、孔穎達之注，皆以太公得征伐五侯九伯爲據釋其所以然者。然我們不妨來看晉文受封侯伯之文，"賜之大輅之服、戎輅之服，彤弓一、彤矢百、玈弓矢千，秬鬯一卣，虎賁三百人。曰：王謂叔父，敬服王命，以綏四國，糾逖王慝。"③ 杜預注曰："諸侯賜弓矢，然後專征伐。"④ 據注、疏而言，戎輅、弓矢、虎賁無非征伐之用。如是，則王封晉文爲侯伯，晉文得專征者也。若莊公二十七年王實賜齊桓爲侯伯，則亦當如晉文之得專征，又何需遠引太公以爲説哉？故莊公二十七年"王使召伯廖賜齊侯命"當非賜齊侯爲侯伯者也。

實則，《春秋》《左傳》言王賜諸侯命者甚多，如僖公十一年即有賜命晉文公之文。《左傳》僖公十一年，"天王使召武公、内史過賜晉侯命"，杜預注曰："諸侯即位，天王賜之命圭爲瑞。"⑤ 是知天王之賜命，非皆爲賜侯伯之命也。杜預以莊二十七年之賜命爲賜齊桓侯伯之命，與其説是以晉文之受賜爲據，毋寧説是受春秋五霸等觀念之影響，欲坐實齊桓之"伯/霸"形象罷了。

故而，就《左傳》而言，晉文有受賜之明文，則可稱"伯"；《左傳》惟以"霸"稱齊桓，則言齊桓"稱霸"則可，言其爲"伯"則不可。齊桓稱"霸"與晉文成"伯"之異，要在是否得天王之賜侯伯之命也。杜預以晉文之"伯"説齊桓之"霸"，并不能從《左傳》傳文中推演出來，而是杜預異於《左傳》的新詮釋，亦是《左傳》與杜注之異。

2.《左傳》稱"霸"之條件⑥

如上所述，《左傳》"伯""霸"之異同最爲顯著的一點在於是否得王命之賜，而晉文之"伯"的成立，首先仍當建立在"霸"的基礎上。是

---

① 杜預注，孔穎達正義：《春秋左傳注疏》卷十二，第 202 頁上。

② 杜預注，孔穎達正義：《春秋左傳注疏》卷十二，第 202 頁上。

③ 杜預注，孔穎達正義：《春秋左傳注疏》卷十六，第 273~274 頁。

④ 杜預注，孔穎達正義：《春秋左傳注疏》卷十六，第 273 頁。

⑤ 杜預注，孔穎達正義：《春秋左傳注疏》卷十三，第 222 頁下。

⑥ 就齊桓、晉文之霸成立之條件而言，學界主要集中在對歷史事實之梳理，如王春姮《淺析齊晉稱霸的共同條件》（《大同高等專科學校學報》1999 年第 4 期）、顔世安《齊桓公霸政基礎之探討》（《江海學科》2001 年第 1 期）、李沁芳《齊桓公、晉文公比較研究》（吉林大學 2006 年碩士論文）等等。這些文章雖與本文所論或有共通之處，但本文重在闡述《左傳》建構"霸業"之基礎，側重點并不相同。

以，欲探討《左傳》“伯/霸”成立之可能，其要在探究何謂《左傳》之“霸”，如何得稱“霸”。

就《左傳》而論，稱“霸”之首要條件，即得諸侯、服諸侯。就齊桓而言，《左傳》之齊桓叙事，即齊桓稱霸之歷程，也就是得諸侯、服諸侯之歷程。莊公十五年，“春，齊侯、宋公、陳侯、衛侯、鄭伯會于鄄”。《左傳》曰：“十五年春，復會焉，齊始霸也。”① 莊公二十七年，“夏六月，公會齊侯、宋公、陳侯、鄭伯同盟于幽”。《左傳》曰：“夏同盟于幽，陳、鄭服也。”② 僖公二年，“秋九月，齊侯、宋公、江人、黃人盟于貫”。《左傳》曰：“秋，盟于貫，服江、黃也。”③ 從莊公十五年之始霸，到僖公二年服江、黃，都是齊桓得諸侯的叙事，也是齊桓稱霸的歷程。而齊桓卒後，宋襄欲繼齊桓之業，亦以“得諸侯”爲説。

僖公十六年，“春王正月戊申朔，隕石于宋五。是月，六鷁退飛過宋都”。《左傳》曰：“隕石于宋五，隕星也。六鷁退飛過宋都，風也。周内史叔興聘于宋，宋襄公問焉，曰：‘是何祥也？吉凶焉在？’對曰：‘今兹魯多大喪，明年齊有亂，君將得諸侯而不終。’”④ 宋襄公以五石六鷁之異象問諸周内史叔興，答以“君將得諸侯而不終”，亦即宋襄將得諸侯而不終稱霸之説也。

而“霸”成立的第二個條件就是“德”足以配之。⑤ 僖公十五年，秦與晋戰，獲晋侯。《左傳》載陰飴甥答秦伯曰：“貳而執之，服而舍之，德莫厚焉，刑莫威焉。服者懷德，貳者畏刑，此一役也，秦可以霸。”⑥ 即以“德”論“霸”成立之可能。《左傳》僖公二十七年，“冬，楚子及諸侯圍宋，宋公孫固如晋告急。先軫曰：‘報施救患，取威定霸，於是乎在矣。’”⑦ 其所以言“取威定霸，於是乎在”者，并不單單指戰而致之，實則當以“德”服之。晋救宋之前，有教民以義、信、禮之過程，惟其如此，才能一戰而“取威定霸”。《左傳》曰：

---

① 杜預注，孔穎達正義：《春秋左傳注疏》卷九，第156頁下。

② 杜預注，孔穎達正義：《春秋左傳注疏》卷十，第175頁。

③ 杜預注，孔穎達正義：《春秋左傳注疏》卷十二，第199頁上、200頁上。

④ 杜預注，孔穎達正義：《春秋左傳注疏》卷十四，第235~236頁。

⑤ 關於“德”與“霸”之關係，學界多從春秋時期的歷史出發予以研究，但似乎并没有專門就《春秋》或者説《左傳》之叙事建構而發者，與本文所論關涉不多，故不贅。

⑥ 杜預注，孔穎達正義：《春秋左傳注疏》卷十四，第235頁上。

⑦ 杜預注，孔穎達正義：《春秋左傳注疏》卷十六，第267頁上。

晋侯始入而教其民，二年欲用之，子犯曰："民未知義，未安其居。"於是乎出定襄王，入務利民，民懷生矣。將用之，子犯曰："民未知信，未宣其用。"於是乎伐原以示之信，民易資者不求豐焉，明徵其辭。公曰可矣乎，子犯曰："民未知禮，未生其共。"於是乎大蒐以示之禮，作執秩以正其官，民聽不惑。而後用之，出穀戍，釋宋圍，一戰而霸，文之教也。①

其所以能"一戰而霸"者，在於"文之教也"。晋文教之以義、信、禮，易言之，即教民以德也。孔穎達正義曰：

《論語》云："上好禮則民莫敢不敬，上好義則民莫敢不服，上好信則民莫敢不用情。"今晋侯以義、信、禮教民，然後用之，是文德之教也。明年傳君子謂"晋於是役也，能以德攻"。注云"以文德教民而後用之"，謂此役也。②

故其所以"霸"者，在"力"更在"德"。故僖公二十八年，晋楚戰，《左傳》載《軍志》曰："有德不可敵。"③ 又載君子之言曰："晋於是役也，能以德攻。"④ 反之，有力而無德，則不能稱"霸"、成"霸"。僖公十九年，"夏六月，宋公、曹人、邾人盟于曹南。鄫子會盟于邾。己酉，邾人執鄫子用之"。《左傳》曰：

夏，宋公使邾文公用鄫子於次睢之社，欲以屬東夷。司馬子魚曰："古者六畜不相爲用，小事不用大牲，而况敢用人乎？祭祀以爲人也，民神之主也，用人其誰饗之？齊桓公存三亡國以屬諸侯，義士猶曰薄德。今一會而虐二國之君，又用諸淫昏之鬼，將以求霸，不亦難乎？得死爲幸。"⑤

司馬子魚即以"德"與"不德"論"霸"之能否求而致。而《左傳》僖公二十二年，楚與宋戰，宋敗績，楚無禮，諸侯知其不足霸。《左

① 杜預注，孔穎達正義：《春秋左傳注疏》卷十六，第 267~268 頁。
② 杜預注，孔穎達正義：《春秋左傳注疏》卷十六，第 268 頁上。
③ 杜預注，孔穎達正義：《春秋左傳注疏》卷十六，第 271 頁上。
④ 杜預注，孔穎達正義：《春秋左傳注疏》卷十六，第 274 頁上。
⑤ 杜預注，孔穎達正義：《春秋左傳注疏》卷十四，第 238~240 頁。

傳》曰：

> （十一月）丙子晨，鄭文夫人芊氏、姜氏勞楚子於柯澤，楚子使師縉示之俘馘。君子曰："非禮也。"……丁丑，楚子入饗于鄭，九獻，庭實旅百，加籩豆六品。饗畢夜出，文芊送于軍，取鄭二姬以歸。叔詹曰："楚王其不没乎？爲禮卒於無別，無別不可謂禮，將何以没？"諸侯以是知其不遂霸也。①

諸侯以楚子無禮而知其"不遂霸"，亦可見"禮"爲"霸"之必要條件。是以，《左傳》"霸"之成立，在力能致諸侯而德能服諸侯，缺一不可。惟其如此，方可稱"霸"、成"霸"。但無論是《左傳》還是杜預，其爲齊桓、晋文之"力""德"發傳、加注，皆是與其"伯/霸"歷程相始終、相契合的。也就是説，《左傳》和杜預注筆下的齊桓、晋文"伯/霸"是一種以"德"與"力"爲中心的叙事歷程，《左傳》爲我們提供了一條齊桓、晋文"稱霸""成伯"的叙事路徑。易言之，《左傳》與杜預勾勒了一條齊桓公、晋文公從"欲霸""始霸""德盛"到"德衰"的書寫。正是在這一叙事歷程中，《左傳》與杜預呈現了齊桓、晋文之形象及其變遷過程。是以，《左傳》、杜預之"齊桓、晋文之事"是一種叙事性的詮釋，它爲我們呈現了一幅齊桓、晋文稱霸、成伯的叙事圖景。

三、何休、范甯注與"伯/霸"之建構

《公羊》《穀梁》皆無"霸"字，然何休之注《公羊》、范甯之注《穀梁》，皆以"霸"説"齊桓、晋文之事"。二傳雖皆有"伯"字，然或否定"伯"之存在，或不以齊桓爲"伯"，但何休、范甯之注却仍以"伯"説之。傳無"伯/霸"之文，而注言"伯/霸"之事，是亦值得討論。

1. 何休《公羊》注建構之"伯/霸"叙事

與杜預注《左傳》相仿，何休亦以莊公十三年北杏之會爲齊桓稱霸張本。何休注曰："齊桓行霸，約束諸侯尊天子，故爲此會也。桓公時未爲諸侯所信鄉，故使微者會也。桓公不辭微者，欲以卑下諸侯，遂成霸功也。"② 但是時桓公尚未爲諸侯所信從，是年柯之盟才是齊侯信於諸侯之

---

① 杜預注，孔穎達正義：《春秋左傳注疏》卷十五，第249頁。

② 何休注，徐彦疏：《春秋公羊注疏》卷七，第92頁上。

始。“冬，公會齊侯盟于柯。”《公羊》曰：“桓公之信著乎天下自柯之盟始焉。”何休曰：“諸侯猶是翕然信鄉服從，再會于鄄，同盟于幽，遂成霸功。”① 也就是説，在何休的詮釋脉絡中，柯之盟是齊桓霸功之真正起始點，經過鄄之會、幽之盟，其霸功遂成。易言之，莊公十六年之“同盟于幽”是齊桓霸功成立之標志。

如果説《春秋》齊桓之事，可以莊公九年“齊小白入于齊”② 即位齊侯爲始，以僖公十七年“齊侯小白卒”③ 爲終的話，那麼，此四十餘年《春秋》所載之事，齊桓公確爲一重要核心。然就晋文公而言，其在《春秋》中只有寥寥數筆，似乎難以成爲叙事之核心。不妨將《春秋》所論晋文之事略述於次。

僖公二十八年春，“晋侯侵曹，晋侯伐衛”④。作爲晋侯的重耳第一次出現在經文中。是年，“三月丙午，晋侯入曹，執曹伯，畀宋人”⑤。何休於此條經傳之下，第一次出現了晋文伯討的文字：

> 曹伯數侵伐諸侯以自廣大，傳曰“晋侯執曹伯，班其所取侵地于諸侯”是也。齊桓既没，諸侯背叛，無道者非一。晋與曹同姓，恩惠當先施，刑罰當後加。起而征之，嫌其失義，故著其甚惡者可知也。以兵得不言獲者，晋文伯討，不坐獲者，故亦不責曹不死義兵。日者，喜義兵得時入。⑥

何休將傳文的“晋侯”連接到注文的“晋文伯討”，爲晋文賦予“伯”之位階，亦爲“晋侯入曹”之戰賦以“伯討”之義。在從“入”“執”“畀”到“伯討”之間，何休并没有能够説明其所依之據。

是年夏四月己巳，“晋侯、齊師、宋師、秦師及楚人戰于城濮”⑦。何休注第一次以“霸者”稱晋文，其文曰：“秦稱師者，助霸者征伐克勝有功，故褒進之。齊桓先朝天子、晋文先討夷狄者，晋文之時，楚與争强，

---

① 何休注，徐彦疏：《春秋公羊注疏》卷七，第 92~93 頁。
② 何休注，徐彦疏：《春秋公羊注疏》卷七，第 86~87 頁。
③ 何休注，徐彦疏：《春秋公羊注疏》卷十一，第 140 頁下。
④ 何休注，徐彦疏：《春秋公羊注疏》卷十二，第 152 頁上。
⑤ 何休注，徐彦疏：《春秋公羊注疏》卷十二，第 152 頁下。
⑥ 何休注，徐彦疏：《春秋公羊注疏》卷十二，第 152 頁下。
⑦ 何休注，徐彦疏：《春秋公羊注疏》卷十二，第 153 頁上。

所遭遇異也。"① 秦師助霸者征伐，"霸者"自是晉侯無疑。是年"五月癸丑，公會晉侯、齊侯、宋公、蔡侯、鄭伯、衛子、莒子盟于踐土。公朝于王所"。《公羊》曰："曷爲不言公如京師？天子在是也。天子在是則曷爲不言天子在是？不與致天子也。"經傳未言晉文之於天子之事，何休注則以霸功發晉文致天子之事：

> 時晉文公年老，恐霸功不成，故上白天子曰："諸侯不可卒致，願王居踐土。"下謂諸侯曰："天子在是，不可不朝。"迫使正君臣、明王法。雖非正，起時可與，故書朝，因正其義。不書諸侯朝者，外小惡不書，獨録内也。不書如、不言天王者，從外正君臣，所以見文公之功。②

何休既言晉文公"恐霸功不成"，則此時尚未成其"霸功"也。惟以天子之力，成踐土之盟，欲以成其霸功。然從此年春晉侯第一次出現在經文之中，到三月入曹之注出現"伯討"、四月之注出現"霸者"，而五月之注又言"恐霸功不成"，何休既未能説明晉侯何時成其"霸功"，亦未能説明何以晉侯一出現即賦予他"霸者""伯討"之形象，又不能解釋何以在出現"伯討""霸功"之後，復又言"恐霸功不成"，則何休之於"晉文"與"伯/霸"之聯繫，亦有其難以圓融之處。

而更顯突兀者，則是僖公二十九年"夏六月，公會王人、晉人、宋人、齊人、陳人、蔡人、秦人盟于狄泉。"何休注曰："文公圍許，不能服，自知威信不行，故復上假王人以會諸侯。年老志衰，不能自致，故諸侯亦使微者會之。月者，惡霸功之廢於是。"③ 僖公二十八年五月以天子之力欲成其霸功，而到僖公二十九年六月"惡霸功之廢於是"，則晉文之霸亦當於此消逝。踐土之盟猶言"恐霸功不成"，而一年之後的僖公二十九年又言"霸功之廢於是"，則頗使人懷疑，何休注中的晉文是否曾成其"霸功"。後是三年之僖公三十二年，"冬十有二月己卯，晉侯重耳卒。"④

以是言之，何休在在以"伯/霸"爲討論晉文之中心，但就《公羊》而言，似未見晉文"伯/霸"成立之可能。何休之以"伯/霸"説晉文，

① 何休注，徐彦疏：《春秋公羊注疏》卷十二，第153頁上。
② 何休注，徐彦疏：《春秋公羊注疏》卷十二，第153頁下。
③ 何休注，徐彦疏：《春秋公羊注疏》卷十二，第155頁下。
④ 何休注，徐彦疏：《春秋公羊注疏》卷十二，第158頁下。

存在不少自相矛盾處。其以“伯/霸”注晉文，與其説是從《春秋》《公羊》經傳中體貼出來，毋寧説是接受了《左傳》“賜命爲侯伯”之影響。或許正是由於先存了“王賜晉文爲侯伯”的觀念，其注《公羊》晉文之事，亦多以“伯/霸”爲説。而《春秋》《公羊》經傳對晉文形象描述之寥寥，也讓何休不得不觀照其“伯/霸”説與經傳之間的難以合榫處，故其注亦難免左支右絀。

2. 范甯《穀梁》注與齊桓伯業

如果説何休《公羊》注是以“伯/霸”詮釋“齊桓、晉文之事”的話，范甯《穀梁》注則未以“伯/霸”説晉文，而專以“伯/霸”説“齊桓之事”。自范注觀之，《春秋》莊公九年至僖公十七年記載之核心，實爲齊桓霸業起落之叙事。

莊公“十有三年春，齊人、宋人、陳人、蔡人、邾人會于北杏”。《穀梁》曰：“是齊侯、宋公也，其曰人，何也？始疑之。何疑焉？桓非受命之伯也，將以事授之者也。曰可矣乎？未乎？舉人，衆之辭也。”①范甯注曰：“言諸侯將權時推齊侯使行伯事。”又引邵曰：“疑齊桓非受命之伯侯，推之便可以爲伯乎？未也。”“稱人，言非王命，衆授之以事。”②楊士勛疏曰：“經不書某侯某侯，云某人某人者，是衆授之辭也。經以衆授爲文，明非王命。是未得王命，未可以爲伯，覆上未乎之意也。”③此則首次將“伯/霸”與齊桓聯繫在一起。

莊公十四年，“冬，單伯會齊侯、宋公、衛侯、鄭伯于鄄”。《穀梁》曰：“復同會也。”④莊公十五年，“春，齊侯、宋公、陳侯、衛侯、鄭伯會于鄄”。《穀梁》曰：“復同會也。”⑤莊公十四年、十五年，諸侯兩次會于鄄。范甯注曰：“諸侯欲推桓以爲伯，故復同會于此以謀之。”⑥又曰：“爲欲推桓爲伯，故復同會於此。”楊士勛更爲之申疏曰：“重發傳者，諸侯至此方信齊桓，故更發之也。”⑦無論范甯注，抑或楊士勛疏，皆以“諸侯欲推齊桓爲伯”説此二會之旨。

莊公十六年，“冬十有二月，會齊侯、宋公、陳侯、衛侯、鄭伯、許

① 范甯集解，楊士勛疏：《春秋穀梁傳注疏》卷五，第52頁。
② 范甯集解，楊士勛疏：《春秋穀梁傳注疏》卷五，第52頁下。
③ 范甯集解，楊士勛疏：《春秋穀梁傳注疏》卷五，第52頁下。
④ 范甯集解，楊士勛疏：《春秋穀梁傳注疏》卷五，第53頁上。
⑤ 范甯集解，楊士勛疏：《春秋穀梁傳注疏》卷五，第53頁上。
⑥ 范甯集解，楊士勛疏：《春秋穀梁傳注疏》卷五，第53頁上。
⑦ 范甯集解，楊士勛疏：《春秋穀梁傳注疏》卷五，第53頁上。

男、曹伯、滑伯、滕子同盟于幽”。《穀梁》曰：“同者，有同也，同尊周也。不言公，外内寮一疑之也。”① 范甯曰：“十三年春，會于北杏，諸侯俱疑齊桓非受命之伯，欲共以事推之，可乎？今于此年，諸侯同共推桓，而魯與齊仇，外内同一疑公可事齊。不會不書公，以著疑焉。同官爲寮，謂諸侯也。至二十七年同盟于幽，遂伯齊侯。”② 也就是説，自范甯之注釋體系言之，從莊十三年北杏之會“諸侯俱疑齊桓非受命之伯”，到莊十六年“諸侯同共推桓”而“魯與齊仇”恐不能事齊，再至莊公二十七年同盟于幽“遂伯齊侯”，齊桓伯業最終成立。范甯注無疑爲我們呈現了一條齊侯稱霸、成伯的敘事歷程。

而僖公十七年，“九月，公至自會”。此時下距齊桓之逝已不遠，范甯亦以“德”釋何以書“至”。范甯曰：“桓會不致，而今致會，桓公德衰，威信不著，陳列兵車，又以滅項往會，既非逾年乃反，故往還皆月以危之。”③ 所謂“桓公德衰”，亦即是桓公霸功之衰。

可見，在《穀梁》注體系中，范甯爲齊桓公安排了一個從欲霸、稱霸、德衰的敘事歷程，齊桓公即此敘事之主角。與齊桓公相對照，晉文公却在范甯的注釋體系中失去了“伯/霸”的位階，不再以主角之形象出現在《穀梁》注釋體系中。

3. 何休、范甯注“伯/霸”之“德”

《公羊》《穀梁》皆無“霸”字，而何休、范甯在在皆以“伯/霸”釋“齊桓、晉文之事”。所以然者，與其説是從《公羊》《穀梁》傳文中體認出“伯/霸”成立之可能，毋寧説是從《左傳》或其他經典中獲得了以“伯/霸”定位齊桓、晉文之依據。就此而言，最明顯的是范甯之注《穀梁》“二伯”説。《穀梁》曰：“誥誓不及五帝，盟詛不及三王，交質子不及二伯。”范甯注曰：“二伯謂齊桓、晉文。齊桓有召陵之師，晉文有

---

① 范甯集解，楊士勛疏：《春秋穀梁傳注疏》卷五，第53頁上。

② 范甯集解，楊士勛疏：《春秋穀梁傳注疏》卷五，第53頁上。關於此條，舊解有異説，楊士勛疏釋之曰：“舊解謂會于北杏不言諸侯，是外疑也；今此會不言公，是内疑之也。自此以後，外内不復疑之，故曰一疑也。直據傳文，事欲似然，推尋范注，必不得爾。何者？注云外内同一，疑公可事齊，不會不書公，以著疑焉，何指北杏與此爲一疑也。故今更别説，言此會公實與之，而經不言公者，外内寮一疑之。寮謂諸侯也，言外内諸侯同一疑公不知可事齊乎？不可事齊乎？故去公以著疑也。云外内者，諸侯之國或遠或近，故以外内揔之也。……此幽盟欲推齊爲伯，與共尊事之，魯既與齊爲仇，又内外一疑，故經不言公以示意也。”（第53頁）因與本文主旨無關，故不再申疏。

③ 范甯集解，楊士勛疏：《春秋穀梁傳注疏》卷八，第85頁下。

踐土之盟，諸侯率服，不質任也。"[①] 《穀梁》惟一一次將"齊桓"與"伯"聯繫起來，是説"桓非受命之伯"，此外再無論齊桓爲伯之説。而晉文更非《穀梁》傳文之核心。則無論如何，亦難以從傳文中得出"二伯"爲齊桓、晉文之結論。范甯之所以如此者，即其非自傳文理路中體貼出來，而是另有所承。

即如"伯/霸"之成立，何休、范甯亦以德、力爲説，同於《左傳》，當是承自《左傳》説。其於"力"者，毋庸多言，何休、范甯注皆爲齊桓、晉文排列出一個成"伯/霸"的叙事歷程，此一叙事歷程，亦即齊桓、晉文漸次服諸侯之歷程，即齊桓"霸"諸侯之"力"也。其以"德"説"伯/霸"者，則當略作分疏。

(1) 范甯以"德"説齊桓

范甯之以"德"説齊桓，與齊桓之"伯/霸"叙事相始終。易言之，齊桓"伯/霸"之叙事歷程亦即其"德"之發展歷程。但在范甯注極力以"德"説"伯/霸"、説齊桓的同時，我們需要看到，《穀梁》對"齊桓、晉文之事"的闡釋中，只有一次提及"德"字，"德"能否成爲《穀梁》"齊桓、晉文之事"的核心，實在值得懷疑。

僖公"十有四年春，諸侯城緣陵。"《穀梁》曰："其曰諸侯，散辭也。聚而曰散，何也？諸侯城有散辭也，桓德衰矣。"[②] 此爲《穀梁》惟一一次以"德"説齊桓、晉文。究其言，則是齊桓晚年德衰，故不爲諸侯信從。范甯注曰："直曰諸侯，無小大之序，是各自欲城，無摠一之者，非伯者所制，故曰散辭。""言諸侯城，則非伯者之爲可知也。齊桓德衰，所以散也。"[③] 范甯直以"伯"説"諸侯"，雖説可從《穀梁》傳文推出，不如説先有"伯"者以"德"成之概念存焉。此條《穀梁》本有"德"之一字，故范甯用"德"説齊桓，其得之與《穀梁》，抑先存一"德"的概念，難以確析。然從下文可知，范甯之以"德"注齊桓，必先有"德"之概念存焉。

僖公十五年，"三月，公會齊侯、宋公、陳侯、衛侯、鄭伯、許男、曹伯盟于牡丘。九月，公至自會"。范甯曰："莊二十七年傳曰'桓會不致，安之也'，而此致者，齊桓德衰，故危而致之。"[④] 僖公十七年，"九

---

① 范甯集解，楊士勛疏：《春秋穀梁傳注疏》卷二，第 24 頁上。
② 范甯集解，楊士勛疏：《春秋穀梁傳注疏》卷八，第 82 頁下。
③ 范甯集解，楊士勛疏：《春秋穀梁傳注疏》卷八，第 82 頁下。
④ 范甯集解，楊士勛疏：《春秋穀梁傳注疏》卷八，第 83 頁。

月，公至自會”。范甯曰：“桓會不致，而今致會，桓公德衰，威信不著，陳列兵車，又以滅項往會，既非逾年乃反，故往還皆月以危之。”① 其所以致會者，范甯皆以“德衰”説之。然自《穀梁》脉絡而言，“信”之於齊桓，似乎是更爲重要的一個因素。

莊公十三年，“冬，公會齊侯盟于柯。”《穀梁》曰：“曹劌之盟也，信齊侯也。桓盟雖内與不日，信也。”② 范甯注曰：“公盟例日，外諸侯盟例不日。桓大信遠著，故雖公與盟猶不日。”③ 莊公二十七年，“夏六月，公會齊侯、宋公、陳侯、鄭伯同盟于幽”。《穀梁》曰：“桓會不致，安之也；桓盟不日，信之也。信其信，仁其仁。衣裳之會十有一，未嘗有歃血之盟也，信厚也。兵車之會四，未嘗有大戰也，愛民也。”④ 柯之盟，諸侯始信齊桓；同盟于幽，桓信遠著。此皆説明“信”在齊桓叙事中占有重要地位，而“德”雖然或能涵括“信”，但以“德”而論，在《穀梁》體系中，似乎并没有那麼顯著的重要性。是以，范甯之所以會以“德”説齊桓之“伯/霸”，自非從《穀梁》脉絡中體貼出來，而是先具“德”之概念與“伯/霸”概念也。

（2）何休詮釋下的“齊桓、晋文之德”

如果説《穀梁》之齊桓叙事中尚可見“德”字的話，那麼，《公羊》全傳却并無一“德”字，似乎更難以“德”論齊桓、晋文。但何休之注“齊桓、晋文之事”，却實以“德”貫穿此一叙事歷程。

莊公三十年，“秋七月，齊人降障。”《公羊》曰：“障者何？紀之遺邑也。降之者何？取之也。取之則曷爲不言取之？爲桓公諱也。外取邑不書，此何以書？盡也。”何休注曰：“時霸功足以除惡，故爲諱。言降者，能以德見歸，自來服者可也。”⑤ 傳文言“爲桓公諱”，而何休轉换爲“霸功足以除惡，故爲諱”，詮釋之間，悄然有了概念之轉换。傳文言：“降之者何？取之也。”明以“取”釋“降”，即非“降”而實“取”，爲桓公諱，故變“取”言“降”。何休以“能以德見歸”釋“降”，實在變“齊桓”爲“霸功”之後，又將“霸功”與“德”相聯繫，其推演又更進一步。

僖公二年，“秋九月，齊侯、宋公、江人、黄人盟于貫澤”。《公羊》

① 范甯集解，楊士勛疏：《春秋穀梁傳注疏》卷八，第 85 頁下。
② 范甯集解，楊士勛疏：《春秋穀梁傳注疏》卷五，第 52 頁下。
③ 范甯集解，楊士勛疏：《春秋穀梁傳注疏》卷五，第 52 頁下。
④ 范甯集解，楊士勛疏：《春秋穀梁傳注疏》卷六，第 62 頁上。
⑤ 何休注，徐彦疏：《春秋公羊注疏》卷九，第 109 頁下。

曰：“江人、黄人者何？遠國之辭也。遠國至矣，則中國曷爲獨言齊、宋至爾？大國言齊、宋，遠國言江、黄，則以其餘爲莫敢不至也。”何休注曰：“晋大於宋，不序晋而序宋者，時實晋、楚之君不至，君子成人之美，故褒益以爲遍至之辭，所以獎夫霸功而勉盛德也。江、黄附從霸者，當進不進者，方爲遍至之辭。”① 傳文言“大國言齊、宋，遠國言江、黄，則以其餘爲莫敢不至也”，而何休則言“晋大於宋，不序晋而序宋者，時實晋、楚之君不至”，其據雖未知，然與《公羊》傳義有所出入則無疑義。而更爲重要的是，其言“所以獎夫霸功而勉盛德”，再次將“盛德”與“霸功”聯繫在一起了。

但與《左傳》、杜預注、范甯《穀梁》注稍有不同，何休筆下的“德”似乎并不是齊桓、晋文“伯/霸”的先决條件，亦不與“伯/霸”之發展歷程嚴絲合縫，而是轉换成“伯/霸”之職責。

莊公十三年，“夏六月，齊人滅遂”。何休注曰：“不會北杏故也。不諱者，桓公行霸不任文德而尚武力，又功未足以除惡。”② 何休以遂人“不會北杏”而爲齊所滅，述其所以不爲齊桓諱者，在桓公之“行霸不任文德而尚武力”，即以“武力”詮釋齊桓之所以得“霸”之可能，而“文德”并不是齊桓稱霸的條件。

而僖公六年，“夏，公會齊侯、宋公、陳侯、衛侯、曹伯伐鄭，圍新城”。《公羊》曰：“邑不言圍，此其言圍何？强也。”何休注曰：“惡桓公行霸，强而無義也。鄭背叛本由桓公過陳不以道，理當先修文德以來之，而便伐之，强非所以附疏。”③ 何休認爲，“桓公行霸”，但却“强而無義”，不“先修文德以來之”，而是“伐之”使之服也。這也説明，在僖公六年，何休注釋體系中齊桓已“稱霸”多年之後，仍是“不修文德”的。

是以，在何休的注釋體系中，“德”并不是“伯/霸”的必然條件，亦不必與“伯/霸”歷程相始終、共起伏，這是何休注“伯/霸”之“德”與《左傳》及范甯注相異之處。但不可否認的是，在《公羊》没有“德”字的情况下，何休在在皆以“德”説“伯/霸”，其所以如此者，當非自《公羊》體貼出來，而是另有所承。

4. 《公》《穀》傳文與稱“伯”之矛盾

上文已述“霸”字未出現於《公羊》《穀梁》傳文、“德”字非

① 何休注，徐彦疏：《春秋公羊注疏》卷十，第124頁下。
② 何休注，徐彦疏：《春秋公羊注疏》卷七，第92頁上。
③ 何休注，徐彦疏：《春秋公羊注疏》卷十，第129頁上。

《公》《穀》核心、晋文似非《公》《穀》主角等問題，則以“霸”釋《公》《穀》固當存疑也。然除此之外，《公》《穀》傳文亦有直言齊桓非“伯”者，則更是不當以“伯/霸”釋齊桓、晋文之明證。

莊公“十有三年春，齊人、宋人、陳人、蔡人、邾人會于北杏”。《穀梁》傳文言“桓非受命之伯，將以事授之者也”，而范甯、楊士勛皆據此而論“諸侯將權時推齊桓使行伯事”，則以“伯”爲此條傳文之中心。但《穀梁》若欲以“伯”貫穿齊桓之事的話，那麼，何以只出現一次齊桓與“伯”的勾連呢？且還是明確説“桓非受命之伯”。若以“伯”作爲“齊桓之事”的中心，那麼，在“桓非受命之伯”後，必當有“桓爲某某之伯”或“諸侯推桓行伯事”等文，但《穀梁》却再無相似文字，似亦無此意。故筆者以爲，將“桓非受命之伯”放置到《穀梁》齊桓之事中，“伯”并非《穀梁》釋齊桓之中心。與其説“桓非受命之伯”是爲“諸侯將權時推齊侯使行伯事”張本，毋寧説是《穀梁》對齊桓所下的判詞，即終齊桓之事，齊桓公終非受命之“伯”。

如果説《穀梁》之於齊桓之“伯”尚可有争議的話，那麼，《公羊》就實無争議。僖公元年，“齊師、宋師、曹師次于聶北救邢。”① 僖公二年，“春王正月，城楚丘”②。僖公“十有四年春，諸侯城緣陵”③。《公羊》於此三條經文下三次發傳曰：“上無天子，下無方伯，天下諸侯有相滅亡者，桓公不能救，則桓公耻之。……上無天子，下無方伯，天下諸侯有相滅亡者，力能救之則救之可也。”④ 則即便到了僖公十四年，齊桓公去世之前夕，《公羊》仍未以齊桓爲“伯”。

是以，無論《穀梁》抑或《公羊》，其以“伯”釋“齊桓、晋文之事”者，皆難免與傳文隔閡。

四、《公》《穀》之齊桓賦義

何休、范甯注皆以成德成霸説齊桓、晋文，實爲“叙事”主導下的“齊桓、晋文之事”，重在“序”“叙”其“事”。但既如上文所述，《公》《穀》之述齊桓、晋文并不以“伯/霸”爲中心，則自不能以“伯/霸”叙事作爲《公》《穀》之核心。然則，《公》《穀》於“齊桓、晋文之事”

---

① 何休注，徐彦疏：《春秋公羊注疏》卷十，第 120 頁。

② 何休注，徐彦疏：《春秋公羊注疏》卷十，第 122~123 頁。

③ 何休注，徐彦疏：《春秋公羊注疏》卷十一，第 137 頁上。

④ 何休注，徐彦疏：《春秋公羊注疏》卷十，第 120 頁。

所發之義，必當以另一路徑求之。如果説《左傳》及何休、杜預、范甯注是爲“伯/霸”之叙事學的話，不妨將《公》《穀》放在賦義學上予以探討。因爲晋文本不是《公》《穀》詮釋之核心，晋文在《公》《穀》中并没有與齊桓相匹敵之地位，是以本文只以齊桓爲中心論《公》《穀》之賦義，不及晋文。

1. 同尊周：《穀梁》之齊桓賦義

（1）“三臨之言”視域下的齊桓褒貶

若以賦義而言，自然不需按齊侯在經傳中出現之順序逐一分疏，首要在於把握《穀梁》齊桓賦義之核心。就《穀梁》傳文而言，在詮釋齊桓之時，最爲特出的一點就在“同尊周”一辭。孔子作《春秋》，以魯公爲叙事主體，所謂《春秋》十二公是也。但孔子作《春秋》之目的在於正“天子—諸侯”之事、之序，那麼，在“魯公”書寫背後的周王、天王就成了更爲重要的題目，也是隱藏在魯公背後《春秋》真正的主詞。也就是説，《春秋》書寫之事以魯公、諸侯爲主，但這些事的書寫目的在於“正諸侯”。易言之，在《穀梁》詮釋下的《春秋》解讀中，王、天王處於第一位階，諸侯處於第二位階。故《穀梁》以尊天子爲第一原則。

故僖公五年夏，“公及齊侯、宋公、陳侯、衛侯、鄭伯、許男、曹伯會王世子于首戴”。“秋，八月，諸侯盟于首戴。”《穀梁》曰：“無中事而復舉諸侯何也？尊王世子而不敢與盟也。”① 《穀梁》從《春秋》“會于首戴”和“盟于首戴”兩條記載中，解讀出《春秋》尊天子之義。而僖公八年亦曰：“王人之先諸侯，何也？貴王命也。朝服雖敝，必加於上；弁冕雖舊，必加於首；周室雖衰，必先諸侯。兵車之會也。”② 亦以王爲第一位階，將“王人”置於“諸侯”之上。是以，《春秋》所以記載之“事”并不單在其“事”之於諸侯的意義，更在此“事”對於“周”“王”“天王”的賦義。

也正是在這一意義上，《穀梁》提出了《春秋》有“臨天下之言”“臨一國之言”“臨一家之言”的説法，即言《春秋》所載之事對於天下、一國、一家之不同意義與賦義。是以，要理解《穀梁》對齊桓褒貶之賦義，首要者在於解讀此“三臨之言”。上文已言，柯劭忞提出了以“三臨之言”和“九旨”説爲中心的《穀梁》詮釋體系，在此不妨在柯劭忞的

① 范甯集解，楊士勛疏：《春秋穀梁傳注疏》卷七，第 74~75 頁。

② 范甯集解，楊士勛疏：《春秋穀梁傳注疏》卷八，第 78 頁下。

基礎上，對“三臨之言”再予以補説，并以之論“齊桓晋文之事”。

《穀梁》“三臨之言”的提出在哀公七年伐邾、入邾條，《春秋》載：“秋，公伐邾。八月己酉，入邾，以邾子益來。”《穀梁》曰：“以者，不以者也。益之名惡也。《春秋》有臨天下之言焉，有臨一國之言焉，有臨一家之言焉。其言來者，有外魯之辭也。”①《穀梁》此條傳文有兩處值得注意：第一，何謂“來”，何謂“外”；第二，何謂“臨天下之言”“臨一國之言”“臨一家之言”。但要解決這兩個問題，首先需要理解何謂“以者，不以者也”。

《穀梁》“某者，不某者也”之句式甚多，皆爲“不以某爲是”之意。如桓公十四年，“宋人以齊人、蔡人、衛人、陳人伐鄭”。《穀梁》曰：“以者，不以者也。民者君之本也，使人以死，非正也。”② 民爲君本，齊、蔡、衛、陳以民授之宋人伐鄭，《穀梁》不以之爲是，故言“以者，不以者也”。莊公二十四年八月，“戊寅，大夫宗婦覿用幣。”《穀梁》曰：“用幣非禮也，用者，不宜用者也。”③ 僖公八年，“秋七月，禘于大廟，用致夫人。”《穀梁》曰：“用者，不宜用者也。致者，不宜致者也。”④ 此三條直言“用者，不宜用者也”，更見《穀梁》“某者，不某者也”之義即不以“某”爲是。

故此條“以者，不以者也”即不以“以邾子益來”爲是。《穀梁》續言：“其言來者，有外魯之辭也。”我們知道“《春秋》以魯爲主”⑤，魯公歸自某當言“歸”，但此處用“來”言魯公之“歸”，故《穀梁》言《春秋》此條經文有“外魯”之義。即如范甯所説：“非己内有，從外來者曰‘來’。今魯侯身自以歸而曰來，是外之也。”⑥ 也就是説，捨“歸”用“來”，《穀梁》賦予“來”字以貶義。

然則，《春秋》既以魯爲主，何以還“外魯”呢？這就需要引出上文所説《春秋》以天王爲隱藏在魯公背後的真正主詞與批評視域，亦即所謂“臨天下之言”義下的“天下”。不妨先對“三臨之言”略爲分疏。柯劭忞釋“《春秋》有臨天下之言焉，有臨一國之言焉，有臨一家之言

① 范甯集解，楊士勛疏：《春秋穀梁傳注疏》卷二十，第202頁。
② 范甯集解，楊士勛疏：《春秋穀梁傳注疏》卷四，第40頁下。
③ 范甯集解，楊士勛疏：《春秋穀梁傳注疏》卷六，第60頁上。
④ 范甯集解，楊士勛疏：《春秋穀梁傳注疏》卷八，第78~79頁。
⑤ 范甯集解，楊士勛疏：《春秋穀梁傳注疏》卷七“僖公二年”條楊士勛疏語，第71頁下。
⑥ 范甯集解，楊士勛疏：《春秋穀梁傳注疏》卷二十，第202頁。

焉”曰：

> 臨天下之言不爲天王諱也，臨一國之言不爲魯諱也，臨一家之言不爲魯大夫諱也，此《春秋》之微言大義。①

柯劭忞以“臨天下之言不爲天王諱”，不爲天王諱，故更不必爲諸侯、大夫諱；“臨一國之言不爲魯諱”，不爲魯諱，故更不必爲其他諸侯國及諸侯諱；“臨一家之言不爲魯大夫諱”，不爲魯大夫諱，故更不必爲其他諸侯國之大夫諱。由是而論，臨天下之言、臨一國之言、臨一家之言就成爲三種批評視域。换個角度説，所謂“臨天下之言”，即《春秋》經文之書寫面向天下而發言，其隱含的主詞是周、天王、王、天子；“臨一國之言”則是面向某國而發言，其主詞是諸侯；“臨一家之言”則是面向一家而發言，其主詞則是某事之主角。因爲“《春秋》以魯爲主”，故其文本之主體是“臨一國之言”，即以魯國、魯公爲主詞之書寫。但在“臨一國之言”外，《春秋》更重要的褒貶標準在於“臨天下之言”，即以天王正諸侯之視角、以天下視域來詮釋經文之褒貶。“《春秋》以魯爲主”，而又能“外魯”者，正以“臨天下之言”視“魯”、以“天下”正魯公，而不再以“魯”爲主。以“天下”爲褒貶之主體與標準，不以魯公“入邾”爲是，更“以邾子益來”爲非，故得“外魯”。也就是説，就《春秋》經文而言，《穀梁》爲其詮釋出“天下”“一國”“一家”三層批評視域。只有用不同視域應對不同經文，才能真正理解《春秋》之義。②

---

① 柯劭忞撰，張鴻鳴點校：《春秋穀梁傳注》卷十五，第479頁。

② 簡逸光在《〈公羊傳〉、〈穀梁傳〉的三科九旨》一文中，將“三臨之言”作爲《穀梁》一科三旨予以提出，這是目前所見對“三臨之言”之於《穀梁傳》的意義予以最詳盡闡發的文章。簡逸光對“三臨之言”的解讀主要建立在范甯注解的基礎之上，范甯注“三臨之言”曰：“臨者，撫有之也。王者無外，以天下爲家，盡其有也。”“諸侯之臨國，亦得有之，如上於天下。”“大夫臨家，猶諸侯臨國。”即將“三臨之言”的主語分别屬之於天子、諸侯、大夫。簡逸光接續其説，認爲“三臨之言”意味着“《春秋》文字叙述，有就天子、諸侯、大夫之立場而立言。……孔子將這作者單一視角跨足到天子、諸侯、大夫的立場來言説，仿佛一本著作的作者是模糊的，……讓《春秋》忠實的呈現歷史所發生的事件，而這些事件原本應屬於不同地方的内容全被孔子作爲認識世界的對象。……孔子讓天子、諸侯、大夫的行爲爲自己叙説自己的面貌，所以如天子、諸侯、大夫向天下後世説着：‘我做了什麼！’孔子透過‘《春秋》有臨天下之言焉，有臨一國之言焉，臨一家之言焉’，達到這樣的效果。”簡逸光提出，所以如此者，是由孔子之身份决定的：“孔子向來以爲名不正則言不順，他并非君王，亦非受君王所托而作《春秋》，故其著述方式轉變成另一種如史官的書寫，讓經文看起來好像是國君、諸侯、大

就齊桓賦義而言，亦復如是，惟區分“臨天下之言”“臨一國之言”與“臨一家之言”，才能明晰《穀梁》賦予齊桓的褒貶義。《穀梁》對於齊桓之褒貶，頗值得玩味的是齊桓之卒及滅項二條，此二條對於齊桓之褒貶，可謂非以“臨天下之言”與“臨一國之言”“臨一家之言”分别觀之不可。

僖公十七年，“夏，滅項”。《穀梁》曰：“孰滅之？桓公也。何以不言桓公也？爲賢者諱也。項，國也，不可滅而滅之乎？桓公知項之可滅也，而不知己之不可以滅也。既滅人之國矣，何賢乎？君子惡惡疾其始，善善樂其終。桓公嘗有存亡繼絶之功，故君子爲之諱也。”①

齊桓滅項，《春秋》不言“滅之者”。《穀梁》發之，言《春秋》爲桓公諱，且賢桓公也。《穀梁》以桓公有“存亡繼絶之功”，故以君子之諱爲是。

但是年冬，桓公卒，《穀梁》在此下對齊桓直下“不正”之判詞，則與“存亡繼絶之功”頗爲不類。僖公十七年，“冬十有二月乙亥，齊侯小白卒”。《穀梁》曰：“此不正，其日之，何也？其不正前見矣。其不正之前見何也？以不正入虚國，故稱嫌焉爾。”②《穀梁》認爲齊桓“不正”，但此處未發者，并不是在齊桓之卒下爲齊桓隱諱，而是其“不正”已“前見”之也，不必發而皆知之矣。其所以不正者，在其莊公九年“以不正入虚國”，即在齊桓即位之事。

夫行事的實録，并不會讓人感到孔子是以批評者的態度在書寫。”“有‘述而不作’的用意”。（詳見《〈公羊傳〉、〈穀梁傳〉比較研究》，花木蘭文化出版社 2008 年版，第 203 ~205 頁）也就是説，簡逸光對《春秋》“三臨之言”的解讀是將其重心放在了《春秋》經文書寫的主體性上，以“臨天下之言”指稱天子，以“臨一國之言”指稱諸侯，以“臨一家之言”指稱大夫，且其所以如此者，在於孔子欲令各人各自論説自己之行事，給人以“實録”而非批評性之寫作的態度，也就是他所説的“述而不作”。這雖然是承繼自范甯以來的《穀梁》家説，但筆者并不以之爲是。筆者認爲“三臨之言”所指稱的“天下”“一國”“一家”并不單單是指叙事之主體，更應該是批評視域。也就是説，對於《春秋》之經文，其褒貶標準當區分“天下”“一國”“一家”三個層次，不同經文之褒貶標準當對應不同的批評視域。易言之，簡逸光認爲“三臨之言”是表現孔子希望呈現“實録”而不是“批評”的標準，筆者則認爲“三臨之言”是《春秋》“批評”的標準與視域而不是“實録”式的記録。蓋惟以“天下”“一國”“一家”作爲批評視域與標準，《春秋》經文之解讀才可能在不同的層面上予以展開，也才能體現孔子作《春秋》的褒貶意義。是以，筆者認爲“三臨之言”只能是《穀梁》詮釋的《春秋》三个層次的褒貶標準與批評視域。

① 范甯集解，楊士勛疏：《春秋穀梁傳注疏》卷八，第 85 頁。

② 范甯集解，楊士勛疏：《春秋穀梁傳注疏》卷八，第 85 頁下。

莊公九年，“春，齊人殺無知”。“（莊）公及齊大夫盟于暨。”《穀梁》曰：“盟納子糾也。”① 但最終“齊小白入于齊”②。其書“入”，即所謂“不正前見”之據。《穀梁》曰：“大夫出奔反，以好曰歸，以惡曰入。齊公孫無知弑襄公，公子糾、公子小白不能存，出亡。齊人殺無知而迎公子糾於魯。公子小白不能讓公子糾，先入，又殺之于魯。故曰齊小白入于齊，惡之也。”③ 這也是《穀梁》認爲在齊桓之卒時要發其“不正”之緣由。

但爲什麼在滅項時要爲之諱，而在其卒則要言其不正呢？蓋《穀梁》以爲這兩條經文所面向的批評視域不同，即“臨天下之言”與“臨一國之言”“臨一家之言”之不同。以天下言之，齊桓有存亡繼絶之功，固當褒之；而以齊作爲一國、一家的諸侯國、齊侯家言之，桓公即位不正，則當貶之。是以，在書齊桓即位與卒之時，面對的是小白之於齊國、齊侯的正與不正，故而需要發其貶義。而對於面向天下的齊桓公而言，其存亡繼絶之功，固當褒之。以“臨天下之言”與“臨一國之言”“臨一家之言”區分齊桓的不同面向，也就使我們得以更清晰地解讀《穀梁》詮釋下的齊桓形象。從齊桓即位開始，齊桓之會盟、征伐等等，《穀梁》都以“臨天下之言”爲標準衡之，其褒貶都是在“天下義”下的賦義。

故《穀梁》對於齊桓形象之建構，并不在於從叙事予以呈現，而在於褒貶上予以賦義。是以，僖公四年，“春王正月，公會齊侯、宋公、陳侯、衛侯、鄭伯、許男、曹伯侵蔡，蔡潰。遂伐楚，次于陘。夏，許男新臣卒”。《穀梁》曰：“諸侯死於國不地，死於外地，死於師何爲不地？内桓師也。”④《穀梁》以許男新臣之卒不地言“内桓師”，“内桓師”之“内”即對桓師予以賦義。諸侯伐楚，諸侯之師何以能謂之“内”？惟以“臨天下之言”論之，差可得之。蓋齊桓率諸侯以伐楚，就《穀梁》義言之，實以中國伐夷狄，實爲王者之師。故從“臨天下之言”論之，王師即中國，無需以王師爲外。

而屈完之來盟于師，亦可見《春秋》以齊爲主也。“楚屈完來盟于師，盟于召陵。”《穀梁》曰：“楚無大夫，其曰屈完何也？以其來會桓，成之爲大夫也。”又曰：“來者何？内桓師也。”⑤ 屈完之會桓，以“來”

---

① 范甯集解，楊士勛疏：《春秋穀梁傳注疏》卷五，第 50 頁上。
② 范甯集解，楊士勛疏：《春秋穀梁傳注疏》卷五，第 50 頁下。
③ 范甯集解，楊士勛疏：《春秋穀梁傳注疏》卷五，第 50 頁下。
④ 范甯集解，楊士勛疏：《春秋穀梁傳注疏》卷七，第 72~73 頁。
⑤ 范甯集解，楊士勛疏：《春秋穀梁傳注疏》卷七，第 73 頁下。

内“桓師”，即以桓公、桓師爲主也。即以“天下義”言之，齊桓、齊師之伐楚是爲合理，故予以褒而進之。

與是相應，凡是不合於“天下義”者，則當貶之。故僖公四年，“齊人執陳袁濤塗。”《穀梁》曰：“齊人者，齊侯也，其人之何也？於是哆然外齊侯也，不正其逾國而執也。”① 不正齊侯之逾國而執，故“外齊侯也”，以“天下義”對齊侯予以貶斥。

(2)“同尊周”與《穀梁》齊桓賦義之核心

上文已述，《穀梁》對齊桓詮釋之核心在於將齊桓擺置在“天下”視域中，用“臨天下之言”來詮解齊桓之褒貶。在“天王—諸侯”或者説“周—諸侯”的詮釋視域中，《穀梁》提出“同尊周”一辭來詮釋齊桓之於天王的關係與意義。“同尊周”之提出，要在兩次“同盟於幽”之解讀。

莊公十六年，“冬，十有二月，會齊侯、宋公、陳侯、衛侯、鄭伯、許男、曹伯、滑伯、滕子同盟于幽”。《穀梁》曰：“同者，有同也，同尊周也。不言公，外内寮一疑之也。”②《穀梁》直言“同者，有同也，同尊周也”，則是以“同尊周”釋“同”，即釋同盟於幽之主旨。莊公二十七年，復同盟於幽，《穀梁》再發“同尊周”之旨。“夏六月，公會齊侯、宋公、陳侯、鄭伯同盟于幽。”《穀梁》曰：“同者，有同也，同尊周也。”③ 兩次言“同尊周”，則兩次“同盟于幽”之主旨在“同尊周”無疑。

但《穀梁》此條傳文并未以“同尊周”作結，而尚有需要分疏者。《穀梁》續言曰：“於是而後授之諸侯也。其授之諸侯何也？齊侯得衆也。”④ 在“天下義”下，因爲“齊侯得衆”，“而後授之諸侯”，則其目

① 范甯集解，楊士勛疏：《春秋穀梁傳注疏》卷七，第 74 頁上。

② 范甯集解，楊士勛疏：《春秋穀梁傳注疏》卷五，第 53 頁上。

③ 范甯集解，楊士勛疏：《春秋穀梁傳注疏》卷六，第 61 頁下。

④ 范甯集解，楊士勛疏：《春秋穀梁傳注疏》卷六，第 62 頁上。范甯對“授之諸侯”的主體没有闡述，鍾文烝補注曰：“至此桓已得衆，故雖未受王命，而遂以諸侯授之。據《左傳》，是年冬‘王使召伯廖賜齊侯命’，杜預曰：‘賜命爲侯伯’。知此盟時尚未受命。”（《春秋穀梁經傳補注》卷七，第 212 頁）鍾文烝似將“授之諸侯”的主體屬之於“王”。而柯劭忞曰：“《春秋》以伯者之事授之。《春秋》天子之事，可以授桓。”（《春秋穀梁傳注》卷三，力行書局影印民國十六年初版，第 100 頁）鍾、柯二氏將授之諸侯之主體分别屬之於“王”與《春秋》，但鍾氏所謂的“王”亦《春秋》“天下義”下的“王”，也是《春秋》所賦義者。是以，不論是鍾氏所謂的“王”，還是柯氏之《春秋》，都是《穀梁》詮釋下的《春秋》義。二者雖然提法不同，但并無實質差别。

的自然是在“尊周”。但“尊周”與“同尊周”并不能等同。“尊周”爲諸侯之事，“同尊周”則是率諸侯之事。因爲齊侯得衆，故齊侯得使諸侯“同”其“尊周”，是所謂“同尊周”也。鍾文烝即看到了“尊周”與“同尊周”之差異，特將“同”之賦義予以表出：

> 周自東遷以來，此時最爲微弱，……齊桓勃興，始與諸侯共會盟以“尊周”，《春秋》深與之，因加言“同”，以顯其事。①

據鍾文烝之意，則《春秋》因深與齊桓“與諸侯共會盟以‘尊周’”之舉，故於“尊周”之上加一“同”字。鍾文烝將“尊周”與“同尊周”區分開來，賦予“同”以率諸侯之義，可謂卓識。如是，則齊桓是否爲“伯/霸”，就不再是《穀梁》齊桓賦義之關鍵，齊桓能否“同尊周”，即能否“率諸侯以尊周”，才成爲《穀梁》齊桓賦義之核心。

“授之諸侯”以“同尊周”，在“天下義”中，其目的自然是期許齊桓有“存亡繼絶之功”②。故當莊公二十八年發生齊侯伐衛之事，《穀梁》即發《春秋》之貶義。莊公二十八年，“春，王三月甲寅，齊人伐衛。衛人及齊人戰，衛人敗績”。《穀梁》曰：“於伐與戰，安戰也？戰衛。戰則是師也，其曰人何也？微之也。何爲微之也？今授之諸侯而後有侵伐之事，故微之也。”③ 齊桓甫受諸侯，不“存亡繼絶”以達《春秋》所期許之“天下義”，反以侵伐爲事，故《春秋》貶之。

也只有以“同尊周”爲詮釋核心，才能理解《穀梁》賦義下的齊桓形象。僖公二年，“秋，九月，齊侯、宋公、江人、黄人盟于貫”。《穀梁》曰：“貫之盟，不期而至者江人、黄人也。江人、黄人者，遠國之辭也。中國稱齊、宋，遠國稱江、黄，以爲諸侯皆來至也。”④ 僖公三年，“秋，齊侯、宋公、江人、黄人會于陽穀”⑤。若據貫之盟之例，則亦是諸侯皆至之會也。《穀梁》曰：“陽穀之會，桓公委端搢笏而朝諸侯，諸侯皆諭乎桓公之志。”⑥ 然而，何謂“桓公之志”？范甯并没有解釋，楊士勛疏亦語焉不詳。只有結合貫盟之例，才能理解何以“諸侯皆諭”之“皆”

---

① 鍾文烝撰，駢宇騫、郝淑慧點校：《春秋穀梁經傳補注》卷六，第183頁。
② 范甯集解，楊士勛疏：《春秋穀梁傳注疏》卷八，第85頁下。
③ 范甯集解，楊士勛疏：《春秋穀梁傳注疏》卷六，第62頁下。
④ 范甯集解，楊士勛疏：《春秋穀梁傳注疏》卷七，第71頁下。
⑤ 范甯集解，楊士勛疏：《春秋穀梁傳注疏》卷七，第72頁上。
⑥ 范甯集解，楊士勛疏：《春秋穀梁傳注疏》卷七，第72頁上。

字，蓋屬之於“諸侯皆至”之“皆”也。而亦只有將《穀梁》兩次發傳之“同尊周”與“桓公之志”結合起來，才能知道所謂“桓公之志”就是“同尊周”也。是以，在“伯/霸”叙事體系中難以圓融之“桓公之志”，在“同尊周”的賦義體系下迎刃而解了。

是以，《穀梁》之於齊桓之褒貶，在於區分“天下”與“一國”“一家”三種視域。就“一國”“一家”之齊而言，齊桓即位不正，至其卒《穀梁》亦不以之爲正；而就“天下”而言，齊桓“同尊周”而“存亡繼絶”，故《穀梁》褒而進之。就《穀梁》而言，《春秋》所記齊桓之事，其意義并不在叙事之構型，而在於“天王—諸侯”“周—諸侯”體系中的賦義。

2.《公羊》“天王—魯—諸侯”體系下的齊桓賦義

與《穀梁》相仿，《公羊》對齊桓之褒貶，亦不是建立在叙事之上的塑型，而是重在賦義。《穀梁》需要在“天王—諸侯”之體系論齊桓賦義之可能，就《公羊》而言，亦當首先區分齊桓所處之位階，惟其如此，才能進一步梳理《公羊》建構齊桓賦義之基礎。

《穀梁》以“天王—諸侯”爲《春秋》建構一秩序體系，《公羊》亦以“天王”“天子”爲第一位階。① 故《公羊》曰：“王人者何？微者也。曷爲序乎諸侯之上？先王命也。”② 王人雖微，然必序於諸侯之上。但《公羊》與《穀梁》不同之處在於，其在“天王”與“諸侯”之間，插入了“魯”，即構成了“天王—魯—諸侯”的三級體系。何休以“《春秋》王魯”説之，即此意也。③ 然“王魯説”自提出之日起，就頗有争議，筆者以爲包慎言之説頗爲得之。包慎言説“王魯”云：“《春秋》，魯史也，

---

① 《春秋》，或者説《穀梁》《公羊》詮釋下的《春秋》體系中，“天王”“王”“天子”并不是完全等同之概念，但“天王”“王”“天子”之間的區别非關本文之論題，故略而不論。

② 何休注，徐彦疏：《春秋公羊注疏》卷十一，第 133 頁上。

③ “王魯説”并不起自何休，然當以何休之説最爲重要。可參見段熙仲《春秋公羊學講疏》“王魯”條。（南京師範大學出版社 2002 年版，第 467～480 頁）就《左傳》《穀梁》而言，魯亦不同於一般諸侯，但這更多是出於書寫之需要，而不是如《公羊》所説，以《春秋》王魯，將魯的位階凌駕於諸侯之上。關於此一問題，可參看單良《〈左傳〉叙事的魯國視角》（《〈左氏春秋〉叙事的禮樂文化闡釋》，中國社會科學出版社 2015 年版，第 114～122 頁）、秦平《淺析〈春秋穀梁傳〉的“内魯”思想》（《齊魯學刊》2007 年第 1 期）。

因魯以明王法，是之謂王魯云爾。”① 包慎言之説，將“魯史《春秋》”與“孔子《春秋》”勾連起來，使“王魯説”得以具有實在之基礎，亦頗可信據。若以是爲準，則“魯”之位階自然是在“諸侯”之上。是以，就《公羊》而言，其解讀之《春秋》當是“天王—魯—諸侯”之三級體系。在此三級體系下，其主詞相應的亦是“天王”“魯”與“諸侯”三級。

故當齊侯面對魯與魯公之時，《公羊》之齊桓賦義即當在“魯—齊桓”體系内予以解讀。莊公三十一年，“六月，齊侯來獻戎捷”。《公羊》曰：“齊，大國也，曷爲親來獻戎捷？威我也。其威我奈何？旗、獲而過我也。”② 何休、徐彦皆以“伯/霸”説之。何休注曰：“刺齊桓憍慢恃盈，非所以就霸功也。”徐彦疏曰：“自持盈滿之道而侮諸侯，失謙虚之義。”③ 然《公羊》本不談“伯/霸”，以“伯/霸”説之，終顯未達一間。何休、徐彦之説，要之未得《公羊》“威我”之旨。其所以説“威我”者，即將“齊侯來獻戎捷”之主詞設定爲“我”，即“魯”也。以“我”爲主，則齊之威“我”必當貶斥。易言之，在“《春秋》王魯”的“魯—諸侯”體系下，齊桓本不當“威我”，故必得貶而斥之，無需牽扯“伯/霸”之説。這是從“魯”這一主詞出發而予齊桓之事以賦義。

而召陵之盟則是自“天王”之視域予以的賦義。僖公四年，“楚屈完來盟于師，盟于召陵。”《公羊》曰：

> 屈完者何？楚大夫也。何以不稱使？尊屈完也。曷爲尊屈完？以當桓公也。其言盟於師、盟於召陵何？師在召陵也。師在召陵，則曷爲再言盟？喜服楚也。何言乎喜服楚？楚有王者則後服，無王者則先叛，夷狄也而亟病中國。南夷與北狄交，中國不絶若綫。桓公救中國而攘夷狄，卒怗荆，以此爲王者之事也。其言來何？與桓爲主也。前此者有事矣，後此者有事矣，則曷爲獨於此焉？與桓公爲主序績也。④

---

① 轉引自陳立《公羊義疏》卷一，《續修四庫全書》第一三〇册，上海古籍出版社 2002 年版，第 4 頁下。

② 何休注，徐彦疏：《春秋公羊注疏》卷九，第 110 頁下。

③ 何休注，徐彦疏：《春秋公羊注疏》卷九，第 110 頁下。

④ 何休注，徐彦疏：《春秋公羊注疏》卷十，第 126 頁。

在《公羊》體系中,楚爲蠻夷之邦,“有王者則後服,無王者則先叛,夷狄也而亟病中國”,齊桓公能够“救中國而攘夷狄,卒帖荆”,故爲“王者之事”。故而,可對齊桓之服楚予以褒獎。《公羊》賦予《春秋》之言“來”以“與桓爲主”之義,進而言“與桓公爲主序績也”。也就是説,《春秋》有意褒進齊桓。這無疑是從“天王”的位階和角度對齊桓予以褒獎,而不必如何休之説,將其與“伯/霸”加以牽扯。

是以,惟有明晰《公羊》“天王—魯—諸侯”之三級體系,明確《公羊》對齊桓是站在哪一位階上、何種主詞下予以賦義,才能明晰《公羊》何以如此賦予齊桓以褒貶之義。

餘論:從“兼采三家”到“固守本傳”

三傳對《春秋》文本之詮解,其核心自然是《春秋》經文。《春秋》作爲孔子所“作”之經,自然打上孔子的個人印記。故作爲孔子語録傳世的《論語》,其所説之齊桓、晋文,無疑具有夫子定論之意味。若將《論語》關於齊桓、晋文之文字與《春秋》比讀,亦頗可玩味。

《論語·憲問》有三條連續文字,夫子對齊桓、晋文、管仲作了評判,不妨略爲分疏。夫子論齊桓、晋文曰:“子曰:晋文公譎而不正,齊桓公正而不譎。”[①] 何謂“晋文公譎而不正”?何晏集解引鄭玄曰:“譎者,詐也,謂召天子而使諸侯朝之。仲尼曰‘以臣召君,不可以訓’,故書曰‘天王狩於河陽’。是譎而不正也。”[②] “齊桓公正而不譎”又當如何解讀呢?何晏引馬融曰:“伐楚以公義,責苞茅之貢不入,問昭王南征不還,是正而不譎也。”[③] 就何晏所引鄭、馬之説言之,夫子無疑是褒齊桓而貶晋文的。夫子對齊桓之褒揚,可從夫子言管仲之仁識之:

> 子路曰:“桓公殺公子糾,召忽死之,管仲不死。”曰:“未仁乎?”子曰:“桓公九合諸侯,不以兵車,管仲之力也。如其仁!如其仁!”
>
> 子貢曰:“管仲非仁者與?桓公殺公子糾,不能死,又相之。”子曰:“管仲相桓公,霸諸侯,一匡天下,民到于今受其賜。微管仲,

---

① 何晏集解,邢昺疏:《論語注疏》卷十四《憲問第十四》,《十三經注疏》第八册,藝文印書館 1973 年版,第 126 頁。

② 何晏集解,邢昺疏:《論語注疏》卷十四《憲問第十四》,第 126 頁。

③ 何晏集解,邢昺疏:《論語注疏》卷十四《憲問第十四》,第 126 頁。

吾其被髮左衽矣。豈若匹夫匹婦之爲諒也，自經於溝瀆，而莫之知也。”①

夫子以管仲佐齊桓以合諸侯、匡天下爲仁，則齊桓之仁亦在其中。夫子言“管仲相桓公，霸諸侯，一匡天下，民到于今受其賜”，則其於齊桓之“霸諸侯”自然是一褒而進之的態度。然此間尚需注意的一點是，夫子在此用“霸”而非“伯”。夫子言“名不正則言不順”，故若夫子的言説與書寫中有“伯”“霸”之别，那麼，夫子賦予齊桓之“名”是“霸”而非“伯”。如上所述，在齊桓、晋文的對比中，夫子褒齊桓而貶晋文，則齊桓爲“霸”，晋文何能作“伯”？是以，若夫子所作的《春秋》與作爲夫子語録的《論語》具有一致性的話，那麼，《春秋》必不能以“伯”屬之於晋文。

自孟子以降，前賢皆以“齊桓、晋文之事”説《春秋》，然夫子之於齊桓、晋文之褒貶本并不等同。自《公羊》《穀梁》之詮釋體系觀之，在“天下—魯—諸侯”或“臨天下之言”的視域中，皆以齊桓公爲“賢者”，爲之賞善，爲之諱惡；而就晋文而言，則似非文本之核心。故就《公》《穀》傳文而言，二家似都以夫子褒齊桓而貶晋文之理路予以詮釋，似得夫子之旨。然自何休、范甯以“伯/霸”説齊桓、晋文，則不但“伯”“霸”之别漸次消泯，更無以見齊桓、晋文之褒貶殊致，則漸已偏離《春秋》，亦偏離《公》《穀》之説。自何休、范甯之注釋言之，自屬自成體系，然其體系已非《公》《穀》本有之體系矣。何、范二家在“我注六經”的同時，有意無意地走向了“六經注我”的道路。

其更甚者，《公》《穀》詮釋體系之核心在於“賦義”，但何、范二家將“敘事”體系引入《公》《穀》系統中，則難免偏離《公》《穀》的原有理路。但自《左傳》而言，其對《春秋》之詮釋本就是取徑於“敘事”，是以，《左傳》“齊桓、晋文之事”自當以“敘事”理路觀之。就《左傳》之敘事理路而言，“齊桓之霸”與“晋文之伯”本是其文本之事。要言之，《左傳》實爲以史解經、以事解經者也。但“史”與“事”之後，仍有隱含之義存焉。《左傳》以“霸”説齊桓，以“伯”説晋文，其間褒貶曲折，非本文所能盡論，但就“霸”“伯”而言，《左傳》并不牽合。但杜預以晋文之“伯”説齊桓之“霸”，將“伯”“霸”牽合爲“伯/霸”，使《左傳》齊桓之“霸”和晋文之“伯”合成爲杜預詮釋下同一位

① 何晏集解，邢昺疏：《論語注疏》卷十四《憲問第十四》，第126~127頁。

階的“齊桓、晋文之事”。從這一角度來説，杜預注在某種程度上已逸出《左傳》之外，而使《左傳》成爲“杜預注詮釋下的《左傳》”了。

從三傳傳文看來，就對齊桓、晋文的詮解而言，無論是《左傳》的叙事歷程，還是《公》《穀》的賦義進路，仍是依循夫子之褒貶和《春秋》之記載所作的詮釋。但自何休、杜預、范甯注出，則三傳“齊桓、晋文”之本義反見隱諱，而漸次走向以“伯/霸”爲核心的詮釋定向，這無疑是對經、傳的逸出與偏離，但同時也是新詮釋之路的開端。① 以是言之，要探討三傳之本義，必當回到三傳各自結構之經學體系，而不能强求融合三傳。何休論後漢《公羊》學曰：

> 傳《春秋》者非一，本據亂而作，其中多非常異義可怪之論。説者疑惑，至有倍經任意、反傳違戾者，其勢雖問不得不廣。是以講誦師言至於百萬，猶有不解，時加釀嘲辭，援引他經，失其句讀，以無爲有，甚可閔笑者不可勝記也。②

何休以“援引他經，失其句讀”爲《公羊》家之失，蓋引二傳、他經以説《公羊》，固失《公羊》本傳體系、脉絡者也。與何休有意識地返回《公羊》本傳不同，范甯之注《穀梁》則是以兼采三家、合彙三傳爲旨歸，其言曰：

> 《春秋》之傳有三，而爲經之旨一，臧否不同，褒貶殊致。蓋九流分而微言隱，異端作而大義乖。……凡傳以通經爲主，經以必當爲理，夫至當無二而三傳殊説，庸得不弃其所滯，擇善而從乎？既不俱當，則固容俱失。若至言幽絶，擇善靡從，庸得不并捨以求宗，據理

① 王汎森在《思想是生活的一種方式》中指出：“文本與讀者之間産生期待視野中的創造性或扭曲，這些新義極可能無足輕重，也可能是莫名其妙的扭曲或誤解。但是正因爲它們是歷史的一部分，所以無論其情况如何，也值得史學家重視。”（北京大學出版社 2018 年版，第 8 頁）王汎森指出了文本與讀者之間可能存在（事實上是必然存在）的“誤讀”。如果説，何休、杜預、范甯對三傳的解讀并非三傳原意，那麼，這也是一種誤讀，而且可以説在一定程度上是“有意”的“誤讀”。這種“有意誤讀”或即可導向“六經注我”，而其所以如此，亦當是由其所處之歷史情境與期待視野共同决定的。“無意地誤讀”也好，“有意地誤讀”也罷，却在很大程度上决定了此後的歷史接受的起點與基礎。易言之，這種“誤讀”本身就已成爲“歷史的一部分”，解讀“誤讀”也是學術史應有的題中之義。

② 何休注，徐彦疏：《春秋公羊注疏》，《春秋公羊注疏序》，第 3~4 頁。

以通經乎？雖我之所是，理未全當，安可以得當之難而自絶於希通哉。①

是以，就“固守本傳”的專門之學而言，范甯實即何休所譏之“反傳違戾”者，故後世《穀梁》家多以范氏不守《穀梁》家法爲其短。於范甯而言，傳以通經，若以通經爲鵠的，固不必專守一家，亦無可非議。然就《穀梁》專家之學而言，則范氏之注頗不可取。是以，我們要談三傳之釋經模式、體系，必當回到各自之釋經理路之中予以解讀。

① 范甯集解，楊士勛疏：《春秋穀梁傳注疏》，《春秋穀梁傳序》，第6頁。

第二章　正隱以治隱：《穀梁》體系中的隱公叙事

一、范甯對《春秋》開端之解讀

《春秋》以隱公爲記載之始，并以“元年春王正月”書寫下第一條經文。“隱公”與“元年春王正月”，這簡簡單單的八個字構成了《春秋》開篇。歷代治《春秋》學者解讀《春秋》之時，必須要面對“《春秋》何以始乎隱”、何以用“元年春王正月”書寫《春秋》第一條的問題。歷來研究《春秋穀梁傳》者較少，而專以《穀梁》論述“何以始乎隱”、何以書“元年春王正月”者則更少。在這些爲數不多的詮釋與解讀中，以范甯之説影響最爲巨大，是後治《穀梁》者，多據以爲説。故欲言《穀梁》之“《春秋》始隱”説，要當以范甯始。

范甯將孔子作《春秋》放在歷史環境中予以解讀，他對《春秋》“始隱”之詮釋，亦是從孔子所處的歷史時代出發而作的解讀。范甯《春秋穀梁傳序》曰：

> 幽王以暴虐見禍，平王以微弱東遷。征伐不由天子之命，號令出自權臣之門。故兩觀表而臣禮亡，朱干設而君權喪。下陵上替，僭逼理極。天下蕩蕩，王道盡矣。孔子睹滄海之横流，乃喟然而嘆曰：“文王既没，文不在兹乎?”言文王之道喪，興之者在己。於是就大師而正雅、頌，因魯史而修《春秋》，列《黍離》於《國風》，齊王德於邦君。所以明其不能復雅，政化不足以被群后也。①

從范甯的序言中可以看出，他將孔子書寫《春秋》放置在禮崩樂壞的

① 范甯集解，楊士勛疏：《春秋穀梁傳注疏》卷一，第4~5頁。

背景之下，因爲王道崩壞，孔子制禮作樂、修《春秋》，以存王道。故而，在范甯的解讀中，《春秋》之所以“始隱”，也就成了時代背景下的歷史話題，即孔子之修《春秋》，“於時則接乎隱公，故因兹以托始”①。易言之，《春秋》所以始乎隱，就在於“於時相接”，即隱公接乎“幽王以暴虐見禍，平王以微弱東遷。征伐不由天子之命，號令出自權臣之門”的時代。是以，范甯解讀下的“《春秋》始隱”説，是以幽王、平王這整個時代作爲背景而得出的。

事實上，范甯此説與其説是從《穀梁》傳文體系中詮釋而來，毋寧説是藉鑒自杜預之説。杜預《春秋序》曰：“仲尼曰：‘文王既没，文不在兹乎？’此制作之本意也。嘆曰：‘鳳鳥不至，河不出圖，吾已矣夫。’蓋傷時王之政也。”② 范甯、杜預不僅同引夫子慨嘆之言，且杜預“傷時王之政”一語，實即范甯所謂幽王、平王王道淪喪之論。杜預續言曰：

> 曰：然則，《春秋》何始於魯隱公？答曰：周平王，東周之始王也；隱公，讓國之賢君也。考乎其時則相接，言乎其位則列國，本乎其始則周公之祚胤也。③

是則，杜預之答“《春秋》何始於魯隱公”之問，即以“其時則相接”爲説，故范甯“於時則接乎隱公，故因兹以托始”之説，亦承自杜預。無怪乎鍾文烝言“范注用杜預者最多”④。范甯以杜預“於時相接”之論説“《春秋》何以始乎隱”，但杜預爲《左傳》家，以《左傳》家之論説《穀梁》，可乎？雖然筆者是在談“《春秋》何以始乎隱”的問題，但就《穀梁》而言，其何以“始隱”的答案，必當回到《穀梁》自身釋經理路之中予以解讀，故需要回到《穀梁》第一條傳文，即《穀梁》對“元年春王正月”的解讀。在此不妨先引入《穀梁》首條傳文，以見范甯説之然否。《穀梁》曰：

> 雖無事，必舉正月，謹始也。公何以不言即位？成公志也。焉成

---

① 范甯集解，楊士勛疏：《春秋穀梁傳注疏》卷一，第5頁上。

② 杜預注，孔穎達正義：《春秋左傳注疏》卷一《春秋序》，第17頁上。

③ 杜預注，孔穎達正義：《春秋左傳注疏》卷一《春秋序》，第18頁上。

④ 鍾文烝撰，駢宇騫、郝淑慧點校：《春秋穀梁經傳補注》卷一，第2頁。王天然《范甯釋地取杜預説集録》（《〈穀梁〉文獻徵》，社會科學文獻出版社2014年版，第158～185頁）對范甯取杜預説以釋地有詳細分析，可以參看。

之？言君之不取爲公也。君之不取爲公何也？將以讓桓也。讓桓正乎？曰：不正。《春秋》成人之美，不成人之惡，隱不正而成之，何也？將以惡桓也。其惡桓何也？隱將讓而桓弒之，則桓惡矣。桓弒而隱讓，則隱善矣。善則其不正焉，何也？《春秋》貴義而不貴惠，信道而不信邪。孝子揚父之美，不揚父之惡。先君之欲與桓，非正也，邪也。雖然，既勝其邪心以與隱矣，已探先君之邪志而遂以與桓，則是成父之惡也。兄弟天倫也，爲子受之父，爲諸侯受之君，已廢天倫而忘君父以行小惠，曰小道也。若隱者，可謂輕千乘之國，蹈道則未也。①

至少從《穀梁》此條傳文看，我們看不到《春秋》“始隱”的時代因素，《穀梁》并没有將“平王”“王道”引入到此條傳文的脉絡中來。且我們需要注意的是，杜預在解釋“何以始乎隱”之時，用了“隱公讓國之賢君”一語，也就是説，在“於時相接”之外，《春秋》“何以始乎隱”仍需要從“隱公”的角度予以考察。但從《穀梁》此條傳文來看，無論是“不正”“非正”還是“小道”之書寫，都没有將隱公“讓桓”指向“賢君”，相反，却指向了“廢天倫而忘君父”，得出隱公“蹈道則未也”的結論。是以，以杜預説言之，《春秋》“始隱”的另一個支點，即視隱公爲賢君在《穀梁》中并不能成立。故而，范甯以杜預説説《春秋》之開端，亦難以成立。②

二、“無事”與“謹始”：“元年春王正月”之《穀梁》讀法

既然范甯之解讀不能成立，那麽，《穀梁》之解《春秋》“始隱”義又當如何解讀呢？要之，仍當以《穀梁》對《春秋》首條“元年春王正月”之詮釋爲據。《穀梁》對“元年春王正月”之解讀，以“雖無事，必舉正月，謹始也”一句總括下文，亦最爲重要。故就《穀梁》此條解讀而言，要當以此句爲首。而就此句來説，其最關鍵處在“無事”與“謹始”二詞，故當先對此二詞予以疏解。

1.“無事”與“無‘事’”

《穀梁》曰：“雖無事，必舉正月，謹始也。”此條首先映入我們眼簾

---

① 范甯集解，楊士勛疏：《春秋穀梁傳注疏》卷一，第9～10頁。

② 關於范甯《穀梁序》、杜預《春秋序》之差異，詳見本書附録《“文本詮釋”與“現實投射”：杜預、范甯〈春秋序〉中的歷史與建構》。

的是"無事"二字，是"無事"還是無"事"呢？范甯未有解答，楊士勛疏曰："此言無事，直據正月無'即位'之事，非是通一時無事也。"① 按照楊士勛之理解，"公即位"爲事，"元年春王正月"爲時，空書"元年春王正月"而不書"公即位"，即爲無"事"，無"公即位"之事。② 楊士勛此疏是以下文"公何以不言即位"作預設，也就是説，"元年春王正月"之下的事必然是"公即位"。那麼，空書"元年春王正月"之"時"，而不書"公即位"之"事"，就《春秋》文本而言是"不書事"嗎？空書"元年春王正月"是否真的是"無事"呢？對於《春秋》而言，什麼叫作"事"？必然是以"時"系"事"才能謂之"事"嗎？單單書"時"而未繫"事"的文本能稱之爲"事"嗎？這都是需要予以解釋的問題。

《春秋》十二公，"元年春王正月"下書"公即位"者八，不書"公即位"者四。其於桓公元年言："繼故不言即位，正也。……繼故而言即位，則是與聞乎弑也。"③ 於文公元年曰："繼正即位，正也。"④ 也就是説，按照《穀梁》總結的《春秋》條例，繼正當言即位，繼故不當言即位，是爲正例；繼正不言即位，繼故而言即位，則是不用正例。隱公繼正而不言即位，其去"公即位"，即爲變例，即告訴我們，此處之去"公即位"，有其義存焉。不書之書，是爲特書。《春秋》文本蘊"文""事""義"三個層面。⑤《孟子》曰："王者之迹熄而《詩》亡，《詩》亡然後《春秋》作，晋之《乘》、楚之《檮杌》、魯之《春秋》，一也。其事則齊桓、晋文，其文則史。孔子曰其義則丘竊取之矣。"⑥ 夫子之撰《春秋》，必賦"文""事"以"義"。那麼，反過來説，有"義"之文本可以是"無事"之文本嗎？"無事"又如何體現夫子之"義"呢？

《穀梁》從書法角度言"無事"者三處，除此處外，隱公九年，《春秋》書"秋，七月"，《穀梁》曰"無'事'焉，何以書？不遺時也"⑦；

---

① 范甯集解，楊士勛疏：《春秋穀梁傳注疏》卷一，第 9 頁上。

② 至於《穀梁》所謂"無事"是否必如楊士勛所説，是無"公即位"之"事"，則可以再討論。

③ 范甯集解，楊士勛疏：《春秋穀梁傳注疏》卷三，第 28 頁下。

④ 范甯集解，楊士勛疏：《春秋穀梁傳注疏》卷十，第 98 頁上。

⑤ 參見張素卿：《〈春秋〉之"文"、"事"、"義"》，《叙事與解釋——〈左傳〉經解研究》，書林出版有限公司 1998 年版，第 35~42 頁。

⑥ 趙岐注，孫奭疏：《孟子注疏》卷第八上《離婁章句下》，第 146 頁下。

⑦ 范甯集解，楊士勛疏：《春秋穀梁傳注疏》卷二，第 25 頁上。

桓公元年，《春秋》書“冬，十月”，《穀梁》曰：“無‘事’焉，何以書？不遺時也。《春秋》編年，四時具，而後爲年。”① 三者都是空書“時”而不書“事”。但這種“空書”本來就被《春秋》賦予了意義。至於這種空書之“時”是否可以視爲《春秋》之紀“事”，并不重要，也不能有一個確定無疑的答案。但就筆者而言，這種“空書”即是“書”，就是一種“叙事”，一種叙“無事”之“事”。② 李紀祥師將《春秋》文本之空白態區分爲“未書”“不書”“闕文”三種模式，“未書”是一種待書寫模式，“闕文”則是無法完成之書寫，“不書”則是另一種“已書寫”。“不書”不是不能書寫，也不是未書寫、待書寫。從書寫角度而言，“不書”與“已書”一樣，是另一種“已書寫”模式。③ 《春秋》文本首條不書“公即位”，本身就是一種“不書”，是一種賦義行爲下的“空白”，而不是“未書”或“闕文”。

回到《穀梁》，其述“無‘事’”曰：“雖無‘事’，必舉正月，謹始也。”“謹始”代表什麼先且不論，但“謹始”是由“雖無‘事’，必舉正月”所引出的義，這却是毫無疑問的。那麼，“無‘事’”也就擁有了“無‘事’”之“義”，也就成了一種賦義狀態下的“空白叙事”。後人解讀《春秋》文本，所謂“無‘事’”之“時”，本來就是一種“空白叙事”之“事”，“義”就附在這種“空白叙事”之上。但换個角度來看，“無‘事’之‘義’”之“無事”本身就是“空白叙事”。易言之，《春秋》文本可以存在“無‘事’”之文，但不可能存在“無事”之文。文本記載下，“無事”即爲“事”，是一種“空白叙事”。但《春秋》可以存在“無‘事’”之文。“無事”之賦義，“無‘事’”之空書，這是《春秋》“不書事”的兩種狀態，不能等而爲一。“不書事”之“無‘事’”即是另一種“空白叙事”之“無事”。“元年春王正月”之無

---

① 范甯集解，楊士勛疏：《春秋穀梁傳注疏》卷三，第 29 頁上。

② 王靖宇言：“目前，由羅伯特·斯科爾斯和羅伯特·凱洛格在《叙事文的特性》一書中提出的四種要素，在我看來，是在任何時候、任何地方、任何類型的叙事作品中都可以找得到的，是最低的、不可缺少的要素。它們是：情節、人物、觀點和意義。”（《中國早期叙事文論集》，“中央研究院”中國文哲研究所籌備處 1999 年版，第 25 頁）就王靖宇的觀點而言，《春秋》空書時而不書事的條目必然不能成爲“叙事”，因爲它缺少了叙事必須要包括的四種要素之二：情節、人物。但就筆者的觀點而言，不書“事”本身就是一種書寫，是對“事”的隱含書寫，正是由其“不書”而見其不書之“事”的意義。這是另一種叙事，也是另一種賦義。

③ 李紀祥：《〈春秋〉中的“空白”：“闕文”與“不書”》，《時間·歷史·叙事》，華藝學術出版社 2013 年版，第 59~114 頁。

“事”即《春秋》文本無“公即位”之事。那麼，就文本而言，是爲不書“公即位”。《春秋》對“不書”的賦義而言，是“公不言即位”還是“公未即位”呢？《穀梁》不説“何以不書‘公即位’”，而言“公何以不言即位”，則自《穀梁》看來，是有即位之實，而“公不言即位”。

《穀梁》對《春秋》首條不書“公即位”的解讀，將我們從《春秋》書法拉升到了隱公的歷史場域，或者説《春秋》設定的隱公的歷史場域，也就是讓我們看到了隱公對於即位的主動性問題。即《穀梁》不單是讓我們看到“書寫《春秋》的孔子”，而且是要讓我們看到“孔子書寫《春秋》時面對的世界”。也就是説，“隱公不言即位的主動性”與“孔子不書‘公即位’的書法”在這裏得到了區分。[①] 只有確定隱公不言即位的主動性，才能爲隱公叙事之“隱十年無正，隱不自正也”[②] 的結語作一鋪墊。《穀梁》所謂“隱不自正”之依據就在元年之“不書公即位”。

在“元年春王正月”的叙事系統下，無“公即位”之“空白叙事”早已成立，是爲《春秋》隱公叙事之開端，也是隱公叙事之基調。正是由於這種“空白叙事”能够成立，所以才能開出“謹始”的意義，才能賦予“不書‘公即位’”以意義。至於空書“元年春王正月”之義爲何，或者説《穀梁》如何解讀這一空書之義，則要自“謹始”見之。

2. “謹始”解

《穀梁》曰：“雖無事，必舉正月，謹始也。”謹始者何？范甯曰：“謹君即位之始。”[③] 楊士勛疏亦曰：“謹始也者，謹人君即位之始。”[④] 范、楊二氏皆以“謹始”之始屬之於“人君即位之始”。鍾文烝補曰：“於文無即位之事，而當時實有其事，不可全没其實，故空書正月以謹其始，即十一年傳云‘所以正隱’，是申足此義也。”[⑤] 在此不妨再次引入《穀梁》對隱公結局之解讀，其言曰：“隱十年無正，隱不自正也。元年有正，所以正隱也。”[⑥] 范甯曰：“明隱宜立。”[⑦] 范、鍾之意，以隱公居位爲正，其所以十年無正者，隱公不自正也。那麼，照此理解，“謹始”

---

① 至於説，這種“隱公不言即位的主動性”是隱公之本然，抑或孔子《春秋》之建構，則又是另一個問題，不在本文討論的場域之内。

② 范甯集解，楊士勛疏：《春秋穀梁傳注疏》卷二，第 26 頁上。

③ 范甯集解，楊士勛疏：《春秋穀梁傳注疏》卷一，第 9 頁上。

④ 范甯集解，楊士勛疏：《春秋穀梁傳注疏》卷一，第 9 頁。

⑤ 鍾文烝撰，駢宇騫、郝淑慧點校：《春秋穀梁經傳補注》卷一，第 3 頁。

⑥ 范甯集解，楊士勛疏：《春秋穀梁傳注疏》卷二，第 26 頁上。

⑦ 范甯集解，楊士勛疏：《春秋穀梁傳注疏》卷二，第 26 頁上。

者，“謹君即位之始”，也就是在隱公即位之首條發隱居正之義。但對於“謹始”，并非只有這一種讀法，柯劭忞曰：“謹隱不自正之始。凡曰‘謹’皆惡。隱讓桓曷謂惡？隱失子道之正，正月所以正隱。”① 在柯劭忞的讀法下，其“謹始”却在“正隱”而“貶隱”，在“謹”隱公“不自正”之“始”。

二者對於“謹始”之解讀，褒貶之意相差甚大。但單就此條而言，似乎難以考察何者爲是，故而，我們需要考察《穀梁》中“謹始”的其他用法。《穀梁》言“始”者不少，然明確言“謹始”者，除此條外，惟有桓公“元年春王”條，其言曰：“桓無王，其曰王，何也？謹始也。其曰無王何也？桓弟弒兄、臣弒君，天子不能定，諸侯不能救，百姓不能去，以爲無王之道，遂可以至焉爾。元年有王，所以治桓也。”② 范甯注曰：“諸侯無專立之道，必受國於王，若桓初立，便以見治，故詳其即位之始以明王者之義。”③ 易言之，即桓之弒兄即位，元年所以有王者，“治桓”也，亦即桓王之時本無王可治之，《春秋》設“王”以治之也。是則，《穀梁》理解下的《春秋》桓公首條爲建構一“王”以治“桓”。

我們再回到隱公之首條，若按照桓公首條之書法，那麼，是否可以改寫隱公首條之《穀梁》書寫呢？不妨一試。結合隱公十一年薨之書寫，我們試改如下：“隱無正，其曰正，何也？謹始也。……元年有正，所以正隱也。”那麼，這種改寫是否可以成立呢？對於這一改寫之成立與否，必須回到《穀梁》原文。《穀梁》曰：

> 雖無事，必舉正月，謹始也。公何以不言即位？成公志也。焉成之？言君之不取爲公也。君之不取爲公何也？將以讓桓也。讓桓正乎？曰不正。《春秋》成人之美，不成人之惡，隱不正而成之，何也？將以惡桓也。

在這段話中，很重要的一個字就是“成”字。《春秋》成隱公讓桓之志，但對於隱公讓桓之志而言，《穀梁》并不以之爲是。《穀梁》曰：“讓桓正乎？曰不正。”何以不正？《穀梁》曰：

---

① 柯劭忞注：《春秋穀梁傳注》卷一，第 1 頁。

② 范甯集解，楊士勛疏：《春秋穀梁傳注疏》卷三，第 28 頁上。

③ 范甯集解，楊士勛疏：《春秋穀梁傳注疏》卷三，第 28 頁上。

《春秋》貴義而不貴惠，信道而不信邪。孝子揚父之美，不揚父之惡。先君之欲與桓非正也，邪也。雖然，既勝其邪心以與隱矣，已探先君之邪志而遂以與桓，則是成父之惡也。兄弟，天倫也。爲子受之父，爲諸侯受之君。已廢天倫而忘君父，以行小惠，曰小道也。若隱者，可謂輕千乘之國，蹈道則未也。”

范甯曰：惠公“終歸之於隱，是以正道制邪心”。“兄先弟後，天之倫次。”“隱爲世子，親受命於惠公；爲魯君，已受之於天王矣。”① 而意欲讓桓，則“弟先於兄，是廢天倫；私以國讓，是忘君父”②。故而，隱公雖具小善，而違逆大道，是爲不正。也就是説，在《穀梁》的理解中，《春秋》是在“成隱公讓桓之志”，但成其志的背後，則是進一步“謹其不正”。因爲隱讓桓爲不正，故隱之不自正需“謹之”，故而需要在元年設“正”以正隱。就此而言，其所謂“謹始”者，只能是“謹不正之始”，而不是“謹君位之始”。

《穀梁》欲謹隱“不自正”之成立，則要在使隱之“至正”成立。鍾文烝曰：“隱無正，唯元年有正，傳曰‘謹始也’，所以正隱也。”③ 又曰：“《春秋》大義，實以正隱治桓并爲始，故穀梁子兩著‘謹始’之文，而正隱謹始，尤爲全書大始。……正隱之義，根於不言即位，不言即位，傳謂之無事，此亦别見一義焉。”④ 鍾文烝早已看出，《穀梁》之書“謹始”實爲隱不即位而發，其謹始書正者，在謹隱公即位之正也。而鍾氏進一步指出，“正隱謹始，尤爲全書大始”，其所以言者，鍾氏并未詳論，而柳興恩之撰《穀梁大義述》，則已代其發言：

《春秋》終於獲麟而托始隱公元年。……《穀梁》之學之微也久矣，乃今而知《春秋》托始於隱之旨獨在此矣。何言之?《公羊》予桓公以宜立，《穀梁》罪桓以不宜立。宜立，則罪在桓；不宜立，則罪在隱。傳曰：“先君之欲與桓，非正也，邪也。探先君之邪志以與桓，是則成父之惡也。”如傳意，則隱在惠公爲賊子。傳曰：“爲子受之父，爲諸侯受之君。廢天倫，忘君父。”如傳意，則隱於周室爲亂

① 范甯集解，楊士勛疏：《春秋穀梁傳注疏》卷一，第9頁下~第10頁上。
② 范甯集解，楊士勛疏：《春秋穀梁傳注疏》卷一，第10頁上。
③ 鍾文烝撰，駢宇騫、郝淑慧點校：《春秋穀梁經傳補注》，《論經》，第10頁。
④ 鍾文烝撰，駢宇騫、郝淑慧點校：《春秋穀梁經傳補注》，《論經》，第21頁。

臣。《孟子》曰："孔子成《春秋》，亂臣賊子懼。"夫所謂賊者，豈但剚之刃乃爲賊哉，成父之惡即賊子矣。所謂亂者，豈但犯上作逆乃爲亂哉，廢倫忘君即亂臣矣。烏乎，以輕千乘之國者而卒不能逃亂賊之誅，則千秋萬世臣子之懼心必自隱公始矣。况傳曰"先君既勝其邪心以與隱"，是惠公未失正也，明其不必托始於惠也。傳曰"讓桓不正"，見桓之弒逆隱實啓之也，并明其無庸托始於桓也。且惠反諸正以與隱，隱乃不行即位之禮以啓桓，是隱之納於邪也。然則，隱之元年尤邪正絶續之交，《春秋》之托始於此，即於不書"公即位"見之。①

且不論惠隱之際、隱桓之間的糾葛，就隱公即位而言，"《公羊》予桓公以宜立，《穀梁》罪桓以不宜立。宜立，則罪在桓；不宜立，則罪在隱"。正是由隱公讓桓之不正，實開《春秋》之亂局，故隱之正與不正、讓之正與不正成爲《春秋》學上至關重要的問題。只有成隱即位之"至正"，隱不自正而讓桓之"至不正"才能成立，"正隱治桓"以至於治諸侯、正天子才能成立，《春秋》始隱的書寫也才有了别一番的特殊意義。

三、正隱：《穀梁》叙事中的"仲子"與"子氏"

若前文所論尚可謂發穀梁子之心曲的話，那麽，《穀梁》之隱公叙事必在證成隱公即位之"至正"，并以之爲起點來證成"隱讓桓之至不正"。以"至正"貶"至不正"，則《春秋》大義見焉。筆者認爲，隱公即位之正與不正，要自《穀梁》隱公書寫中予以探尋，而就隱公書寫而言，"仲子""子氏"之定位則是最顯見的兩個支點。

1. "天王使宰咺來歸惠公仲子之賵"釋

《春秋》隱公元年，"秋七月，天王使宰咺來歸惠公、仲子之賵"。《穀梁》曰："母以子氏。仲子者何？惠公之母，孝公之妾也。禮，賵人之母則可，賵人之妾則不可。君子以其可辭受之。其志，不及事也。"②在《穀梁》體系中，仲子是孝公之妾、惠公之母，但在《公羊》《左傳》中，仲子都是桓公之母。《公羊》曰："惠公者何？隱之考也。仲子者何？

---

① 柳興恩：《穀梁大義述》，《穀梁大義述叙例》，第1~2頁。

② 范甯集解，楊士勛疏：《春秋穀梁傳注疏》卷一，第11頁。

桓之母也。何以不稱夫人？桓未君也。”[①]《公羊》明言仲子爲桓公之母。《左傳》曰：“秋七月，天王使宰咺來歸惠公、仲子之賵。緩，且子氏未薨，故名。”[②]《左傳》言仲子即“子氏”。仲子者，就《左傳》而言，即隱公二年“十有二月乙卯，夫人子氏薨”之子氏。《左傳》此條無傳，但從《左傳》“仲子歸于我，生桓公”[③]之“史前史”來看，此仲子即桓公之母，與《公羊》同。

歷史中的仲子爲誰，這和《春秋》文本中的仲子爲誰，并不是一個可以完全等同的問題。因爲《春秋》首先是“經”，而不是“史”。但和史實一樣，在《春秋》文本中，仲子也應有書寫者的唯一性。就《穀梁》與《公羊》《左傳》而言，三者雖都是對《春秋》的解讀，但穀梁子、公羊子、左氏各自成就了一套自己的《春秋》體系，三傳各自成立一個獨立的意義系統與詮釋脉絡。三傳雖從《春秋》出發，但在詮釋《春秋》之時，又有各自的獨立性。就經傳關係而言，《春秋》經屬於第一位階，三傳則是第二位階。但就詮釋性而言，三傳各自開創了獨立的體系，已不能完全復歸於《春秋》。也就是説，就孔子筆下的《春秋》文本而言，仲子的身份具有唯一性；但就三傳各自的體系而言，仲子的身份需要在三傳中各自成立一個合法性。易言之，三傳筆下的仲子可以是同一個人，也可以是三個不同身份的人。無論是一個還是三個，都是從各自的詮釋體系出發而界定的，并没有對錯、優劣之分。[④]就仲子的身份來説，《穀梁》認爲是惠公之母，《公羊》《左傳》認爲是桓公之母，這本身無法作出對錯的判分，只能從各自體系中探討其何以如此，何以唯有如此才能成立其合法性。故筆者不欲探討《穀》《公》之是非，而只欲對《穀梁》之仲子何以必須是惠公之母作一探討。

讓我們回到《春秋》原文：“秋七月，天王使宰咺來歸惠公、仲子之賵。”對於此條，首先需要關注的是，何以書“月”。《穀梁》并未作出解答，范甯曰：“賵例時，書月以謹其晚。”[⑤]也就是説，在范甯的理解中，賵而書“月”是“謹”，亦即蕴含貶責之義。那麼，《穀梁》是否有此一意思呢？我們不妨來看《穀梁》原文：“母以子氏。仲子者何？惠公之

---

① 何休注，徐彦疏：《春秋公羊注疏》卷一，第 14 頁。

② 杜預注，孔穎達正義：《春秋左傳注疏》卷二，第 38 頁上。

③ 杜預注，孔穎達正義：《春秋左傳注疏》卷二，第 29 頁。

④ 關於仲子身份之討論可參見謝秀文《春秋“惠公仲子”正名》(《春秋三傳考異》，臺北文史哲出版社 1984 年版，第 22~27 頁）一文。

⑤ 范甯集解，楊士勛疏：《春秋穀梁傳注疏》卷一，第 11 頁上。

母，孝公之妾也。禮，賵人之母則可，賵人之妾則不可。君子以其可辭受之。其志，不及事也。"從《穀梁》"其志，不及事也"的論述中，我們可以推測，范甯所言"賵例時，書月以謹其晚"，當從此而來。但《穀梁》之言"其志，不及事也"，是否有貶責之義呢？筆者以爲尚難遽斷，不妨看看《穀梁》之賵例。

《春秋》明言"賵"者，除此條外，僅有文公五年賵成風一條，其文曰："五年春正月，王使榮叔歸含且賵。"《穀梁》曰："含一事也，賵一事也，兼歸之，非正也。其曰'且'，志兼也。其不言來，不周事之用也。賵以早，而含已晚。"[①]《穀梁》此條言"王使榮叔歸含且賵"，一人而兼二事，且"賵以早，而含已晚"，故譏之。而所以見其譏者，在"不言來"，即不書"來"字。也就是説，王之賵下，以言不言"來"而見義。

"來"之於賵的意義，不妨再引文公九年秦賵成風爲證。文公九年冬，"秦人來歸僖公成風之襚"[②]。成風之喪在文公四年，至此已歷五年，而秦人襚之，似於禮爲失。然《春秋》書"來"，如上所述，此既書"來"，則非譏也。是以，何休、鄭玄對此條頗有争議。《釋廢疾》載何休曰："四年，夫人風氏薨。九年，秦人來歸僖公成風之襚。最晚矣，何以言'來'？"鄭玄釋曰："秦自敗於殽之後，與晋爲仇，兵無休時，乃知免穆公之喪而來，君子原情不責晚。"[③] 何休、鄭玄之争，誰對誰錯非筆者所能遽定，亦與本文主旨無關，筆者所以引述此文者，只是想説明，在漢末大儒看來，賵、襚之譏與不譏，要在是否書"來"，而不在書時或月。范甯"開發"出"賵例時，書月以謹其晚"之例，自有其意義，但仍可從另一個褒貶的角度，即從是否書"來"，對此條之褒貶予以探討。就此一角度而言，《春秋》"秋，七月，天王使宰咺來歸惠公、仲子之賵"條書"來"，則并無貶義。

何休《穀梁廢疾》以攻《穀梁》謬説爲職志，那麽，他對《穀梁》賵、襚書"來"之批駁，亦可視爲是對當時《穀梁》學之主流説法之批判。也就是説，賵、襚之是否書"來"是《穀梁》判定《春秋》是否具有譏貶意義的一個標準。因爲"秋七月，天王使宰咺來歸惠公、仲子之賵"書"來"，故在《穀梁》體系中，此條并無貶斥之義。那麽，仲子的

① 范甯集解，楊士勛疏：《春秋穀梁傳注疏》卷十，第 101 頁上。
② 范甯集解，楊士勛疏：《春秋穀梁傳注疏》卷十一，第 107 頁下。
③ 皮錫瑞撰，吴仰湘整理：《釋廢疾疏證》，第 486、487 頁。

身份就成爲關鍵問題。因爲如果仲子是爲桓公之母的話，《穀梁》不能不對此條加以貶責。

讓我們回到“元年春王正月”之《穀梁》解讀，自《穀梁》體系看來，隱讓桓之不正，由於其廢天倫、忘君父，故雖善而未達於道。但就即位而言，講“兄弟天倫”的前提是没有嫡庶之分。也就是説，無論惠公是否有意立桓公爲君，桓公之母在《穀梁》體系中是未立爲夫人的。只有桓公之母未爲夫人，則隱、桓無嫡庶之分，這才能叙兄弟天倫之序次。

在《穀梁》體系中，以天王之賵仲子爲正，故必不能使仲子爲桓公之母。否則，無論隱公欲讓位於桓而何等尊崇桓公之母，天王賵人之妾亦必當貶責之也。正如《穀梁》所述，“禮，賵人之母則可，賵人之妾則不可”。此時桓未君，天王之賵桓公之母，必爲不正，則必當深責之。《春秋》不貶，則仲子必不能爲桓公之母。

《穀梁》此條將仲子釋爲惠公之母而非桓公之母的意義就在於，只有將天王賵仲子的正當性從桓公身上轉移出來，才能不對隱公即位之正當性構成威脅。不然，《春秋》不貶天王之賵仲子，而又以仲子爲桓公之母，則桓公之正當性亦因之而成立，則《穀梁》“正隱”之必然性就要被打破。故而，《穀梁》釋仲子爲惠公之母，自是從《穀梁》解讀的《春秋》書法中推究出來，但隱、桓之正與不正亦是其考量的重點所在。是以，此條之釋，自“正隱”言之，只能如此迂曲。

2. 釋“夫人子氏”

《春秋》隱公二年，“十有二月乙卯，夫人子氏薨”。《穀梁》曰：“夫人薨不地。夫人者，隱之妻也。卒而不書葬，夫人之義，從君者也。”① 與“仲子”一樣，對於“夫人子氏”，三傳亦有異説。《穀梁》以其爲隱公之妻，《公羊》以之爲隱公之母，《左傳》以爲桓公之母。② 那麼，《穀梁》何以必釋夫人子氏爲隱公之妻呢？我們不妨先來看看爲何不能釋爲桓公之母、隱公之母。

《左傳》此條無傳，然前文已述，《左傳》於“秋七月，天王使宰咺來歸惠公、仲子之賵”條曰：“緩，且子氏未薨，故名。”③ 則其以子氏爲仲子，且言未薨，則此所謂“子氏”即當爲“仲子”，亦即桓公之母。杜

---

① 范甯集解，楊士勛疏：《春秋穀梁傳注疏》卷一，第 14 頁上。

② 關於“夫人子氏”之討論，可參見李啓原：《春秋三傳異同考釋》第四章《“夫人子氏”辯證》，高雄文化出版社 1995 年版，第 49~72 頁。

③ 杜預注，孔穎達正義：《春秋左傳注疏》卷二，第 38 頁上。

預亦如此解讀。然則，於《穀梁》體系而言，何以不能釋爲“桓公之母”呢？於《穀梁》而言，隱之即位爲正，正則桓之母必不能成其爲夫人。《穀梁》之傳《春秋》，其於隱公則以“正隱”爲核心，則子氏若爲仲子，《春秋》必不當稱夫人。即若舊史以“夫人”稱仲子，夫子亦當修而去之。故就《穀梁》而論，既言“夫人”，則必不爲桓公之母。否則，何以“正隱”？

《公羊》曰：“夫人子氏者何？隱公之母也。何以不書葬？成公意也。何成乎公之意？子將不終爲君，故母亦不終爲夫人也。”①《穀梁》以“正隱”讀《春秋》之隱公敘事，則以其母爲夫人，亦無不可，然《穀梁》何以不以之爲母而以之爲妻呢？

首先來説《公羊》此條之矛盾處。楊士勛疏曰：“《公羊》以爲隱母，則隱見爲君，何以不書葬？若以讓不書葬，何爲書‘夫人子氏薨’？”② 楊氏此處之駁難，正是《公羊》此條難以圓融處，即稱“夫人”則隱公不自居爲“讓”，若以讓不書葬則不當稱“夫人”。除此條外，《春秋》書夫人薨九、妾薨一，其中不書葬者一。哀公十二年，“夏五月甲辰，孟子卒”。《穀梁》曰：“孟子者何也？昭公夫人也。其不言夫人何也？諱取同姓也。”③ 孟子書卒不書葬，范甯注曰：“葬當書姓，諱故亦不書葬。”④ 是以，從《春秋》書薨、書葬之例看，非有特筆，則夫人薨當書葬。

《穀梁》之所以必釋之爲隱妻者，即在“不書葬”這一點上發掘了《春秋》的深義。《穀梁》曰：“夫人之義，從君者也。”⑤ 何謂？范甯釋之曰：“隱弑賊未討，故不書葬。”⑥ 隱公十一年，“冬十有一月壬辰，公薨”。“公薨不地，故也，隱之不忍地也。其不言葬何也？君弑，賊不討不書葬，以罪下也。”⑦ 隱公所以不書葬者，在桓之弑隱也。而夫人子氏之不書葬，“夫人之義，從君者也”，即從隱也，從隱之賊不討而不書葬也。《穀梁》隱公敘事之最後一句話是：“隱十年無正，隱不自正也。元年有

① 何休注，徐彥疏：《春秋公羊注疏》卷二，第 26 頁。
② 范甯集解，楊士勛疏：《春秋穀梁傳注疏》卷一，第 14 頁上。
③ 范甯集解，楊士勛疏：《春秋穀梁傳注疏》卷二十，第 204 頁上。
④ 范甯集解，楊士勛疏：《春秋穀梁傳注疏》卷二十，第 204 頁上。
⑤ 范甯集解，楊士勛疏：《春秋穀梁傳注疏》卷一，第 14 頁上。
⑥ 范甯集解，楊士勛疏：《春秋穀梁傳注疏》卷一，第 14 頁上。
⑦ 范甯集解，楊士勛疏：《春秋穀梁傳注疏》卷二，第 26 頁上。

正，所以正隱也。"[①] 也就是説，隱之不書葬顯因"君弒賊不討"，而其深層之内涵更在"正隱"。《穀梁》必以不書葬之"夫人子氏"爲隱之妻，亦在此上發一深義，即再次"正隱"也。

小 結

從上文所述可知，筆者將《穀梁》之隱公詮釋的核心放在"正隱"二字上。正是由於隱公即位本"至正"，而其以讓桓爲志，不言即位，實爲"至不正"。《穀梁》叙事中，就其"至不正"而證成其"至正"，"正隱"而"治隱"，是爲《穀梁》欲成就之《春秋》開端書寫。故而，無論是"元年春王正月""仲子"還是"夫人子氏"之定位，要在"正隱"二字。《春秋》何以始乎隱，是爲《春秋》學研究之大課題。自《穀梁》而言，隱桓之際的正與不正，就是其追索之《春秋》開端賦義，亦是其建構的《春秋》世界之源起。我們研習《穀梁》之隱公解讀，要當以"正隱"爲標幟。

也許正如柳興恩所言："宜立，則罪在桓；不宜立，則罪在隱。……如傳意，則隱在惠公爲賊子，……則隱於周室爲亂臣。……以輕千乘之國者而卒不能逃亂賊之誅，則千秋萬世臣子之懼心必自隱公始矣。……隱之元年尤邪正絶續之交，《春秋》托始於此，即於不書'公即位'見之。"《穀梁》以"正隱"而"治隱"，是則所以開"春秋"歷史世界之"亂局"，亦所以啓《春秋》文本世界之"治世"。是所謂《穀梁》之隱公義。

我们可以發現，"正隱以治隱"的開端書寫之所以能够在《穀梁》脉絡中得以成立，正是將"元年春王正月"置於整個隱公的文本脉絡中予以考量的結果。無論是"惠公仲子"，還是"夫人子氏"，其身份的確定，都是在把握《春秋》書寫模式的基礎上得以成立的。尤其是以書"來"與否定《春秋》之褒貶，成爲《穀梁》此條詮釋之特色。這種以文本脉絡爲核心的詮釋模式正是《穀梁》的特色所在，也是"《穀梁》善於經"的釋經理路之展現。

事實上，包括"三科九旨""五十凡"在内的《春秋》書寫解讀模式都是通過細讀文本而抽取出來的文本規律。柯劭忞將"九旨"説歸之於《穀梁》，無疑是爲《穀梁》解讀建構了一條捷徑，但"九旨"之外是否還有更多需要從《穀梁》本身去提煉的條例呢？也許還有很多，這也有待於我們深度細讀文本，從文本中不斷提煉與取精。《穀梁》對隱公"元年

---

① 范甯集解，楊士勛疏：《春秋穀梁傳注疏》卷二，第 26 頁上。

春王正月”的詮釋，就是隱伏在文本對“來”“謹始”“仲子”“夫人子氏”的解讀之中。《穀梁》之所以難讀，就是因爲没有一個現成的“體系”與完整的“條例”，讓後人可以輕而易舉地從文本中讀出“固定”的答案，加大了解讀的難度。但也正是因爲尚未有現成的體系，《穀梁》才有更多的可能性等着我們去解讀。也許當真正建立在深入細讀文本之上的《穀梁》體系與條例完成之後，我們才能真正明白《穀梁》是否善於經，或《穀梁》如何善於經。

第三章　不使麟不恒於中國也：《穀梁》“西狩獲麟”義解

《春秋》文本的最後一條爲：“十四年春，西狩獲麟。”歷代凡治《春秋》之學者，多提出何以《春秋》終於“西狩獲麟”的問題，并試圖提出自己的解答。《穀梁》作爲《春秋》三傳之一，是《春秋》學極爲重要的一種文本，《穀梁》如何面對和解答“西狩獲麟”這一問題，值得我們探討。但自范甯已還，《穀梁》家對此一問題的解讀，多受《公羊》《左傳》二家之影響，而殊少從《穀梁》傳文體系中予以梳理、體悟者。在此我們無意詮解歷代難以計數的提問與解讀，只是希望在梳理范甯的詮釋與《穀梁》傳文體系之異同的基礎上，自《穀梁》書寫脉絡出發，探討《穀梁》如何面對此一課題。①

一、范甯“西狩獲麟”解及其影響

歷代《穀梁》家對“西狩獲麟”的解讀，多受范甯之影響，是以有必要先對范甯的“西狩獲麟”説予以解讀。《春秋》哀公“十四年春，西狩獲麟”，范甯注曰：

杜預曰：“孔子曰‘文王既没，文不在兹乎’，此制作之本旨。”

① 歷代學者對“西狩獲麟”之研究頗多，難以歷數，黄聖修《〈春秋〉西狩獲麟解》（佛光大學2006年碩士論文）一文以三傳及何休、杜預、范甯注爲中心，對《春秋》“西狩獲麟”這一課題做了梳理，是目前所見對此問題最爲深入的研究，可供參考。李紀祥《“西狩獲麟”：〈春秋〉之“末”，書寫之“始”?》（《北京大學中國古文獻研究中心集刊》第十一輯《中國典籍與文化國際學術研討會專輯》，北京大學出版社2011年版，第156~178頁）一文對《春秋》三傳及何休、杜預、范甯注詮釋下“西狩獲麟”的三種理路，即獲麟絶筆、文成麟至、感麟而作，做出了深入的詮釋，從《春秋》書寫“始”“末”的角度做出了新的詮釋，頗值得參考。

又曰："鳳鳥不至，河不出圖，吾已矣夫。"斯不王之明文矣。夫《關雎》之化，王者之風；《麟之趾》，《關雎》之應也。然則，斯麟之來，歸於王德者矣。《春秋》之於廣大悉備，義始於隱公，道終於獲麟。①

范甯以杜預之説引入《春秋》"西狩獲麟"之於孔子之意義，將"麟之來"歸之於"王德"。其言"斯不王之明文矣"，則"王德"云云，自非爲時王而來。由於《春秋》"廣大悉備"，故麟之來，實爲《春秋》而來。故其言"道終於獲麟"，《春秋》之"道"即麟"感而來"之道，亦即所謂"王德"者也。易言之，孔子之王道已於《春秋》中得到完全闡釋，麟感之而來。故《春秋》在"獲麟"絶筆，可見"麟"之現與獲，對於孔子書寫《春秋》而言，具有"道終、道備"的啓示意義。也就是説，這是一種"文成麟至""文成致麟"式的《春秋》文本終結，同時也代表了孔子"王道"書寫的完成。雖然范甯首引杜預注以爲説，但其與杜預之"獲麟"觀，并不一致，事實上杜預所執當爲"感麟而作"説。其於《春秋序》曰：

仲尼曰："文王既没，文不在兹乎?"此制作之本意也。嘆曰："鳳鳥不至，河不出圖，吾已矣夫!"蓋傷時王之政也。麟、鳳五靈，王者之嘉瑞也。今麟出非其時，虚其應而失其歸，此聖人所以爲感也。絶筆於獲麟之一句者，所感而起，固所以爲終也。②

杜預明言所以"絶筆於獲麟之一句者"，正在於孔子感麟之來而作《春秋》，故"所感而起，固所以爲終也"。也就是説，杜預將"感麟而作"視爲孔子撰寫《春秋》之緣起。故其於序續言："余以爲感麟而作，作起獲麟，則文止於所起，爲得其實。"③ 就此點而言，杜預於哀公十四年"西狩獲麟"條下言之更爲詳悉：

麟者，仁獸，聖王之嘉瑞也。時無明王出而遇獲，仲尼傷周道之不興，感嘉瑞之無應，故因魯《春秋》而修中興之教。絶筆於獲麟之

---

① 范甯集解，楊士勛疏：《春秋穀梁傳注疏》卷二十，第205頁上。
② 杜預注，孔穎達正義：《春秋左傳注疏》卷一《春秋序》，第17頁。
③ 杜預注，孔穎達正義：《春秋左傳注疏》卷一《春秋序》，第19頁下。

一句，所感而作，固所以爲終也。①

杜預認爲麟爲仁獸，遇明王而出，時無明王而獲麟，孔子感而作《春秋》。因爲孔子感麟而作《春秋》，故亦以所感的起點，即"獲麟"作爲絶筆之處。范甯注與杜預不同之處在於，麟之出現，到底是麟感《春秋》之王道而來，還是孔子因麟之出現而書寫《春秋》以寓王道。范甯無疑選擇了前者，杜預則贊同後者。易言之，兩者的不同在於麟的出現，是促成了孔子書寫的開始，還是預示夫子述作的完成。

事實上，就麟之於孔子、《春秋》之意義而言，范甯注與《公羊》説更爲接近。《公羊》曰：《春秋》"何以終乎哀十四年？曰：備矣"。何休釋曰："人道浹，王道備，必止於麟者，欲見撥亂功成於麟，猶堯舜之隆，鳳皇來儀。故麟於周爲異，《春秋》記以爲瑞，明大平以瑞應爲效也。"②依《公羊》之説、何休之釋，則"麟"之來，對於是時之政局而言，爲異而非瑞；但對於孔子之《春秋》而言，確是一種瑞應。孔子書《春秋》，至於哀公十四年，麟至爲瑞，故而可以得出"《春秋》備矣"的結論。這不單單是《春秋》文本已備，更是孔子之"王道"已備的瑞應，故可就此止筆矣。范甯説與此相同，其於《春秋穀梁傳序》曰："先王之道既弘，麟感而來應。因事備而終篇，故絶筆於斯年。"③《春秋》文本之書寫至於哀公十四年而"事備"，"先王之道"亦附之而"弘"，故可"絶筆於斯年"矣。

二、《穀梁》傳文體系中的"西狩獲麟"

歷代《穀梁》家對"西狩獲麟"的理解要皆同於范甯之説，故鍾文烝曰"《穀梁》家皆以爲麟應《春秋》而至"④，即《春秋》事備道弘，文成而麟至。范甯的"西狩獲麟"説代表了歷代《穀梁》家的主要觀點，但究而言之，范甯此論與其説是從《穀梁》中體會出來，毋寧説是受了《公羊》之影響，蓋《穀梁》傳文并無"事備道弘""文成致麟"的書寫與詮釋。是以，范甯之説，抑或説是歷代《穀梁》家之説，實難代表《穀梁》之義。要理解《穀梁》傳文體系中的"西狩獲麟"，其要蓋在回

---

① 杜預注，孔穎達正義：《春秋左傳注疏》卷五九，第1030頁上。

② 何休注，徐彦疏：《春秋公羊注疏》卷二十八"哀公十四年"條，第358頁上。

③ 范甯集解，楊士勛疏：《春秋穀梁傳注疏》，《監本附音春秋穀梁傳注疏序》，第5頁下。

④ 鍾文烝撰，駢宇騫、郝淑慧點校：《春秋穀梁經傳補注》，《范氏元序》，第7頁。

到《穀梁》傳文之書寫體系中。筆者在此以《穀梁》"西狩獲麟"之傳文爲中心，在詮釋傳文的基礎上，對《穀梁》"西狩獲麟"説予以新的解讀。爲便論述，先將《穀梁》此條傳文列下：

> 引取之也。狩，地；不地，不狩也。非狩而曰狩，大獲麟，故大其適也。其不言來，不外麟於中國也；其不言有，不使麟不恒於中國也。①

什麽叫"狩，地；不地，不狩也"呢？《春秋》凡"狩"皆當書地名，即"狩與蒐，皆書地"② 也。《春秋》經文共出現"狩"三次，除此條外，桓公四年，"春正月，公狩於郎"③。莊公四年，"冬，公及齊人狩於郜"④。這兩條"狩於郎""狩於郜"中的郎、郜就是地名。而本條"西狩獲麟"四字，雖然有"西"字，但并沒有具體的地名，也就是説，没有"狩於某"的指稱。《穀梁》曰"狩，地；不地，不狩也"，易言之，在《穀梁》理解體系中，凡是"狩"都是需要書地名的，如果没有書地名的話，那就不是實狩。此處既然不書地，則此處非實狩明矣。⑤

所以也就引出了下一個提問，即何以"非狩而曰狩"呢？《穀梁》自設問答曰："大獲麟，故大其適也。"什麽意思呢？就是説由於"麟"的重要性，必須要"大"之，故而雖然本非狩，但必須要寫成"西狩獲麟"。此間尚有一問題需要進一步梳理，即《穀梁》提出"大獲麟"三個字，到底是"大""獲麟"之事，還是"大""麟"此一物呢？筆者以爲所大者爲"麟"還是"獲麟"，其間雖有一定的共性，但仍存在着一些差别。其下言"故大其適也"，即言大麟之來也。據此而言，則《穀梁》傳文所"大"者并不是"獲麟"之事，而是"麟"此一物。也就是説，《穀梁》是在强調"麟"的重要性。

我們讀完《穀梁》此條傳文，并不能發現介紹麟爲何物、麟的重要性的文字，既然《穀梁》所重者在"麟"，何以又不言何爲"麟"、何以重"麟"呢？傳文續引出兩句話，即"其不言來，不外麟於中國也；其不言

---

① 范甯集解，楊士勛疏：《春秋穀梁傳注疏》卷二十，第205頁。

② 鍾文烝撰，駢宇騫、郝淑慧點校：《春秋穀梁經傳補注》卷三，第90頁。

③ 范甯集解，楊士勛疏：《春秋穀梁傳注疏》卷三，第31頁下。

④ 范甯集解，楊士勛疏：《春秋穀梁傳注疏》卷五，第48頁上。

⑤ 如范甯所言，"實狩當言冬，不當言春"（《春秋穀梁傳注疏》卷二十，第205頁下）。此亦"西狩獲麟"之"狩"非實狩之一證。

有，不使麟不恒於中國也”。《穀梁》之重麟，要當自此句得其解。

欲理解這兩句話，首先需要理解何謂“來”。昭公二十五年，“有鸜鵒來巢”。《穀梁》曰：“一有一亡曰有。來者，來中國也。”① 從這條傳文中我們可以知道何謂“來”，即“來者，來中國也”。那麼，何謂“來中國”呢？既言“來中國”，自然就不是中國所本産，而是自外而來，自中國之外而來。《穀梁》説“其不言來，不外麟於中國也”，即《穀梁》認爲麟爲中國所本産，而不是自外而來的。那麼，“其不言來，不外麟於中國也”，實即“其不言來，内麟於中國也”。

上文引昭公二十五年“有鸜鵒來巢”之時，我們看到傳文有“一有一亡曰有”之語，何謂“一有一亡曰有”，范甯并未出注，不過楊士勛疏作了解答。莊公十八年，“秋，有蜮”。《穀梁》曰：“一有一亡曰有。”楊士勛解釋説：“舊解：一有，南越所生是也；一亡，魯國無是也。今以爲‘一有一亡曰有’者，謂或有有時，或有無時，言不常也。故書曰：有若螟蟲之類，是常有之物，不言有也。……又每年常有，不得言有也，所以異於蜚、蜮與麋也。”② 《穀梁》一共出現“一有一亡曰有”三次，按這三次的情況分析，確實以“或有有時，或有無時，言不常也”這個解釋最爲合理。③ 也就是説，“其不言有，不使麟不恒於中國也”，實即“其不言有，使麟恒於中國也”。

我們可以發現，此條傳文對於“西狩獲麟”的解讀，面向的似乎不是“魯”而是“中國”。回到《春秋》經文，“十有四年春，西狩獲麟”。這裏有一個問題，即主語之缺失，亦即“誰”獲麟。《春秋》并没有書寫此一事件之主角，《穀梁》亦未解答此一主角問題。但我們讀《春秋》經文可知，《春秋》以魯公爲書寫脉絡，没有書寫的主角往往就是魯、魯公、魯人等等。在某種情況下，出於書法的需要，省略主角而不書，這一不書的主角往往是“魯”及其相關的代稱。④ 所以，當我們讀到“十有四年

---

① 范甯集解，楊士勛疏：《春秋穀梁傳注疏》卷十八，第 180 頁上。

② 范甯集解，楊士勛疏：《春秋穀梁傳注疏》卷五，第 54 頁。

③ 除此二條外，《春秋》昭公十七年載：“冬，有星孛於大辰。”《穀梁》曰：“一有一亡曰有。於大辰者，濫於大辰也。”（《春秋穀梁傳注疏》卷十八，第 176 頁下）若以舊解而言，昭公十七年條實難得解，而以“一有一亡曰有”解之則可，故筆者贊同楊士勛之説，不以舊解爲是。

④ 孔子因魯史而修《春秋》，故《春秋》以“魯”爲主。《公羊》家進一步推出“《春秋》王魯”説，雖多奇詭之説，然亦不無道理。包慎言説“王魯”云：“《春秋》，魯史也，因魯以明王法，是之謂王魯云爾。”（轉引自陳立：《公羊義疏》卷一，第 4 頁下左）包氏所論，最爲得實。

春，西狩獲麟”時，出於讀《春秋》經文的慣性，自然試圖以“魯”“魯公”“魯人”等與魯相關的主語詞彙去填補這一“主角”空白。但我們來看《穀梁》傳文，其文曰“其不言來，不外麟於中國也；其不言有，不使麟不恒於中國也”，兩次用“中國”來詮釋“麟”之歸屬，那麼，在《穀梁》的詮釋體系中，此條經文的主角是“魯”抑或是“中國”呢？不難得出結論，《穀梁》此條傳文無疑是指向“中國”而非“魯”。

那麼，我們當如何理解此條經文“主角”空缺背後的“中國”指向呢？在此就需引入“三臨之言”的不同視域。《穀梁》既言“其不言來，不外麟於中國也；其不言有，不使麟不恒於中國也”，則“天下”亦可代換爲“中國”。很明顯，按照天下、一國、一家的分法，“中國”無疑是指向“臨天下之言”。

《穀梁》既然將“麟”指向“中國”，又把“西狩獲麟”放到了“臨天下之言”的位階上，那麼，我們就需要處理“麟”“獲麟”之於“中國”的意義。要理解“臨天下之言”視域下的“獲麟”，就需先回到《穀梁》此條傳文的第一句，即“引取之也”。何謂“引取之”呢？范甯曰：“言引取之，解經言獲也。”① 無疑，范甯是將傳文的“引取之”與經文的“獲”字聯繫起來，也就是認爲《穀梁》用“引取之”來解讀“獲”的意義。但歷代儒者似乎多未重視“引取之也”這句傳文。也許“西狩獲麟”作爲《春秋》經文的最末一條，本就有太多可以吸引我們目光的地方，《穀梁》此條傳文，無論是“麟”，還是“中國”，抑或是“狩”，似乎都比“引取之也”這四個字更有吸引力。是以，在對《春秋》“西狩獲麟”的解答中，“引取之也”似乎從來没有成爲焦點。

但我們在分析上文之後，是否可以追問，處於“非狩而曰狩”“大獲麟”“中國”等詞彙之前的這句“引取之也”，是否真的只是如此平淡無奇呢？筆者以爲并不盡然。何以見得？我們不妨再來讀一遍傳文，傳文曰“其不言來，不外麟於中國也；其不言有，不使麟不恒於中國也”。短短的兩句話，却密集地用“來”“外”“有”“恒”這些字來書寫、詮釋“麟”内於“中國”之屬性。傳文如此迫切地想要説明麟的“中國”屬性，“不言來”“不言有”“不外”“不使不恒”又無不體現着傳文對於“麟”與“中國”的密切勾連，但“引取之也”的提出，却似乎給人以“麟”需要“引取”而“有”，亦即示人以“不有”之感，即給人以“麟”不屬於“中國”的感覺。我們不妨來看下一句傳文“非狩而曰狩，大獲麟，故大

① 范甯集解，楊士勛疏：《春秋穀梁傳注疏》卷二十，第 205 頁上。

其適也”，傳文將“大獲麟”指向“大其適”，即大“其（麟）”之來、之適。“大其適”的提出，也就彰顯了“麟”的主體性。我們將“其適”和“引取之”聯繫起來看，那麼，作爲這段傳文主體的主角是誰？是“西狩獲麟”之“人”，還是所獲之“麟”呢？經文的主體性不在本文的討論範圍内，但自傳文而言，“大其適”的主體性無疑指向“麟”。是以，“狩”也好，“非狩”也罷，不過是個“大其適”的修辭而已。“狩”與“非狩”，其行爲主體的“人”，最終只是“引取之”而已。“引取之”的目的在於“其適”，《穀梁》詮釋下的《春秋》文本最後一條的重心就在於“大其適”三字。“西狩獲麟”的“狩”“獲”，最終只是指向“麟”，指向具有主體性的“麟適”。①

如是説來，我們對於《穀梁》最後一條傳文的理解中，似乎就需要解決一個問題，何以一方面説“其不言來，不外麟於中國也；其不言有，不使麟不恒於中國也”，另一方面又説“引取之”“大其適”呢？粗看起來，其中似乎存在着矛盾，但我們通過分析可知，在《穀梁》傳文體系中，“麟”雖然“不外於中國”“恒於中國”，但“麟”的出現，仍需要“引取之”。何則？因爲“麟”作爲瑞獸，雖然“不外於中國”“恒於中國”，但只有“引取之”，才可能“適”，才會出現。若如此解讀《穀梁》對《春秋》“西狩獲麟”之詮解，則此間就不存在矛盾了。

三、“麟”與孔子引取之“道”

以上是筆者對《穀梁》“西狩獲麟”這條經傳的解讀，但當我們讀此條經傳時，更爲重要的一點是，我們必須面對《春秋》文本何以終於“西狩獲麟”這一課題。當我們説“‘西狩獲麟’作爲《春秋》文本的最後一條”這句話時，何以“西狩獲麟”可以成爲《春秋》文本的最後一條，或者説《春秋》何以要終於“西狩獲麟”，這個問題也就成爲每一個解讀《春秋》者不得不面對并試圖解決的課題了。當我們展開《春秋》或者説三傳，當我們面對此一問題時，作爲前賢的穀梁子、公羊子，同樣也要面對此一問題。不同之處在於，穀梁子、公羊子等先賢都在我們之前試圖去解答此一課題，爲我們提供了解讀的階梯。

---

① 范甯注曰：“麟自爲孔子來，魯引而取之，亦不與魯之辭也。”（《春秋穀梁傳注疏》卷二十，第205頁上）麟是否爲孔子而來，引取之的主體是否爲魯，下文會繼續討論，但范甯將對“引取之也”的詮釋放在了“引取”之“人”上，而筆者以爲，這句話的詮釋當將重心放在所“引取”之“麟”上。這是范甯與筆者詮釋的不同之處。

《公羊》在“西狩獲麟”下發傳曰：《春秋》“何以終乎哀十四年？曰：備矣”。公羊子在最後一條中提出了他對《春秋》何以終於哀公十四年西狩獲麟的解答。這是三傳傳文惟一一處對《春秋》何以終乎獲麟的正面解讀。《左傳》傳文雖沒有提出何以“西狩獲麟”具有終點意義，① 但《公羊》《左傳》對於此條解讀的共同點，則是都將“獲麟”與孔子書寫《春秋》聯繫在一起。簡言之，《公羊》《左傳》及三傳注家形成了“獲麟絶筆”“感麟而作”“文成致麟”三種“麟”與孔子《春秋》書寫之間的關係，也成就了歷代“《春秋》何以終乎獲麟”的解釋脉絡。

那麽，穀梁子呢？穀梁子在面對此一課題時，是否也嘗試作出解答呢？如上所述，至少《穀梁》傳文没有明確提出“《春秋》何以終乎西狩獲麟”的問題和解答。但文本没有明確提出，并不代表我們不能從《穀梁》文本中尋繹穀梁子的“《春秋》終麟”義。

《穀梁》此條傳文兩言“中國”，那麽，何爲中國呢？范甯注引范雍曰：“中國者，蓋禮義之鄉、聖賢之宅，軌儀表於遐荒，道風扇於不朽。”②《穀梁》傳文中，“中國”多與“卑國”“遠國”“夷狄”對舉③，以禮義區分“中國”與“夷狄”，自亦允當。但孔子所處的春秋時代，“中國”却不再是“禮義之鄉、聖賢之宅”，而是禮崩樂壞，亂臣賊子作。是以，孔子不免慨嘆：“天下有道，則禮樂征伐自天子出；天下無道，則禮樂征伐自諸侯出。”④ 春秋之世，“天下無道，禮樂征伐自諸侯出”，故孔子要作《春秋》，貶諸侯、誅亂臣，成一“天下有道”的文本世界。孔子欲以《春秋》行天子之事，孔子之道藴於《春秋》之中，故知我罪我

---

① 《左傳》經文非終於“西狩獲麟”，而是終於“孔子之卒”，但如杜預所説，“引經以至仲尼卒，亦又近誣”（杜預《春秋序》），後世《左傳》家亦不以經終於“孔子卒”爲是，而認爲是後人近誣之續。杜氏又於《春秋》“夏四月己丑，孔丘卒”條下注曰：“孔子作《春秋》，終於獲麟之一句，《公羊》《穀梁》經是也。弟子欲記聖師之卒，故探魯史記以續夫子之經而終於此。”故就《左傳》家之觀點而言，《左傳》所附之經雖然終於“孔子卒”，但就孔子之《春秋》而言，他們仍認爲當以終於“西狩獲麟”爲是，此後爲弟子之續記。

② 范甯集解，楊士勛疏：《春秋穀梁傳注疏》卷二十，第205頁下。

③ 如僖公二年，“秋九月，齊侯、宋公、江人、黄人盟於貫”。《穀梁》曰：“江人、黄人者，遠國之辭也。中國稱齊、宋，遠國稱江、黄，以爲諸侯皆來至也。”如宣公十一年冬十月，“丁亥，楚子入陳”。《穀梁》曰：“不使夷狄爲中國也。”宣公十五年傳曰：“滅國有三術：中國謹日，卑國月，夷狄不日。”是皆以“中國”對應“遠國”“卑國”“夷狄”之證。

④ 朱熹：《論語集注》卷八《季氏第十六》，《四書章句集注》，中華書局1983年版，第171頁。

盡在《春秋》。①

麟是太平盛世的瑞象，故麟出現於《春秋》之末，就有其啓示意義，也就是孔子對“中國”的期待。“麟”之於“中國”的關係，蓋在其内於且恒於“中國”，但并不代表“見”於“中國”。但“麟”終歸是“中國”所“恒有”的，其“適”與“不適”，蓋在是否能够“引取之”。“道”之於“中國”，亦如“麟”之於“中國”。“道”内藴於“中國”，孔子認爲“中國”才有“王道”，但“中國”却不能恒顯其“道”。②“天下無道”，其所以能復歸於“天下有道”者，在於“引取之”，將“道”引而達之。那麼，誰能“引取之”呢？無疑只能由孔子自任。孔子作《春秋》，以《春秋》建構“天下有道”的文本世界。换句話説，孔子試圖用《春秋》的“文本世界”去“引取”“天下有道”的未來世界。麟之於“中國”的意義在於一種祥瑞、一種面向未來的美好期待。《春秋》就是孔子的“麟”，預示孔子對“有道”的期許。那麼，當孔子書寫下“西狩獲麟”之時，也就是孔子的王道書寫完成之時，自然也就是《春秋》結筆之處。

“文成致麟”“感麟而作”“獲麟絶筆”的解讀模式都將孔子與“麟”的關係實化。是以，《公羊》曰：“何以書？記異也。何異爾？非中國之獸也。然則孰狩之？薪采者也。薪采者則微者也，曷爲以狩言之？大之也。……有以告者曰：‘有麕而角者。’孔子曰：‘孰爲來哉！孰爲來哉！’反袂拭面，涕沾袍。顔淵死，子曰：‘噫！天喪予。’子路死，子曰：‘噫！天祝予。’西狩獲麟，孔子曰：‘吾道窮矣！’”③而《左傳》曰：“十四年春，西狩於大野，叔孫氏之車子鉏商獲麟，以爲不祥，以賜虞人。仲尼觀之，曰：‘麟也。’然後取之。”④但《穀梁》的解讀模式則是將“西狩獲麟”之事虚化，誰狩之、誰獲之、孔子何以知之，皆略而不論，其所注重者，只是在“麟”之於“中國”的意義。如果説《公羊》《左傳》的重點在“獲麟”，那麼，《穀梁》的末條解讀則完全在“麟”之一

---

① 《孟子》曰：“世衰道微，邪説暴行有作，臣弒其君者有之，子弒其父者有之。孔子懼，作《春秋》。《春秋》，天子之事也，是故孔子曰：‘知我者，其惟《春秋》乎！罪我者，其惟《春秋》乎！’”（《孟子集注》卷六《滕文公章句下》，第272頁）

② 故孔子慨嘆曰：“夷狄之有君，不如諸夏之亡也。”尹和靖釋曰：“孔子傷時之亂而嘆之也。亡，非實亡也，雖有之，不能盡其道也。”（《論語集注》卷三《八佾第三》，第62頁）諸夏雖有君，却不能盡其道，故孔子設《春秋》以寓其“道”也。

③ 何休注，徐彦疏：《春秋公羊注疏》卷二十八，第355~357頁。

④ 杜預注，孔穎達正義：《春秋左傳注疏》卷五九，第1031頁。

字而已。

《穀梁》詮釋體系中的“西狩獲麟”,“引取”出的不單是“麟”,更是“麟”預示的瑞象與期待。孔子作《春秋》,終乎獲麟,以《春秋》爲“麟”,自然也是期待引取“天下有道”的未來世界。這一賦義下,孔子使《春秋》終於“獲麟”,自然藴含了美好的未來期許。這種美好的期待,即對未來有道的期許,無疑就是《穀梁》“獲麟”義,也是“《春秋》何以終乎獲麟”義。這確乎是一種清婉而又美好的解讀。①

當後人在討論“文成致麟”還是“感麟而作”時,《穀梁》另闢蹊徑,并不提及孔子與“麟”之關係,也未參與“麟”的出現之於《春秋》書寫的聯繫,但當我們細繹《穀梁》文本,不亦能够發現孔子、《春秋》與“麟”之間的關聯性嗎?無論是“文成致麟”,還是“感麟而作”,抑或是“獲麟絶筆”,“麟”之於《春秋》只是一個觸發點和終結點。但如果“麟”之於《春秋》僅僅只是孔子書寫時的一個時間節點和意義節點,那麼,後人用《麟經》來指稱《春秋》,其可乎?② 但如果説,《春秋》就是孔子引取“天下有道”的“麟”,那麼,《春秋》確乎是孔子的《麟經》了。

小 結

何休注“西狩獲麟,孔子曰吾道窮矣”曰:“麟者,大平之符,聖人之類,時得麟而死,此亦天告夫子將没之徵,故云爾。”③《論衡》更是直言:“《春秋》曰:‘西狩獲死麟。’”④ 也就是説,“西狩獲麟”在漢人的書寫中,常常具有“西狩獲死麟”的悲慘命運。是以,《公羊》雖然賦予《春秋》之終結以“備矣”的完滿形象,但何休却刺破此一“完滿”,而以“時得麟而死”的悲劇情調指向“天告夫子將没”的唏嘘結局。

《穀梁》雖没有提出“麟”的形象,更没有指出所獲之“麟”生抑死,但其“不外麟於中國”又“不使麟不恒於中國”的書寫,讓“麟”恒於中國,使其超脱於“西狩獲麟”此一事件中“麟”的結局,而指向

---

① 范甯《春秋穀梁傳序》曰“《穀梁》清而婉”,楊士勛疏曰“清而婉者,辭清義通”。就“西狩獲麟”之《穀梁》解讀而言,確乎是“清而婉”的詮釋。

② 唐代以還,多有以“麟經”稱《春秋》者,如王勃、黄滔、陳岳、馮夢龍等等,詳見黄聖修《〈春秋〉西狩獲麟解》第五章第一節《〈春秋〉與麟經》之《麟經考略》。

③ 何休注,徐彦疏:《春秋公羊注疏》卷二十八“哀公十四年”條,第357頁。

④ 王充撰,黄暉校釋,梁運華整理:《論衡校釋》卷十七《指瑞篇》,中華書局1990年版,第744頁。

了“麟”之於“中國”的永恒意義。是以，《穀梁》雖没有强調“麟”與孔子的關係，但却讓後人看到“麟”之於孔子的意義、“麟”之於孔子之道的意義、“麟”之於“中國”的意義。易言之，《穀梁》爲我們建構出超脱於“西狩獲麟”這單一事件之外的“麟與中國”的美好願景。這無疑是歷代“西狩獲麟”詮釋體系之外的另一種解讀模式，但這也確乎是從《穀梁》傳文中體貼出來的《穀梁》“《春秋》終麟”義。

從“西狩獲麟”到“不使麟不恒於中國”，我們看到的不單是孔子的《春秋》與期待，更可以看到《穀梁》對“麟與中國”這一主題的升華。從范甯返回到《穀梁》，《穀梁》爲我們展現了不一樣的、更爲宏遠的“《春秋》終麟”義。在這一詮釋理路下，“麟”已不再是單獨的叙事，而有“恒於中國”的永恒賦義。這一賦義是《春秋》之結筆，但同時也是《春秋》展現孔子之道的開端，亦可謂數千年中國文化的結穴所在。

附録　文本詮釋與現實投射：杜預、范甯《春秋序》中的歷史與建構

一、"范承杜説"：杜預、范甯"始隱説"及其批判

孟子曰："王者之迹熄而《詩》亡，《詩》亡然後《春秋》作。"朱熹釋之曰："王者之迹熄，謂平王東遷而政教號令不及於天下也。《詩》亡，謂《黍離》降爲'國風'而'雅'亡也。"① 孔子見王道衰微，詩之不能復雅，故作《春秋》以繼之。然"始於魯隱公之元年，實平王之四十九年"②，既然以平王東遷爲節點，則《春秋》何以始於已到了平王四十九年的魯隱公元年呢？不妨來看看《左傳》大家杜預是如何詮釋的。杜預《春秋序》曰：

> 《春秋》之作，《左傳》及《穀梁》無明文，……仲尼曰："文王既没，文不在兹乎？"此制作之本意也。嘆曰："鳳鳥不至，河不出圖，吾已矣夫。"蓋傷時王之政也。……然則《春秋》何始於魯隱公？答曰：周平王，東周之始王也；隱公，讓國之賢君也。考乎其時則相接，言乎其位則列國，本乎其始則周公之祚胤也。若平王能祈天永命、紹開中興，隱公能弘宣祖業、光啓王室，則西周之美可尋、文武之迹不隊。③

孔子傷時王之政，嘆息"文王既没，文不在兹乎"，故杜預將《春秋》何以始乎隱指向孔子之嘆，更將《春秋》始於隱歸之於時間上的

① 朱熹：《孟子集注》卷八《離婁章句下》，第 295 頁。
② 朱熹：《孟子集注》卷八《離婁章句下》，第 295 頁。
③ 杜預注，孔穎達正義：《春秋左傳注疏》卷一《春秋序》，第 16~18 頁。

“考乎其時則相接”。如或人之問，《左傳》《穀梁》無述《春秋》何以作之明文，杜氏既將《春秋》之始指向平王東遷、隱公即位之際會，則《穀梁》家又何言焉？《穀梁》歷代注釋，固以范甯最爲重要，不妨以范甯之説觀《穀梁》家言。范甯《穀梁序》曰：

> 幽王以暴虐見禍，平王以微弱東遷。征伐不由天子之命，號令出自權臣之門。……孔子睹滄海之横流，乃喟然而嘆曰：“文王既没，文不在兹乎？”言文王之道喪，興之者在己。於是就大師而正雅、頌，因魯史而修《春秋》。列《黍離》於國風，齊王德於邦君，所以明其不能復雅，政化不足以被群后也。於時則接乎隱公，故因兹以托始。①

平王東遷之後，“征伐不由天子之命，號令出自權臣之門”，孔子視此時政之弊，故慨嘆“文王既没，文不在兹乎”。而“文王之道喪，興之者在己”，故“因魯史而修《春秋》”。“平王以微弱東遷”，以開春秋征伐不由天子之世，故以平王東遷“於時則接乎隱公，故因兹以托始”。

范甯之説與杜氏之序頗相仿佛，皆以“文王既没，文不在兹”爲孔子作《春秋》之觸因，又以“平王東遷之始王”“與時則接乎隱公”爲《春秋》始隱之緣由，無怪乎鍾文烝言“范注用杜預者最多”②。可以説，就《春秋》始隱詮釋文本而言，范甯確乎有繼承杜預之處。

雖然説後世《穀梁》家基本繼承了范甯的“《春秋》始隱”説，但也不是没有不同的聲音。作爲《穀梁》後學，柳興恩即不認同杜預、范甯之説。柳氏論其所以治《穀梁》之學，即起於對“《春秋》何以始乎隱”的疑問，其言曰：

> 《春秋》終於獲麟而托始隱公之元年。杜預曰：“因獲麟而作，作起獲麟，則文止於所起。”此説允矣。至何以托始於隱元，憶自十歲外讀《左氏傳》時即懷此疑，見杜預“平王，東遷之始王；隱公，讓國之賢君”云云，竊以爲其詞支嗣，是博訪通人，均未有剴切言之者。③

---

① 范甯集解，楊士勛疏：《春秋穀梁傳注疏》，《春秋穀梁傳序》，第4~5頁。

② 鍾文烝撰，駢宇騫、郝淑慧點校：《春秋穀梁經傳補注》卷一，第2頁。

③ 柳興恩：《穀梁大義述》，《穀梁大義述叙例》，第1頁。

《春秋》文本起止是《春秋》學的大課題，也是每個《春秋》學家所要面對的問題。柳興恩在遭遇此二問題之時，認爲其所以終於西狩獲麟，以杜預"作起獲麟，文止説起"之説爲是；但就何以始於隱公元年，則以杜預之説爲支絀，且亦未有契心者。柳氏自十餘歲對"《春秋》何以始乎隱"發問以來，博采文獻，皆未能有愜於其心者，而其對此一課題之有自己的看法與解讀，則是在讀《穀梁》學之後，"專精治之，治之久而不覺數十年來之疑頓釋也"①。柳興恩之所以能够"數十年來之疑頓釋"者，即在跳脱出杜預、范甯的詮釋理路，而直截進入《穀梁》傳文體系，將"《春秋》何以始乎隱"的詮釋建立在惠公、隱公、桓公的善惡褒貶之上，用"惠隱之間"和"隱桓之際"的善惡褒貶建構"《春秋》始隱"説成立的基礎。他認爲《春秋》之所以始於隱公，就是隱公不自正而讓位於桓公，故"隱在惠公爲賊子"，"於周室爲亂臣"。要言之，柳興恩將《春秋》何以始乎隱的詮釋指向了夫子作《春秋》而使亂臣賊子懼。柳氏之所以提出以"治諸侯"爲核心的"《春秋》始隱"義，就是建立在《孟子》"孔子成《春秋》而亂臣賊子懼"② 的基礎之上。隱公既然於惠公爲賊子，於周室爲亂臣，即爲孔子修《春秋》而所當治的"亂臣賊子"。而隱公之所以成爲"亂臣賊子"，就在於他"廢倫忘君"，不即位爲魯君。是以，在柳興恩看來，亂臣賊子非但是犯上作亂、弑君專權者，隱公能輕千乘之國以讓桓，但其不遵兄弟之倫、君臣父子之義，實亦破義亂法之亂臣賊子。簡言之，柳興恩對"《春秋》何以始乎隱"的詮釋，建立在對正"隱公之位"與治"隱公不自正"這兩點之上。而"正"與"治"之核心，即"治諸侯"而"使亂臣賊子懼"。就《春秋》始隱之詮釋而言，柳興恩之説或更符合《穀梁》傳文脉絡，故其於范甯以降《穀梁》家之説多有不滿：

> 范甯序襲杜預説而小變之，謂孔子慨東周之變，於時則接乎隱公，故因兹以托始，亦豈知《穀梁》之旨者哉？烏乎，自漢以來《穀梁》師授既不敵二傳之多，至嘵嘵於《廢疾》《起廢疾》之辨，抑末也。③

---

① 柳興恩：《穀梁大義述》，《穀梁大義述叙例》，第1頁A。
② 趙岐注，孫奭疏：《孟子注疏》卷六下《滕文公章句下》，第118頁上。
③ 柳興恩：《穀梁大義述》，《穀梁大義述叙例》，第2頁A。

就柳興恩之理解而言，范甯對"《春秋》始於隱"的詮釋，不妨謂之"范承杜説"。柳興恩以范甯承襲杜預而述《春秋》始隱之説，爲不知《穀梁》大義。而後世《穀梁》家對於《春秋》何以始乎隱的理解，亦多承接范甯之説，故亦不知《穀梁》大義所在，更不知《穀梁》所以善於經者也。

二、"紹開中興"與"王道盡矣"：杜預、范甯筆下的"平王東遷"

就《穀梁》的文本脉絡而言，柳興恩對范甯的批駁不爲無的放矢，范甯之"《春秋》始隱説"確非詮釋《穀梁》經傳所得，却更像是接續杜預而來。但若言"范甯序襲杜預説而小變之"，則不然。范甯《穀梁序》文本雖有似於杜預《春秋序》之處，但其間所存歧異與差别實頗巨。爲説明杜預、范甯之不同，有必要再次回到杜、范二序文本。杜預序曰：

> 曰："然則，《春秋》何始於魯隱公?"答曰："周平王，東周之始王也；隱公，讓國之賢君也。考乎其時則相接，言乎其位則列國，本乎其始則周公之祚胤也。若平王能祈天永命、紹開中興，隱公能弘宣祖業、光啓王室，則西周之美可尋、文武之迹不隊。"①

當我們再次回到杜預此段序文之時，可以看到，在杜預筆下，《春秋》之所以始於魯隱公元年，不但是由於"考乎其時則相接"，更是出於"言乎其位則列國，本乎其始則周公之祚胤也"。平王承文、武、成王之緒，隱公繼承周公之德，以之反觀周初歷史，平王、隱公若能接續先賢之功、德，故可"紹開中興"，再造周室之盛，即序文所謂"若平王能祈天永命、紹開中興，隱公能弘宣祖業、光啓王室，則西周之美可尋、文武之迹不隊"也。而之所以能對平王、隱公有此期待者，於平王而言在確認天命所歸，於隱公而言則是要弘宣祖業。武王滅周之先，八百諸侯會於孟津，武王猶以爲未可，是即所謂天命者也。天命不可測，故惟有"祈天永命"。但在天命之外，周公之於西周初期的歷史，則是處人事之極。正是由着周公攝政、征伐諸侯叛亂，才最終奠定了西周之基業。反觀歷史，魯公爲周公後裔，故當平王東遷之時，紹開中興之業則有賴周公祚胤以扶之。但爲什麼是魯隱公而不是平王東遷之初的魯惠公呢?因爲在《左傳》的詮釋中，魯隱公是讓國之賢君，惟有隱公之賢可紹續周公之德。即如孔穎達疏

---

① 杜預注，孔穎達正義：《春秋左傳注疏》卷一《春秋序》，第18頁上。

所言：

> 若使平王能撫養下民，求天長命，紹先王之烈，開中興之功；隱公能大宣聖祖之業，光啓周王之室，君臣同心，照臨天下。如是則西周之美猶或可尋，文武之迹不墜於地。①

如孔氏所言，“紹開中興”本是可致之事、可期之業，惟平王、隱公未能紹而開之，故致文武之迹墜於地也。也就是説，如果歷史可以假設，平王東遷可能是周代走向衰落的轉折點，但也可以是“紹開中興”的起始點。在杜預的詮釋中，東周這一“衰落”抑或“中興”的走向，是由平王與隱公共構的，即若回到平王東遷、隱公即位之時，并不意味着周朝必然走向衰落與滅亡。但在范甯的筆下則不同，范甯《穀梁序》曰：

> 昔周道衰陵，乾綱絶紐，禮壞樂崩，彝倫攸斁。弒逆篡盜者國有，淫縱破義者比肩。是以妖灾因釁而作，民俗染化而遷。陰陽爲之愆度，七耀爲之盈縮，川岳爲之崩竭，鬼神爲之疵厲。故父子之恩缺則《小弁》之刺作，君臣之禮廢則《桑扈》之諷興，夫婦之道絶則《谷風》之篇奏，骨肉之親離則《角弓》之怨彰，君子之路塞則《白駒》之詩賦。天垂象，見吉凶；聖作訓，紀成敗。欲人君戒慎厥行，增修德政。蓋誨爾諄諄，聽我藐藐；履霜堅冰，所由者漸。四夷交侵，華戎同貫。幽王以暴虐見禍，平王以微弱東遷。征伐不由天子之命，號令出自權臣之門。故兩觀表而臣禮亡，朱干設而君權喪。下陵上替，僭逼理極。天下蕩蕩，王道盡矣。②

在范甯的筆下，“履霜堅冰，所由者漸”，西周之亡、平王之遷，并非一朝一夕之故，《小弁》《桑扈》《谷風》《角弓》《白駒》之作即此“所由者漸”的記録。不妨列叙此五詩之詩旨於次：

> “《小弁》，刺幽王也，大子之傅作焉。”疏曰：“太子謂宜咎也，幽王信褒姒之讒，放逐宜咎。其傅親訓太子，知其無罪，閔其見逐，

---

① 杜預注，孔穎達正義：《春秋左傳注疏》卷一《春秋序》，第 18 頁上。

② 范甯集解，楊士勛疏：《春秋穀梁傳注疏》，《春秋穀梁傳序》，第 3~4 頁。

故作此詩以刺王。”①

《桑扈》，刺幽王也，君臣上下動無禮文焉。②

《谷風》，刺幽王也，天下俗薄，朋友道絶焉。③

《角弓》，父兄刺幽王也。不親九族而好讒佞，骨肉相怨，故作是詩。④

“《白駒》，大夫刺宣王也。”毛傳曰：“刺其不能留賢也。”“宣王之末，不能用賢，賢者有乘白駒而去者。”⑤

《小弁》《桑扈》《谷風》《角弓》《白駒》之作，以示君臣、父子、夫婦、兄弟、朋友五倫之不存、不正，故作詩以刺之。其詩之作，皆刺宣王、幽王者也。故在范甯的筆下，“周道衰陵，乾綱絶紐，禮壞樂崩，彝倫攸斁”導致《小弁》《桑扈》《谷風》《角弓》《白駒》之作，即宣王、幽王之際，已使五倫崩潰，不復周室之舊矣。五倫壞而望其有治，蓋不可得也。故“幽王以暴虐見禍，平王以微弱東遷”，不僅僅是一種歷史叙述，更是歷史罪惡積累的結果。其結果也不僅僅是“見禍”與“東遷”，伴隨着“東遷”的是“征伐不由天子之命，號令出自權臣之門。故兩觀表而臣禮亡，朱干設而君權喪。下陵上替，僭逼理極”，最終導致“天下蕩蕩，王道盡矣”。

如果説，杜預《春秋序》的書寫中仍然有着對平王、隱公的期待，那范甯《穀梁序》中的“平王東遷”則已毫無浪漫色彩與樂觀想象，其間惟有對王室衰微的深深絶望。

---

① 毛亨傳，鄭玄箋，孔穎達疏：《毛詩注疏》卷十二《小雅·小弁》，《十三經注疏》第二册，藝文印書館1973年版，第420頁下。

② 毛亨傳，鄭玄箋，孔穎達疏：《毛詩注疏》卷十四《小雅·桑扈》，第480頁下。疏曰：“以其時君臣上下升降舉動皆無先王礼法威儀之文焉，故陳當時有礼文以刺之。”

③ 毛亨傳，鄭玄箋，孔穎達疏：《毛詩注疏》卷十三《小雅·谷風》，第435頁上。疏曰：“作《谷風》者，刺幽王也。以人雖父生師教，須朋友以成。然則，朋友之交乃是人行之大者，幽王之時風俗澆薄，窮達相弃，無復恩情，使朋友之道絶焉，言天下無復有朋友之道也。此由王政使然，故以刺之。”范甯謂“夫婦之道絶則《谷風》之篇奏”，而《詩序》及孔穎達疏則謂“朋友之道絶”。二者雖不相同，然要皆刺幽王者也。

④ 毛亨傳，鄭玄箋，孔穎達疏：《毛詩注疏》卷十五《小雅·角弓》，第503頁上。疏曰：“《角弓》詩者，王之宗族父兄所作，以刺幽王也。以王不親九族之骨肉而好讒佞之人，令骨肉之内自相憎怨，使人效之，故父兄作此《角弓》之詩以刺之也。”

⑤ 毛亨傳，鄭玄箋，孔穎達疏：《毛詩注疏》卷十一《小雅·白駒》，第378頁下。

三、周公抑或孔子：《春秋》中的聖人制作

無論是杜預的美好期待，還是范甯之無望悲嘆，歷史的後見之明已經告訴杜預，也告訴范甯，更告訴我們，平王東遷，終究只是走向衰落，而没有能够“紹開中興”。那何以“平王、隱公居得致之地、有得致之資，而竟不能”呢？其所以然者，“只爲無法故也”。① 所謂無法，即禮崩樂壞。無論是冀望走出絶望，還是紹開中興，所需要的都是重建禮樂。

故范甯認爲：“孔子睹滄海之横流，乃喟然而嘆曰：‘文王既没，文不在兹乎？’言文王之道喪。”② 即就處於魯哀公時期的孔子而言，面對世衰道微的世界，目睹了“文王之道喪”，故問“文不在兹乎”？進而得出“所以明其不能復雅，政化不足以被群后也”③ 的結論，但亦堅信重建文王之道則“興之者在己”④。故孔子“就大師而正雅、頌，因魯史而修《春秋》；列《黍離》於國風，齊王德於邦君”⑤。而孔子“因魯史”而“修”之《春秋》，即所以使“政化以被群后”、文王之道復興者，亦“文在兹”者也。孔子以文王之道自任，其所以“興之在己”者，即藴王道於《春秋》也。范甯論《春秋》之黜褒貶、藴王道曰：

> （《春秋》）該二儀之化育，贊人道之幽變。舉得失以彰黜陟，明成敗以著勸誡。拯頹綱以繼三五，鼓芳風以扇游塵。一字之褒，寵逾華衮之贈；片言之貶，辱過市朝之撻。德之所助，雖賤必申；義之所抑，雖貴必屈。故附勢匿非者無所逃其罪，潛德獨運者無所隱其名。信不易之宏軌，百王之通典也。……成天下之事業，定天下之邪正，莫善於《春秋》。⑥

幽王見禍、平王東遷，皆由於五倫之廢。孔子作《春秋》以明黜陟、勸誡者，意在“拯頹綱以繼三五”，即重建綱常五倫，亦是對前文刺宣王、幽王詩之回應。由是可見，范甯認爲孔子雖因魯史而作《春秋》，但孔子賦予《春秋》褒貶之文、德義之辭，已使《春秋》從“魯國一國之史”

---

① 杜預注，孔穎達正義：《春秋左傳注疏》卷一《春秋序》，第 18 頁上。
② 范甯集解，楊士勛疏：《春秋穀梁傳注疏》，《春秋穀梁傳序》，第 4 頁下。
③ 范甯集解，楊士勛疏：《春秋穀梁傳注疏》，《春秋穀梁傳序》，第 4~5 頁。
④ 范甯集解，楊士勛疏：《春秋穀梁傳注疏》，《春秋穀梁傳序》，第 4 頁下。
⑤ 范甯集解，楊士勛疏：《春秋穀梁傳注疏》，《春秋穀梁傳序》，第 4 頁下。
⑥ 范甯集解，楊士勛疏：《春秋穀梁傳注疏》，《春秋穀梁傳序》，第 4~5 頁。

變爲“百王之通典”“不易之宏軌”。易言之，《春秋》是孔子個人建構的“萬世不易之法”。故如孟子述孔子之言曰：“其義則丘竊取之也。”“孔子作《春秋》，……其義則定天下之邪正，爲百王之大法。”① 即孔子之《春秋》非“述”前王之業，而是“制作”後王之法、萬世之法。

但在杜預《春秋序》中，則全然不同，《春秋》不再是個人的“制作”，而是闡發先王（尤其是周公）之遺制。《春秋序》曰：

> 仲尼因魯史策書成文，考其真僞而志其典禮，上以遵周公之遺制，下以明將來之法。②

在杜預的筆下，孔子能“下以明將來之法”，先要“上以遵周公之遺制”。也就是説，孔子爲後世所示之“將來法”，其實仍當遵從“周公之遺制”。就此而言，《春秋》所謂萬世法者，并非孔子“制作”，而只是孔子“述”周公所“作”之“制”。《春秋》由范甯之“作”而變爲杜預之“述”。就此點而論，《春秋序》續言更詳，杜預論孔子之“撰”《春秋》曰：

> 其教之所存，文之所害，則刊而正之，以示勸戒。其餘則皆用舊史，史有文質，辭有詳略，不必改也。故傳曰：“其善志。”又曰：“非聖人孰能修之。”蓋周公之志，仲尼從而明之。③

杜預雖引《左傳》論《春秋》“其善志”“非聖人孰能修之”之説，但其以“蓋周公之志，仲尼從而明之”釋所謂“非聖人孰能修之”之論，更言“其發凡以言例，皆經國之常制，周公之垂法，史書之舊章，仲尼從而修之，以成一經之通體”④，則孔子之“善志”即“周公之志”、孔子所修即“周公之法”，則孔子只是述周公。周公可謂“制作”以垂法後世，而孔子只是“述”周公之“制”與“志”，而不能謂之“制作”。孔

---

① 朱熹：《孟子集注》卷八《離婁章句下》，第295頁。趙岐曰：“孔子自謂竊取之以爲素王也。孔子人臣，不受君命而私作之，故言竊。”（《孟子注疏》，第146頁）趙岐以“素王”説孔子之作《春秋》，更能體現所謂“竊取”之義。然《穀梁》無“素王説”，姑列於此，以備一説。

② 杜預注，孔穎達正義：《春秋左傳注疏》卷一《春秋序》，第10頁上。

③ 杜預注，孔穎達正義：《春秋左傳注疏》卷一《春秋序》，第10頁下。

④ 杜預注，孔穎達正義：《春秋左傳注疏》卷一《春秋序》，第11頁下。

子雖使《春秋》“成一經之通體”，但其所以爲“經”者則是周公之“志”與“垂法”。在杜預筆下，周公與孔子之位階已截然分開，孔子雖允爲聖人，而“制作”之旨則歸諸周公。

是以，在杜預與范甯的筆下，“撰”《春秋》者雖皆爲孔子，但所以賦予《春秋》之義、《春秋》所“制”之法，則分别歸之於周公與孔子。①

然則，何以杜預、范甯筆下“制作《春秋》”之聖人會有如此大的差異呢？或曰：“蓋由二傳家法之不同歟？”孟子曰：“尚論古之人，頌其詩，讀其書，不知其人，可乎？是以論其世也。”②“知人”以“論世”，“知世”以“論人”，是則先賢之教。就“知人論世”“知人論事”的角度來説，杜預、范甯之不同，與其説是二傳家法之不同，或者説文本理路之歧異，毋寧説是歷史投射之差異。③

---

① 當然，杜預、范甯宗尚周公、孔子之不同，亦可推及今古學之異，參見廖平《今古學考·今古學宗旨不同表》（《廖平全集》第一册，上海古籍出版社2015年版，第26頁）錢賓四《孔子與〈春秋〉》引杜預《春秋序》後曰：“這是説孔子《春秋》只是遵着周公之遺制。……而杜預此説，實大背於西漢《公羊》學派的意見。”“這裏便牽涉到《春秋》之‘義法’，牽涉到經學上‘今文學派’與‘古文學派’之分歧，牽涉到《左氏》學與《公羊》學之不同點。”（《孔子與〈春秋〉》，《兩漢經學今古文平議》，第232~233、232頁）錢先生就今古文之别論杜預序中周公與孔子位階之異。方韜從“周公作凡例”的角度提出，“肯定凡例是周公所作，孔子筆削《春秋》的意義就被大大淡化，而孔氏所做的工作不過是照録舊史并稍加修訂，……周公居於孔子之上，使古文經《左傳》能够凌駕今文經《公羊》《穀梁》二傳而獨享《春秋》的解釋權”（《杜預〈春秋經傳集解〉研究》，中國社會科學出版社2017年版，第320頁）。就周公與孔子而言，以今古文學立意者甚多，姑引二家，以見一斑，餘則不贅。

② 朱熹：《孟子集注》卷十《萬章章句下》，第324頁。

③《左傳》《穀梁》家法不同、脉絡殊致，杜預、范甯《春秋序》論周公、孔子之不同，固然有二家家法之異，但晋朝而降，已非恪守家法之時。錢賓四《東漢經學略論》曰：“竊謂當時經學分野，惟博士章句家法與博通大義之兩途。而大抵治今學者，以守博士章句者爲多。通古學者，以不守章句舉大義者爲多。……晚清經師又謂東漢今古文家法絶不相混，至鄭玄注經而今文家法始失。此亦非也。大抵東漢儒生多尚兼通，其專治一經章句者頗少，而尤多兼治今古文者。……蓋鄭氏於經，成章句而不守家法。”（《中國學術思想史論叢（三）》，九州出版社2011年版，第89~94頁）則自東漢而下，尤其是鄭玄之後，治經已多不守家法。杜預雖號稱“專修丘明之傳以釋經”，然亦曰“簡二傳而去異端”，孔穎達疏即曰：“若《左氏》不解，二傳有説，有是有非，可去可取，如是則簡選二傳，取其合義而去其異端。”（《春秋左傳注疏》，第15頁下）則杜氏亦非專守《左傳》一家者也。范甯更是直言“《春秋》之傳有三，而爲經之旨一，臧否不同，褒貶殊致。蓋九流分而微言隱，異端作而大義乖。……凡傳以通經爲主，經以必當爲理，夫至當無二而三傳殊説，庸得不弃其所滯，擇善而從乎？既不俱當，則固容俱失”（《春秋穀梁傳注疏》，第6頁下）。非但不專守《穀梁》，三傳皆可“弃其所滯”，則家法云云更無論矣。

四、"晋初能臣"與"晋末鮮民"：《春秋序》中的歷史投射

1. 周公輔政與晋初政局

杜預生當西晋之初，佐晋武帝滅吴，結束漢末三國分裂局勢，一統天下。《晋書》論晋武帝之世曰：

> 武皇承基，誕膺天命，握圖御宇，敷化導民，以佚代勞，以治易亂。絶縑綸之貢，去雕琢之飾，制奢俗以變儉約，止澆風而反淳朴。雅好直言，留心采擢，劉毅、裴楷以質直見容，嵇紹、許奇雖仇讐不弃。仁以御物，寬而得衆，宏略大度，有帝王之量焉。於時民和俗静，家給人足，聿修武用，思啓封疆。决神算於深衷，斷雄圖於議表。馬隆西伐，王濬南征，師不延時，獯虜削迹，兵無血刃，揚越爲墟。通上代之不通，服前王之未服。禎祥顯應，風教肅清，天人之功成矣，霸王之業大矣。①

司馬炎誕膺天命、一統天下，而"有帝王之量"，"霸王之業大矣"。而司馬炎之一統，非僅是地域上的統一，風俗流變、家給人足、人有所用，更是象徵着天命復有所歸，帝王之業得以賡續，是以下開所謂"太康之治"。杜預與於統一大業，實爲滅吴第一功臣，故"孫晧既平，振旅凱入，以功進爵當陽縣侯，增邑并前九千六百户，封子耽爲亭侯，千户，賜絹八千匹"②。

史言"預博學多通，明於興廢之道，常言：'德不可以企及，立功立言可庶幾也'"③。值此大業開啓之際，國家一統、天命以定，臣子所謂"立功"，即佐王事而已：

> 預以天下雖安，忘戰必危，勤於講武，修立泮宫，江漢懷德，化被萬里。攻破山夷，錯置屯營，分據要害之地，以固維持之勢。又修邵信臣遺迹，激用滍淯諸水以浸原田萬餘頃，分疆刊石，使有定分，公私同利。衆庶賴之，號曰"杜父"。……南土歌之曰："後世無叛

---

① 房玄齡等撰：《晋書》卷三《武帝紀》，第 81 頁。

② 房玄齡等撰：《晋書》卷三四《杜預傳》，第 1030 頁。

③ 房玄齡等撰：《晋書》卷三四《杜預傳》，第 1025 頁。

由杜翁，孰識智名與勇功。"①

杜預既佐武帝以定天下，又講武修文，使王化被於萬里。杜氏以王佐之才被稱爲"杜父"，南人歌之以"後世無叛由杜翁，孰識智名與勇功"，則不免讓人想起周公。漢末曹魏以降，周公被視爲輔弼君主、定國成業最爲重要之"先聖"，股肱重臣皆以"周公"比之。如魏明帝青龍年間，獲白鹿，明帝即以此瑞方周公輔成王：

> （青龍）四年，獲白鹿，獻之。天子曰："昔周公旦輔成王，有素雉之貢。今君受陝西之任，有白鹿之獻，豈非忠誠協符，千載同契，俾乂邦家，以永厥休邪！"②

明帝以司馬懿方周公，以之爲股肱之臣，冀其輔己。雖然此後司馬代魏，史臣所謂"終爲弑君"③，但明帝以司馬懿爲股肱重臣而比之周公，必非攝政、僭越之意。此亦可於魏明帝之重華歆見之：

> （魏）明帝即位，（華歆）進封博平侯，增邑五百户，并前千三百户，轉拜太尉。歆稱病乞退，讓位於寧。帝不許。臨當大會，乃遣散騎常侍繆襲奉詔喻指曰："朕新莅庶事，一日萬幾，懼聽斷之不明。賴有德之臣，左右朕躬，而君屢以疾辭位。夫量主擇君，不居其朝，委榮弃禄，不究其位，古人固有之矣，顧以爲周公、伊尹則不然。絜身徇節，常人爲之，不望之於君。君其力疾就會，以惠予一人。將立席几筵，命百官總己，以須君到，朕然後御坐。"又詔襲："須歆必起，乃還。"歆不得已，乃起。④

故就曹魏時期而言，皆以股肱重臣比之周公。晉承魏政，亦以周公比其重臣。西晉咸寧初，齊王攸將之國，曹志曰："古之夾輔王室，同姓則周公其人也，異姓則太公其人也。"⑤ 即以輔佐王室之重臣比之周公、太

---

① 房玄齡等撰：《晋書》卷三四《杜預傳》，第1031頁。

② 房玄齡等撰：《晋書》卷一《高祖宣帝》，第9頁。

③ 房玄齡等撰：《晋書》卷二《帝紀第二·贊》，第45頁。

④ 陳壽撰，裴松之注：《三國志》卷十三《魏書十三·鍾繇華歆王朗傳第十三》，中華書局1982年版，第404~405頁。

⑤ 房玄齡等撰：《晋書》卷五〇《曹志傳》，第1390頁。

公。東晋明帝間，詔曰："昔周公匡輔成王，霍氏擁育孝昭，義存前典，功冠二代，豈非宗臣之道乎？凡此公卿，時之望也。"① 亦以周公爲匡輔王室之人。而從這兩條史料中又可看出，晋人之稱周公，與曹魏略有不同，即在注重周公匡輔王室的同時，亦重視其作爲"宗室"的身份。

杜預雖不能比之周公，然亦股肱要臣，滅吴建國，與有功焉。且杜預"尚帝妹高陸公主"②，實亦可謂司馬氏之宗親。曹魏晋初以周公比股肱重臣，而晋朝更突出"周公"的"宗室"特點。就此二點而言，杜預實可以"周公"自期。史文雖未有比杜預爲"周公"者，然就時事、功業而言，杜預以"周公"自期亦無不可。③

而更重要的是，當天下一定之時，天命以歸，君臣定分已别，故臣子惟有作"王佐"，而不可有非分之想。以之况於周公、孔子，則周公爲王佐，而孔子爲逸民。若如《公羊》家言，孔子作《春秋》以當"素王"，則於周室而言亦是"亂臣賊子"矣。故杜預論孔子"素王"之説曰：

> 或曰："《春秋》之作，《左傳》及《穀梁》無明文，説者以仲尼自衛反魯，修《春秋》、立素王，丘明爲素臣。言《公羊》者亦云黜周而王魯，危行言孫，以闢當時之害，故微其文、隱其義。"……答曰："異乎余所聞。仲尼……因其曆數、附其行事，采周之舊以會成王義，垂法將來。所書之王即平王也，所用之曆即周正也，所稱之公即魯隱也，安在其黜周而王魯乎？子曰：'如有用我者，吾其爲東周乎？'此其義也。……子路欲使門人爲臣，孔子以爲欺天，而云仲尼素王、丘明素臣，又非通論也。"④

緯書以孔子爲素王，左丘明爲素臣，《公羊》家多從孔子"素王"之説。然就君臣之分而言，孔子爲魯臣，更是周民，以逸民而稱"素王"，是所謂君臣上下之序亂矣，故杜預不取。子路欲使門人爲臣，孔子尚以爲

---

① 房玄齡等撰：《晋書》卷六《肅宗明帝》，第165頁。

② 房玄齡等撰：《晋書》卷三四《杜預傳》，第1025頁。

③ 方韜認爲："杜預發明'周公作凡例'的新説，絶非空穴來風，而是有着深層的學術、政治原因。……司馬氏父子喜歡以周公自比，這也可能是促使凡例附諸周公的現實原因。"（《杜預〈春秋經傳集解〉研究》，第323頁）筆者以爲曹魏晋初將重臣比之"周公"，并非司馬家族獨享，而是君臣共同的期待。如魏明帝將華歆比之"周公"，固非司馬家族者也。

④ 杜預注，孔穎達正義：《春秋左傳注疏》卷一《春秋序》，第16~18頁。

欺天，如之何能自稱“素王”哉？是杜預所以不取也。這是從經典詮釋的角度，以孔證孔，明孔子必不爲“素王”。而從現實的角度而言，西晉之初，天命已定，亦不需要“素王”，而只需要“輔佐成王”之“周公”。故杜預就君臣之分而言，孔子只能是“臣/民”，而不能是“素王”。故杜預言孔子之作《春秋》，不過“因其曆數、附其行事，采周之舊以會成王義，垂法將來。所書之王即平王也，所用之曆即周正也，所稱之公即魯隱也，安在其黜周而王魯乎？”即《春秋》不過是述周家遺事、遺制，而非自立“新王”。杜預以“子曰‘如有用我者，其爲東周乎？’此其義也”爲證，即證孔子所欲“作”者，不過是在東都復“周”之制，以之爲“東周”而已。是以，在西晉之初，孔子不可以“素王”之姿出現，“新王”也不被允許，而杜預所期者也只是“周公輔成王”，而不是孔子之“新王”。

“太康元年三月，吴寇始平，余自江陵還襄陽，解甲休兵，乃申杼舊義，修成《春秋釋例》及《經傳集解》。”[①] 杜預於太康之初作《春秋經傳集解》，則《春秋》必不能爲“新王”，而只能是述“周”、輔“周”、興“周”之臣。[②]

2. **周公、孔子與晉末鮮民**

但到了東晉，偏安一隅，門閥勃興。及至東晉末期，司馬政衰，政令出於權門，非復西晉之舊。[③] 范甯生當東晉末期，其父范汪與桓温同時，而爲桓温所抑。[④]“終温之世，（范甯）兄弟無在列位者。”[⑤] 范甯注《穀梁》在范汪罷官之後，《穀梁序》曰：“升平之末，歲次大梁，先君北蕃回軫，頓駕于吴，乃帥門生故吏、我兄弟子侄研講六籍，次及三

---

① 杜預注，孔穎達正義：《春秋左傳注疏》卷六十《後序》，第 1063 頁。

② 方韜《杜預“周公作凡例”説探微》（《杜預〈春秋經傳集解〉研究》，第 314~323 頁）以杜預提出“周公作凡例”説爲切入點，梳理東漢至晉初周公與經典關聯的“生成史”，并將周公、《周禮》與晉初政治制度聯繫起來考察，爲杜預《春秋序》中的周公與孔子尋找歷史脉絡。本文所謂歷史投射雖有與方文重合之處，但方韜重在闡述晉初的歷史背景，而筆者更强調《春秋序》文中所體現周公、孔子經學意義的現實必然性，二者仍有較大的差異。

③ 參見田餘慶：《東晉門閥政治》，北京大學出版社 1989 年版。

④ 房玄齡等撰：《晉書》卷七五《范汪傳》：“桓温代翼爲荆州，復以汪爲安西長史。温西征蜀，委以留府。蜀平，進爵武興縣侯。而温頻請爲長史、江州刺史，皆不就。自請還京，求爲東陽太守。温甚恨焉。……既而桓温北伐，令汪率文武出梁國，以失期，免爲庶人。朝廷憚温不敢執，談者爲之嘆恨。”（第 1983~1984 頁）

⑤ 房玄齡等撰：《晉書》卷七五《范甯傳》，第 1984 頁。

傳。”① 而其終篇，則在范甯免官之後，“既免官，家於丹楊，猶勤經學，終年不輟”②。桓温於晋末執政，不僅關乎范氏一家，實亦把控東晋政局之走向。當此之時，周公形象亦由於晋末歷史之投射，而有不同的面相：

> 簡文帝臨崩，詔大司馬温依周公居攝故事。坦之自持詔入，於帝前毁之。帝曰：“天下，儻來之運，卿何所嫌！”坦之曰：“天下，宣元之天下，陛下何得專之！”帝乃使坦之改詔焉。③

簡文帝臨崩，詔桓温依周公攝政故事行政，然王坦之等不以之爲是，更言“天下，宣元之天下，陛下何得專之”。其所以如此者，晋朝東渡之後，政出門閥，“晋自中興以來，號令威權多出强臣，中宗、肅祖斂衽於王敦，先皇受屈於桓氏”④，而就桓温而言：

> 桓温事迹，布在天朝，逆順之情，暴之四海。……昔周公居攝，道致升平，禮樂刑政皆自己出。以德言之，周公大聖，以年言之，成王幼弱，猶復遽避君位，復子明辟。漢之霍光，大勳赫然，孝宣年未二十，亦反萬機。故能君臣俱隆，道邁千歲。若温忠爲社稷，誠存本朝，便當仰遵二公，式是令矩，何不奉還萬機，退守藩屏？方提勒公王，匡總朝廷，豈爲先帝幼弱，未可親政邪？將德桓温，不能聽政邪？又逼脅袁宏，使作九錫，備物光赫，其文具存，朝廷畏怖，莫不景從，惟謝安、王坦之以死守之，故得稽留耳。會上天降怒，奸惡自亡，社稷危而復安，靈命墜而復構。⑤

在此政由門閥、治出權臣之際，不再重周公之“輔”，而重在其“退”。蓋權臣攝政，雖皆以周公自比，但却隱藏代、禪之心，其實則異，亦人所共知者。“温初望簡文臨終禪位於己，不爾便爲周公居攝。事既不副所望，故甚憤惋。”⑥ 故需“遠覽殷周，近察漢魏，慮其所以危，求其

---

① 范甯集解，楊士勛疏：《春秋穀梁傳注疏》，《春秋穀梁傳序》，第 7 頁。
② 房玄齡等撰：《晋書》卷七五《范甯傳》，第 1989 頁。
③ 房玄齡等撰：《晋書》卷七五《王坦之傳》，第 1966 頁。
④ 房玄齡等撰：《晋書》卷九一《范弘之傳》，第 2365 頁。
⑤ 房玄齡等撰：《晋書》卷九一《范弘之傳》，第 2364~2365 頁。
⑥ 房玄齡等撰：《晋書》卷九八《桓温傳》，第 2578~2579 頁。

所以安”①，即要防權臣、門閥之覬覦。就此政出門閥之世而言，周公形象亦隨之變化，在此不妨引北燕慕容盛之論以見之：

（慕容）盛聽詩歌及周公之事，……又引中書令常忠、尚書陽璆、秘書監郎敷於東堂，問曰：“古來君子皆謂周公忠聖，豈不謬哉！”璆曰：“周公居攝政之重，而能達君臣之名，及流言之謗，致烈風以悟主，道契神靈，義光萬代，故累葉稱其高，後王無以奪其美。”……忠曰：“昔武王疾篤，周公有請命之誠，流言之際，義感天地，楚撻伯禽以訓就王德。周公爲臣之忠，聖達之美，《詩》《書》已來未之有也。”盛曰：“異哉二君之言！朕見周公之詐，未見其忠聖也。……據攝天位而丹誠不見，致兄弟之間有干戈之事。……周公親違聖父之典而蹈嫌疑之蹤，戮罰同氣以逞私忿，何忠之有乎！但時無直筆之史，後儒承其謬談故也……成王雖幼統洪業，而卜世修長，加吕、召、毛、畢爲之師傅。若無周公攝政，王道足以成也。周公無故以安危爲己任，專臨朝之權，闕北面之禮。管蔡忠存王室，以爲周公代主非人臣之道，故言公將不利於孺子。周公當明大順之節，陳誠義以曉群疑，而乃阻兵都邑，擅行誅戮。不臣之罪彰於海内，方貽王《鴟鴞》之詩，歸非於主，是何謂乎！……考周公之心，原周公之行，乃天下之罪人，何至德之謂也！周公復位，二公所以杜口不言其本心者，以明管蔡之忠也。”②

慕容盛以周公爲欺世盜名、專權擅政之罪人，此説於儒家傳統理念而論，固屬離經叛道。然因慕容盛作爲北國之主，無正統儒家觀念，觀乎東晋門閥專權、十六國政權更迭之現實，以今論古，是有此論。就此而言，周初之周公歷史爲何，本非慕容盛措意之課題，其所論者不過就其時世下的“周公形象”。

慕容盛爲北國之主，與傳統儒家士大夫之思想不同，然就其生活時間（373—401）而言，恰與范甯（339—401）晚年重合，或可以慕容盛之論觀范甯之心。范甯作爲儒家後學，固不會如此評價周公，但其歷歷所見之事、門閥專權之現實，亦使其不得不由周公轉向孔子。

范甯《穀梁序》所謂“征伐不由天子之命，號令出自權臣之門”，雖

① 房玄齡等撰：《晋書》卷九一《范弘之傳》，第2365頁。

② 房玄齡等撰：《晋書》卷一二四《載記第二四·慕容盛》，第3100~3102頁。

是春秋政局之舊貌，然更是東晋末期之現狀。而其序所謂“父子之恩缺則《小弁》之刺作，君臣之禮廢則《桑扈》之諷興，夫婦之道絶則《谷風》之篇奏，骨肉之親離則《角弓》之怨彰，君子之路塞則《白駒》之詩賦”者，非但是對春秋末期孔子之世的描繪，實亦東晋末期之實况。當此之時，孔子“文王既没，文不在兹乎”之嘆，實亦范氏藉孔子之口而興其心之感慨。處東晋之末而思春秋之時，孔子所處已非復周公之舊，王輔之業不可得，王道之世不可行，則惟有俟諸將來。據言孔子歷試七十二國而不能用，退而講學傳道，作《春秋》。范汪、范甯負王佐之才而不能爲世所用，亦時勢使然，故惟有寄望於講學傳經：

> 汪屏居吴郡，從容講肆，不言枉直。……温薨之後，始解褐爲餘杭令，在縣興學校，養生徒，潔己修禮，志行之士莫不宗之。期年之後，風化大行。自中興已來，崇學敦教，未有如甯者也。……甯在郡又大設庠序，遣人往交州采磬石，以供學用，改革舊制，不拘常憲。遠近至者千餘人，資給衆費，一出私禄。并取郡四姓子弟，皆充學生，課讀五經。又起學臺，功用彌廣。……既免官，家於丹楊，猶勤經學，終年不輟。①

范甯所行之事，實即孔子晚年所行之事。然孔子爲聖人，可“制作”；而范甯爲晋末鮮民，故只能述孔子之“制作”。值此之際，已非周公秉政佐王之世，而是孔子無以興道之時。故范甯不能以周公自期，而只能學孔子之守道待時。② 范甯曰：“成天下之事業，定天下之邪正，莫善於《春秋》。”③ 其注《穀梁》，蓋有待者焉。以是之故，范甯之注《穀梁》，非專主《穀梁》一家，而以合彙三傳、擇善而從爲宗旨。後人多以范氏注《穀梁》而不守《穀梁》家法爲其短，然要歸於范甯注《穀梁》之意，實是希望藉闡孔子之《春秋》以待王道之再興。於范甯而言，傳以通經，若以通經爲鵠的，固不必專守一家。《春秋》藴孔子之道，三傳則通經達道

---

① 房玄齡等撰：《晋書》卷七五《范甯傳》，第1984～1989頁。

② 錢賓四言：“中國儒學最大精神，正因其在衰亂之世而仍能守先待後，以開創下一時代，而顯現其大用。此乃中國文化與中國儒學之特殊偉大處，吾人應鄭重認取。”（錢穆：《中國儒學與文化傳統：一九六一年十月七日本校文化演講會》，《新亞遺鐸》，生活·讀書·新知三聯書店2004年版，第342頁）范甯之注《穀梁》、序《穀梁》，此之謂也。

③ 范甯集解，楊士勛疏：《春秋穀梁傳注疏》，《春秋穀梁傳序》，第5頁。

之具，傳之取捨、從違，要歸於孔子之“經”而已。①

杜預、范甯將《春秋》之王道屬之於周公、孔子，其異雖有經義分歧之見，但亦是時勢使然。杜預生當西晋盛世紹開，故杜氏以周公自期，以王佐自任；范甯時值東晋之末，禮崩樂壞，政自門閥出，故惟有寄情孔子，以《春秋》而待時清。就此而言，二序雖然是對《春秋》的文本詮釋，但更是時也勢也的歷史投射。②

餘　論

《史記·孔子世家》載孔子將歿曰：

> 孔子病，子貢請見。孔子方負杖逍遙於門，曰：“賜，汝來何其晚也？”孔子因嘆，歌曰：“太山壞乎！梁柱摧乎！哲人萎乎！”因以涕下。謂子貢曰：“天下無道久矣，莫能宗予。夏人殯於東階，周人於西階，殷人兩柱間。昨暮予夢坐奠兩柱之間，予始殷人也。”後七

---

① 《穀梁序》曰：“《左氏》則有服、杜之注，《公羊》則有何、嚴之訓，釋《穀梁傳》者雖近十家，皆膚淺末學，不經師匠。辭理典據既無可觀，又引《左氏》《公羊》以解此傳，文義違反，斯害也已。於是乃商略名例，敷陳疑滯，博示諸儒同異之説。”（《春秋穀梁傳注疏》，《春秋穀梁傳序》，第 7 頁下）如范氏自述，則其所以論次《穀梁》，蓋非由“《穀梁》善於經”，而是因《左傳》《公羊》有精深之注，而《穀梁》獨闕，故論而通之。然就《春秋》與三傳而言，范氏之目的仍在於“通經”，三傳皆所以通經者也。

② 王汎森在《思想是生活的一種方式·序》中以洪廷彦《經學史與歷代政治》討論何休與漢末政治爲例，指出：“每一次‘用經’都是對自己生命的一次新塑造，而每一次的‘用’，也都是對經書的性質與内容的新發展，也直接或間接參與建構‘傳統’。”（《思想是生活的一種方式》，北京大學出版社 2018 年版，第 6 頁）每一次“用經”就是在“我注六經”的同時，也自我參與，成爲“六經注我”。無論是傳還是注疏，都有這樣兩種解釋層面存在。不可能有單純的“我注六經”，“用經”式的“六經注我”也并非不可取。事實上，只有“用經”才是在回應時代與歷史的叩問，才是真正以經典介入生活，也才是新詮釋的開端與現實意義之所在。這就引出了王汎森下一個問題，即“‘歷史的’與‘思想的’是否必然處於互相排斥的狀態？我認爲答案應該是否定的。事實上，從生活情境中所孕育出來的思想、哲學，也可能産生跨越時代的影響。……一時的，也可能成爲永遠的，而事實上所有永遠的，最開始都與一時的歷史與生活情境不能完全分開”（《思想是生活的一種方式》，第 6 頁）。正如何休面對漢末世局撰寫《春秋公羊解詁》，其間必有“一時的”成分，但這“一時的”成分却在二千餘年之後成爲清末今文學興起與導向“變革”與“革命”的經典資源。是以，何休“一時的”“六經注我”却成了“歷時的”“我注六經”，也就成了“永遠”的思想資源。由是而論，如王汎森所言，“關於‘用經’或‘用史’的研究，是不可或缺的”。我們對於經典的研究，不應僅僅關注文本層面的解釋，也應關切文本背後的歷史與現實。

日卒。①

昔人皆謂蓋棺論定，當夫子於哀公十六年卒後，却是“蓋棺”而不能“論定”。顧頡剛先生於百餘年前作過一個題爲《春秋時代的孔子和漢代的孔子》的講座，其言曰：

> 孔子只有一個，爲什麽會變做兩個呢？唉，孔子哪裏止兩個，各時代有各時代的孔子，即在一個時代中也有種種不同的孔子呢。各時代的人，他們心中怎樣想，便怎樣説，孔子的人格也就跟着他們變個不歇。②

孔子形象確乎如顧先生所言，在歷代變動不居，更被喻爲“幻化之龍”③。當然，最著名的大概還是“聖人”與“素王”。孔子作爲“聖人”，這在近代之前是毫無疑問的；但孔子作爲“素王”，却多有争議。如上文所説，杜預《春秋序》即直斥“素王”之説爲不經之談。但作爲《左氏》學先賢的賈逵却説“孔子覽史記，就是非之説，立素王之法”④，合彙今古的鄭玄也説“孔子既西狩獲麟，自號素王，爲後世受命之君制明王之法”⑤。若如上文分析杜預、范甯對周公、孔子理解之不同，杜預與賈逵、鄭玄之異，蓋亦時勢然也。

我們言杜預與范甯之不同，言“素王”與“聖人”之不同，不過是藉着兩晋歷史，試圖“知世”以“論人”罷了。我們藉杜預、范甯之“世”以論二家《春秋》學之“事”，蓋欲“知世論文”。其實，豈止我們想要“知世論文”，杜預、范甯筆下的孔子與《春秋》，又何嘗不是“知世論文”呢？杜預也好，范甯也罷，實亦是以己之“世”以況孔子之“世”，進而論孔子之“文”與“事”。所以，才會有歷代變遷不居的“孔子”形象，也才會有不同詮釋下的《春秋》。夫子言：“知我者其惟《春

---

① 司馬遷撰，瀧川資言考證，楊海峥整理：《史記會注考證》卷四十七《孔子世家第十七》，第 2479 頁。

② 顧頡剛：《春秋時代的孔子和漢代的孔子》，《顧頡剛古史論文集》卷四，第 5 頁。

③ 參見戴梅可、魏偉森：《幻化之龍：兩千年中國歷史變遷中的孔子》，中文大學出版社 2016 年版。

④ 杜預撰，孔穎達正義：《春秋左傳注疏》卷一《春秋序》，第 16 頁下。

⑤ 杜預撰，孔穎達正義：《春秋左傳注疏》卷一《春秋序》，第 16 頁下。

秋》乎！罪我者其惟《春秋》乎！”① 蓋亦預見了《春秋》的命運，也預見了自己未來的命運。

但杜預、范甯僅僅是“知世論文”嗎？當然不是。杜預所期者，蓋以《春秋》之文與法，在西晉再興周公之道、周室之盛；范甯所期者，蓋以《春秋》之褒與貶，在東晉再建夫子之道、王道之治。是以，杜預、范甯何僅是“論《春秋》”，實則更要“用《春秋》”。只是時勢不同，所用不同罷了。② 然其之於《春秋》之道，却如范甯所言，“没身而已矣”。就此而言，柳興恩對《穀梁》“《春秋》始隱説”的解讀或許更接近《穀梁》文本脉絡之詮釋，但更趨於就文本而論文本，却没有理解范甯藉夫子之《春秋》以“用世”之心。

晚近以來之讀《春秋》，皆以之爲“書”，以之爲“史”，“經”且不言，“法”無論矣。何休以《春秋》爲“素王之法”，范甯以《春秋》爲

---

① 朱熹：《孟子集注》卷十《滕文公章句下》，第 272 頁。

② 杜預作爲晋初重臣，其注《左傳》、作《釋例》，皆有其“用世”之目的，此無庸贅述。范甯之學，亦期於“用”。《晋書·范甯傳》言：“時以浮虚相扇，儒雅日替，甯以爲其源始於王弼、何晏，二人之罪深於桀紂，乃著論曰：或曰：‘黄唐緬邈，至道淪翳，濠濮輟咏，風流靡托，争奪兆於仁義，是非成於儒墨。平叔神懷超絶，輔嗣妙思通微，振千載之頽綱，落周孔之塵網。斯蓋軒冕之龍門，濠梁之宗匠。嘗聞夫子之論，以爲罪過桀紂，何哉？’答曰：‘子信有聖人之言乎？夫聖人者，德侔二儀，道冠三才，雖帝皇殊號，質文異制，而統天成務，曠代齊趣。王何蔑弃典文，不遵禮度，游辭浮説，波蕩後生，飾華言以翳實，騁繁文以惑世。搢紳之徒，翻然改轍，洙泗之風，緬焉將墜。遂令仁義幽淪，儒雅蒙塵，禮壞樂崩，中原傾覆。古之所謂言僞而辯、行僻而堅者，其斯人之徒歟！昔夫子斬少正於魯，太公戮華士於齊，豈非曠世而同誅乎！桀紂暴虐，正足以滅身覆國，爲後世鑒戒耳，豈能回百姓之視聽哉！王何叨海内之浮譽，資膏粱之傲誕，畫螭魅以爲巧，扇無檢以爲俗。鄭聲之亂樂，利口之覆邦，信矣哉！吾固以爲一世之禍輕，歷代之罪重，自喪之釁小，迷衆之愆大也。’”（《晋書》卷七五《范甯傳》，第 1984～1985 頁）所以然者，“清談起於魏正始中，何晏、王弼祖述老、莊，謂天地萬物皆以無爲本，無也者，開物成務，無往而不存者也。是時阮籍亦素有高名，口談浮虚，不遵禮法。籍嘗作《大人先生傳》，謂世之禮法君子，如虱之處褌。其後王衍、樂廣慕之，俱宅心事外，名重於時，天下言風流者，以王、樂爲稱首。後進莫不競爲浮誕，遂成風俗。學者以老、莊爲宗，而黜六經；談者以虚蕩爲辨，而賤名檢；行身者以放濁爲通，而狹節信；仕進者以苟得爲貴，而鄙居正；當官者以望空爲高，而笑勤恪。其時未嘗無斥其非者，如劉頌屢言治道，傅咸每糾邪正，世反謂之俗吏”（《廿二史劄記校證》卷八《六朝清談之習》，第 167～168 頁）。即由王弼、何晏之倡導而開六朝清談之風，流風所扇，“口談浮虚，不遵禮法”，“當官者以望空爲高，而笑勤恪”，反是而目之爲“俗吏”。范甯所以貶斥之以爲“罪過桀紂”者，即王、何所開清談之風，儒家經世之習不再，而在位者不務於政，政、俗、學皆由之而壞。觀《晋書·范甯傳》，在在皆是言政、施政之文，由是可知，就清談者視之，或亦“俗吏”之舉也。但范甯之注《穀梁》，其意在“用”，議政、參政，皆其“用”也。

“聖人制作”，杜預亦以《春秋》爲“先王政典”，而於我們而言，《春秋》却僅僅是“文本”“書”與“史”嗎？知我者其惟《春秋》乎?！夫子仍等待着後世之回響。

參考文獻

一、古籍

（一）《穀梁》學著作

范甯集解，楊士勛疏：《春秋穀梁傳注疏》，《十三經注疏》第七册，藝文印書館，1973 年。

范甯注，楊士勛疏：《春秋穀梁傳注疏》，《景印摛藻堂四庫全書薈要》第三十三册，世界書局，1988 年。

許桂林：《春秋穀梁傳時月日書法釋例》，《粤雅堂叢書》第十六集，咸豐四年刻本。

許桂林：《春秋穀梁傳時月日書法釋例》，《皇清經解續編》，光緒十四年刻本。

侯康：《穀梁禮證》，《嶺南遺書》，道光三十年刻本。

侯康撰，徐淵點校，楊柳青覆校：《穀梁禮證》，《春秋公羊禮疏（外五種）》，上海古籍出版社，2015 年。

柳興恩：《穀梁大義述》，《皇清經解續編》，光緒四十年刻本。

柳興恩：《穀梁大義述》，《叢書集成續編》第十三册影印《木犀軒叢書》本，上海書店，1994 年。

鍾文烝：《春秋穀梁經傳補注》，《續修四庫全書》第一三二册，上海古籍出版社，2002 年。

鍾文烝撰，駢宇騫、郝淑慧點校：《春秋穀梁經傳補注》，中華書局，2009 年。

廖平撰，郜積意點校：《穀梁古義疏》，中華書局，2012 年。

柯劭忞注：《春秋穀梁傳注》，力行書局影印民國十六年初版。

柯劭忞：《春秋穀梁傳注》，廣西師範大學出版社，2018 年。

柯劭忞撰，張鴻鳴點校：《春秋穀梁傳注》，中華書局，2020 年。

張慰祖：《穀梁大義述補闕》，《民國時期經學叢書》第四輯，文聽閣圖書有限公司，2009 年。

（二）《春秋》學著作

杜預注，孔穎達正義：《春秋左傳注疏》，《十三經注疏》第六册，藝文印書館，1973 年。

何休注，徐彦疏：《春秋公羊注疏》，《十三經注疏》第七册，藝文印書館，1973 年。

張大亨：《春秋五禮例宗》，《景印文淵閣四庫全書》第一四八册，臺灣商務印書館，1986 年。

葉夢得：《葉氏春秋傳》，《景印文淵閣四庫全書》第一四九册，臺灣商務印書館，1986 年。

葉夢得：《春秋三傳讞》，《景印文淵閣四庫全書》第一四九册，臺灣商務印書館，1986 年。

葉夢得：《春秋考》，《景印文淵閣四庫全書》第一四九册，臺灣商務印書館，1986 年。

胡安國著，錢偉彊點校：《春秋胡氏傳》，浙江古籍出版社，2010 年。

吴澄：《春秋纂言》，《景印文淵閣四庫全書》第一五九册，臺灣商務印書館，1986 年。

程端學：《春秋本義》，《景印文淵閣四庫全書》第一六〇册，臺灣商務印書館，1986 年。

顧棟高撰，吴樹平、李解民點校：《春秋大事表》，中華書局，1993 年。

惠棟：《春秋左傳補注》，《景印文淵閣四庫全書》第一八一册，臺灣商務印書館，1986 年。

孔廣森撰，郭曉東、陸建松、鄒輝杰點校：《春秋公羊經傳通義》，上海古籍出版社，2014 年。

劉逢禄撰，曾亦點校：《春秋公羊經何氏釋例　春秋公羊釋例後録》，上海古籍出版社，2013 年。

侯康：《春秋古經説》，《嶺南遺書》，道光三十年刻本。

趙坦：《春秋異文箋》，《續修四庫全書》第一四四册影印道光九年學海堂刻《皇清經解》本，上海古籍出版社，2002 年。

陳立：《公羊義疏》，《續修四庫全書》第一三〇册，上海古籍出版社，2002 年。

蘇輿撰，鍾哲點校：《春秋繁露義證》，中華書局，1992 年。

（三）其他古籍

蔡沈：《書經集傳》，《景印文淵閣四庫全書》第五八册，臺灣商務印書館，1986 年。

毛亨傳，鄭玄箋，孔穎達疏：《毛詩注疏》，《十三經注疏》第二册，藝文印書館，1973 年。

鄭玄注，孔穎達正義，吕友仁整理：《禮記正義》，上海古籍出版社，2008 年。

孫希旦：《禮記集解》，中華書局，1989 年。

孫詒讓撰，汪少華整理：《周禮正義》，中華書局，2015 年。

班固撰，陳立疏證：《白虎通疏證》，中華書局，1994 年。

何晏集解，邢昺疏：《論語注疏》，《十三經注疏》第八册，藝文印書館，1973 年。

朱熹：《四書章句集注》，中華書局，1983 年。

劉寶楠撰，高流水點校：《論語正義》，中華書局，1990 年。

劉寶楠撰：《論語正義》，《續修四庫全書》第一五六册，上海古籍出版社，2002 年。

趙岐注，孫奭疏：《孟子注疏》，《十三經注疏》第八册，藝文印書館，1973 年。

惠棟：《九經古義》，《景印文淵閣四庫全書》第一九一册，臺灣商務印書館，1986 年。

陸德明：《經典釋文》，上海古籍出版社，2013 年。

陳壽祺、皮錫瑞撰，王豐先整理：《五經異義疏證　駁五經異義疏證》，中華書局，2014 年。

皮錫瑞撰，吴仰湘整理：《六藝論疏證》，《皮錫瑞全集》第三册，中華書局，2015 年。

皮錫瑞撰，吴仰湘整理：《鄭志疏證》，《皮錫瑞全集》第三册，中華書局，2015 年。

皮錫瑞疏證，吴仰湘整理：《發墨守箴膏肓釋廢疾疏證》，《皮錫瑞全集》第四册，中華書局，2015 年。

皮錫瑞撰，吴仰湘整理：《經學通論》，《皮錫瑞全集》第六册，中華書局，2015 年。

桂文燦撰，王曉驪、柳向春點校：《經學博采録》，華東師範大學出版社，2010 年。

司馬遷撰，裴駰集解，司馬貞索隱，張守節正義：《史記》，中華書局，2013 年。

司馬遷撰，瀧川資言考證，楊海峥整理：《史記會注考證》，上海古籍出版社，2016 年。

班固撰，顏師古注：《漢書》，中華書局，1962 年。

班固撰，王先謙補注：《漢書補注》，上海古籍出版社，2012 年。

范曄撰，李賢等注：《後漢書》，中華書局，1965 年。

陳壽撰，裴松之注：《三國志》，中華書局，1982 年。

沈約：《宋書》，中華書局，1974 年。

魏徵、令狐德棻：《隋書》，中華書局，1973 年。

劉昫等：《舊唐書》，中華書局，1975 年。

張廷玉等：《明史》，中華書局，1974 年。

趙爾巽等：《清史稿》，中華書局，1977 年。

司馬光編著：《資治通鑒》，中華書局，2011 年。

杜佑撰，王文錦等點校：《通典》，中華書局，1988 年。

王溥：《唐會要》，上海古籍出版社，1991 年。

馬端臨著，上海師範大學古籍整理研究所、華東師範大學古籍研究所點校：《文獻通考》，中華書局，2011 年。

乾隆敕撰：《欽定皇朝文獻通考》，《景印文淵閣四庫全書》第六三三冊，臺灣商務印書館，1986 年。

余嘉錫撰，周祖謨、余淑宜整理：《世説新語箋疏》，中華書局，1983 年。

黄訓編：《名臣經濟録》，《景印文淵閣四庫全書》第四四三冊，臺灣商務印書館，1986 年。

江藩著，鍾哲整理：《國朝漢學師承記》，中華書局，1983 年。

唐鑒：《清學案小識》，山東友誼出版社，1990 年。

徐世昌等編纂，沈芝盈、梁運華點校：《清儒學案》，中華書局，2008 年。

趙翼著，王樹民校證：《廿二史劄記校證》，中華書局，1984 年。

永瑢等：《四庫全書總目》，中華書局，1965 年。

金毓黼編：《文溯閣四庫全書提要》，中華書局，2014 年。

魏小虎編撰：《四庫全書總目彙訂》，上海古籍出版社，2012 年。

衛秦龍修，傅維樗纂：《靈壽縣志》，康熙二十五年修，二十五年刊本，《中國方志叢書》華北地方・第五二二號，成文出版社，1976 年。

侯康：《補後漢書藝文志》，《嶺南遺書》，道光三十年刻本。

姚振宗撰，馬小方整理：《後漢藝文志》，清華大學出版社，2011 年。

姚振宗撰，朱莉莉整理：《三國藝文志》，清華大學出版社，2012 年。

文廷式撰，朱新林整理：《補晋書藝文志》，清華大學出版社，2012 年。

王利器校注：《鹽鐵論校注（定本）》，中華書局，1992 年。

劉向撰，向宗魯校證：《説苑校證》，中華書局，1987 年。

黄震：《黄氏日抄》，《景印文淵閣四庫全書》第七〇七册，臺灣商務印書館，1986 年。

王鳴盛：《蛾術編》，《續修四庫全書》第一一五〇册，上海古籍出版社，2002 年。

孫星衍撰，駢宇騫點校：《岱南閣集》，中華書局，1996 年。

孫星衍：《平津館文稿》，《清代詩文集彙編》第四三六册，上海古籍出版社，2010 年。

阮元撰，鄧經元點校：《揅經室集》，中華書局，1993 年。

阮元：《揅經室再續集》，《續修四庫全書》第一四七九册，上海古籍出版社，2002 年。

陳澧：《東塾集》，《陳澧集》第一册，上海古籍出版社，2008 年。

陳澧：《東塾讀書記》，《陳澧集》第二册，上海古籍出版社，2008 年。

陳慶鏞：《籒經堂類稿》，《續修四庫全書》第一五二二册，上海古籍出版社，2002 年。

二、研究著作

王熙元：《穀梁范注發微》，嘉新水泥公司文化基金會，1972 年。

孫殿起：《販書偶記續編》，上海古籍出版社，1980 年。

王利器：《鄭康成年譜》，齊魯書社，1983 年。

謝秀文：《春秋三傳考異》，文史哲出版社，1984 年。

傅隸樸：《春秋三傳比義》，中國友誼出版社，1984 年。

李紀祥：《兩宋以來大學改本之研究》，臺灣學生書局，1988 年。

田餘慶：《東晋門閥政治》，北京大學出版社，1989 年。

王達津主編：《清代經部序跋選》，天津古籍出版社，1991 年。

浦衛忠：《春秋三傳綜合研究》，文津出版社，1995 年。

李啓原：《春秋三傳異同考釋》，高雄文化出版社，1995 年。

劉師培：《劉申叔遺書》，江蘇古籍出版社，1997 年。

漆永祥：《乾嘉考據學研究》，中國社會科學出版社，1998 年。

張素卿：《叙事與解釋——〈左傳〉經解研究》，書林出版有限公司，1998 年。

王靖宇：《中國早期敘事文論集》，“中央研究院”中國文哲研究所籌備處，1999 年。

趙生群：《〈春秋〉經傳研究》，上海古籍出版社，2000 年。

余英時：《論戴震與章學誠》，生活・讀書・新知三聯書店，2000 年。

柳詒徵：《中國文化史》，上海古籍出版社，2001 年。

張壽安：《以禮代理——凌廷堪與清中葉儒學思想之轉變》，河北教育出版社，2001 年。

段熙仲：《春秋公羊學講疏》，南京師範大學出版社，2002 年。

范文瀾：《群經概論》，《范文瀾全集》第一卷，河北教育出版社，2002 年。

徐興無：《讖緯文獻與漢代文化建構》，中華書局，2003 年。

趙伯雄：《春秋學史》，山東教育出版社，2004 年。

戴維：《春秋學史》，湖南教育出版社，2004 年。

錢穆：《新亞遺鐸》，生活・讀書・新知三聯書店，2004 年。

張舜徽：《清代揚州學記》，廣陵書社，2004 年。

張舜徽：《廣校讎略　漢書藝文志通釋》，華中師範大學出版社，2004 年。

葛兆光：《中國思想史》，復旦大學出版社，2005 年。

簡逸光：《〈穀梁傳〉解經方法研究》，《古典文獻研究輯刊》二編第八册，花木蘭文化出版社，2006 年。

沈文倬：《菿闇文存》，商務印書館，2006 年。

文廷海：《清代春秋穀梁學研究》，巴蜀書社，2006 年。

吴連堂：《〈春秋穀梁經傳補注〉研究》，花木蘭文化出版社，2007 年。

陸德明撰，吴承仕疏證，張力偉點校：《經典釋文叙録疏證》，中華書局，2008 年。

簡逸光：《〈公羊傳〉、〈穀梁傳〉比較研究》，花木蘭文化出版社，2008 年。

劉笑敢：《詮釋與定向：中國哲學研究方法之探究》，商務印書館，2009 年。

牟潤孫：《注史齋叢稿（增訂本）》，中華書局，2009 年。

晁岳佩選編：《民國期刊資料分類彙編・春秋學研究》，國家圖書館出版社，2009 年。

陳寅恪：《金明館叢稿二編》，生活・讀書・新知三聯書店，2009 年。

陳槃：《左氏春秋義例辨（重訂本）》，上海古籍出版社，2009年。
內藤虎次郎編撰，江俠庵譯：《先秦經籍考》，國家圖書館出版社，2010年。
王國維：《觀堂集林》，《王國維全集》第八卷，浙江教育出版社、廣東教育出版社，2010年。
顧頡剛：《秦漢的方士與儒生》，《顧頡剛古史論文集》卷二，中華書局，2011年。
錢穆：《中國近三百年學術史》，九州出版社，2011年。
錢穆：《中國學術思想史論叢（三）》，九州出版社，2011年。
錢穆：《兩漢經學今古文平議》，九州出版社，2011年。
錢穆：《秦漢史》，九州出版社，2011年。
林慶彰：《清初的群經辨僞學》，華東師範大學出版社，2011年。
吴濤：《"術""學"紛争背景下的西漢〈春秋〉學》，中國社會科學出版社，2011年。
馬楠：《比經推例——漢唐經學導論》，新世界出版社，2011年。
梁啓超著，夏曉紅、陸胤校：《中國近三百年學術史（新校本）》，商務印書館，2011年。
文廷海：《清代前期〈春秋〉學研究》，中國社會科學出版社，2012年。
陳秀玲：《楊士勛〈春秋穀梁傳注疏〉之研究》，《中國學術思想研究輯刊》第十五編第十四册，花木蘭文化出版社，2013年。
王汎森：《權力的毛細管作用：清代的思想、學術與心態》，聯經出版社，2013年。
李紀祥：《時間・歷史・叙事》，華藝學術出版社，2013年。
謝金良：《穀梁傳開講》，華東師範大學出版社，2013年。
阮芝生撰，趙林校訂：《從公羊學論〈春秋〉的性質》，華夏出版社，2013年。
天津圖書館編：《天津圖書館古籍普查登記目録》，2014年。
劉師培撰，萬仕國點校：《國學發微》，《儀徵劉申叔遺書》第四册，廣陵書社，2014年。
徐復觀：《兩漢思想史》，九州出版社，2014年。
劉正浩：《春秋左傳通考》，臺北致知學術出版社，2014年。
王天然：《穀梁文獻徵》，社會科學文獻出版社，2014年。
蒙文通：《經學抉原》，《蒙文通全集》第一册，巴蜀書社，2015年。

簡逸光：《噶瑪蘭治經學記：春秋三傳研究論叢》，萬卷樓圖書股份有限公司，2015 年。

廖平：《今古學考・今古學宗旨不同表》，《廖平全集》第一册，上海古籍出版社，2015 年。

單良：《〈左氏春秋〉敘事的禮樂文化闡釋》，中國社會科學出版社，2015 年。

戴梅可、魏偉森：《幻化之龍：兩千年中國歷史變遷中的孔子》，香港中文大學出版社，2016 年。

吴連堂：《清代穀梁學》，花木蘭出版社，2016 年。

曾亦、郭曉東：《春秋公羊學史》，華東師範大學出版社，2017 年。

方韜：《杜預〈春秋經傳集解〉研究》，中國社會科學出版社，2017 年。

王汎森：《思想是生活的一種方式》，北京大學出版社，2018 年。

湯志鈞：《經與史：康有爲與章太炎》，中華書局，2018 年。

魏綵瑩：《經典秩序的重構：廖平的世界觀與經學之路》，聯經出版事業股份有限公司，2018 年。

張沛林：《追求平實精微：漢唐春秋穀梁學論稿》，福建教育出版社，2019 年。

吕友仁：《孔穎達〈五經正義〉義例研究》，上海古籍出版社，2019 年。

文廷海：《春秋穀梁學史研究》，中國社會科學出版社，2019 年。

陳蘇鎮：《〈春秋〉與“漢道”——兩漢政治與文化研究》，中華書局，2020 年。

蔡亮：《巫蠱之禍與儒生帝國的興起》，北京師範大學出版社，2020 年。

王葆玹：《西漢經學源流》，四川人民出版社，2021 年。

三、論 文

江慎中：《穀梁條指》，《國粹學報》第六八~七二期。

趙伯雄：《鄭玄〈春秋〉學考述》，《文獻》1994 年第 1 期。

王春姮：《淺析齊晋稱霸的共同條件》，《大同高等專科學校學報》1999 年第 4 期。

蔡長林：《常州莊氏學術新論》，台灣大學 2000 年博士學位論文。

顔世安：《齊桓公霸政基礎之探討》，《江海學科》2001 年第 1 期。

謝明憲：《論〈穀梁傳〉膚淺》，“第一屆世界漢學中的春秋學學術研討會”會議論文集，佛光大學，2004 年 11 月。

郜積意：《劉歆與兩漢今古文學之争》，復旦大學 2005 年博士學位論文。

文廷海：《清代春秋穀梁學研究》，華中師範大學 2005 年博士學位論文。

劉少虎：《王闓運春秋學思想研究》，中山大學 2006 年博士學位論文。

黄聖修：《〈春秋〉西狩獲麟解》，佛光大學 2006 年碩士學位論文。

李沁芳：《齊桓公、晋文公比較研究》，吉林大學 2006 年碩士學位論文。

秦平：《淺析〈春秋穀梁傳〉的“内魯”思想》，《齊魯學刊》2007 年第 1 期。

鄭卜五：《劉逢禄“申何難鄭”析論》，《經學研究集刊》2008 年第 5 期。

陳鴻森：《劉氏〈論語正義〉成書考》，《中研院歷史語言研究所集刊論文類編・文獻考訂編（六）》，中華書局，2009 年。

葛秀梅：《范甯〈春秋穀梁傳集解〉研究》，山東師範大學 2009 年碩士論文。

鄧文輝：《〈春秋穀梁傳〉禮學思想研究》，中山大學 2009 年博士論文。

許雪濤：《何休〈左氏膏肓〉與公羊、左氏之争》，《中國哲學史》2010 年第 2 期。

顧頡剛：《五德終始説下的政治和歷史》，《顧頡剛古史論文集》卷二，中華書局，2011 年。

顧頡剛：《春秋時代的孔子和漢代的孔子》，《顧頡剛古史論文集》卷四，中華書局，2011 年。

李紀祥：《“西狩獲麟”：〈春秋〉之“末”，書寫之“始”?》，《北京大學中國古典文獻研究中心集刊》第十一輯《中國典籍與文化國際學術研討會專輯》，北京大學出版社，2011 年。

車行健：《嘉道之際北京士大夫的崇祀鄭玄活動》，《傳統中國研究集刊（九、十合輯）》，上海人民出版社，2012 年。

譚家健：《〈穀梁傳〉叙事比論》，《文史哲》2012 年第 4 期。

顔敏翔：《鍾文烝交游及其未刊稿〈乙閏稿〉研究》，復旦大學 2012 年碩士論文。

武黎嵩：《柳興恩與〈穀梁大義述〉》，《古籍研究》總第 57～58 卷，2013 年。

朱浩毅：《〈春秋〉三傳對“伯/霸”的理解及其詮釋問題》，《史學彙刊》第二十期。

陈壁生：《今文經學的變異與“古史辨”的興起》，《中原文化研究》2014年第3期。

吴智雄：《從輯本論何休〈穀梁廢疾〉與鄭玄起〈廢疾〉的論辯主張與方法：隱公、桓公》，《興大中文學報》2015年第37期。

邵傑、何啓鋒：《鄭玄著述輯佚的回顧與展望》，《山東社會科學》2016年第3期。

李丹平：《齊學視域下的何休〈春秋〉學研究》，曲阜師範大學2017年碩士學位論文。

許超傑：《經史之間：侯康〈穀梁禮證〉詮釋理路研究》，《中國經學》第二十四輯，廣西師範大學出版社，2019年。

張學謙：《東漢圖讖的成立及其觀念史變遷》，《文史》2019年第4輯。

楊勇：《“罷黜百家，獨尊儒術”的歷史考察——以“六藝之科”與“孔子之術”的分合爲中心》，《文史哲》2019年第6期。

後記

聖如日月，普天皆有春秋；道若江河，隨地可成洙泗。

——岳麓書院大成門對聯

自漢武帝推崇經學儒術以降，孔子作爲儒家的開山祖師、六經的正定者，從生前鬱鬱不得志的儒者變成後世仰望的聖人，如日月一般普照大地。所以然者，古人認爲孔子所正定的六經，實爲後世“制法”，雖千萬祀亦當遵之、準之。孔子修六經，但真正由其所作者，亦不過《春秋》而已。是以，“普天皆有春秋”，亦普天之下皆當遵從《春秋》。江河流轉不居，所到之處皆受其惠；即如孔子之道，兩千年來皆受其濡潤。

但孔子畢竟已經逝去兩千多年，孔子之道也已被人弃之如敝履，似乎離我們越來越遠了。2016年4月，我第一次來到曲阜這塊曾經哺育聖人的土地。從酒店坐車到孔林，只用了十分鐘；從孔林走回酒店，用了整整半天。不是因爲路途遥遠，而是由於這塊曾經的聖地、聖域，給了我太多的衝擊。花了很長一段時間讓自己平静下來，在午夜的曲阜，寫下了這樣一段話：

孔林儼然已是文化旅游之熱點，無論是巍峨的牌樓前，抑或通往夫子墓的洙水橋，都人頭攢動，好不熱鬧。然熱鬧只屬於表面，吾人只需沿着步道走出二三百米，除了周遭一壟壟墳丘和墳前或巍峨或殘敗的墓碑，却只有我一人獨自走過了。當我走過三分之一時，心中好不慘然。墳丘中埋葬了當年一個個鮮活的生命，或耀眼或黯然；墓碑用短短一二行字書寫下墓主的生命與履迹，或顯赫或慘淡。但耀眼也罷，顯赫也好，終歸成爲一壟墳丘、一塊石碑，所不同的，不過是墓前多了或少了兩頭温順的石獅、石羊。唉，人生輝煌，終歸敵不過這時光流逝、日月輪轉。

天地蒼茫，時光無限，人實在是太過渺小。看着墓旁樹木的奇姿百態，不禁羡慕樹木之壽。雖然默默淡淡，却自我獨立，不必等待身後的書寫。反倒是人，雖或轟轟烈烈，終歸是免不了留待後人“蓋棺定論”，定義這個“人”之爲“人”。

還好，終於見到了孔林深處的一束鮮花，斯人雖逝，却亦不曾完全逝去，其生命已爲後人所承繼，其精魂仍爲後人所惦念。人生幻滅與永恒之間，終究還是不絶若綫的。夫子也是一樣，夫子的幻滅與永恒之間的轉换，終歸不在肉身的存與亡，而在夫子精神的永恒與否。當衍聖公墓前的石獅子被磨得光滑圓潤的時候，當神道旁只有温順、屈膝的石羊時，衍聖公已不過是夫子生命之延續，而不再是夫子精神的承載了。

余英時先生説：“我在哪裏，哪裏就是中國。”曾爲聖域的孔林，倒也符合余先生的這句話。當諸弟子守喪、子貢廬墓之時，當衆人重拾夫子言行、編撰《論語》之時，孔林當然是夫子的聖域。但當孔林只是一碑“嚴禁烟火”、一車車從下馬石前馳過的游客時，就已不再是“聖域”了。夫子的聖域，實在其所述所作的《春秋》中，在諸弟子結構的《論語》中，在華夏文化的傳承中，但并不獨在這片土地中。

當夫子以“西狩獲麟”爲《春秋》寫下最後一筆之時，他早已爲我們結構了他認可的、建構的“聖域”；當穀梁子以“其不言來，不外麟於中國也；其不言有，不使麟不恒於中國也”解讀“西狩獲麟”之時，他早已爲華夏文化創立了一條進入夫子“聖域”的神道。只是千餘年來，吾人總在遥想遠方的“聖域故事”，却不曾注意脚下的“聖域之路”。夫子與後學結構的《春秋》《論語》《詩經》《尚書》《儀禮》《禮記》《周禮》《周易》在在都是通往夫子“聖域”的“通途”。“優入聖域”四字是古今儒者的大追求，然“聖域”在哪?不在一時一地，不在從師與否，而在於詩書禮義之間，在夫子精神世界之中。

千年之後，當我懷着朝聖的心情踏上久遠的“聖域”，但“聖域”所帶給我的，却是對“聖域”的祛魅。還好，當有形的“聖域”悄然崩塌的同時，我也找到了屬於我的“聖域”。原來他一直在這裏，在千年傳承的儒學榮光之下，在洙泗洛閩的道脉之内。孔子曾感嘆：“大道之行也，與三代之英，丘未之逮也，而有志焉。”既未之逮，如何“有志”、如何賡續呢？蓋“唐虞三代，《詩》《書》所及，世有典籍，故雖堯舜之盛，必有典謨之篇，然後揚名於後世，冠德於百王”，是所以孔子雖不及大道之行與三代之英，却能有志以賡續。孔子雖已逝去兩千多年，但正因爲有其正定的六經，我們在千年之後仍能賡續其道。是以，只要能够透過六經以追尋孔子的精神，我們仍能接續孔子之道；只要能够研讀六經，亦“隨地可成洙泗”。以我的淺學無識，當然不敢説接續了千年的儒脉道傳，只是感到很幸運，機緣巧合，能够選擇《穀梁》作爲志業，在當下的現實世界中，用《穀梁》回望夫子之“春秋”，讓我有機會重新審視《穀梁》“不外麟於中國”又“不使麟不恒於中國”的聖人書寫與聖人之道，使我有機會探尋“聖域”所在。

“優入聖域”這四個字是古代學人的終極理想，但對當下的學者而言，却似乎已經是陳年舊事，不過只是一闕牌樓罷了。説實話，從本科到碩士，雖然也讀了一點點經學儒學著作，但都是“祛魅”之後的閲讀，而不能真正體會古人對於“聖域”“經典”的尊崇、優思與想象。真正讓我親近經典、走近“聖域”的，是李紀祥教授。2014 年春，李老師客座於華東師範大學歷史系、思勉高等研究院，開設研究生課程“明清輿圖史與世界觀專題”、《史通》讀書會。機緣巧合看到李老師課程海報，即去旁聽。在聽了李老師第一堂課之後，我就堅定地説，我喜歡、欣賞、崇拜這位老師。此後，從櫻桃河畔到宜蘭礁溪，從聖域曲阜到麗娃河邊，亦步亦趨，跟隨李老師的步伐，希望能够走近“聖域”、走進“經典”。

要不是因爲李老師，我根本不會想到選擇《穀梁》作爲日後研習的課題。李老師認爲學者應該有其根本，專研一經是爲建立根本之最佳途徑。《穀梁》歷來研習者少，不妨以此入手。2015 年秋，赴佛光大學跟從李老師學習一個學期，老師每星期都會有半天專門批改論文，與我談《春秋》與《穀梁》治法。本書下編論《穀梁》義下的“《春秋》始隱”説、“齊桓晋文之事”和“西狩獲麟”初稿，都是在礁溪林美山李老師耳提面命之下寫就的。細細婆娑李老師批改的厚厚一叠論文，静静閲讀那“五彩斑斕”的批校本，深知如果我真能一步步接近“聖域”、一點點漸知“經典”，這一步一厘的前進，都是李老師在背後默默推行。2016 年暑假，陪侍李老師在曲阜講學，當最後一講結束時，我在課上説：

> 當兩千多年前，孔子就在這裏，就在沂河邊上，跟弟子講“賢哉，回也”，這才有了“顏淵之樂”；在兩千多年之後，又在這沂河

> 邊上，在這個教室裏，李老師帶我們讀這一章的時候，我們也在尋找“孔顏樂處”。我覺得兩千多年的時間間隔，就在這個地方交匯了。從李老師身上，我知道了什麼叫作師道尊嚴，什麼叫傳道受業解惑也，什麼是孔門的傳承。

不敢自比孔門弟子，但李老師正在做，也是一直在做的，都是接續孔門學脉，這是毫無疑問的。雖不能至，心嚮往之，願在李老師的指引下，最終能够走近“聖域”、走進“經典”吧。

當然，還得感謝我的博導戴揚本教授，要是没有戴老師的寬容，容我隨意妄爲，選擇《穀梁》這樣一個很“守舊”又不太可能出彩的課題作爲博士論文，也就没有日後的《穀梁》學研習。事實上，戴老師對我的治學態度、人生態度産生了極爲重要的影響。就我的性格而言，伉急狷介，又敏感焦慮，有失平和之氣。猶記得臨近畢業，跟老師在秋實閣吃飯，對酌之後，當着老師的面大哭過一場。如果没有戴老師的開導與指引，或許難免太過偏執，難免偏離人生與學業的“主綫”。

老師在序中説：“所謂‘歷史感’，不止是歷史背景知識的叙述，更重要的是一種自覺的思維方式，就像研究社會須從最初的社會經濟關係出發一樣，研究思想應該是研究感性活動的主體即人的種種社會活動入手。”這是老師對我這篇文章内在思路的一種提煉，但這種思路的形成正是在老師的指引下産生、成形的。

我始終覺得，人文學科最終不過是在書寫一個“人”字。研習經典，更重要的是去體會文本背後的那個“人”。戴老師不但博學，更爲博識，將所學之“知”與所歷之“識”完美結合起來，成就了一個大寫的“人”。從戴老師身上，不但學到了如何做學問，更明白了當如何做一個堂堂正正的“人”、一個人格完善的“人”。老師所指引我的，不但是如何爲學，更是如何爲人爲師。

正是在李老師的推動和戴老師的寬容下，我最終選擇以《穀梁》學爲研究對象，又結合“十到十九世紀思想史”的博士研究方向，確定了《清代〈穀梁〉學文獻四種研究》這一博士論文題目。2017 年 6 月畢業、工作之後，日漸覺得若就單章而言或不無可取之處，但就全文而論却實不能讓人滿意，至少不能讓我自己滿意。故發心以“《穀梁》善於經”爲中心，重論《穀梁》學史與《穀梁》學體系，是以有了這本小書。

從 2015 年確定以《穀梁》爲題、2017 年寫完博士論文，即使是從 2019 年獲得國家社科基金後期資助立項以來，也已過去多年。多年耕耘，不過寫就了這樣一本小書，實在有些汗顏。或許聊可以爲藉口的，就是結婚生女，每天要面對柴米油鹽醬醋茶，學術只能讓位於生活吧。但就像前文説的，人文研究的核心不過就在一個“人”字上，要去探求文本背後的“人”，更要讓學術回歸到活生生的“生活世界”中去。正是因爲與我愛人相知相愛相守，才讓我更能明白生活的意義與包容的可貴；正是女兒的到來，讓我更體會了這個世界的無限可能與愛的真諦。

也許正是有柴米油鹽醬醋茶的瑣碎細節，有喜怒哀樂的轉换，才能顯出這是一個真實的世界。没有必要神聖化學術研究，讓人文學術重新回到活生生的生活世界，這樣的研究才有意義，這樣的學術人生也才更爲真實。其實古往今來的大學者哪一位不是在這樣的瑣屑生活中成長起來的呢？哪位真正的學者没有自己的困厄與無奈呢？學術本就應該從生活中來，也應該回歸到生活中去。一切歷史都是當代史，一切歷史都是思想史，一切歷史都是生命史。無論孔子還是穀梁子，抑或是范甯、楊士勛、柯劭忞，都是在書寫歷史、接續歷史、創造歷史，從歷史中來，到生活中去。要真正接續《春秋》學、《穀梁》學傳統，大概仍當回到歷史與生活中去吧。

余英時先生説：“人只能知道自己有多少本錢，就能做多大的生意。不要看别人是大富翁，我也要去做大生意，那就畫虎不成反類犬。總而言之，盡力完成自我，同時也知道尊重别人，這是所謂‘博學知服’，即是做一個有尊嚴的知識人的最好辦法。”自知没有多少本錢，做不了大生意，但至少要努力做一個有尊嚴的知識人。

是爲記。